키新토익

V 보카 + R 리딩

교육 R&D에 앞서가는

Key 키출판사

토익 초보자를 위한
정말 쉽고 빠른
어휘 학습서

『키 신토익 보카+리딩』의 과학적인 어휘 학습 프로그램만 있으면,
토익 초보라도 단 30일 만에 토익 필수 어휘를 완전히 내 것으로 만들 수 있습니다.

코퍼스 프로그램으로 토익 적중 어휘 엄선

코퍼스 프로그램으로 토익 50회분의 텍스트를 분석하여, 출현 빈도가 높은 단어 1,200개를 엄선하였습니다. 지금까지 토익에 가장 많이 나왔고 앞으로도 매 토익에서 반드시 출제될 어휘들이 이 책 한 권에 집약되어 있습니다. 통계로 검증된 핵심 구문을 사용하여 예문을 작성하였으며, 예문의 보조단어 또한 빈출 어휘 안에서 선별하였기 때문에, 이 책 한 권만 30일 동안 공부하면 토익 적중 어휘 1,200개와 1,200개의 문장, 3,600개 구문, 4,800개의 보조단어를 단번에 마스터 할 수 있습니다.

완벽한 암기를 보장하는 어휘 반복노출 기법

동일한 어휘를 다양한 구문에서 반복하는 '어휘 반복노출 기법'이 전 학습단계에 적용되어 있습니다. 데이터 분석을 통해 얻은 빈출 어휘를 최소 5회 이상 반복하므로, 처음 본 어휘라도 자동으로 암기됩니다. 구문→문장→지문으로 어휘의 적용 단위를 확장하면서, 어휘 암기는 물론 영어 통사구조 파악 능력과 문장 해석 능력을 동시에 기를 수 있습니다.

더 쉽고, 더 재미있게 공부할 수 있습니다.

쉽고 재미있는 유형의 연습문제를 넉넉하게 마련하였습니다. 단어 더하기, 빈칸 채우기, 선긋기 등 누구나 따라갈 수 있는 단계별 연습문제는 어휘를 문맥 안에서 해석하게 해줍니다. 토익 초보자라도 『키 신토익 보카+리딩』의 연습문제를 읽고 따라 쓰다 보면, 수천 개의 어휘와 문장을 저절로 이해하는 놀라운 경험을 할 수 있습니다.

토익에 나오는 문장, 토익에 나오는 지문으로 공부합니다.

모든 구문과 문장이 실제 토익에 등장하는 커뮤니케이션 상황을 포착하고 있습니다. 학습자는 연습문제 속 예문을 읽는 것만으로 방대한 분량의 토익 문장을 학습하는 효과를 볼 수 있습니다. 마무리 학습으로 제공되는 '저절로 실전 Training'에서는 토익 절반 길이의 지문이 음성 파일과 함께 제공되므로, 이 책 한권으로 RC는 물론 LC까지도 대비할 수 있습니다.

키 신토익 보카+리딩이 답해 드립니다!

이 책 한권이면 당신도 *서류심사 프리패스* 점수를 가질 수 있습니다.

영어를 잘하는 편이 아닌데 토익은 무엇부터 시작해야 하는지…?

단어부터 시작하셔야 합니다. 토익은 비즈니스·일상생활에 등장하는 어휘를 얼마나 아는지 묻는 시험이라고 해도 될 정도로 어휘력이 승패를 좌우하는 시험입니다. 토익 문장은 대학수학능력시험의 외국어 영역 문장보다 훨씬 쉬운 문형에 길이도 짧습니다. 고등학교 영어를 마친 사람이라면 단어만 제대로 알아도 토익에서 높은 점수를 얻을 수 있습니다.

정말 1,200개만 외워도 되나요?

네, 확실합니다. 토익 실전 지문 50회분을 분석하여 빈도수, 난이도, 소재별로 토익 적중 어휘만 1,200개를 엄선했기 때문입니다. 뜻이 비슷한 단어, 자주 어울려 쓰이는 단어 등은 문맥 안에서 이해할 수 있도록 풍부한 연습문제를 따로 준비하였습니다. 핵심 필수 어휘를 중심으로 학습량을 쌓아나가면, 어휘와 함께 영어 실력이 저절로 향상되며, 연습문제와 실전 지문을 통해 1,200개 상용 문장, 3,600개 구문, 4,800개의 보조단어까지 자동으로 마스터 할 수 있습니다.

30일안에 끝낼 수 있나요?

네, ㈜키출판사의 『키 신토익 보카+리딩』은 진짜로 가능합니다. 하루 30분x4번, 30일만 투자하면 누구나 쉽게 풀어보고 바로 채점까지 마칠 수 있는 연습문제를 제공합니다. 이 과정만 거치면 달달 외우지 않아도 문맥에서 필요한 뜻으로 즉각 해석할 수 있습니다. 하루 2시간만 투자해주십시오. 완벽한 단어 암기를 보장합니다.

다른 출판사 교재도 많은데 왜 키출판사의 키토익이어야 하나요?

32년 전통의 교육출판 전문기업인 키출판사는 설립부터 지금까지 **영어를 영어답게, 가장 쉽게 학습할 수 있는 방법을 연구해 왔습니다.** 초등영어 참고서 1위, 미국교과서 시리즈 1위(2016년 현재, 판매량 기준) 달성은 독자 여러분께서 이러한 노력을 먼저 알아봐주신 결과입니다.

키출판사의 영어책은 쉽습니다. 쉽고 체계적입니다. 어떤 단계의 학습자라도 단계별 연습문제가 있는 『키 신토익 보카+리딩』으로 학습하면 정말 쉽고 빠르게 토익에 숙달될 수 있습니다.

단어만 공부해서 토익 점수가 오르나요?

네, 『키 신토익 보카+리딩』이 사용한 단어의 예문 자체가 실제 토익에 나오는 구문과 문장으로 작성되어 있기 때문입니다. 뿐만 아니라 마무리 학습을 위해 실전 토익 지문 30개, MP3를 Day별로 제공하며, 까다로운 Part 5의 어법·어휘 문제를 함께 수록했기 때문에 이 책 한 권으로 토익 전 PART 대비가 가능합니다. **단어·구문·문장·지문을 한 번에 끝내는 『키 신토익 보카+리딩』이라면 단어 공부만으로 토익 목표점수에 도달할 수 있습니다.**

키 신토익 보카+리딩은
단어에서
지문 독해까지
한 번에 끝내는
과학적인 어휘 학습
프로그램입니다!

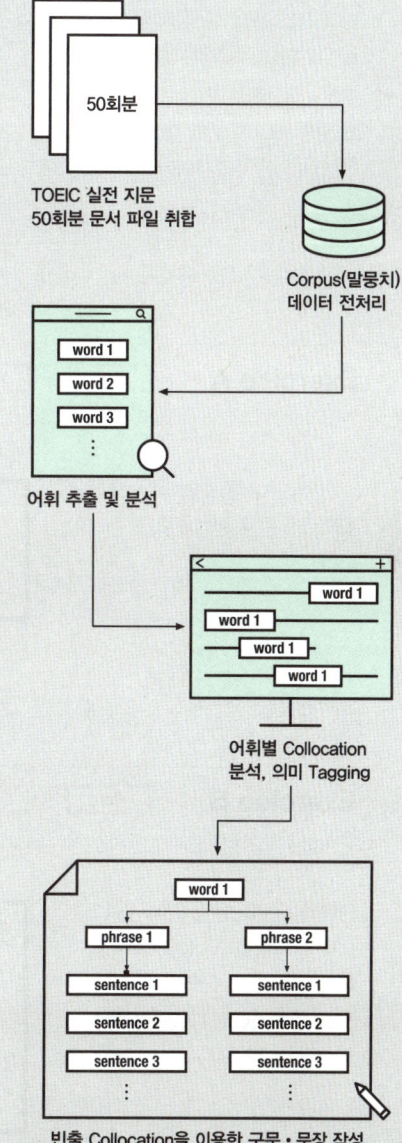

TOEIC 실전 지문
50회분 문서 파일 취합

Corpus(말뭉치)
데이터 전처리

어휘 추출 및 분석

어휘별 Collocation
분석, 의미 Tagging

빈출 Collocation을 이용한 구문 · 문장 작성

1. **코퍼스(Corpus) 분석 프로그램**을
이용한 표제어 선별

| **Word** | Phrase | Sentence | Paragraph |

『키 신토익 보카+리딩』은 코퍼스 분석 프로그램*으로 토익 적중 어휘를 엄선한 과학적인 보카책입니다.

✓ 50회분의 토익 실전 지문의 빅데이터를 구축하여, 최신 비즈니스 시사용어, 신토익 기출 어휘에 가중치를 두어 빈도수와 중요도를 조절하였습니다.

✓ 대명사, 관사, 단일 전치사 등의 기능어는 제외, 내용어만을 추출하여 토익 적중 단어 · 숙어 목록을 만들었습니다.

✓ 어원, 활용형에 따라 반복할 필요가 없는 어휘는 과감히 제외하여 학습의 효율성을 높였습니다.

✓ 단 하루를 공부하더라도 학습 효과를 볼 수 있도록 '빈도수, 암기 난이도, 소재'를 고려하여 5개의 챕터, 30개의 Day에 단어/숙어 를 균등하게 배치하였습니다.

*코퍼스 분석 프로그램: 텍스트를 의미 단위로 분석하여, 사용자 분류 기준에 따라 통계 수치로 보여주는 프로그램

2. 연어(Collocation)와 문장 형성 원리가 적용된 연습문제

Word → Phrase → Sentence	Paragraph

『키 신토익 보카+리딩』의 연습문제는 빈출 연어(Collocation)*를 5번 반복하여 자동 암기를 유도하며, 단어 → 구문 → 문장으로 이어지는 문장 형성 원리에 따라 구성되어 독해까지 가능하게 합니다.

✓ 코퍼스 프로그램으로 추출한 빈도 수 높은 연어(Collocation) 조합을 반복 사용하므로, 문장의 핵심 구문을 파악하는 데 효과적입니다.

✓ 구문·문장에 쓰인 보조단어는 표제어와 의미적 긴밀성이 높은 단어들입니다. 따라서 표제어가 아닌 단어라도 쉽게 의미 파악이 가능하며 저절로 암기됩니다.

✓ 연습문제 안에서 모든 표제어를 구문, 문장으로 확장시키므로 단순 어휘력은 물론 어휘 연결 능력, 구문 해석 능력, 유사 어휘/품사 구별 능력을 고루 향상 시킬 수 있습니다.

✓ 1,200개 단어를 학습하는 것만으로 1,200개 문장, 3,600개 구문, 4,800개의 보조단어까지 마스터할 수 있습니다.

*연어: 언어 사용에서 어휘적 긴밀성을 보이는 단어들 사이의 결합, 혹은 그 관계
(예) 단어: exchange (환전)
연어: exchange rate (환율)

Exercise A

Word	+	Word	→	Phrase

단순 어휘력 ▮▮▮
어휘 연결 능력 ▮▮▮▮▮▮▮▮▮
구문 해석 능력 ▮▮▮▮▮
유사 어휘/품사 구별 능력 ▮▮

단어와 단어를 조합하여 해석해 봄으로써 구문 형성 원리를 이해합니다.

term + condition → the _____s and _____s
조건   조건   (계약) 조건

current + exchange → the _____ _____ rate
현재의   환전   현재 환율

Exercise B

Word	→	Phrase	+	Phrase	→	Sentence

단순 어휘력 ▮▮▮
어휘 연결 능력 ▮▮▮▮▮▮▮▮▮
구문 해석 능력 ▮▮▮▮▮
유사 어휘/품사 구별 능력 ▮▮▮▮

단어와 구문이 문장 안에서 어떠한 의미와 역할을 지니는지 알아봅니다. 빈칸에 직접 단어를 써 넣는 과정을 통해 단어의 철자와 의미에 익숙해집니다.

보기

condition   exchange   option   confidential   conflict
proposal   finalize   invoice   modify   security

01. He wants to change the terms and _____s of the contract.
그는 계약서의 조건을 바꾸고 싶어 한다.

Exercise C　Word → meaning

단순 어휘력 ||||||||||
어휘 연결 능력
구문 해석 능력
유사 어휘/품사 구별 능력 ||||

단어의 대표 의미를 정확하게 알고
있는지 다시 한 번 짚고 넘어갑니다.
다른 단어의 뜻과 혼동하고 있지는
않은지 간단하고 쉽게 점검합니다.

07. finalize	·	· g. 마무리 짓다, 완결하다
08. conflict	·	· h. 갈등, 충돌
09. option	·	· i. 수정하다, 변경하다
10. condition	·	· j. 조건, 상태

Exercise D　Sentence → Word → meaning

단순 어휘력 |||||||||
어휘 연결 능력 |||||||||
구문 해석 능력 |||||||||
유사 어휘/품사 구별 능력 |||

오늘 배운 표제어로 조합된 새로운
문장을 해석합니다. 모르는 단어가
있어도 핵심 단어만 알면 해석할 수
있다는 자신감을 가질 수 있습니다.

We'd like to ^{01}**exchange** our contract ^{02}**options**.
저희의 계약 ^{02}＿＿＿＿＿＿＿을 ^{01}＿＿＿＿＿＿＿ 싶습니다.

If you want to ^{03}**modify** the ^{04}**conditions**, please let us know.
만약 ^{04}＿＿＿＿＿＿＿을 ^{03}＿＿＿＿＿＿＿ 원하시면, 저희에게 알려주십시오.

Exercise E　Phrase → meaning

단순 어휘력 |||
어휘 연결 능력 |||
구문 해석 능력 |||||||||||||
유사 어휘/품사 구별 능력 |||

보조 해석 없이 영문을 정확하게
해석합니다. 필출 상용 구문을 한
번 더 반복함으로써 단어와 구문을
완전히 암기합니다.

01. the terms and **conditions**
＿＿＿＿＿＿＿＿＿＿＿＿＿＿＿

02. the current **exchange** rate
＿＿＿＿＿＿＿＿＿＿＿＿＿＿＿

03. delivery **options**
＿＿＿＿＿＿＿＿＿＿＿＿＿＿＿

3. 어휘 학습에서 사용된 반복노출 기법을 실전 지문에까지 적용

Word → Paragraph

『키 신토익 보카+리딩』은 어휘 반복노출 기법을 실전 지문에도 적용하였습니다. Day별 연습문제를 완료한 후 배운 단어들로 조합된 실전 토익 지문을 읽음으로써 학습한 단어를 실전에 적용해보는 연습을 할 수 있습니다.

✓ 앞에서 반복한 단어들이 지문의 70%를 차지하기 때문에 (내용어 기준) 긴 문단도 쉽게 해석할 수 있습니다.

✓ 실제 토익 지문의 절반 길이로 작성되어 장문 읽기가 부담스러운 초보 학습자라도 부담 없이 도전할 수 있습니다.

✓ 해석이 혼동되는 부분에는 2지 선다형의 객관식 문제를 넣어 내가 해석한 내용이 맞는지 체크해 볼 수 있습니다.

✓ MP3 파일이 함께 제공되므로, 지문을 다 읽은 후 듣기로 마무리 하면 토익 전 PART 대비가 가능합니다.

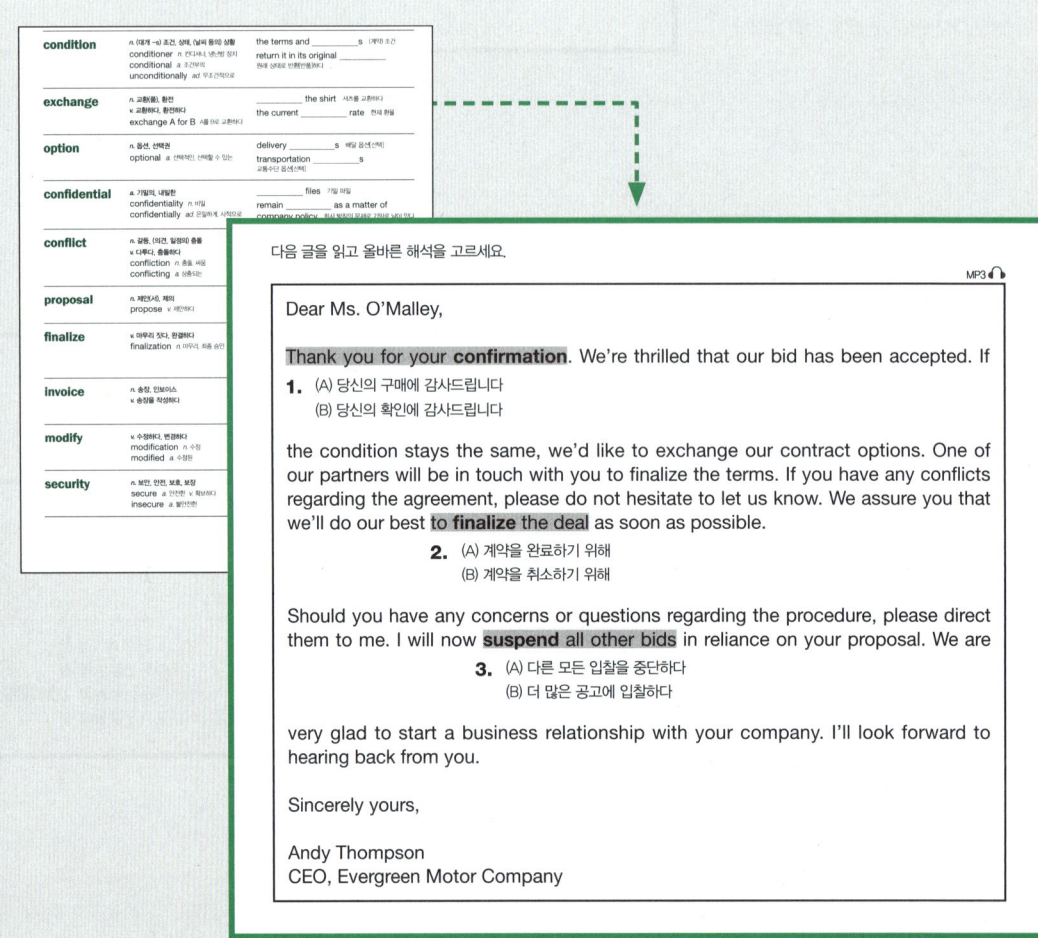

무료 부가 자료

● 온라인 실전 모의고사 1회(결과표 제공)

PC와 모바일에서 풀어볼 수 있는 실전 모의고사 1회분을 MP3 음성파일과 함께 제공합니다. 모든 문항이 실제 토익과 동일한 난이도로 제작되어 자신의 실력을 객관적으로 진단해 볼 수 있습니다.

답안 제출 후에는 성적표 및 결과분석을 통해 부족한 부분을 다시 한 번 체크할 수 있습니다.

*2017년 1월부터 이용 가능

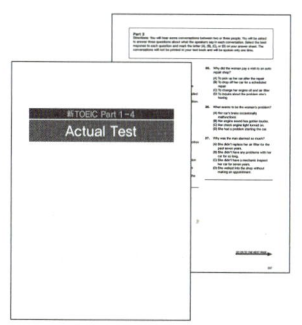

● 미니 단어장

모든 표제어가 수록된 수첩 크기의 미니 단어장을 제공합니다. 가지고 다니면서 표제어와 뜻을 예·복습 할 수 있으며, Day별로 정리되어 있어 인덱스로도 활용할 수 있습니다.

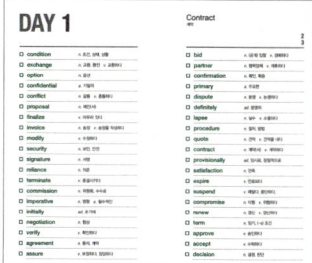

● 모든 표제어의 MP3 파일

QR 코드를 스캔하여 키출판사 모바일 사이트에 접속하면 별도의 다운로드 없이 바로 원하는 단원의 음성파일을 재생할 수 있습니다. 미국인·영국인 성우의 발음을 비교하여 들어볼 수 있습니다.

((ᵠ)) 바로 접속하기

● 복습용 빈칸 넣기 테스트지 제공

배운 내용을 추가로 복습하고 싶은 학습자를 위해, 『키 신토익 보카+리딩』에 수록된 2,000여개 구문의 빈칸 넣기 테스트지를 제공합니다.

*키출판사 학습용 웹사이트 잉글리시버스(www.englishbus.co.kr)의 학습자료실에서 다운로드

Review Test

구성 한눈에 보기

『키 신토익 보카+리딩』의 하루 암기 목표는 40개입니다.
토익에 진짜 나오는 단어와 문장을 가지고 **표제어 10개씩 X 4번의 암기 Training**을 완료하면 1일
40단어, 40개의 토익 문장을 마스터할 수 있습니다. 단어를 외워야 한다고 생각하지 말고 단계별
로 하나씩 꼼꼼히 읽고 써나가면 반드시 저절로 암기됩니다.

1. 표제어   ×4

단어의 뜻과 구문을 학습합니다.

❶ 단어 어떤 단어를 공부하는지 제시합니다. MP3파일(QR코드로 제공)로 발음을 들어
볼 수 있습니다.

❷ 뜻 제시된 단어가 토익에서 어떤 뜻으로 가장 많이 쓰이는지 알려줍니다. 토익에
서 알아두면 좋은 파생어와 연관 어휘를 함께 수록하였으므로 뜻을 비교해가
며 공부할 수 있습니다.

❸ 구문 단어를 사용한 비즈니스·실용 구문을 제시합니다. 구문에는 단어를 직접 써
볼 수 있게 빈칸이 있습니다. 완성된 구문을 읽고 구문 안에서 그 단어가 어떤
의미를 가지는지 다시 한 번 확인합니다.

2. 저절로 암기 Training   ×4

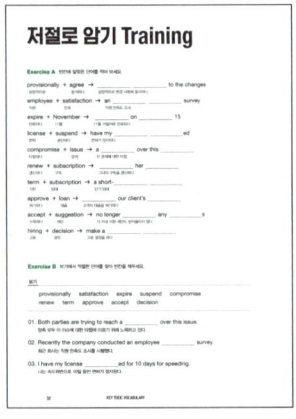
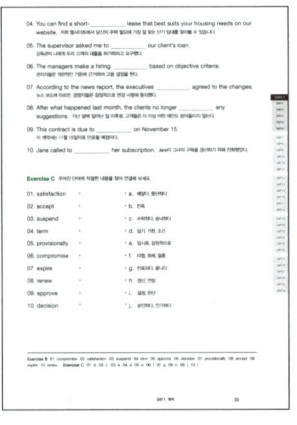
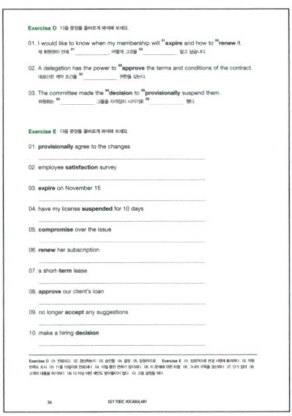

단어를 구문, 문장으로 확장하여 5번 반복 암기합니다.
앞에서 학습한 단어를 더하기, 빈칸 채우기, 선 긋기 등의 **쉽고 재미있는 연습문제**로 총 5번 반복합니다.
구문과 문장 안에서 그 단어를 해석하다 보면 단어가 저절로 암기됩니다.

❶ **Exercise A** 더하기 　　단어를 결합하여 구문을 만듭니다. 　　word + word = **phrase**
❷ **Exercise B** 빈칸 채우기 　영어 문장을 완성합니다. 　　　word → **sentence**
❸ **Exercise C** 선긋기 　　단어와 뜻을 일대일로 매칭합니다. 　**word**
❹ **Exercise D** 빈칸 채우기 　문장의 한글 해석을 완성합니다. 　**sentence** → meaning
❺ **Exercise E** 해석 　　　구문을 정확하게 해석합니다. 　　**phrase** → meaning

---

3. 저절로 실전 Training

지금까지 학습한 40개의 단어를 토익 LC/RC형 문제에 적용합니다.

❶ **Grammar & Expressions**
　　신토익 출제 경향을 반영한 **RC Part 5(어법·어휘) 실전문제**를 통해 학습한 내용을 점검합니다. 보기와 해설을 보면서 실전 감각을 기릅니다.

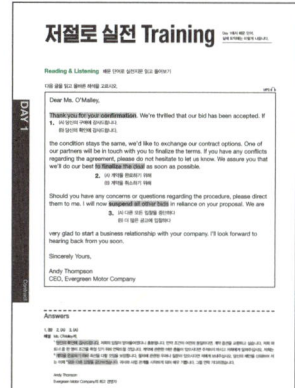

❷ **Reading & Listening**
　　LC/RC **실전 지문**을 읽고 문맥 안에서 적절한 해석을 고르는 문제입니다. 이 코너의 지문은 실제 토익 지문의 절반 길이로 제작되어 있으므로, 앞의 암기 Training을 제대로 끝마친 학습자라면 부담 없이 도전할 수 있습니다. 전문 성우의 음성 파일을 함께 제공하므로 LC 대비에도 효과적입니다.

*일일 학습 순서 및 추천 학습량 (Day 1 예시)

			소요시간	단어	구문	보조단어	문장
2시간 만에 40개 단어 저절로 암기!	연습 문제	Day 1-1　저절로 암기 Training (1)	30분	10			
		Day 1-2　저절로 암기 Training (2)	30분	10			
		Day 1-3　저절로 암기 Training (3)	30분	10			
		Day 1-4　저절로 암기 Training (4)	30분	10			
LC/RC 실전 적용 완료!	실전 문제	저절로 실전 Training	15분				
			2시간 15분	40	120	160	40

목차

Chapter 1. BUSINESS

Chapter 2. ECONOMY

Chapter 3. JOB & WORK

Chapter 4. OFFICE & FACILITIES

Chapter 5. LIFE & EVENTS

진단 테스트

A 다음 단어의 알맞은 뜻을 써보세요.

01. influential _____   02. persistence _____   03. collaboration _____
04. evaluate _____   05. implement _____

B 다음 구문의 알맞은 뜻을 써보세요.

06. offer competitive employee benefits

_____

07. meet the basic qualifications

_____

08. pursue a career in finance

_____

09. accept additional assignments

_____

10. typical tourist attractions

_____

C 보기에서 각 구문에 어울리는 동사를 고르세요.

보기
_____

designate   revise   ensure   strive   cause
_____

11. _____ safety

12 _____ a new art director

13. _____ malfunctions

14. _____ the finance report

15 _____ to maintain its dominant position

14

D 문장에 들어갈 알맞은 의미의 단어를 고르세요.

16. His decision (differs / defers) from the company's policy.

17. The (personal / personnel) department is located on the third floor.

18. The company will (expend / expand) its overseas business by developing new products.

19. Even under the most optimistic (projection / project), half of young college graduates are probably jobless.

20. Due to limited seating (capacity / capability), reservations are necessary.

E 빈칸에 들어갈 알맞은 형태의 단어를 고르세요.

21. They started negotiations ------- layoffs.
    a. concerned   b. concerning   c. concern

22. Both candidates have contributed ------- to the company.
    a. equality   b. equal   c. equally

23. His demand sounds -------.
    a. reasonable   b. reasonably   c. reason

24. I am disappointed with his lack of ------- attitude.
    a. profession   b. professional   c. professionally

25. You must ------- a valid driver's license and credit card in your name, at the time of rental.
    a. possessive   b. possession   c. possess

맞은 개수 **A.** ____/5 **B.** ____/5 **C.** ____/5 **D.** ____/5 **E.** ____/5

Answers 1. 영향력 있는 2. 고집, 인내, 지속 3. 협력, 협동, 협업 4. 평가하다 5. 시행하다, 실시하다 6. 경쟁력 있는 직원 혜택을 제공하다 7. 기본적인 자격 요건을 충족하다 8. 재무 분야의 경력을 추구하다 9. 추가 임무를 받아들이다 10. 전형적인 관광 명소 11. ensure 12. designate 13. cause 14. revise 15. strive 16. differs 17. personnel 18. expand 19. projection 20. capacity 21. b 22. c 23. a 24. b 25. c

결과 분석 및 학습 전략 진단 테스트 결과에 따라 학습 전략을 세워 보세요.

A 기초 어휘력 진단

맞은 개수 3개 이하 → 토익 기초 어휘부터 반복 학습하세요.

진단 테스트 A는 기초 어휘력 상태를 점검하기 위한 코너입니다. 기초 어휘력만 탄탄해도 800점 이상의 토익 점수를 획득할 수 있습니다. 만약 A번에서 맞은 개수가 3개 이하라면 기초 어휘력이 부족하기 때문에 청취 훈련이나 문법 공부를 해도 큰 효과를 보기 어렵습니다. 토익 학습을 위해 당신이 가장 집중해야 할 것은 빠른 시간 내에 토익 기초 어휘를 확충하는 것입니다. 한꺼번에 단어의 여러 가지 뜻을 모두 암기하려고 하기 보다는 **가장 대표적인 뜻 하나씩만 먼저 외우는 것이 효과적입니다.** 『키 신토익 보카+리딩』의 미니 단어장을 늘 가지고 다니며 자투리 시간마다 그날의 어휘를 반복해서 확인하세요.

B 구문 해석력 진단

맞은 개수 3개 이하 → 짧은 구문으로 구문 해석 연습을 해 보세요.

진단 테스트 B에서 3개 이하로 정답을 맞힌 학습자들은 시험장에서 시간이 모자라서 RC 문제를 다 풀지 못했거나 LC 파트에서 정답을 미처 고르기도 전에 다음 스크립트가 재생되어 당황한 경험이 빈번하게 있었을 것입니다. 이것은 주로 구문 단위로 의미를 파악하는 훈련이 부족하기 때문입니다. LC는 청취 내용을 한 번만 들려주기 때문에 스크립트를 듣는 즉시 해석할 수 있어야 하고, RC는 75분 이내에 100개의 문항을 풀어야 하므로 고득점을 위해서는 역시 빠른 독해 속도가 필요합니다. 즉, 토익은 LC와 RC를 불문하고 빠른 해석 속도를 요구하는 시험입니다. 구문 해석력을 높이는 비결은 단어를 암기할 때 처음부터 구문 속에서 단어를 접하는 것입니다. 『키 신토익 보카+리딩』은 단어에서 구, 구에서 문장, 문장에서 실전 문제로 확장되는 구조로 이루어진 학습 프로그램입니다. 연습문제 A, B, C, D, E를 하나도 소홀히 하지 말고 충실히 학습하면, 구문 해석력을 자연스럽게 강화할 수 있습니다.

C 어휘 연결 능력 진단

맞은 개수 3개 이하 → 여러 개의 예문으로 어휘를 익히세요.

영어 단어들은 특별히 더 긴밀하게 쓰이는 짝을 갖습니다. 예를 들어 responsibility(책임)라는 명사는 수많은 동사들 중 take, have, accept 등의 동사들과 더 즐겨 사용됩니다. 또한 job과 position은 둘 다 '일자리'라는 의미이지만 각각 즐겨 결합하는 단어는 다릅니다. job은 experience와 결합하여 직무 경험이라는 의미의 단어 job experience를 형성할 수 있지만 position experience라는 표현은 어색합니다. 이와 같은 어휘 연결 능력은 특히 Part 5, 6에서 고난도 문제를 맞히기 위해 요구되는 능력입니다. **어휘 연결 능력이 약하다면 단어 뜻 암기에 만족하지 말고 예문을 통해 단어의 올바른 용법까지 점검하세요.**

C 유사 어휘 구별 능력 진단

맞은 개수 3개 이하 → 어휘의 철자·발음을 완벽하게 암기하세요.

철자나 발음이 유사하여 헷갈리기 쉬운 영어 단어들이 있습니다. 토익 출제 기관은 이러한 단어들을 보기에 넣어서 오답을 유도합니다. 그러나 아무리 철자나 발음이 비슷해도 완벽하게 학습한 단어는 좀처럼 혼동되지 않습니다. 헷갈리는 단어는 결국 완벽하게 외우지 못한 단어입니다. 단어의 완벽한 암기를 위해서는 눈으로 읽고, 손으로 쓰고, 귀로 들어보며 나에게 익숙하게 만드는 것이 중요합니다. 유사 어휘 구별 능력이 약하다면 아는 것 같은 단어라도 **Exercise를 따라 반복해서 손으로 써보고, 무료로 제공되는 MP3 파일을 활용하여 반복해서 들으며 공부하세요.**

E 품사 구별 능력 진단

맞은 개수 3개 이하 → 파생어와 용례를 함께 확인하세요.

한 어원에서 여러 가지 품사 어휘가 파생되고, 품사에 따라 문장 안에서 맡는 기능이 달라집니다. 한 가지 단어 형태가 몇 가지 다른 품사로 활용되는 경우, 부사 어미(-ly)로 끝나지만 사실은 형용사인 단어들, 부사가 동사를 수식하는 다양한 위치 등 품사와 관련된 문제를 어렵게 만드는 요소들이 많습니다. 또한 최근 토익 기출 경향은 단순 공식에 대입하여 품사를 찾을 수 있는 문제에서 정확한 해석을 할 수 있어야 정답을 고를 수 있는 형태로 진화하고 있습니다. **그러므로 표제어를 외울 때 해당 표제어의 품사를 파악한 후, 더 나아가 함께 제시되어 있는 파생어들까지 연결시켜가면서 학습하세요. 그 후, 다시 한 번 예문 속에서 단어의 용법을 이해하는 식으로 접근하는 것이 효율적입니다.**

CHAPTER

1

BUSINESS

DAY 1-1

계약

condition	*n.* (대개 –s) 조건, 상태, (날씨 등의) 상황 conditioner *n.* 컨디셔너, 냉난방 장치 conditional *a.* 조건부의 unconditionally *ad.* 무조건적으로	the terms and _____s (계약) 조건 return it in its original _____ 원래 상태로 반환[반품]하다
exchange	*n.* 교환(품), 환전 *v.* 교환하다, 환전하다 exchange A for B A를 B로 교환하다	_____ the shirt 셔츠를 교환하다 the current _____ rate 현재 환율
option	*n.* 옵션, 선택권 optional *a.* 선택적인, 선택할 수 있는	delivery _____s 배달 옵션[선택] transportation _____s 교통수단 옵션[선택]
confidential	*a.* 기밀의, 내밀한 confidentiality *n.* 비밀 confidentially *ad.* 은밀하게, 사적으로	_____ files 기밀 파일 remain _____ as a matter of company policy 회사 방침의 문제로 기밀로 남아 있다
conflict	*n.* 갈등, (의견, 일정의) 충돌 *v.* 다투다, 충돌하다 confliction *n.* 충돌, 싸움 conflicting *a.* 상충되는	a schedule _____ 일정 충돌 _____ with earlier findings 이전 결과들과 상충하다
proposal	*n.* 제안(서), 제의 propose *v.* 제안하다	write a _____ 제안서를 쓰다 vote on a _____ 제안에 대해 투표하다
finalize	*v.* 마무리 짓다, 완결하다 finalization *n.* 마무리, 최종 승인	_____ a presentation 프레젠테이션[발표]을 마무리 짓다 _____ the contract 계약을 마무리 짓다
invoice	*n.* 송장, 인보이스 *v.* 송장을 작성하다	an _____ number 송장 번호 attach the _____ for the delivery 배달 송장을 첨부하다
modify	*v.* 수정하다, 변경하다 modification *n.* 수정 modified *a.* 수정된	_____ the name 이름을 수정하다 _____ an assembly line 조립 라인을 변경하다
security	*n.* 보안, 안전, 보호, 보장 secure *a.* 안전한 *v.* 확보하다 insecure *a.* 불안전한	a _____ pass 보안 출입증 introduce new _____ policies 새로운 보안 정책을 도입하다

DAY 1
DAY 2
DAY 3
DAY 4
DAY 5
DAY 6
DAY 7
DAY 8
DAY 9
DAY 10
DAY 11
DAY 12
DAY 13
DAY 14
DAY 15
DAY 16
DAY 17
DAY 18
DAY 19
DAY 20
DAY 21
DAY 22
DAY 23
DAY 24
DAY 25
DAY 26
DAY 27
DAY 28
DAY 29
DAY 30

저절로 암기 Training

Exercise A 주어진 단어들을 결합하여 구문을 만드세요.

term + condition → the _____s and _____s
조건   조건   (계약) 조건

current + exchange → the _____ _____ rate
현재의   환전   현재 환율

delivery + option → _____ _____s
배달   옵션   배달 옵션

remain + confidential → _____ _____
남아 있다   기밀의   기밀로 남아 있다

schedule + conflict → a _____ _____
일정   충돌   일정 충돌

write + proposal → _____ a _____
쓰다   제안서   제안서를 쓰다

finalize + contract → _____ the _____
마무리·짓다   계약   계약을 마무리 짓다

invoice + number → an _____ _____
송장   번호   송장 번호

modify + name → _____ the _____
수정하다   이름   이름을 수정하다

security + pass → a _____ _____
보안   출입증   보안 출입증

Exercise B 보기에서 적절한 단어를 찾아 문장을 완성하세요.

보기

condition   exchange   option   confidential   conflict
proposal   finalize   invoice   modify   security

01. He wants to change the terms and _____s of the contract.
그는 계약서의 조건을 바꾸고 싶어 한다.

02. You can choose the delivery _____s on the next page.
다음 페이지에서 배달 옵션을 선택하실 수 있습니다.

03. You must have a _____ pass to enter that area.
그 지역을 들어가려면 반드시 보안 출입증을 소지하여야 합니다.

04. The current _____ rate is good for the importers.
현재 환율은 수입업자들에게 유리하다.

05. I heard that you _____d the contract successfully.
저는 당신이 계약을 성공적으로 마무리 지었다고 들었어요.

06. How can I _____ the name on the bill?
어떻게 명세서 상의 이름을 수정할 수 있나요?

07. The survey results will remain _____ as a matter of company policy.
조사 결과는 회사 방침의 문제로 기밀로 남아 있을 것이다.

08. I can't find the _____ number. 송장 번호를 찾지 못하겠어요.

09. I need your help to write a _____. 제안서를 쓰는 데 당신의 도움이 필요합니다.

10. The flight has been delayed due to a schedule _____.
그 항공편은 일정 충돌로 인해 지연되었습니다.

Exercise C 주어진 단어의 적절한 의미를 찾아 연결해 보세요.

01. exchange •   • a. 보안, 안전, 보호

02. confidential •   • b. 교환, 환전

03. proposal •   • c. 제안, 제의

04. invoice •   • d. 기밀의, 내밀한

05. security •   • e. 송장; 송장을 작성하다

06. modify •   • f. 옵션, 선택권

07. finalize •   • g. 마무리 짓다, 완결하다

08. conflict •   • h. 갈등, 충돌

09. option •   • i. 수정하다, 변경하다

10. condition •   • j. 조건, 상태

DAY 1
DAY 2
DAY 3
DAY 4
DAY 5
DAY 6
DAY 7
DAY 8
DAY 9
DAY 10
DAY 11
DAY 12
DAY 13
DAY 14
DAY 15
DAY 16
DAY 17
DAY 18
DAY 19
DAY 20
DAY 21
DAY 22
DAY 23
DAY 24
DAY 25
DAY 26
DAY 27
DAY 28
DAY 29
DAY 30

Exercise B 01. condition 02. option 03. security 04. exchange 05. finalize 06. modify 07. confidential 08. invoice 09. proposal 10. conflict   **Exercise C** 01. b 02. d 03. c 04. e 05. a 06. i 07. g 08. h 09. f 10. j

Exercise D 다음 문장을 올바르게 해석해 보세요.

We'd like to [01]**exchange** our contract [02]**options.**
저희의 계약 [02]_____ 을 [01]_____ 싶습니다.

If you want to [03]**modify** the [04]**conditions**, please let us know.
만약 [04]_____ 을 [03]_____ 원하시면, 저희에게 알려주십시오.

We'll do our best to [05]**finalize** the deal as soon as possible.
저희는 거래를 가능한 한 빨리 [05]_____ 위해 최선을 다하겠습니다.

Exercise E 다음 구문을 올바르게 해석해 보세요.

01. the terms and **conditions**
_____

02. the current **exchange** rate
_____

03. delivery **options**
_____

04. remain **confidential**
_____

05. a schedule **conflict**
_____

06. write a **proposal**
_____

07. **finalize** the contract
_____

08. an **invoice** number
_____

09. **modify** the name
_____

10. a **security** pass
_____

Exercise D 01. 교환하고 02. 옵션 03. 변경하기를 04. 조건 05. 마무리 짓기   **Exercise E** 01. (계약) 조건 02. 현재 환율 03. 배달 옵션[선택]
04. 기밀로 남아 있다 05. 일정 충돌 06. 제안서를 쓰다 07. 계약을 마무리 짓다 08. 송장 번호 09. 이름을 수정하다 10. 보안 출입증

DAY 1-2

signature	*n.* 서명, 사인 sign *n.* 기호, 징후 *v.* 사인하다, 서명하다	a supervisor's _____ 감독 서명 require a _____ upon receipt 수령 시에 서명을 요청하다
reliance	*n.* 신뢰, 의존 reliable *a.* 믿을 만한, 신뢰할 수 있는	_____ on domestic sales 내수 판매에 대한 의존 _____ on fossil fuels 화석 연료에 대한 의존
terminate	*v.* 종결하다, 끝내다 termination *n.* 종료 terminal *n.* 터미널, 종점 *a.* 끝의	_____ a contract 계약을 끝내다
commission	*n.* 위원회, 수수료, (상거래의) 위탁 *v.* (제작을) 의뢰하다 commissioner *n.* (위원회의) 위원	the International Trade _____ 국제 무역 위원회 earn $10,000 in _____ 수수료로 1만 달러를 벌다
imperative	*n.* 명령, 긴요한 것, (따라야 할) 원칙 *a.* 필수적인, 긴요한	a moral _____ to act 따라야 할 도덕적 원칙 It is _____ that the complaints are dealt with quickly. 불만 사항들을 신속하게 처리하는 것은 매우 중요하다.
initially	*ad.* 초기에, 처음에 initiative *n.* 계획, 주도권 *a.* 처음의 initiate *v.* 시작하다	be _____ reduced 초기에 삭감되다 _____ experience the problem 초기에 그 문제를 경험하다
negotiation	*n.* 협상, 교섭 negotiate *v.* 협상하다, 교섭하다 negotiator *n.* 교섭자, 협상자	_____ with the client 고객과의 협상 be engaged in _____ over the contract 계약을 둘러싼 협상에 관여되다
verify	*v.* 확인하다, 입증하다 verification *n.* 확인, 조회, 입증	_____ information in a database 데이터베이스 안에서 정보를 확인하다 be regularly _____ied for accuracy 정확도를 위해 정기적으로 확인되다
agreement	*n.* 동의, 계약, 협정, 합의 agree *v.* 동의하다 reach an agreement 합의에 도달하다	a purchase _____ 구매 계약 accept a one-year _____ 1년 계약을 받아들이다
assure	*v.* 보장하다, 장담하다, 안심시키다 assurance *n.* 보장, 확신 assure A of B A에게 B를 보장하다	_____ me that he will be safe 그가 안전할 것이라고 내게 장담하다

DAY 1
DAY 2
DAY 3
DAY 4
DAY 5
DAY 6
DAY 7
DAY 8
DAY 9
DAY 10
DAY 11
DAY 12
DAY 13
DAY 14
DAY 15
DAY 16
DAY 17
DAY 18
DAY 19
DAY 20
DAY 21
DAY 22
DAY 23
DAY 24
DAY 25
DAY 26
DAY 27
DAY 28
DAY 29
DAY 30

저절로 암기 Training

Exercise A 주어진 단어들을 결합하여 구문을 만드세요.

supervisor + signature → a _____'s _____
감독   서명   감독 서명

reliance + domestic → _____ on _____ sales
의존   국내의   내수 판매에 대한 의존

terminate + contract → _____ a _____
끝내다   계약   계약을 끝내다

earn + commission → _____ $10,000 in _____
벌다   수수료   수수료로 1만 달러를 벌다

moral + imperative → a _____ _____ to act
도덕적인 (따라야 할) 원칙   따라야 할 도덕적 원칙

initially + experience → _____ _____ the problem
초기에   경험하다   초기에 그 문제를 경험하다

engage + negotiation → be _____d in _____
관여하다   협상   협상에 관여되다

verify + information → _____ _____ in a database
확인하다   정보   데이터베이스 안에서 정보를 확인하다

purchase + agreement → a _____ _____
구매   계약   구매 계약

assure + safe → _____ me that he will be _____
장담하다 안전한 그가 안전할 것이라고 내게 장담하다

Exercise B 보기에서 적절한 단어를 찾아 문장을 완성하세요.

보기

signature   reliance   terminate   commission   imperative
initially   negotiation   verify   agreement   assure

01. This trend has resulted in the growing _____ on domestic sales.
이러한 추세의 결과로 내수 판매에 대한 의존이 증가하였다.

02. The broker earned $10,000 in _____ last month.
그 중개인은 지난 달에 수수료로 1만 달러를 벌었다.

03. A supervisor's _____ is required on this form. 이 양식에는 감독 서명이 필요하다.

04. The police _____d me that he will be safe. 경찰은 그가 안전할 것이라고 내게 장담했다.

05. We are aware of the moral _____ to act. 우리는 따라야 할 도적적 원칙을 잘 인지하고 있다.

06. Her business venture _____ experienced the problem.
그녀의 벤처 사업은 초기에 그 문제를 경험했다.

07. The stockholders are engaged in _____ over the contract.
주주들은 계약을 둘러싼 협상에 관여되어 있다.

08. It's important that you understand what is included in a purchase _____.
당신이 구매 계약에 포함된 내용을 이해하는 것은 중요하다.

09. He'll be allowed to _____ information in a database within a week.
그는 일주일 내로 데이터베이스 안에서 정보를 확인할 수 있게 됩니다.

10. There are certain things to avoid when you _____ a contract.
당신이 계약을 끝낼 때 피해야 할 어떤 사항들이 있다.

DAY 1
DAY 2
DAY 3
DAY 4
DAY 5
DAY 6
DAY 7
DAY 8
DAY 9
DAY 10
DAY 11
DAY 12
DAY 13
DAY 14
DAY 15
DAY 16
DAY 17
DAY 18
DAY 19
DAY 20
DAY 21
DAY 22
DAY 23
DAY 24
DAY 25
DAY 26
DAY 27
DAY 28
DAY 29
DAY 30

Exercise C 주어진 단어의 적절한 의미를 찾아 연결해 보세요.

01. agreement　　·　　　　· a. 서명, 사인

02. assure　　·　　　　· b. 신뢰, 의존

03. signature　　·　　　　· c. 동의, 계약

04. reliance　　·　　　　· d. 확인하다, 입증하다

05. verify　　·　　　　· e. 보장하다, 장담하다

06. terminate　　·　　　　· f. 초기에, 처음에

07. negotiation　　·　　　　· g. 협상, 교섭

08. commission　　·　　　　· h. 위원회, 수수료

09. initially　　·　　　　· i. 종결하다, 끝내다

10. imperative　　·　　　　· j. 명령, 원칙; 필수적인

Exercise B 01. reliance 02. commission 03. signature 04. assure 05. imperative 06. initially 07. negotiation 08. agreement 09. verify 10. terminate **Exercise C** 01. c 02. e 03. a 04. b 05. d 06. i 07. g 08. h 09. f 10. j

The [01]**agreement** did not contain a handwritten [02]**signature** of the employer.

그 [01]_____는 고용주의 수기 [02]_____을 포함하지 않았다.

The International Trade [03]**Commission** [04]**terminated** the contract.

국제 무역 [03]_____는 계약을 [04]_____.

They assured me that they had [05]**verified** his identity.

그들은 그의 신분을 [05]_____고 나에게 장담했다.

Exercise E 다음 구문을 올바르게 해석해 보세요.

01. a supervisor's **signature**

_____

02. **reliance** on domestic sales

_____

03. **terminate** a contract

_____

04. earn $10,000 in **commission**

_____

05. a moral **imperative** to act

_____

06. **initially** experience the problem

_____

07. be engaged in **negotiation** over the contract

_____

08. **verify** information in a database

_____

09. a purchase **agreement**

_____

10. **assure** me that he will be safe

_____

Exercise D 01. 계약서 02. 서명 03. 위원회 04. 끝냈다 05. 확인했다   **Exercise E** 01. 감독 서명 02. 내수 판매에 대한 의존 03. 계약을 끝내다 04. 수수료로 1만 달러를 벌다 05. 따라야 할 도덕적 원칙 06. 초기에 그 문제를 경험하다 07. 계약을 둘러싼 협상에 관여되다 08. 데이터 베이스 안에서 정보를 확인하다 09. 구매 계약 10. 그가 안전할 것이라고 내게 장담하다

DAY 1-3

bid	*n.* 가격 제시, (공개) 입찰 *v.* 경매하다, 입찰하다 put in a bid 입찰하다 bid for ~에 입찰하다	announce her _____ for reelection 재선을 위한 그녀의 입후보를 알리다 accept _____s from local companies 현지 업체들의 입찰을 받다
partner	*n.* 동업자, 협력 업체 *v.* 제휴하다 partnership *n.* 협력, 제휴	send a package to his _____ 그의 협력 업체에 소포를 보내다 _____ with another financial institution 다른 금융 기관과 제휴하다
confirmation	*n.* 확인, 확증 confirm *v.* 확인[확신]하다, 확실하게 하다	a _____ e-mail 확인 이메일 receive official _____ 공식 확인을 받다
primary	*a.* 주된, 주요한, 기본적인 primarily *ad.* 주로, 첫째로, 본래	a _____ mission 주요 임무 the _____ distributor 주 유통업자
dispute	*n.* 분쟁, 논란 *v.* 논쟁하다, 이의를 제기하다 in dispute 미해결인, 논쟁 중인	a _____ over the noise 소음에 관한 논쟁 _____ an incorrect bill 잘못된 청구서에 이의를 제기하다
definitely	*ad.* 명백하게, 분명히, 틀림없이 definite *a.* 확실한, 확고한	_____ by 8 o'clock 틀림없이 8시까지 be _____ worth purchasing 확실히 살 가치가 있다
lapse	*n.* 실수, 과실, (시간의) 경과 *v.* (기한이 다 되어 효력이) 소멸되다	a minor _____ 사소한 실수 _____ after 1 year 1년 후에 소멸되다
procedure	*n.* (–s) 절차, 방법, 수순 proceed *v.* 진행하다	introduce a new _____ 새로운 방법을 도입하다 billing _____s 지불 절차
quote	*n.* 견적(≠quota 한도, 할당량) *v.* 견적을 내다, (가격을) 말하다	a price _____ 가격 견적 _____ for building a hospital 병원을 짓는 데 드는 견적을 내다
contract	*n.* 계약(서) *v.* 계약하다, 수축하다 contractor *n.* 계약자 contraction *n.* 수축	cancel a _____ 계약을 취소하다 an original _____ 원본 계약서

DAY 1
DAY 2
DAY 3
DAY 4
DAY 5
DAY 6
DAY 7
DAY 8
DAY 9
DAY 10
DAY 11
DAY 12
DAY 13
DAY 14
DAY 15
DAY 16
DAY 17
DAY 18
DAY 19
DAY 20
DAY 21
DAY 22
DAY 23
DAY 24
DAY 25
DAY 26
DAY 27
DAY 28
DAY 29
DAY 30

저절로 암기 Training

Exercise A 주어진 단어들을 결합하여 구문을 만드세요.

accept + bid → _____ _____s from local companies
받다   입찰   현지 업체들의 입찰을 받다

send + partner → _____ a package to his _____
보내다   협력 업체   그의 협력 업체에 소포를 보내다

official + confirmation → receive _____ _____
공식적인   확인   공식 확인을 받다

primary + mission → a _____ _____
주된   임무   주요 임무

dispute + noise → a _____ over the _____
논쟁   소음   소음에 관한 논쟁

definitely + worth → be _____ _____ purchasing
명백히, 확실히   가치 있는   확실히 살 가치가 있다

minor + lapse → a _____ _____
사소한   실수   사소한 실수

introduce + procedure → _____ a new _____
도입하다   절차, 방법   새로운 방법을 도입하다

price + quote → a _____ _____
가격   견적   가격 견적

cancel + contract → _____ a _____
취소하다   계약   계약을 취소하다

Exercise B 보기에서 적절한 단어를 찾아 문장을 완성하세요.

보기

| bid | partner | confirmation | primary | dispute |
| definitely | lapse | procedure | quote | contract |

01. There is a lot of pressure to accept _____s from local companies.
현지 업체들의 입찰을 받으라는 많은 압력이 있다.

02. The neighbors had a _____ over the noise. 이웃들은 소음에 관한 논쟁을 벌였다.

03. The team leaders decided to wait until they receive official _____.
팀장들은 공식 확인을 받을 때까지 기다리기로 결정했다.

04. It is essential to consult with your lawyer before you cancel a _____ .
계약을 취소하기 전에 변호사와 상담하는 것은 필수적이다.

05. Their new product is _____ worth purchasing.
그들의 새 제품은 확실히 살 가치가 있다.

06. Keep in mind that even a minor _____ can lead to major costs.
사소한 실수라도 큰 대가로 이어질 수 있다는 것을 명심해라.

07. I forgot to send a package to his _____ . 그의 협력 업체에 소포를 보내는 것을 깜박했어요.

08. We would be happy to prepare a price _____ for you.
기꺼이 당신을 위해 가격 견적을 준비해드리겠습니다.

09. A _____ mission of the Good Foundation is to support underprivileged children. Good Foundation의 주요 임무는 소외계층 아이들을 후원하는 것이다.

10. Currently, we have no plans to introduce a new _____ .
현재로서는 우리는 새로운 방법을 도입할 계획이 없습니다.

DAY 1
DAY 2
DAY 3
DAY 4
DAY 5
DAY 6
DAY 7
DAY 8
DAY 9
DAY 10
DAY 11
DAY 12
DAY 13
DAY 14
DAY 15
DAY 16
DAY 17
DAY 18
DAY 19
DAY 20
DAY 21
DAY 22
DAY 23
DAY 24
DAY 25
DAY 26
DAY 27
DAY 28
DAY 29
DAY 30

Exercise C 주어진 단어의 적절한 의미를 찾아 연결해 보세요.

01. confirmation •		• a. 명백하게, 분명히
02. primary •		• b. 확인, 확증
03. definitely •		• c. 주된, 주요한
04. lapse •		• d. 실수, 과실; 소멸되다
05. quote •		• e. 견적; 말하다
06. contract •		• f. 동업자; 제휴하다
07. bid •		• g. 분쟁; 논쟁하다
08. partner •		• h. 가격 제시; 입찰하다
09. dispute •		• i. 절차, 방법, 수순
10. procedure •		• j. 계약; 계약하다

Exercise B 01. bid 02. dispute 03. confirmation 04. contract 05. definitely 06. lapse 07. partner 08. quote 09. primary 10. procedure **Exercise C** 01. b 02. c 03. a 04. d 05. e 06. j 07. h 08. f 09. g 10. i

Exercise D 다음 문장을 올바르게 해석해 보세요.

She and her ⁰¹**partner** decided to ⁰²**bid** for the project.
그녀와 그녀의 ⁰¹_____ 는 그 프로젝트에 ⁰²_____ 했다.

The detailed ⁰³**procedures** are specified in the ⁰⁴**confirmation** letter.
자세한 ⁰³_____ 는 ⁰⁴_____ 서신에 명시되어 있다.

There was a ⁰⁵**dispute** over an unfair contract.   불공정한 계약에 대한 ⁰⁵_____ 이 있었다.

Exercise E 다음 구문을 올바르게 해석해 보세요.

01. accept **bids** from local companies

_____

02. send a package to his **partner**

_____

03. receive official **confirmation**

_____

04. a **primary** mission

_____

05. a **dispute** over the noise

_____

06. be **definitely** worth purchasing

_____

07. a minor **lapse**

_____

08. introduce a new **procedure**

_____

09. a price **quote**

_____

10. cancel a **contract**

_____

Exercise D 01. 동업재[협력 업체] 02. 입찰하기로 03. 절차 04. 확인 05. 논쟁   **Exercise E** 01. 현지 업체들의 입찰을 받다 02. 그의 협력 업체에 소포를 보내다 03. 공식 확인을 받다 04. 주요 임무 05. 소음에 관한 논쟁 06. 확실히 살 가치가 있다 07. 사소한 실수 08. 새로운 방법을 도입하다 09. 가격 견적 10. 계약을 취소하다

DAY 1-4

provisionally	*ad.* 임시로, 잠정적으로 provisional *a.* 임시의, 잠정적인	_____ agree to the changes 잠정적으로 변경 사항에 동의하다
satisfaction	*n.* 만족(↔dissatisfaction 불만) satisfy *v.* 만족시키다 satisfied *a.* 만족하는, 만족스러워하는 satisfactory *a.* 만족스러운	customer _____ ratings 고객 만족 평가 an employee _____ survey 직원 만족도 조사
expire	*v.* (계약 등이) 만료되다, 끝나다 expiration *n.* 만료, 만기 expired *a.* 만료된, 기한이 지난	_____ on November 15 11월 15일자로 만료되다 an _____d credit card 만료된 신용 카드
suspend	*v.* 매달다, (일시) 중단하다, 연기하다 suspension *n.* 연기, 보류, 유예	be _____ed from some lampposts 몇몇 가로등에 매달려 있다 temporarily _____ the account 계정을 일시 정지하다
compromise	*n.* 타협, 화해, 절충 *v.* 타협하다, 양보하다, 위협하다	a _____ over this issue 이 문제에 대한 타협 _____ the safety of the car 차의 안전을 위협하다
renew	*v.* (계약 등을) 갱신하다 renewal *n.* 갱신, (기한) 연장, 재개발	_____ her subscription 그녀의 구독을 갱신하다 _____ the lease 임대 계약을 갱신하다
term	*n.* 임기, 기한, (대개 ~s) 조건	a short-_____ lease 단기 임대 contract _____s 계약 조건
approve	*v.* 승인하다, 인가하다, 찬성하다 approval *n.* 승인, 허가	_____ the blueprints 계획[청사진]을 승인하다 _____ the loan 대출을 허가하다
accept	*v.* 수락하다, 승낙하다(↔reject, turn down 거절하다) acceptance *n.* 동의, 승인 acceptable *a.* 받아들일 수 있는	_____ various forms of payments 다양한 지불 형태를 수락하다 no longer _____ any suggestions 더 이상 어떤 제안도 받아들이지 않다
decision	*n.* 결정(↔indecision 망설임), 판단 decisive *a.* 결정적인	make a hiring _____ 고용 결정을 하다 report a _____ 결정을 알리다

저절로 암기 Training

Exercise A 주어진 단어들을 결합하여 구문을 만드세요.

provisionally + agree → _____ _____ to the changes
잠정적으로   동의하다   잠정적으로 변경 사항에 동의하다

employee + satisfaction → an _____ _____ survey
직원   만족   직원 만족도 조사

expire + November → _____ on _____ 15
만료되다   11월   11월 15일자로 만료되다

suspend + account → temporarily _____ the _____
중단하다   계정   계정을 일시 정지하다

compromise + issue → a _____ over this _____
타협   문제   이 문제에 대한 타협

renew + subscription → _____ her _____
갱신하다   구독   그녀의 구독을 갱신하다

term + lease → a short-_____ _____
기한   임대   단기 임대

approve + loan → _____ the _____
허가하다   대출   대출을 허가하다

accept + suggestion → no longer _____ any _____s
수락하다   제안   더 이상 어떤 제안도 받아들이지 않다

hiring + decision → make a _____ _____
고용   결정   고용 결정을 하다

Exercise B 보기에서 적절한 단어를 찾아 문장을 완성하세요.

보기

provisionally   satisfaction   expire   suspend   compromise
renew   term   approve   accept   decision

01. Both parties are trying to reach a _____ over this issue.
양측 모두 이 문제에 대한 타협에 이르기 위해 노력하고 있다.

02. Recently the company conducted an employee _____ survey.
최근 회사는 직원 만족도 조사를 시행했다.

03. We have no choice but to temporarily _____ your account.
우리는 당신의 계정을 일시 정지할 수밖에 없습니다.

04. You can find a short-_____ lease that best suits your housing needs on our website. 저희 웹사이트에서 당신의 주택 필요에 가장 잘 맞는 단기 임대를 찾아볼 수 있습니다.

05. The supervisor asked me to _____ his loan.
상사는 나에게 그의 대출을 허가하라고 요구했다.

06. The managers make a hiring _____ based on objective criteria.
관리자들은 객관적인 기준에 근거하여 고용 결정을 한다.

07. According to the news report, the executives _____ agreed to the changes.
뉴스 보도에 따르면, 경영자들은 잠정적으로 변경 사항에 동의했다.

08. After what happened last month, the clients no longer _____ any suggestions. 지난 달에 일어난 일 이후로, 고객들은 더 이상 어떤 제안도 받아들이지 않는다.

09. This contract is due to _____ on November 15.
이 계약은 11월 15일자로 만료될 예정이다.

10. Jane called to _____ her subscription. Jane이 그녀의 구독을 갱신하기 위해 전화했다.

Exercise C 주어진 단어의 적절한 의미를 찾아 연결해 보세요.

01. satisfaction •   • a. 매달다, 중단하다

02. accept •   • b. 만족

03. suspend •   • c. 수락하다, 승낙하다

04. term •   • d. 임기, 기한, 조건

05. provisionally •   • e. 임시로, 잠정적으로

06. compromise •   • f. 타협, 화해; 타협하다

07. expire •   • g. 만료되다, 끝나다

08. renew •   • h. 갱신하다

09. approve •   • i. 결정, 판단

10. decision •   • j. 승인하다, 인가하다

DAY 1
DAY 2
DAY 3
DAY 4
DAY 5
DAY 6
DAY 7
DAY 8
DAY 9
DAY 10
DAY 11
DAY 12
DAY 13
DAY 14
DAY 15
DAY 16
DAY 17
DAY 18
DAY 19
DAY 20
DAY 21
DAY 22
DAY 23
DAY 24
DAY 25
DAY 26
DAY 27
DAY 28
DAY 29
DAY 30

Exercise B 01. compromise 02. satisfaction 03. suspend 04. term 05. approve 06. decision 07. provisionally 08. accept 09. expire 10. renew **Exercise C** 01. b 02. c 03. a 04. d 05. e 06. f 07. g 08. h 09. j 10. i

Exercise D 다음 문장을 올바르게 해석해 보세요.

I would like to know when my membership will [01]**expire** and how to [02]**renew** it.
제 회원권이 언제 [01]_____ 어떻게 그것을 [02]_____ 알고 싶습니다.

A delegation has the power to [03]**approve** the terms and conditions of the contract.
대표단은 계약 조건을 [03]_____ 권한을 갖는다.

The committee made the [04]**decision** to [05]**provisionally** suspend them.
위원회는 [05]_____ 그들을 자격 정지하기로 [04]_____을 내렸다.

Exercise E 다음 구문을 올바르게 해석해 보세요.

01. **provisionally** agree to the changes
_____

02. an employee **satisfaction** survey
_____

03. **expire** on November 15
_____

04. temporarily **suspend** the account
_____

05. a **compromise** over the issue
_____

06. **renew** her subscription
_____

07. a short-**term** lease
_____

08. **approve** the loan
_____

09. no longer **accept** any suggestions
_____

10. make a hiring **decision**
_____

Exercise D 01. 만료되고 02. 갱신하는지 03. 승인할 04. 결정 05. 잠정적으로 **Exercise E** 01. 잠정적으로 변경 사항에 동의하다 02. 직원 만족도 조사 03. 11월 15일자로 만료되다 04. 계정을 일시 정지하다 05. 이 문제에 대한 타협 06. 그녀의 구독을 갱신하다 07. 단기 임대 08. 대출을 허가하다 09. 더 이상 어떤 제안도 받아들이지 않다 10. 고용 결정을 하다

저절로 실전 Training

Day 1에서 배운 단어,
실제 토익에는 이렇게 나옵니다.

Grammar & Expressions 배운 단어로 Part 5 실전 문제 풀어보기

1. We'll do our best ------- the deal as soon as possible.

   (A) finalize
   (B) finalized
   (C) to finalize
   (D) finalizing

2. The agreement did not contain a handwritten ------- of the employer.

   (A) signatory
   (B) signer
   (C) signal
   (D) signature

3. There was a ------- over an unfair contract.

   (A) dispute
   (B) distribution
   (C) division
   (D) delegate

4. I would like to know when my membership will expire and how ------- it.

   (A) renew
   (B) renews
   (C) will renew
   (D) to renew

- -

Answers

1. (C)

해석 저희는 거래를 가능한 한 빨리 마무리 짓기 위해 최선을 다하겠습니다.

해설 **[어법] 준동사** 문맥상 목적을 나타내는 동사 형태가 와야 한다. to부정사의 부사적 용법 중 '목적'으로 쓰인 (C) to finalize가 적절하다.

2. (D)

해석 그 계약서는 고용주의 수기 서명을 포함하지 않았다.

해설 **[어휘] 의미나 형태가 유사한 명사** 계약서에 포함되어야 하는 것은 '고용주의 (D) 서명'이다.
   (A) 서명인, 조인국 (B) 서명자 (C) 신호, 지시 (D) 서명

3. (A)

해석 불공정한 계약에 대한 논쟁이 있었다.

해설 **[어휘] 의미나 형태가 유사한 명사** 문맥상 '불공정한 계약에 대한 (A) 논쟁'이 있었다고 해야 적절하다. a dispute over는 '~에 대한 논쟁'이라는 뜻이다.
   (A) 논쟁 (B) 분배, 유통 (C) 분할, 부서 (D) 대표자

4. (D)

해석 제 회원권이 언제 만료되고, 어떻게 그것을 갱신하는지 알고 싶습니다.

해설 **[어법] 준동사** 의문사 how는 구나 절을 이끈다. 빈칸 이후에 목적어(it)만 있고 주어는 없으므로 how 이하 부분은 의문사절이 아니라 의문사구이다. 절이 아니므로 동사는 빈칸에 올 수 없고 to부정사 (D) to renew가 정답이다.

저절로 실전 Training

Reading & Listening 배운 단어로 실전 지문 읽고 들어보기

다음 글을 읽고 올바른 해석을 고르세요.

MP3

DAY 1

Contract

Dear Ms. O'Malley,

Thank you for your **confirmation**. We're thrilled that our bid has been accepted. If

1. (A) 당신의 구매에 감사드립니다
(B) 당신의 확인에 감사드립니다

the condition stays the same, we'd like to exchange our contract options. One of our partners will be in touch with you to finalize the terms. If you have any conflicts regarding the agreement, please do not hesitate to let us know. We assure you that we'll do our best to **finalize** the deal as soon as possible.

2. (A) 계약을 완료하기 위해
(B) 계약을 취소하기 위해

Should you have any concerns or questions regarding the procedure, please direct them to me. I will now **suspend** all other bids in reliance on your proposal. We are

3. (A) 다른 모든 입찰을 중단하다
(B) 더 많은 공고에 입찰하다

very glad to start a business relationship with your company. I'll look forward to hearing back from you.

Sincerely yours,

Andy Thompson
CEO, Evergreen Motor Company

Answers

1. (B) 2. (A) 3. (A)

해석 Ms. O'Malley께,

¹·당신의 확인에 감사드립니다. 저희의 입찰이 받아들여졌다니 흥분됩니다. 만약 조건이 여전히 동일하다면, 계약 옵션을 교환하고 싶습니다. 저희 파트너 중 한 명이 조건을 확정 짓기 위해 연락드릴 것입니다. 계약에 관련한 어떤 갈등이 있다면 주저하지 마시고 저희에게 알려주십시오. 저희 는 가능한 한 빨리 ²·계약을 완료하기 위해 최선을 다할 것임을 보장합니다. 절차에 관련된 우려나 질문이 있으시다면 저에게 보내주십시오. 당신 의 제안을 신뢰하여 저는 이제 ³·다른 모든 입찰을 중단하겠습니다. 귀사와 사업 관계를 시작하게 되어 매우 기쁩니다. 연락 기다리겠습니다.

Andy Thompson
Evergreen Motor Company, 최고 경영자

DAY 2-1

survey	*n.* (설문) 조사 *v.* (설문) 조사하다, 살펴보다	a comprehensive _____ 포괄적인 조사 _____ the damage 피해를 조사하다
detail	*n.* 세부사항 *v.* 상세하게 설명하다	_____s about her work experience 그녀의 근무 경력에 관한 세부사항 take _____ed notes 상세한 기록을 적다
commercial	*n.* 광고 (방송) *a.* 상업의, 상업적인 commerce *n.* 무역, 상업, 교역 commercialize *v.* 상업화[상품화]하다	_____s promoting the products 상품을 홍보하는 광고 a _____ pilot 상업용 항공기 조종사
customer	*n.* 고객, 손님 customize *v.* 고객의 요구에 맞게 제작하다	a _____ account 고객 계정 _____ satisfaction 고객 만족
expense	*n.* 비용, 지출 expensive *a.* 비싼, 돈이 많이 드는	reduce _____s 비용을 줄이다 travel _____s 출장 경비
campaign	*n.* 운동, 캠페인, 판촉 활동	work on an advertising _____ 광고 캠페인 업무를 하다 acclaimed marketing _____s 찬사받은 마케팅 캠페인
raise	*n.* (가격, 임금) 인상, 상승 *v.* 올리다, 인상하다, (의문을) 제기하다, (돈을) 모으다, 모금하다	a pay _____ 임금 인상 _____ money 기금을 모금하다
target	*n.* 목표, 대상 *v.* 목표로 삼다	meet the production _____ 생산 목표를 맞추다 the _____ audience for this advertisement 이 광고의 목표 관객
aim	*n.* 목표, 목적, 조준 *v.* (~을) 겨누다 aim to V ~할 작정이다	one _____ of the seminar 세미나의 한 가지 목적 _____ to offer business travelers more wine 비즈니스 여행객에 더 많은 와인을 제공할 작정이다
appreciation	*n.* 감사, 감상, 평가, 이해 appreciate *v.* 고맙게 생각하다, 감상하다 appreciative *a.* 고마워하는, 안목 있는	express _____ for the service 서비스에 대한 감사를 표하다 invite to _____ dinner 감사 만찬에 초청하다

저절로 암기 Training

Exercise A 주어진 단어들을 결합하여 구문을 만드세요.

comprehensive + survey → a _____ _____
포괄적인   조사   포괄적인 조사

detail + experience → _____s about her work _____
세부사항   경력   그녀의 근무 경력에 관한 세부사항

commercial + promote → _____s _____ing the products
광고   홍보하다   상품을 홍보하는 광고

customer + account → a _____ _____
고객   계정   고객 계정

reduce + expense → _____ _____s
줄이다   비용   비용을 줄이다

acclaimed + campaign → _____ marketing _____s
찬사받은   캠페인   찬사받은 마케팅 캠페인

pay + raise → a _____ _____
임금   인상   임금 인상

meet + target → _____ the production _____
맞추다   목표   생산 목표를 맞추다

aim + seminar → one _____ of the _____
목적   세미나   세미나의 한 가지 목적

express + appreciation → _____ _____ for the service
표현하다   감사   서비스에 대한 감사를 표하다

Exercise B 보기에서 적절한 단어를 찾아 문장을 완성하세요.

보기

> survey   detail   commercial   customer   expense
> campaign   raise   target   aim   appreciation

01. We have enough resources to conduct a comprehensive _____.
우리는 포괄적인 조사를 시행할 수 있는 충분한 자원이 있다.

02. Opening a _____ account is not that difficult.
고객 계정을 여는 것은 그렇게 어렵지 않다.

03. This is a better way to express _____ for the service.
이것이 서비스에 대한 감사를 표하는 더 좋은 방법이다.

04. MSW Inc.'s success is largely due to the acclaimed marketing _____s.
MSW사의 성공은 대부분 찬사받은 마케팅 캠페인 덕분이다.

05. The CEO announced that every associate will receive a pay _____.
최고 경영자는 모든 직원들이 임금 인상을 받을 것이라고 발표했다.

06. Mr. Jeremy expects the factory will meet the production _____.
Mr. Jeremy는 공장이 생산 목표를 맞출 것이라고 기대한다.

07. To give researchers in sociology more practical knowledge is one _____ of the seminar. 사회학 연구자들에게 더 실용적인 지식을 주는 것이 이 세미나의 한 가지 목적이다.

08. _____s about her work experience are included in this résumé.
그녀의 근무 경력에 관한 세부사항은 이 이력서 안에 포함되어 있다.

09. The agency is good at making effective _____s promoting the products.
그 대행사는 상품을 홍보하는 효과적인 광고를 잘 만든다.

10. This new technology allows us to reduce _____s.
이 새로운 기술이 우리가 비용을 줄이게 해준다.

DAY 1
DAY 2
DAY 3
DAY 4
DAY 5
DAY 6
DAY 7
DAY 8
DAY 9
DAY 10
DAY 11
DAY 12
DAY 13
DAY 14
DAY 15
DAY 16
DAY 17
DAY 18
DAY 19
DAY 20
DAY 21
DAY 22
DAY 23
DAY 24
DAY 25
DAY 26
DAY 27
DAY 28
DAY 29
DAY 30

Exercise C 주어진 단어의 적절한 의미를 찾아 연결해 보세요.

01. commercial	•	• a. 고객, 손님
02. raise	•	• b. 조사; 조사하다
03. appreciation	•	• c. 감사, 감상
04. survey	•	• d. 광고; 상업적인
05. customer	•	• e. 인상; 올리다
06. detail	•	• f. 목표, 조준; ~을 겨누다
07. campaign	•	• g. 세부사항
08. target	•	• h. 비용, 지출
09. aim	•	• i. 운동, 캠페인
10. expense	•	• j. 목표, 대상; 목표로 삼다

Exercise B 01. survey 02. customer 03. appreciation 04. campaign 05. raise 06. target 07. aim 08. Detail 09. commercial 10. expense **Exercise C** 01. d 02. e 03. c 04. b 05. a 06. g 07. i 08. j 09. f 10. h

Exercise D 다음 문장을 올바르게 해석해 보세요.

Our [01]**customers** clearly indicated their preference for a regular service update according to the [02]**survey** we've conducted. 우리가 시행한 [02]_____에 따르면 우리 [01]_____은 정기적인 서비스 업데이트에 대한 선호를 명백하게 나타냈다.

Let's discuss the [03]**details** of the new advertising [04]**campaign**.
새로운 광고 [04]_____의 [03]_____에 대해 논의합시다.

We'll be cutting the overhead [05]**expenses**. 우리는 간접 [05]_____를 절감할 것이다.

Exercise E 다음 구문을 올바르게 해석해 보세요.

01. reduce **expenses**
_____

02. a pay **raise**
_____

03. express **appreciation** for the service
_____

04. a comprehensive **survey**
_____

05. **details** about her work experience
_____

06. **commercials** promoting the products
_____

07. a **customer** account
_____

08. acclaimed marketing **campaigns**
_____

09. meet the production **target**
_____

10. one **aim** of the seminar
_____

Exercise D 01. 고객들 02 조사 03. 세부사항 04. 캠페인 05. 경비 **Exercise E** 01. 비용을 줄이다 02. 임금 인상 03. 서비스에 대한 감사를 표하다 04. 포괄적인 조사 05. 그녀의 근무 경력에 관한 세부사항 06. 상품을 홍보하는 광고 07. 고객 계정 08. 찬사받은 마케팅 캠페인 09. 생산 목표를 맞추다 10. 세미나의 한 가지 목적

DAY 2-2

effective	*a.* 효과적인(≠efficient 효율적인), (법률 등이) 발효되는, 시행되는 effectively *ad.* 효과적으로	_____ marketing strategies 효과적인 마케팅 전략 set _____ career goals 효과적인 직업 목표를 설정하다
emphasis	*n.* 강조, 중점 emphasize *v.* 강조하다 place an emphasis on ~을 강조하다	an _____ on orchard fruits 과수원 과일에 대한 강조 an _____ on the software 소프트웨어에 대한 강조
intention	*n.* 의지, 의향 intentionally *ad.* 고의로 intend *v.* ~할 작정이다	_____ to retire 은퇴하려는 의향 have no _____ of paying 지불할 의사가 없다
post	*n.* 기둥, 직위, 자리 *v.* (안내문 등을) 게시하다, 공고하다	tie a horse to a _____ 기둥에 말을 묶다 _____ a notice on the board 게시판에 공고를 게시하다
represent	*v.* 대표하다, 제시하다, 나타내다 representation *n.* 대표, 대리	_____ an increase of 20 percent 20% 증가를 나타내다 _____ the original work of the submitter 제출자의 원본 작품을 제시하다
adopt	*v.* 채택하다, 채용하다 adoption *n.* 채택	be _____ed by many companies 많은 회사에 의해 채택되다
attempt	*n.* 시도, 노력 *v.* 시도하다, 노력하다 attempt to V ~하려고 시도하다	repeated _____s 반복적인 시도 _____s to solve traffic congestion 교통 혼잡을 해결하기 위한 노력
comparison	*n.* 비교, 비유 comparable *a.* 필적하는, 비길 만한 compare *v.* 비교하다, 비유하다	in _____ with his earlier works 그의 초기 작품과 비교해 볼 때
concept	*n.* 개념, 관념, 콘셉트	a new design _____ 새로운 디자인 콘셉트 the _____ of sustainable forestry 지속 가능한 삼림의 개념
regard	*n.* 관심, 고려 *v.* 간주하다[여기다] regard A as B A를 B로 여기다	in _____ to your inquiry 귀하의 질문에 관련해서 highly _____ed in the industry 그 산업에서 매우 인정받는

DAY 1
DAY 2
DAY 3
DAY 4
DAY 5
DAY 6
DAY 7
DAY 8
DAY 9
DAY 10
DAY 11
DAY 12
DAY 13
DAY 14
DAY 15
DAY 16
DAY 17
DAY 18
DAY 19
DAY 20
DAY 21
DAY 22
DAY 23
DAY 24
DAY 25
DAY 26
DAY 27
DAY 28
DAY 29
DAY 30

저절로 암기 Training

Exercise A 주어진 단어들을 결합하여 구문을 만드세요.

effective + strategy → _____ marketing _____ies
효과적인   전략   효과적인 마케팅 전략

emphasis + orchard → an _____ on _____ fruits
강조   과수원   과수원 과일에 대한 강조

intention + retire → _____ to _____
의향   은퇴하다   은퇴하려는 의향

post + notice → _____ a _____ on the board
게시하다   공고   게시판에 공고를 게시하다

represent + increase → _____ an _____ of 20 percent
나타내다   증가   20% 증가를 나타내다

adopt + company → be _____ed by many _____ies
채택하다   회사   많은 회사에 의해 채택되다

repeated + attempt → _____ _____s
반복적인   시도   반복적인 시도

comparison + earlier → in _____ with his _____ works
비교   초기의   그의 초기 작품과 비교해 볼 때

concept + sustainable → the _____ of _____ forestry
개념   지속 가능한   지속 가능한 삼림의 개념

regard + inquiry → in _____ to your _____
관심, 고려   질문   귀하의 질문에 관련해서

Exercise B 보기에서 적절한 단어를 찾아 문장을 완성하세요.

보기

> effective   emphasis   intention   post   represent
> adopt   attempt   comparison   concept   regard

01. _____ marketing strategies are those that are targeted to a specific audience. 효과적인 마케팅 전략은 구체적인 대상을 목표로 하는 것이다.

02. The building manager _____ed a notice on the board.
건물 관리인이 게시판에 공고를 게시했다.

03. These figures _____ an increase of 20 percent from last year.
이 수치들은 작년에 비해 20% 증가를 나타낸다.

04. Nutritional education with an _____ on orchard fruits is encouraged.
과수원 과일에 대해 강조하는 영양 교육이 장려된다.

05. Despite repeated _____s, we were unable to fix the problem.
반복적인 시도에도 불구하고, 우리는 그 문제를 해결할 수 없었다.

06. Many organizations have tried to define the _____ of sustainable forestry.
많은 단체가 지속 가능한 삼림의 개념을 정의하려고 노력해 왔다.

07. Mr. Chris has informed the directors of his _____ to retire.
Mr. Chris는 이사들에게 은퇴하려는 의향을 알렸다.

08. The promotion strategies have been _____ed by many companies.
그 홍보 전략은 많은 회사에 의해 채택되었다.

09. These paintings are more persuasive in _____ with his earlier works.
이 그림들은 그의 초기 작품과 비교해 볼 때 더 설득력 있다.

10. In _____ to your inquiry, I am enclosing a brochure about our tour package.
귀하의 질문에 관련해서, 저희의 여행 패키지 브로슈어를 동봉해드립니다.

DAY 1
DAY 2
DAY 3
DAY 4
DAY 5
DAY 6
DAY 7
DAY 8
DAY 9
DAY 10
DAY 11
DAY 12
DAY 13
DAY 14
DAY 15
DAY 16
DAY 17
DAY 18
DAY 19
DAY 20
DAY 21
DAY 22
DAY 23
DAY 24
DAY 25
DAY 26
DAY 27
DAY 28
DAY 29
DAY 30

Exercise C 주어진 단어의 적절한 의미를 찾아 연결해 보세요.

01. effective	•	• a.	관심; ~라고 여기다
02. intention	•	• b.	채택하다, 채용하다
03. adopt	•	• c.	비교, 비유
04. comparison	•	• d.	효과적인, 발효되는
05. regard	•	• e.	의지, 의향
06. emphasis	•	• f.	강조, 중점
07. concept	•	• g.	직위, 자리; 게시하다
08. attempt	•	• h.	시도, 노력
09. post	•	• i.	개념, 관념
10. represent	•	• j.	대표하다, 제시하다

Exercise B 01. Effective 02. post 03. represent 04. emphasis 05. attempt 06. concept 07. intention 08. adopt 09. comparison
10. regard   **Exercise C** 01. d 02. e 03. b 04. c 05. a 06. f 07. i 08. h 09. g 10. j

Exercise D 다음 문장을 올바르게 해석해 보세요.

The new advertising campaign proved to be [01]**effective**.

새 광고 캠페인은 [01] _____ 것으로 입증되었다.

The agency has [02]**adopted** the [03]**concept** of diversity since last year.

그 기관은 작년부터 다양성의 [03] _____ 을 [02] _____ .

The reporter put an [04]**emphasis** on our [05]**attempts** to prevent the accident.

그 기자는 사고를 예방하려는 우리의 [05] _____ 을 [04] _____ 했다.

Exercise E 다음 구문을 올바르게 해석해 보세요.

01. **represent** an increase of 20 percent
_____

02. be **adopted** by many companies
_____

03. in **comparison** with his earlier works
_____

04. the **concept** of sustainable forestry
_____

05. **effective** marketing strategies
_____

06. an **emphasis** on orchard fruits
_____

07. **intention** to retire
_____

08. **post** a notice on the board
_____

09. in **regard** to your inquiry
_____

10. repeated **attempts**
_____

Exercise D 01. 효과적인 02. 채택해 왔다 03. 개념 04. 강조 05. 노력[시도] **Exercise E** 01. 20% 증가를 나타내다 02. 많은 회사에 의해 채택되다 03. 그의 초기 작품과 비교해 볼 때 04. 지속 가능한 삼림의 개념 05. 효과적인 마케팅 전략 06. 과수원 과일에 대한 강조 07. 은퇴하려는 의향 08. 게시판에 공고를 게시하다 09. 귀하의 질문에 관련해서 10. 반복적인 시도

DAY 2-3

마케팅, 광고

strategy	*n.* 전략, 전술 strategic *a.* 전략적인 strategically *ad.* 전략적으로	change our advertising _____ 광고 전략을 바꾸다 proposed _____ies 제안된 전략
consecutive	*a.* 연속적인 consecutively *ad.* 연속적으로	three _____ days of rain 3일간 연속적으로 내린 비 _____ numbers 연속된 숫자
majority	*n.* 대부분, 대다수 major *a.* 대다수의, 주요한 *n.* 전공 *v.* 전공하다	a _____ of customers 대다수의 고객 the views of the _____ 대다수의 관점
marketing	*n.* 마케팅, 영업, 물건 사기[쇼핑] market *n.* 시장 *v.* 매매하다, (상품을 팔려고) 내놓다	design the _____ brochure 마케팅 홍보책자를 디자인하다 a new capable _____ director 유능한 신임 마케팅 책임자
preliminary	*n.* 예비 행위, 사전 준비 *a.* 예비의, 준비의	the _____ results 예비 결과 have a _____ meeting 사전 회의를 갖다
promotional	*a.* 홍보의, 판촉용의 promotion *n.* 승진, 홍보 promote *v.* 홍보하다, 선전하다, 승진시 키다	a _____ package 판촉 패키지 design these _____ posters 이 홍보 포스터들을 디자인하다
sales	*n.* 매출(액), 판매량	the steady decline of _____ 꾸준한 매출 하락 the _____ seminar 판매 세미나
trend	*n.* 동향, 추세, 경향	_____s in the travel industry 관광 산업의 동향 hiring _____s over the next ten years 향후 10년간의 고용 추세
demonstration	*n.* 설명, 시연 demonstrate *v.* 설명하다, 시연하다	a product _____ 제품 설명(회) a cooking _____ 요리 시연
consistently	*ad.* 일관하여, 지속적으로, 항상 consistent *a.* 일치하는, 지속적인, 한결 같은	_____ surpass its competitors in sales 판매에 있어 경쟁 업체를 지속적으로 능가하다 _____ positive 항상 긍정적인

저절로 암기 Training

Exercise A 주어진 단어들을 결합하여 구문을 만드세요.

advertising + strategy → change our _____ _____
광고　　　　　　전략　　　　　광고 전략을 바꾸다

consecutive + day → three _____ _____s of rain
연속적인　　　　　일　　　　3일간 연속적으로 내린 비

majority + customer → a _____ of _____s
대다수　　　　고객　　　　　대다수의 고객

capable + marketing → a new _____ _____ director
유능한　　　　마케팅　　　　유능한 신임 마케팅 책임자

preliminary + meeting → have a _____ _____
예비의　　　　　미팅　　　　사전 회의를 갖다

design + promotional → _____ these _____ posters
디자인하다　　홍보의　　　　이 홍보 포스터들을 디자인하다

steady + sales → the _____ decline of _____
꾸준한　　　매출　　　꾸준한 매출 하락

trend + industry → _____s in the travel _____
동향　　　산업　　　　관광 산업의 동향

product + demonstration → a _____ _____
제품　　　　설명　　　　　제품 설명(회)

consistently + surpass → _____ _____ its competitors in sales
지속적으로　　　　능가하다　　　판매에 있어 경쟁 업체를 지속적으로 능가하다

Exercise B 보기에서 적절한 단어를 찾아 문장을 완성하세요.

보기
_____

strategy　consecutive　majority　marketing　preliminary
promotional　sales　trend　demonstration　consistently
_____

01. We are allowed to change our advertising _____.
우리는 광고 전략을 바꾸도록 허용받았다.

02. Ms. Holmes and Mr. Wilson have a _____ meeting next Monday.
Ms. Holmes와 Mr. Wilson은 다음 주 월요일에 사전 회의를 갖는다.

03. The whole team worked together to design these _____ posters.
이 홍보 포스터들을 디자인하기 위해 팀 전체가 함께 일했다.

04. The village was damaged by three _____ days of rain.
마을은 3일간 연속적으로 내린 비로 피해를 입었다.

05. The managers are required to attend a presentation on the _____s in the travel industry. 관리자들은 관광 산업의 동향에 관한 발표에 참석하도록 요구받는다.

06. A _____ of customers are unsatisfied with their purchases.
대다수의 고객이 그들의 구매에 대해 불만족했다.

07. The steady decline of _____ was predicted by a number of analysts.
꾸준한 매출 하락이 많은 분석가들에 의해 예측되었다.

08. A product _____ helps you get more attention.
제품 설명회는 당신이 더 많은 주의를 끌어모으도록 도와준다.

09. We're looking for a new capable _____ director.
우리는 유능한 신임 마케팅 책임자를 구하고 있습니다.

10. The company _____ surpasses its competitors in sales.
그 회사는 판매에 있어 경쟁 업체를 지속적으로 능가한다.

DAY 1
DAY 2
DAY 3
DAY 4
DAY 5
DAY 6
DAY 7
DAY 8
DAY 9
DAY 10
DAY 11
DAY 12
DAY 13
DAY 14
DAY 15
DAY 16
DAY 17
DAY 18
DAY 19
DAY 20
DAY 21
DAY 22
DAY 23
DAY 24
DAY 25
DAY 26
DAY 27
DAY 28
DAY 29
DAY 30

Exercise C 주어진 단어의 적절한 의미를 찾아 연결해 보세요.

01. marketing	•	• a. 동향, 추세
02. preliminary	•	• b. 일관하여, 지속적으로
03. trend	•	• c. 설명, 시연
04. consistently	•	• d. 마케팅, 영업
05. demonstration	•	• e. 예비 행위; 예비의
06. consecutive	•	• f. 홍보의, 판촉용의
07. majority	•	• g. 매출
08. promotional	•	• h. 전략
09. sales	•	• i. 대부분, 대다수
10. strategy	•	• j. 연속적인

Exercise B 01. strategy 02. preliminary 03. promotional 04. consecutive 05. trend 06. majority 07. sales 08. demonstration 09. marketing 10. consistently **Exercise C** 01. d 02. e 03. a 04. b 05. c 06. j 07. i 08. f 09. g 10. h

Exercise D 다음 문장을 올바르게 해석해 보세요.

The [01]**marketing** department is planning a product [02]**demonstration**.
[01] _____ 부에서는 제품 [02] _____ 을 계획하고 있다.

The management wishes to see a new [03]**strategy**.
경영진은 새로운 [03] _____ 을 보고 싶어한다.

Our [04]**sales** revenue declined for two [05]**consecutive** years.
우리 [04] _____ 이익은 2년 [05] _____ 감소하고 있다.

Exercise E 다음 구문을 올바르게 해석해 보세요.

01. change our advertising **strategy**

_____

02. a **majority** of customers

_____

03. a new capable **marketing** director

_____

04. three **consecutive** days of rain

_____

05. have a **preliminary** meeting

_____

06. design these **promotional** posters

_____

07. **trends** in the travel industry

_____

08. a product **demonstration**

_____

09. the steady decline of **sales**

_____

10. **consistently** surpass its competitors in sales

_____

Exercise D 01. 마케팅 02. 설명(회) 03. 전략 04. 판매 05. 연속   **Exercise E** 01. 광고 전략을 바꾸다 02. 대다수의 고객 03. 유능한 신임
마케팅 책임자 04. 3일간 연속적으로 내린 비 05. 사전 회의를 갖다 06. 이 홍보 포스터들을 디자인하다 07. 관광 산업의 동향 08. 제품 설명(회)
09. 꾸준한 매출 하락 10. 판매에 있어 경쟁 업체를 지속적으로 능가하다

DAY 2-4

마케팅, 광고

publicity	*n.* 홍보, 공표, 인지도 public *n.* 대중 *a.* 대중의, 공공의	take the _____ photos 홍보 사진을 찍다 increase _____ 인지도를 증가시키다
advertisement	*n.* 광고(=ad) advertise *v.* 광고하다, 공고하다	mention the _____ 광고를 언급하다 place an _____ for seasonal workers 기간제 근로자를 구하는 광고를 내다
detect	*v.* (알아내기 쉽지 않은 것을) 발견하다, 감지하다 detection *n.* 탐지, 감지	_____ the small flaws 작은 결함을 발견하다 _____ a virus 바이러스를 발견하다
exclusively	*ad.* 독점적으로, 오로지 exclusive *a.* 독점적인 exclude *v.* 제외하다	focus _____ on the issue 오로지 그 문제에 집중하다 work _____ with Francisco 오로지 Francisco와 일하다
informative	*a.* 유익한, 정보를 제공하는 inform *v.* ~에게 알리다, 알려 주다 information *n.* 정보 informed *a.* 정보에 근거한	_____ and entertaining 유익하고 흥미로운 an _____ book about mushrooms 버섯에 관한 유익한 책
attract	*v.* 끌어모으다, 유인하다 attraction *n.* 매력, (-s) 관광 명소 attractive *a.* 매력적인	_____ hundreds of visitors 수백 명의 방문객을 끌어모으다 _____ potential customers 잠재고객을 끌어모으다
competition	*n.* 대회, 경쟁 competent *a.* 유능한, 능숙한 compete *v.* 경쟁하다(with, for)	unnecessary _____ 불필요한 경쟁 a debate _____ 토론 대회
discussion	*n.* 토론, 토의 discuss *v.* 토론하다, 의논하다 under discussion 토의 중인	participate in the _____ 토론에 참여하다 continue a _____ from a meeting 회의의 토론을 계속하다
indicate	*v.* 가리키다, 나타내다, 내비치다 indication *n.* 암시, 조짐, 징후 indicator *n.* 지표	_____ a location 위치를 가리키다 _____ (that) she has not ordered 그녀가 주문하지 않았다는 것을 나타내다
analysis	*n.* 분석, 해석 analyze *v.* 분석하다, 검토하다	data _____ 자료 분석 customer behavior _____ 고객 행동 분석

DAY 1
DAY 2
DAY 3
DAY 4
DAY 5
DAY 6
DAY 7
DAY 8
DAY 9
DAY 10
DAY 11
DAY 12
DAY 13
DAY 14
DAY 15
DAY 16
DAY 17
DAY 18
DAY 19
DAY 20
DAY 21
DAY 22
DAY 23
DAY 24
DAY 25
DAY 26
DAY 27
DAY 28
DAY 29
DAY 30

저절로 암기 Training

Exercise A 주어진 단어들을 결합하여 구문을 만드세요.

increase + publicity → _____ _____
증가시키다   인지도   인지도를 증가시키다

mention + advertisement → _____ the _____
언급하다   광고   광고를 언급하다

detect + flaw → _____ the small _____s
발견하다   결함   작은 결함을 발견하다

exclusively + issue → focus _____ on the _____
오로지   문제   오로지 그 문제에 집중하다

informative + entertaining → _____ and _____
유익한   흥미로운   유익하고 흥미로운

attract + potential → _____ _____ customers
끌어모으다   잠재적인   잠재고객을 끌어모으다

unnecessary + competition → _____ _____
불필요한   경쟁   불필요한 경쟁

participate + discussion → _____ in the _____
참여하다   토론   토론에 참여하다

indicate + location → _____ a _____
가리키다   위치   위치를 가리키다

data + analysis → _____ _____
자료   분석   자료 분석

Exercise B 보기에서 적절한 단어를 찾아 문장을 완성하세요.

보기

publicity advertisement detect exclusively informative
attract competition discussion indicate analysis

01. The seminar was _____ and entertaining. 세미나는 유익하고 흥미로웠다.

02. What do we need to do to _____ potential customers?
    잠재고객을 끌어모으기 위해 우리는 무엇을 해야 하는가?

03. It was very effective way to increase _____.
    그것은 인지도를 증가시키는 데 아주 효과적인 방법이었다.

04. For this reason, the students refused to take part in unnecessary _____.
이러한 이유로, 학생들은 불필요한 경쟁에 참여하기를 거부했다.

05. All members are encouraged to participate in the _____.
모든 회원들이 토론에 참여할 것을 권장합니다.

06. Mr. Dennis mentioned the _____ during the seminar.
Mr. Dennis는 세미나 동안 그 광고를 언급했다.

07. A sign can be used to _____ a location. 위치를 가리키기 위해 표지판이 사용될 수 있다.

08. The engineers _____ed the small flaws in the structure.
공학자들은 구조에서 작은 결함을 발견했다.

09. He took a data _____ course for six months. 그는 여섯 달 동안 자료 분석 수업을 들었다.

10. The technicians focus _____ on the issue. 기술자들은 오로지 그 문제에 집중한다.

DAY 1
DAY 2
DAY 3
DAY 4
DAY 5
DAY 6
DAY 7
DAY 8
DAY 9
DAY 10
DAY 11
DAY 12
DAY 13
DAY 14
DAY 15
DAY 16
DAY 17
DAY 18
DAY 19
DAY 20
DAY 21
DAY 22
DAY 23
DAY 24
DAY 25
DAY 26
DAY 27
DAY 28
DAY 29
DAY 30

Exercise C 주어진 단어의 적절한 의미를 찾아 연결해 보세요.

01. discussion •   • a. 홍보, 인지도

02. informative •   • b. 토론, 토의

03. publicity •   • c. 대회, 경쟁

04. analysis •   • d. 분석, 해석

05. competition •   • e. 정보를 제공하는

06. advertisement •   • f. 끌어모으다, 유인하다

07. detect •   • g. 발견하다, 감지하다

08. indicate •   • h. 광고

09. exclusively •   • i. 가리키다, 나타내다

10. attract •   • j. 독점적으로, 오로지

Exercise B 01. informative 02. attract 03. publicity 04. competition 05. discussion 06. advertisement 07. indicate 08. detect 09. analysis 10. exclusively   **Exercise C** 01. b 02. e 03. a 04. d 05. c 06. h 07. g 08. i 09. j 10. f

Exercise D 다음 문장을 올바르게 해석해 보세요.

We need to [01]**attract** a new pool of customers and increase our [02]**publicity**.
우리는 새로운 고객층을 [01]_____ 우리의 [02]_____ 를 증가시킬 필요가 있다.

I just had a very [03]**informative** [04]**discussion** on new [05]**advertisement**.
나는 이제 막 새로운 [05]_____ 에 대한 아주 [03]_____ [04]_____ 을 했다.

Exercise E 다음 구문을 올바르게 해석해 보세요.

01. **attract** potential customers

_____

02. participate in the **discussion**

_____

03. increase **publicity**

_____

04. mention the **advertisement**

_____

05. **detect** the small flaws

_____

06. focus **exclusively** on the issue

_____

07. **informative** and entertaining

_____

08. unnecessary **competition**

_____

09. **indicate** a location

_____

10. data **analysis**

_____

Exercise D 01. 끌어모으고 02. 인지도 03. 유익한 04. 토론 05. 광고   **Exercise E** 01. 잠재고객을 끌어모으다 02. 토론에 참여하다 03. 인지도를 증가시키다 04. 광고를 언급하다 05. 작은 결함을 발견하다 06. 오로지 그 문제에 집중하다 07. 유익하고 흥미로운 08. 불필요한 경쟁 09. 위치를 가리키다 10. 자료 분석

저절로 실전 Training

Grammar & Expressions 배운 단어로 Part 5 실전 문제 풀어보기

1. Our ------- clearly indicated their preference for a regular service update according to the survey we've conducted.

(A) customs
(B) costumes
(C) customers
(D) customizations

2. The agency ------- the concept of diversity since last year.

(A) adopted
(B) has adopted
(C) adopt
(D) is adopted

3. Our sales revenue declined for two ------- years.

(A) consecution
(B) consecutive
(C) consecutively
(D) consecutiveness

4. We need to attract a new pool of customers and increase our -------.

(A) modesty
(B) gravity
(C) privacy
(D) publicity

- -

Answers

1. (C)

해석 우리가 시행한 조사에 따르면 우리 고객들은 정기적인 서비스 업데이트에 대한 선호를 명백하게 나타냈다.

해설 **[어휘] 형태가 유사한 명사** 빈칸의 명사구를 대명사로 받은 their preference라는 표현을 고려했을 때, 선호를 표시하는 주체가 될 수 있는 명사가 와야 한다. 따라서 '우리 (C) 고객들은'이 적절하다.
(A) 관습, 세관 (B) 의복 (C) 고객들 (D) 주문 제작(품)

2. (B)

해석 그 기관은 작년부터 다양성의 개념을 채택해 왔다.

해설 **[어법] 시제** 현재 완료의 단서가 되는 since가 있으므로 (B) has adopted가 적절하다.

3. (B)

해석 우리의 영업 이익은 2년 연속[연속하는 2년 동안] 감소하고 있다.

해설 **[어법] 품사** 수량 표현과 명사 사이에 빈칸이 위치하므로, 뒤따르는 명사 years와 함께 복합 명사를 이루거나 '형용사+명사'의 형태가 될 수 있다. 문맥상 '2년 연속'이 되어야 하므로 '(B) 연속하는'이 적절하다.
(A) 연속, 일치 (B) 연속하는 (C) 연속되게 (D) 연속, 일관성

4. (D)

해석 우리는 새로운 고객층을 끌어모으고, 우리의 인지도를 증가시킬 필요가 있다.

해설 **[어휘] 문맥에 어울리는 명사** 문맥상 주어 We는 회사나 사업체에 해당하므로, 이들이 '우리의 (D) 인지도를 증가시킨다'고 해야 적절하다.
(A) 겸손함 (B) 중력, 중대함 (C) 사생활, 사적 영역 (D) 인지도

저절로 실전 Training

Reading & Listening 배운 단어로 실전 지문 읽고 들어보기

다음 글을 읽고 올바른 해석을 고르세요.

MP3

The survey you're about to take is about brand name recognition. Your inputs will be used to come up with an effective marketing strategy. The information you provide will be used exclusively for the brand value study. Please try to give your answers in detail. **The majority of the questions** will be based on your personal

1. (A) 질문 중 대부분
   (B) 질문의 중요성

experience of using the brand as a customer. The more informative the survey, the more helpful it will be to draft a great **advertising campaign**. After taking the

2. (A) 훌륭한 선거 광고
   (B) 훌륭한 광고 캠페인

survey, our moderators will lead a short discussion. At this moment, please **indicate the name of the brand** you'd like to take the survey on. Your careful analysis

3. (A) 브랜드 이름을 표시하다
   (B) 브랜드 이름을 무시하다

of the brand will be much appreciated.

- -

Answers

1. (A)   2. (B)   3. (A)

해석 여러분이 작성하시려는 설문조사는 브랜드 이름 인지에 관한 것입니다. 여러분이 입력하신 것은 효과적인 마케팅 전략을 고안하기 위해 이용될 것입니다. 여러분이 제공하시는 정보는 브랜드 가치 연구에만 사용될 것입니다. 자세하게 답변을 주려고 노력해 주십시오. 1. 질문 중 대부분은 여러분이 고객으로서 브랜드를 이용하신 개인적인 경험에 기반합니다. 조사가 더 많은 정보를 제공할수록 2. 훌륭한 광고 캠페인을 작성하는 데 더 도움이 될 것입니다. 설문조사를 작성하신 후에, 저희 사회자가 짧은 토론을 이끌 것입니다. 지금, 여러분들이 조사를 작성하시고자 하는 3. 브랜드 이름을 표시해 주십시오. 여러분의 주의 깊은 브랜드 분석은 아주 감사히 여겨질 것입니다.

DAY 3-1

convene	v. (사람들을) 소집하다, 모이다 convention n. 관습, 대회	_____ to discuss the energy crisis 에너지 위기를 논의하기 위해 모이다
reach	v. ~에 이르다, (손, 팔을) 뻗다 n. 거리, 범위	_____ a destination 목적지에 도달하다 _____ for an item on a shelf 선반에 있는 물품을 집으려고 (팔을) 뻗다
seminar	n. 세미나, 연구 집회	a training _____ 연수 세미나 attend the _____ 세미나에 참석하다
selection	n. 선택, 선발 select v. 선택하다	a wide _____ 폭넓은 선택 the _____ process 선발 절차
expand	v. 확장하다, 확대되다(≠expend (돈·에너 지를) 쏟다) expansion n. 확장, 팽창 expansive a. 광범위한	_____ areas of expertise 전문 영역을 확장하다 _____ its overseas business 해외 사업을 확장하다
suggestion	n. 제안, 암시 suggest v. 제안하다, 시사하다, 암시하다	share some _____s 몇 가지 제안을 공유하다 have a _____ 제안이 있다
attention	n. 주의, 주목, 관심 attentive a. 경청하는 attentively ad. 주의 깊게 call attention to ~에 주목하게 하다	call _____ to a proposal 제안서에 주목하게 하다 draw people's _____ 사람들의 주목을 끌다
conference	n. 회의, 회담, 협회, 학회 a conference call 전화 회의	an annual _____ 연례회의 attend the press _____ 기자회견에 참석하다
specialist	n. 전문가, 전공자 specialty n. 특산품, 명물, 장기 specialization n. 전문화, 특수화 specialize v. 전문으로 하다	a human resources _____ 인적 자원 전문가 a manufacturing _____ 제조 전문가
applicable	a. 해당하는, 적용되는, 적절한 applicability n. 적응성, 적용 가능성	the _____ job experience 해당하는 직무 경험 _____ to people living in Asia 아시아에 사는 사람들에게 해당하는

DAY 1
DAY 2
DAY 3
DAY 4
DAY 5
DAY 6
DAY 7
DAY 8
DAY 9
DAY 10
DAY 11
DAY 12
DAY 13
DAY 14
DAY 15
DAY 16
DAY 17
DAY 18
DAY 19
DAY 20
DAY 21
DAY 22
DAY 23
DAY 24
DAY 25
DAY 26
DAY 27
DAY 28
DAY 29
DAY 30

저절로 암기 Training

Exercise A 주어진 단어들을 결합하여 구문을 만드세요.

convene + discuss → _____ to _____ the energy crisis
모이다　　　　논의하다　　　　에너지 위기를 논의하기 위해 모이다

reach + item → _____ for an _____ on a shelf
뻗다　　　물품　　　선반에 있는 물품을 집으려고 (팔을) 뻗다

attend + seminar → _____ the _____
참석하다　　　세미나　　　세미나에 참석하다

selection + process → the _____ _____
선택, 선발　　　절차　　　선발 절차

expand + overseas → _____ its _____ business
확장하다　　　해외의　　　해외 사업을 확장하다

share + suggestion → _____ some _____s
공유하다　　　제안　　　몇 가지 제안을 공유하다

draw + attention → _____ people's _____
끌다　　　주목　　　사람들의 주목을 끌다

annual + conference → an _____ _____
연례의　　　회의　　　연례회의

manufacturing + specialist → a _____ _____
제조업　　　전문가　　　제조 전문가

applicable + experience → the _____ job _____
해당하는　　　경험　　　해당하는 직무 경험

Exercise B 보기에서 적절한 단어를 찾아 문장을 완성하세요.

보기
----

convene　　reach　　seminar　　selection　　expand
suggestion　　attention　　conference　　specialist　　applicable

01. Leading experts _____d to discuss the energy crisis.
선도적 전문가들이 에너지 위기를 논의하기 위해 모였다.

02. We are pleased to invite you to attend the _____ on crisis management.
우리는 귀하를 위기관리 세미나에 참석해달라고 초청하게 되어 기쁩니다.

03. The company will _____ its overseas business by developing new products.
그 회사는 새로운 제품을 개발함으로써 해외 사업을 확장할 것이다.

04. The _____ process was highly competitive. 선발 절차는 아주 경쟁률이 높았다.

05. The annual _____ is to be held next week. 연례회의는 다음 주에 개최될 예정이다.

06. They have a great manufacturing _____ training program.
그들은 훌륭한 제조 전문가 훈련 프로그램을 운영한다.

07. I'd like to share some _____s. 몇 가지 제안을 공유하고 싶습니다.

08. That accident drew people's _____ to safety measures.
그 사고는 안전조치에 사람들의 주목을 끌었다.

09. The survey found that the _____ job experience helped the graduates start their careers.
그 조사는 해당하는 직무 경험이 졸업생들로 하여금 직업 경력을 시작하는 데 도움이 되었음을 발견했다.

10. A man is _____ing for an item on a shelf.
한 남자가 선반에 있는 물품을 집으려고 팔을 뻗고 있다.

DAY 1
DAY 2
DAY 3
DAY 4
DAY 5
DAY 6
DAY 7
DAY 8
DAY 9
DAY 10
DAY 11
DAY 12
DAY 13
DAY 14
DAY 15
DAY 16
DAY 17
DAY 18
DAY 19
DAY 20
DAY 21
DAY 22
DAY 23
DAY 24
DAY 25
DAY 26
DAY 27
DAY 28
DAY 29
DAY 30

Exercise C 주어진 단어의 적절한 의미를 찾아 연결해 보세요.

01. expand	•	• a. ~에 이르다, 뻗다
02. reach	•	• b. 확장하다, 확대되다
03. attention	•	• c. 해당하는, 적용되는
04. specialist	•	• d. 주의, 주목, 관심
05. applicable	•	• e. 전문가, 전공자
06. seminar	•	• f. 선택, 선발
07. convene	•	• g. 소집하다, 모이다
08. suggestion	•	• h. 제안, 암시
09. conference	•	• i. 회의, 회담, 학회
10. selection	•	• j. 세미나, 연구 집회

Exercise B 01. convene 02. seminar 03. expand 04. selection 05. conference 06. specialist 07. suggestion 08. attention 09. applicable 10. reach　**Exercise C** 01. b 02. a 03. d 04. e 05. c 06. j 07. g 08. h 09. i 10. f

Exercise D 다음 문장을 올바르게 해석해 보세요.

The [01]**specialists** [02]**convened** a [03]**seminar** to exchange opinions.
[01] _____은 의견을 교환하기 위해 [03] _____를 [02] _____.

I have a few [04]**suggestions** for improving the [05]**conference**.
[05] _____를 개선하기 위한 몇 가지 [04] _____이 있습니다.

Exercise E 다음 구문을 올바르게 해석해 보세요.

01. **convene** to discuss the energy crisis

_____

02. attend the **seminar**

_____

03. **reach** for an item on a shelf

_____

04. the **selection** process

_____

05. share some **suggestions**

_____

06. **expand** its overseas business

_____

07. draw people's **attention**

_____

08. an annual **conference**

_____

09. a manufacturing **specialist**

_____

10. the **applicable** job experience

_____

Exercise D 01. 전문가들 02. 소집했다 03. 세미나 04. 제안 05. 회의[학회] **Exercise E** 01. 에너지 위기를 논의하기 위해 모이다 02. 세미나에 참석하다 03. 선반에 있는 물품을 집으려고 (팔을) 뻗다 04. 선발 절차 05. 몇 가지 제안을 공유하다 06. 해외 사업을 확장하다 07. 사람들의 주목을 끌다 08. 연례회의 09. 제조 전문가 10. 해당하는 직무 경험

DAY 3-2

imply	v. 시사하다, 함축하다, (생각·의견을) 넌지시 나타내다, 의미하다	_____ about the arts center 예술 회관에 대해 시사하다
	implication n. 영향, 암시, 함축, 연루	_____ a lack of confidence
	implicitly ad. 함축적으로	자신감의 결여를 시사하다

session	n. (특정 활동을 하는) 기간, 강습회, 회의	a training _____ 교육 기간
		a group counseling _____
		집단 상담 시간

comment	n. 비평, 의견, 해설(on, about)	fill out a _____ card 의견 카드를 작성하다
	v. 논평하다	_____ on what the company is
	commentary n. 논평, 해설	planning 그 회사가 계획하고 있는 것에 대해 논평하다

alternative	n. 선택, 대안	an _____ venue for meeting
	a. 대체 가능한, 대안적	회의 대체 장소
	alternate a. 번갈아 나오는	an _____ way to make a payment
	alternation n. 교대, 교체	납부 대체 방법
	alternatively ad. 그렇지 않으면, 그 대신에	

press	n. 보도기관, 보도	a _____ release 보도자료
	v. 누르다, 압박하다	_____ the power button
		전원 버튼을 누르다

| rise | n. 상승, 증가 | the _____ in sales 판매 상승 |
| | v. 오르다, 증가하다, 늘다 | _____ rapidly 빠르게 상승하다 |

| reschedule | v. (일정을) 변경하다, 다시 조정하다 | _____ an appointment 약속을 변경하다 |
| | | _____ an event 행사 일정을 변경하다 |

rate	n. 비율, 요금, 등급, 속도	discounted membership _____s
	v. 평가하다, 등급을 매기다	할인된 회원 요금
		highly _____d 높이 평가된

differ	v. 의견을 달리하다, 다르다	_____ a lot in price
	difference n. 다름, 차이	가격에 있어 많이 다르다
	different a. 다른, 여러 가지의	_____ from the company's policy
	differently ad. 다르게, 차이 나게	회사 방침과 다르다

defer	v. 연기하다, 미루다	be _____red until further notice
		추후 공지가 있을 때까지 연기되다
		_____ a decision 결정을 미루다

DAY 1
DAY 2
DAY 3
DAY 4
DAY 5
DAY 6
DAY 7
DAY 8
DAY 9
DAY 10
DAY 11
DAY 12
DAY 13
DAY 14
DAY 15
DAY 16
DAY 17
DAY 18
DAY 19
DAY 20
DAY 21
DAY 22
DAY 23
DAY 24
DAY 25
DAY 26
DAY 27
DAY 28
DAY 29
DAY 30

저절로 암기 Training

Exercise A 주어진 단어들을 결합하여 구문을 만드세요.

imply + confidence → _____ a lack of _____
시사하다　　자신감　　　　　　자신감의 결여를 시사하다

training + session → a _____ _____
교육　　　　기간　　　　교육 기간

fill out + comment → _____ a _____ card
작성하다　　의견　　　　　의견 카드를 작성하다

alternative + venue → an _____ _____ for meeting
대체의　　　　장소　　　　회의 대체 장소

press + release → a _____ _____
보도　　방출, 발표물　　보도자료

rise + sales → the _____ in _____
상승　　판매　　　판매 상승

reschedule + appointment → _____ an _____
변경하다　　　　약속　　　　　약속을 변경하다

discounted + rate → _____ membership _____s
할인된　　　　요금　　　할인된 회원 요금

differ + policy → _____ from the company's _____
다르다　　방침　　　회사 방침과 다르다

defer + further → be _____red until _____ notice
연기하다　　추가의　　　추후 공지가 있을 때까지 연기되다

Exercise B 보기에서 적절한 단어를 찾아 문장을 완성하세요.

보기

　　imply　　session　　comment　　alternative　　press
　　rise　　reschedule　　rate　　differ　　defer

01. All employees are required to fill out a _____ card.
모든 직원들은 의견 카드를 작성해야 합니다.

02. We are gathered to prepare the next training _____.
우리는 다음 교육 기간을 준비하기 위해 모여 있다.

03. His attitude _____ies a lack of confidence.　그의 태도는 자신감의 결여를 시사한다.

04. Our service provides direct and immediate access to _____ releases on key issues. 저희 서비스는 주요 쟁점에 대한 보도자료에 직접적이고 즉각적인 접근을 제공합니다.

05. You are eligible for discounted membership _____s.
귀하는 할인된 회원 요금을 이용할 자격이 있습니다.

06. The presentation has been _____red until further notice.
발표는 추후 공지가 있을 때까지 연기되었다.

07. I strongly recommend this hotel as an _____ venue for meeting.
저는 이 호텔을 회의 대체 장소로 강력하게 추천합니다.

08. J&C recorded the first _____ in sales since 2015.
J&C는 2015년 이후 처음으로 판매 상승을 기록했다.

09. I'm sorry to do this, but I have to _____ our appointment for next Wednesday.
이렇게 하기에 정말 죄송하지만, 우리 약속을 다음 주 수요일로 변경해야 합니다.

10. His decision _____s from the company's policy. 그의 결정은 회사 방침과 다르다.

DAY 1
DAY 2
DAY 3
DAY 4
DAY 5
DAY 6
DAY 7
DAY 8
DAY 9
DAY 10
DAY 11
DAY 12
DAY 13
DAY 14
DAY 15
DAY 16
DAY 17
DAY 18
DAY 19
DAY 20
DAY 21
DAY 22
DAY 23
DAY 24
DAY 25
DAY 26
DAY 27
DAY 28
DAY 29
DAY 30

Exercise C 주어진 단어의 적절한 의미를 찾아 연결해 보세요.

01. reschedule • • a. 시사하다, 의미하다

02. alternative • • b. 연기하다, 미루다

03. defer • • c. 다르다

04. differ • • d. 선택; 대체 가능한

05. imply • • e. (일정을) 변경하다

06. rate • • f. 상승; 오르다

07. session • • g. 보도기관; 누르다

08. comment • • h. 비율, 요금; 평가하다

09. press • • i. 비평; 논평하다

10. rise • • j. 기간, 강습회

Exercise B 01. comment 02. session 03. impl 04. press 05. rate 06. defer 07. alternative 08. rise 09. reschedule 10. differ **Exercise C** 01. e 02. d 03. b 04. c 05. a 06. h 07. j 08. i 09. g 10. f

Exercise D 다음 문장을 올바르게 해석해 보세요.

Her ⁰¹**comments** ⁰²**imply** the ⁰³**alternative** approach is unrealistic.
그녀의 ⁰¹_____ 은 ⁰³_____ 접근법이 비현실적임을 ⁰²_____ .

Chinese home prices are ⁰⁴**rising** at a very fast ⁰⁵**rate**.
중국 주택 가격이 아주 빠른 ⁰⁵_____ 로 ⁰⁴_____ 있다.

Exercise E 다음 구문을 올바르게 해석해 보세요.

01. **imply** a lack of confidence

_____

02. a training **session**

_____

03. fill out a **comment** card

_____

04. an **alternative** venue for meeting

_____

05. a **press** release

_____

06. the **rise** in sales

_____

07. **reschedule** an appointment

_____

08. discounted membership **rates**

_____

09. **differ** from the company's policy

_____

10. be **deferred** until further notice

_____

Exercise D 01. 비평 02. 시사한다 03. 대안적 04. 오르고 05. 속도 **Exercise E** 01. 자신감의 결여를 시사하다 02. 교육 기간 03. 의견 카드를 작성하다 04. 회의 대체 장소 05. 보도자료 06. 판매 상승 07. 약속을 변경하다 08. 할인된 회원 요금 09. 회사 방침과 다르다 10. 추후 공지가 있을 때까지 연기되다

DAY 3-3

issue	*n.* 문제, 쟁점, (출판물의) 제 ~호 *v.* 발표하다, 발행하다 issuer *n.* 발행인	address _____s 문제점을 말하다 _____ new guidelines 새로운 지침서를 발행하다
announce	*v.* 발표하다, 선언하다, 알리다 announcement *n.* 공고, 발표	_____ the award winners 수상자를 발표하다 _____ a cancellation 취소를 알리다
opinion	*n.* 의견, 견해 in one's opinion ~의 생각에	collect _____s 의견을 모으다 reflect the _____s 의견을 반영하다
opposite	*n.* 정반대(의 것) *a.* 정반대의, 마주 보는 *prep.* ~의 맞은편에, 반대쪽에 opposition *n.* 반대, 저항 oppose *v.* 반대하다	work on _____ sides of the desks 책상 반대쪽에서 일하다 _____ the park 공원 맞은편에
common	*a.* 공통의, 평범한 commonly *ad.* 흔히, 일반적으로 in common with ~와 같은 방식으로	_____ knowledge 상식 a _____ confusion 흔한 혼동
solution	*n.* 해결책, 용액 solve *v.* 해결하다	a _____ to this problem 이 문제에 대한 해결책 the cleaning _____ 세정액
template	*n.* 견본[양식], 본보기, 템플릿	based on a _____ 템플릿에 기반을 둔 résumé _____s 이력서 양식
unanimous	*a.* 모두 뜻이 같은, 만장일치의 unanimously *ad.* 만장일치로	a _____ vote 만장일치의 표결 _____ support in their decision 그들의 결정에 있어 만장일치의 지지
briefly	*ad.* 간단히, 잠시 brief *a.* 간결한, 짧은 　　　*v.* ~에게 간단히 설명하다, 브리핑하다	visit only _____ before returning to the headquarters 본사로 복귀하기 전에 아주 잠시 방문하다
representative	*n.* 대표자, 판매 대리인 *a.* 대표적인, 전형적인 represent *v.* 대표하다	a customer service _____ 고객 서비스 대표[직원] contact a sales _____ 판매 대리인에게 연락하다

저절로 암기 Training

Exercise A 주어진 단어들을 결합하여 구문을 만드세요.

issue + guideline → _____ new _____ s
발행하다   지침서   새로운 지침서를 발행하다

announce + winner → _____ the award _____ s
발표하다   수상자   수상자를 발표하다

reflect + opinion → _____ the _____ s
반영하다   의견   의견을 반영하다

opposite + park → _____ the _____
～의 맞은편에   공원   공원 맞은편에

common + knowledge → _____ _____
공통의, 평범한   지식   상식

solution + problem → a _____ to this _____
해결책   문제   이 문제에 대한 해결책

based on + template → _____ a _____
～에 기반을 둔   템플릿   템플릿에 기반을 둔

unanimous + vote → a _____ _____
만장일치의   표결   만장일치의 표결

visit + briefly → _____ only _____ before returning to the headquarters
방문하다   잠시   본사로 복귀하기 전에 아주 잠시 방문하다

contact + representative → _____ a sales _____
연락하다   판매 대리인   판매 대리인에게 연락하다

Exercise B 보기에서 적절한 단어를 찾아 문장을 완성하세요.

보기

issue   announce   opinion   opposite   common
solution   template   unanimous   briefly   representative

01. We are so pleased to _____ the award winners. 수상자를 발표하게 되어 아주 기쁩니다.

02. It is a matter of _____ knowledge. 그것은 상식의 문제이다.

03. The chairman was elected by a _____ vote. 의장은 만장일치의 표결로 선출되었다.

04. I'll visit only _____ before returning to the headquarters.
제가 본사로 복귀하기 전에 아주 잠시 방문하겠습니다.

05. I'd like to contact a sales _____ to discuss our business needs.

나는 우리 사업상의 필요를 의논하기 위해 판매 대리인에게 연락하고 싶다.

06. A group of medical experts _____d new guidelines on antibiotic use for kids.

한 의학 전문가 집단이 어린이를 대상으로 하는 항생제 사용에 관한 새로운 지침서를 발행했다.

07. You can send an email message based on a _____ with this program.

당신은 이 프로그램을 사용하여 탬플릿에 기반을 둔 이메일 메시지를 보낼 수 있습니다.

08. The policy makers try to reflect the _____s of voters.

정책 입안자들은 유권자들의 의견을 반영하기 위해 노력한다.

09. _____ the park is the National History Museum. 공원 건너편은 국립 역사박물관이다.

10. He enjoyed working out a _____ to this problem.

그는 이 문제에 대한 해결책을 찾아내는 것을 즐겼다.

Exercise C 주어진 단어의 적절한 의미를 찾아 연결해 보세요.

01. issue	•	• a. 쟁점; 발행하다
02. opposite	•	• b. 대표자; 대표적인
03. unanimous	•	• c. 만장일치의
04. representative	•	• d. 정반대; 마주 보는; ~의 맞은편에
05. solution	•	• e. 해결책, 용액
06. announce	•	• f. 공통의, 평범한
07. briefly	•	• g. 견본, 본보기
08. template	•	• h. 의견, 견해
09. opinion	•	• i. 간단히, 잠시
10. common	•	• j. 발표하다, 선언하다

DAY 1
DAY 2
DAY 3
DAY 4
DAY 5
DAY 6
DAY 7
DAY 8
DAY 9
DAY 10
DAY 11
DAY 12
DAY 13
DAY 14
DAY 15
DAY 16
DAY 17
DAY 18
DAY 19
DAY 20
DAY 21
DAY 22
DAY 23
DAY 24
DAY 25
DAY 26
DAY 27
DAY 28
DAY 29
DAY 30

Exercise B 01. announce 02. common 03. unanimous 04. briefly 05. representative 06. issue 07. template 08. opinion 09. Opposite 10. solution   **Exercise C** 01. a 02. d 03. c 04. b 05. e 06. j 07. i 08. g 09. h 10. f

Exercise D 다음 문장을 올바르게 해석해 보세요.

In my [01]**opinion**, it can't be a wise [02]**solution** to the problem.
내 [01]_____에는, 이것이 문제에 대한 현명한 [02]_____이 될 수 없을 것이다.

Today, the board [03]**announced** [04]**briefly** that 10,000 new shares will be [05]**issued** to attract more capital. 오늘 이사회는 더 많은 자본을 끌어들이기 위해 신주 일만 주가 [05]_____ 것이라고 [04]_____ [03]_____.

Exercise E 다음 구문을 올바르게 해석해 보세요.

01. **announce** the award winners
_____

02. reflect the **opinions**
_____

03. **issue** new guidelines
_____

04. **opposite** the park
_____

05. **common** knowledge
_____

06. based on a **template**
_____

07. a **solution** to this problem
_____

08. a **unanimous** vote
_____

09. visit only **briefly** before returning to the headquarters
_____

10. contact a sales **representative**
_____

Exercise D 01. 의견 02. 해결책 03. 발표했다 04. 간단히 05. 발행될 **Exercise E** 01. 수상자를 발표하다 02. 의견을 반영하다 03. 새로운 지침서를 발행하다 04. 공원 맞은편에 05. 상식 06. 탬플릿에 기반을 둔 07. 이 문제에 대한 해결책 08. 만장일치의 표결 09. 본사로 복귀하기 전에 아주 잠시 방문하다 10. 판매 대리인에게 연락하다

DAY 3-4

communicate	v. 연락을 주고받다, 의사소통하다, 전달하다 communication n. 의사소통, 전달	_____ by e-mail 이메일로 연락을 주고받다 _____ successfully with employees 사원들과 성공적으로 의사소통하다
clarify	v. 명확하게 하다, 설명하다 clarification n. 설명, 해명	_____ instructions 지시사항을 명시하다 _____ an employment policy 채용 정책을 설명하다
lately	ad. 최근에, 근래에, 요즘에 late a. 늦은 ad. 늦게	Sales have increased _____. 최근에 매출이 증가했다. I haven't gone there _____. 요즘에는 거기에 가지 않았다.
argument	n. 논쟁, 주장 argumentative a. 논쟁하기 좋아하는 arguable a. 논쟁할 수 있는 argue v. 논쟁하다, 다투다	the strength of her _____ 그녀의 주장에 담긴 힘 Mr. Park's _____ is so convincing. Mr. Park의 주장은 매우 설득력 있다.
noteworthy	a. 주목할 만한	in honor of _____ achievements 주목할 만한 성과를 기념하여
speculation	n. 추측, 의견 speculate v. 추측[짐작]하다	growing _____ that Mr. Park will be a supervisor Mr. Park이 관리자가 될 거라는 커지는 추측 widespread _____ 널리 퍼진 추측
alike	a. 비슷한 ad. 마찬가지로, 동등하게	look _____ 비슷해 보이다 all types of older and newer models _____ 모든 종류의 구형과 신형 모델을 막론하고 똑같이
presentation	n. 발표, 제출, 제시 presenter n. 발표자, 제출자, 진행자 present v. 제시하다, 보여 주다	attend the final _____ 최종 발표에 참석하다 an upcoming business _____ 곧 있을 사업 발표
shareholder	n. 주주(=stockholder)	announce it at the _____s' meeting 주주 모임에서 그것을 발표하다 e-mail _____s 주주에게 이메일을 발송하다
committee	n. 위원회, 후견인	an executive _____ 집행 위원회 chair the _____ 위원회의 의장을 맡다

DAY 1
DAY 2
DAY 3
DAY 4
DAY 5
DAY 6
DAY 7
DAY 8
DAY 9
DAY 10
DAY 11
DAY 12
DAY 13
DAY 14
DAY 15
DAY 16
DAY 17
DAY 18
DAY 19
DAY 20
DAY 21
DAY 22
DAY 23
DAY 24
DAY 25
DAY 26
DAY 27
DAY 28
DAY 29
DAY 30

저절로 암기 Training

Exercise A 주어진 단어들을 결합하여 구문을 만드세요.

communicate + successfully → _____ _____ with employees
의사소통하다 성공적으로 사원들과 성공적으로 의사소통하다

clarify + instruction → _____ _____s
명확하게 하다 지시사항 지시사항을 명시하다

increase + lately → Sales have _____d _____.
증가하다 최근에 최근에 매출이 증가했다.

strength + argument → the _____ of her _____
강력함 주장 그녀의 주장에 담긴 힘

noteworthy + achievement → _____ _____s
주목할 만한 성과 주목할 만한 성과

growing + speculation → _____ _____
커지는 추측 커지는 추측

type + alike → all _____s of older and newer models _____
종류 마찬가지로 모든 종류의 구형과 신형 모델을 막론하고 똑같이

final + presentation → attend the _____ _____
최종 발표 최종 발표에 참석하다

announce + shareholder → _____ it at the _____s' meeting
발표하다 주주 주주 모임에서 그것을 발표하다

chair + committee → _____ the _____
의장을 맡다 위원회 위원회의 의장을 맡다

Exercise B 보기에서 적절한 단어를 찾아 문장을 완성하세요.

보기

communicate   clarify   lately   argument   noteworthy
speculation   alike   presentation   shareholder   committee

01. Ms. Jillian will provide additional information to _____ instructions.
Ms. Jillian은 지시사항을 명시하기 위해 추가적인 정보를 제공할 것이다.

02. Growing _____ that Mr. Park will be a supervisor is generating criticism of
his competence. Mr. Park이 관리자가 될 거라는 커지는 추측이 그의 능력에 대한 비판을 발생시키고 있다.

03. You are invited to attend the final _____. 귀하께서 최종 발표에 참석해주시기 바랍니다.

04. Sales of smartphones have increased _____. 최근에 스마트폰 매출이 증가했다.

05. We offer a staff discount of 30% on all types of older and newer models
_____. 우리는 모든 종류의 구형과 신형 모델을 막론하고 똑같이 30% 직원 할인을 제공합니다.

06. As a CEO, one of my priorities is to _____ successfully with employees.
CEO로서, 제 우선순위 중 하나는 사원들과 성공적으로 의사소통하는 것입니다.

07. The decision is based on the strength of her _____.
그 결정은 그녀의 주장에 담긴 힘에 기초한다.

08. The article documents the _____ achievements of a great scientist.
그 기사는 어느 위대한 과학자의 주목할 만한 성과를 기록한다.

09. Mr. Thanh will announce his resignation at the _____s' meeting.
Mr. Thanh은 그의 사임을 주주 모임에서 발표할 것이다.

10. The party leader was asked to chair the _____.
그 정당 지도자는 위원회의 의장을 맡아달라고 부탁받았다.

Exercise C 주어진 단어의 적절한 의미를 찾아 연결해 보세요.

01. argument   •   • a. 의사소통하다

02. communicate   •   • b. 논쟁, 주장

03. alike   •   • c. 주목할 만한

04. noteworthy   •   • d. 비슷한; 마찬가지로

05. committee   •   • e. 위원회

06. clarify   •   • f. 명확하게 하다

07. lately   •   • g. 최근에, 근래에

08. speculation   •   • h. 추측, 의견

09. presentation   •   • i. 주주

10. shareholder   •   • j. 발표, 제출, 제시

Exercise B 01. clarify 02. speculation 03. presentation 04. lately 05. alike 06. communicate 07. argument 08. noteworthy
09. shareholder 10. committee   **Exercise C** 01. b 02. a 03. d 04. c 05. e 06. f 07. g 08. h 09. j 10. i

Exercise D 다음 문장을 올바르게 해석해 보세요.

The ⁰¹**shareholders**' ⁰²**committee** is deeply involved in the management of the businesses.
⁰¹ _____ ⁰² _____는 사업 경영에 깊이 연관되어 있다.

Ms. Wiley made a ⁰³**noteworthy** ⁰⁴**argument** about an upcoming business ⁰⁵**presentation**.
Ms. Wiley는 다가오는 사업 ⁰⁵ _____에 관한 ⁰³ _____ ⁰⁴ _____을 했다.

Exercise E 다음 구문을 올바르게 해석해 보세요.

01. attend the final **presentation**

_____

02. **communicate** successfully with employees

_____

03. Sales have increased **lately**.

_____

04. growing **speculation** that Mr. Park will be a supervisor

_____

05. the strength of her **argument**

_____

06. **noteworthy** achievements

_____

07. all types of older and newer models **alike**

_____

08. announce it at the **shareholders**' meeting

_____

09. chair the **committee**

_____

10. **clarify** instructions

_____

Exercise D 01. 주주 02. 위원회 03. 주목할 만한 04. 주장 05. 발표 **Exercise E** 01. 최종 발표에 참석하다 02. 사원들과 성공적으로 의사
소통하다 03. 최근에 매출이 증가했다. 04. Mr. Park이 관리자가 될 거라는 커지는 추측 05. 그녀의 주장에 담긴 힘 06. 주목할 만한 성과 07. 모든
종류의 구형과 신형 모델을 막론하고 똑같이 08. 주주 모임에서 그것을 발표하다 09. 위원회의 의장을 맡다 10. 지시사항을 명시하다

저절로 실전 Training

Grammar & Expressions 배운 단어로 Part 5 실전 문제 풀어보기

1. The specialists ------- a seminar to exchange opinions.

(A) convened
(B) convening
(C) to convene
(D) convenes

2. Her comments ------- the alternative approach is unrealistic.

(A) imply
(B) comply
(C) reply
(D) multiply

3. Today, the board announced ------- that 10,000 new shares will be issued to attract more capital.

(A) brief
(B) briefly
(C) briefing
(D) briefed

4. Ms. Wiley made a ------- argument about an upcoming business presentation.

(A) noteworthy
(B) consequent
(C) disposable
(D) current

DAY 3

Meeting & Strategy

- -

Answers

1. (A)
  해석 전문가들은 의견을 교환하기 위해 세미나를 소집했다.
  해설 [어법] 동사 문장에 동사가 없으므로 빈칸은 동사가 들어갈 자리이다. 주어가 복수명사(The specialists)이므로 3인칭 동사형은 올 수 없다. 따라서 (A) convened가 적절하다.

2. (A)
  해석 그녀의 비평은 대안적 접근법이 비현실적임을 시사한다.
  해설 [어휘] 의미나 형태가 유사한 동사 문맥상 '그녀의 비평이 ~임을 (A) 시사한다'고 해야 적절하다.
  (A) 시사한다 (B) 준수한다 (C) 대답하다 (D) 곱하다, 증가시키다

3. (B)
  해석 오늘 이사회는 더 많은 자본을 끌어들이기 위해 신주 일만 주가 발행될 것이라고 간단히 발표했다.
  해설 [어법] 품사 문장의 성분이 모두 갖추어져 있으므로 동사(announced)를 수식하는 부사 (B) briefly가 적절하다.

4. (A)
  해석 Ms. Wiley는 다가오는 사업 발표에 관한 주목할 만한 주장을 했다.
  해설 [어휘] 문맥에 어울리는 형용사 사업 발표에 관한 내용이므로, Ms. Wiley가 '(A) 주목할 만한' 주장을 했다고 하는 것이 적절하다.
  (A) 주목할 만한 (B) 결과로서 생기는 (C) 일회용의, 버릴 수 있는 (D) 현재의, 최근의

저절로 실전 Training

Day 3에서 배운 단어,
실제 토익에는 이렇게 나옵니다.

Reading & Listening 배운 단어로 실전 지문 읽고 들어보기

다음 글을 읽고 올바른 해석을 고르세요.

MP3

May I have your attention, please? Thank you for coming to the 7th shareholders' meeting today. This meeting is not to vote on issues but to have a seminar amongst

1. (A) 쟁점에 대해 투표하다
(B) 이번 호를 폐기하다

different stakeholders to communicate with one another and share opinions.

2. (A) 의견을 나누다
(B) 주식 매입 선택권

Lately, there have been some rumors and misunderstandings due to some misguided reports by the press. This session aims to clarify those issues. **Representatives from the management**, the board of directors and Human

3. (A) 경영진 대표
(B) 경영방식 묘사

Resources, as well as some outside specialists will each give a short presentation. The meeting is now convened. Please be seated. Thank you.

- -

Answers

1. (A)   2. (A)   3. (A)

해석 주목해주시겠습니까? 오늘 제7차 주주 총회에 참석해주셔서 감사합니다. 이번 회의는 ¹· 쟁점에 대해 투표하기 위해서가 아니라 여러 주주 사이에서 서로 의사소통하고 ²· 의견을 나누기 위해 세미나를 갖고자 마련되었습니다.
최근 언론의 오보로 인해 유언비어와 오해가 있었습니다. 이번 회의의 목적은 그 문제들을 분명히 하는 것입니다. ³· 경영진 대표, 이사회, 그리고 인사팀뿐만 아니라 외부 전문가들이 각자 짧은 발표를 할 것입니다. 이제 개회합니다. 착석해 주십시오. 감사합니다.

KEY TOEIC VOCABULARY

DAY 4-1

helpful	*a.* 도움이 되는, 유용한 help *n.* 도움, 원조 *v.* 돕다 be helpful in -ing ~하는 데 유용하다	find the stretching class to be _____ 스트레칭 수업이 도움 된다는 것을 알다 _____ advice 도움이 되는 조언
complaint	*n.* 불평, 불만 complain *v.* 불평하다	file a _____ 불만을 제기하다 write a _____ letter 항의 편지를 쓰다
management	*n.* 경영진, 경영[운영, 관리] manage *v.* 경영하다, 가까스로 하다 manageable *a.* 관리할 수 있는, 다루기 쉬운	office _____ 사무(실) 관리 _____ techniques 관리 기법
critical	*a.* 중요한, 비판적인, 위태로운 critically *ad.* 결정적으로	_____ for perfect products 완벽한 제품에 중요한 _____ condition 위독한 상태
refund	*n.* 환불, 반환 *v.* 환불하다, 반환하다	a _____ policy 환불 정책 get a full _____ 전액 환불받다
defective	*a.* 결함이 있는 defect *n.* 결점, 결함 defectively *ad.* 불완전하게	_____ products 불량품 report a _____ device 결함이 있는 기기를 보고하다
response	*n.* 답장, 회신, 응답, 대답 respond *v.* 대답하다, 반응하다 in response to ~에 응하여	a quick _____ 신속한 답변 _____s to a survey 설문조사에 대한 응답
claim	*n.* 청구[신청], 주장 *v.* (권리를) 주장하다, 청구하다 claimant *n.* 청구인	respond to customer _____s 고객 청구에 응답하다 _____ a package 소포를 찾다
inconvenience	*n.* 불편(↔convenience 편리) *v.* ~에게 불편을 느끼게 하다 inconvenient *a.* 불편한	apologize for the _____ caused 발생한 불편에 대해 사과하다 if this _____s you 이것이 불편하시다면
courteous	*a.* 예의 바른, 정중한 courtesy *n.* 예의 바름 courteously *ad.* 예의 바르게	reliable and _____ service 신뢰할 수 있는 정중한 서비스 be _____ to other employees 다른 동료들에게 예의 바르게 대하다

DAY 1
DAY 2
DAY 3
DAY 4
DAY 5
DAY 6
DAY 7
DAY 8
DAY 9
DAY 10
DAY 11
DAY 12
DAY 13
DAY 14
DAY 15
DAY 16
DAY 17
DAY 18
DAY 19
DAY 20
DAY 21
DAY 22
DAY 23
DAY 24
DAY 25
DAY 26
DAY 27
DAY 28
DAY 29
DAY 30

DAY 4 고객 서비스   73

저절로 암기 Training

Exercise A 주어진 단어들을 결합하여 구문을 만드세요.

helpful + advice → _____ _____
도움이 되는   조언   도움이 되는 조언

file + complaint → _____ a _____
제기하다   불평, 불만   불만을 제기하다

office + management → _____ _____
사무실   관리   사무실 관리

critical + product → _____ for perfect _____s
중요한   제품   완벽한 제품에 중요한

get + refund → _____ a full _____
받다   환불   전액 환불받다

report + defective → _____ a _____ device
보고하다   결함이 있는   결함이 있는 기기를 보고하다

quick + response → a _____ _____
신속한   답변   신속한 답변

claim + package → _____ a _____
청구하다   소포   소포를 찾다

inconvenience + cause → apologize for the _____ _____d
불편   발생시키다   발생한 불편에 대해 사과하다

reliable + courteous → _____ and _____ service
신뢰할 수 있는   정중한   신뢰할 수 있는 정중한 서비스

Exercise B 보기에서 적절한 단어를 찾아 문장을 완성하세요.

보기
_____

helpful   complaint   management   critical   refund
defective   response   claim   inconvenience   courteous
_____

01. Efficient office _____ software helps your business run smoothly.
    효율적인 사무실 관리 소프트웨어는 당신의 사업이 순조롭게 운영되도록 도와줍니다.

02. Some _____ advice for college students is included in this book.
    대학생을 위한 몇몇 도움이 되는 조언이 이 책에 들어있다.

03. You can get a full _____ within 14 business days.
    영업일 기준으로 14일 이내에는 전액 환불받을 수 있습니다.

04. You may help us provide the best quality by reporting a _____ device.
결함이 있는 기기를 보고함으로써 당신은 우리가 최상의 품질을 제공하는 것을 도와줄 수 있습니다.

05. A photo ID is required to _____ a package.
소포를 찾기 위해서는 사진이 있는 신분증이 요구됩니다.

06. The hotel has a reputation for reliable and _____ service.
그 호텔은 신뢰할 수 있는 정중한 서비스로 유명하다.

07. He filed a _____ because he believed that the doctor's behavior was not acceptable. 그는 의사의 행동이 용납할 수 없다고 생각해서 불만을 제기했다.

08. Keep in mind that customers don't just want a quick _____.
고객들이 신속한 답변만을 원하는 것이 아니라는 것을 명심하라.

09. We sincerely apologize for any _____ caused.
저희는 발생한 모든 불편에 대해 진심으로 사과 드립니다.

10. All those elements are _____ for perfect products.
그 모든 요소가 완벽한 제품에 중요하다.

DAY 1
DAY 2
DAY 3
DAY 4
DAY 5
DAY 6
DAY 7
DAY 8
DAY 9
DAY 10
DAY 11
DAY 12
DAY 13
DAY 14
DAY 15
DAY 16
DAY 17
DAY 18
DAY 19
DAY 20
DAY 21
DAY 22
DAY 23
DAY 24
DAY 25
DAY 26
DAY 27
DAY 28
DAY 29
DAY 30

Exercise C 주어진 단어의 적절한 의미를 찾아 연결해 보세요.

01. response	•	• a. 도움이 되는, 유용한
02. inconvenience	•	• b. 불평
03. complaint	•	• c. 답장, 회신
04. refund	•	• d. 불편; ~에게 불편을 느끼게 하다
05. helpful	•	• e. 환불; 환불하다
06. courteous	•	• f. 결함이 있는
07. management	•	• g. 경영진, 관리
08. critical	•	• h. 청구; 주장하다
09. defective	•	• i. 중요한
10. claim	•	• j. 예의 바른, 정중한

Exercise B 01. management 02. helpful 03. refund 04. defective 05. claim 06. courteous 07. complaint 08. response 09. inconvenience 10. critical   **Exercise C** 01. c 02. d 03. b 04. e 05. a 06. j 07. g 08. i 09. f 10. h

Exercise D 다음 문장을 올바르게 해석해 보세요.

In [01]**response** to his [02]**complaint**, the firm [03]**refunded** his money.
그의 [02]_____ 에 대한 [01]_____으로, 회사는 그의 돈을 [03]_____.

He got promoted by treating customers in a [04]**helpful** and [05]**courteous** manner.
그는 [04]_____고 [05]_____ 태도로 고객을 대함으로써 승진했다.

Exercise E 다음 구문을 올바르게 해석해 보세요.

01. **helpful** advice

   _____

02. **critical** for perfect products

   _____

03. office **management**

   _____

04. file a **complaint**

   _____

05. get a full **refund**

   _____

06. report a **defective** device

   _____

07. a quick **response**

   _____

08. **claim** a package

   _____

09. apologize for the **inconvenience** caused

   _____

10. reliable and **courteous** service

   _____

Exercise D 01. 답변 02. 불만 03. 환불했다 04. 도움이 되 05. 예의 바른   Exercise E 01. 도움이 되는 조언 02. 완벽한 제품에 중요한
03. 사무(실) 관리 04. 불만을 제기하다 05. 전액 환불받다 06. 결함이 있는 기기를 보고하다 07. 신속한 답변 08. 소포를 찾다 09. 발생한 불편에
대해 사과하다 10. 신뢰할 수 있는 정중한 서비스

DAY 4-2

interruption	*n.* 중지, 중단, 방해 interrupt *v.* 중단시키다, 방해하다	a brief _____ 잠깐의 중단 continue without _____ 중단 없이 계속되다
sufficient	*a.* 충분한 sufficiency *n.* 충분 sufficiently *ad.* 충분히	_____ space 충분한 공간 a _____ supply of water 충분한 물 공급
react	*v.* 반응하다(to) reaction *n.* 반응	_____ unfavorably to the news 그 소식에 호의적이지 않게 반응하다 _____ promptly to employees' concerns 직원들의 우려에 즉각적으로 반응하다
local	*n.* 주민, (the —s) 현지인 *a.* 현지의, (해당) 지역의 locate *v.* 찾아내다, 두다	a _____ print shop 지역 인쇄소 a _____ restaurant 현지 식당
administer	*v.* 집행하다, 관리하다 administration *n.* 행정, 관리, 행정부 administrative *a.* 관리[행정]상의	_____ the test 시험을 집행하다 _____ justice 법을 집행하다
affordable	*a.* (가격이) 알맞은[저렴한], 감당할 수 있는 affordability *n.* 감당할 수 있는 비용	_____ rates 저렴한 요금 the most _____ vacation package 가장 저렴한 휴가 패키지
reveal	*v.* 드러내다, 폭로하다 revelation *n.* 폭로, 계시	the new product that was _____ed last week 지난주에 선보인 새 상품 More weaknesses have been _____ed. 더 많은 단점이 드러났다.
coastal	*a.* 해안의, 근해의 coast *n.* 해안	_____ routes 해안 길 _____ areas 해안 지역
easily	*ad.* 쉽게 ease *n.* 쉬움, 용이함 *v.* 용이하게 만들다 easy *a.* 쉬운, 용이한	_____ accessible 쉽게 접근할 수 있는 _____ walk to many stores 많은 상점에 쉽게 걸어서 가다
reflect	*v.* 반영하다, 나타내다, 심사숙고하다 reflection *n.* 반영, 반성, 심사숙고 reflective *a.* 반영하는, 반사하는	_____ the opinion 의견을 반영하다 _____ on a problem 문제를 심사숙고하다

저절로 암기 Training

Exercise A 주어진 단어들을 결합하여 구문을 만드세요.

continue + interruption → _____ without _____
계속되다   중단   중단 없이 계속되다

sufficient + space → _____ _____
충분한   공간   충분한 공간

react + unfavorably → _____ _____ to the news
반응하다   호의적이지 않게   그 소식에 호의적이지 않게 반응하다

local + restaurant → a _____ _____
현지의   식당   현지 식당

administer + test → _____ the _____
집행하다   시험   시험을 집행하다

affordable + vacation → the most _____ _____ package
저렴한   휴가   가장 저렴한 휴가 패키지

weakness + reveal → More _____es have been _____ed.
단점   보여주다   더 많은 단점이 드러났다.

coastal + area → _____ _____s
해안의   지역   해안 지역

easily + accessible → _____ _____
쉽게   접근할 수 있는   쉽게 접근할 수 있는

reflect + opinion → _____ the _____
반영하다   의견   의견을 반영하다

Exercise B 보기에서 적절한 단어를 찾아 문장을 완성하세요.

보기

interruption   sufficient   react   local   administer
affordable   reveal   coastal   easily   reflect

01. The field trip will continue without _____. 현장 학습은 중단 없이 계속될 것이다.

02. Can you recommend a _____ restaurant that specializes in regional food?
지역 음식에 특화된 현지 식당을 추천해주실 수 있나요?

03. More weaknesses have been _____ed during the investigation.
조사 중에 더 많은 단점이 드러났다.

04. We offer the most _____ vacation package. 우리는 가장 저렴한 휴가 패키지를 제공합니다.

05. This statement doesn't _____ the opinion of the residents.
이 성명서는 주민들의 의견을 반영하지 않는다.

06. Mr. Mula has a beach house in the northwestern _____ area.
Mr. Mula는 북서쪽 해안 지역에 해변 별장을 갖고 있다.

07. This beautiful province you're seeing is _____ accessible by train.
여러분이 보고 있는 이 아름다운 지역은 기차로 쉽게 접근할 수 있습니다.

08. I know a convenient facility with _____ space and good service.
저는 충분한 공간과 좋은 서비스를 갖춘 편리한 시설을 알고 있습니다.

09. The citizens _____ed unfavorably to the news.
시민들은 그 소식에 호의적이지 않게 반응했다.

10. The teacher explained why she had decided to refuse to _____ the test in
the interview. 그 선생님은 왜 시험을 집행하기를 거부하기로 했던 건지 인터뷰에서 설명했다.

DAY 1
DAY 2
DAY 3
DAY 4
DAY 5
DAY 6
DAY 7
DAY 8
DAY 9
DAY 10
DAY 11
DAY 12
DAY 13
DAY 14
DAY 15
DAY 16
DAY 17
DAY 18
DAY 19
DAY 20
DAY 21
DAY 22
DAY 23
DAY 24
DAY 25
DAY 26
DAY 27
DAY 28
DAY 29
DAY 30

Exercise C 주어진 단어의 적절한 의미를 찾아 연결해 보세요.

01. reveal •   • a. 중지, 중단, 방해

02. sufficient •   • b. 충분한

03. reflect •   • c. 알맞은, 저렴한

04. interruption •   • d. 반영하다, 나타내다

05. affordable •   • e. 드러내다, 폭로하다

06. react •   • f. 반응하다

07. local •   • g. 주민; 현지의

08. coastal •   • h. 집행하다, 관리하다

09. easily •   • i. 쉽게

10. administer •   • j. 해안의, 근해의

Exercise B 01. interruption 02. local 03. reveal 04. affordable 05. reflect 06. coastal 07. easily 08. sufficient 09. react 10. administer **Exercise C** 01. e 02. b 03. d 04. a 05. c 06. f 07. g 08. j 09. i 10. h

Exercise D 다음 문장을 올바르게 해석해 보세요.

There can be no assurance that [01]**local** services will continue without [02]**interruption**.
[01] _____ 서비스가 [02] _____ 없이 계속될 것이라고 보장할 수는 없다.

It's been [03]**revealed** that he doesn't have [04]**sufficient** permission to [05]**administer** the website. 그에게 웹사이트를 [05] _____ [04] _____ 권한이 없다는 것이 [03] _____ .

Exercise E 다음 구문을 올바르게 해석해 보세요.

01. continue without **interruption**

_____

02. **sufficient** space

_____

03. **react** unfavorably to the news

_____

04. a **local** restaurant

_____

05. **administer** the test

_____

06. the most **affordable** vacation package

_____

07. More weaknesses have been **revealed.**

_____

08. **coastal** areas

_____

09. **easily** accessible

_____

10. **reflect** the opinion

_____

Exercise D 01. 지역 02. 중단 03. 드러났다 04. 충분한 05. 관리할   Exercise E 01. 중단 없이 계속되다 02. 충분한 공간 03. 그 소식에 호의적이지 않게 반응하다 04. 현지 식당 05. 시험을 집행하다 06. 가장 저렴한 휴가 패키지 07. 더 많은 단점이 드러났다. 08. 해안 지역 09. 쉽게 접근할 수 있는 10. 의견을 반영하다

DAY 4-3

suitable	*a.* 적절한, 적당한, 어울리는(for) suit *v.* 잘 맞다, 어울리다, 적합하다 *n.* 정장, 의복	a _____ location 적절한 위치 be _____ for a variety of events 다양한 행사에 적절하다
unfavorable	*a.* 호의적이 아닌, 불리한(↔favorable 호의적인)	an _____ review 부정적인 평가 _____ weather conditions 좋지 않은 기상[악천후] 조건
client	*n.* 고객, 의뢰인	a _____ manager 고객 관리자 revise a list of _____s 고객 명단을 수정하다
repair	*n.* 수리 *v.* 수리하다, 고치다	extensive _____s 광범위한 수리 the watch _____ shop 시계 수리점
consumption	*n.* 소비(량), 소모 consumer *n.* 소비자 consume *v.* 소모하다, 먹다	high fuel _____ 높은 연료 소비 _____ expenditure 소비 지출
priority	*n.* 우선권, 우선 사항 prior *a.* 사전의 prioritize *v.* 우선순위를 매기다	_____ seating 우대석 the company's most important _____ 회사의 가장 중요한 우선 사항
interact	*v.* 소통하다, 상호작용을 하다, 교류하다(with) interaction *n.* 상호작용	_____ with clients 고객들과 소통하다 _____ with more than one department 하나 이상의 부서와 교류하다
rigorous	*a.* 철저한, 엄격한 rigorously *ad.* 엄격히, 엄밀히	meet _____ standards 엄격한 기준을 충족하다 a _____ selection process 엄격한 선발 절차
further	*a.* 더 이상의, 추가의 *ad.* 더 (멀리), 게다가 far *a.* 저쪽의 *ad.* 멀리 farther *ad.* (물리적 거리가) 더 멀리	offer _____ assistance 추가적인 도움을 주다 until _____ notice 추가 공지가 있을 때까지
manner	*n.* 방식, 태도 in a ~ manner ~한 방식으로	be processed in the normal _____ 일반적인 방식으로 처리되다 in a timely _____ 시기적절하게

저절로 암기 Training

Exercise A 주어진 단어들을 결합하여 구문을 만드세요.

suitable + event → be _____ for a variety of _____s
적절한 　　　 행사 　　　 다양한 행사에 적절하다

unfavorable + review → an _____ _____
호의적이 아닌 　　　 평가 　　　 부정적인 평가

revise + client → _____ a list of _____s
수정하다 　　 고객 　　 고객 명단을 수정하다

extensive + repair → _____ _____s
광범위한 　　 수리 　　 광범위한 수리

fuel + consumption → high _____ _____
연료 　 소비 　　　 높은 연료 소비

priority + seating → _____ _____
우선권 　　 좌석 　　 우대석

interact + client → _____ with _____s
소통하다 　　 고객 　　 고객들과 소통하다

rigorous + standard → meet _____ _____s
엄격한 　　 기준 　　 엄격한 기준을 충족하다

further + assistance → offer _____ _____
추가의 　　 도움 　　 추가적인 도움을 주다

timely + manner → in a _____ _____
시기적절한 　　 방식, 태도 　 시기적절하게

Exercise B 보기에서 적절한 단어를 찾아 문장을 완성하세요.

보기

suitable　unfavorable　client　repair　consumption
priority　interact　rigorous　further　manner

01. This hotel has a conference room which is _____ for a variety of events.
이 호텔은 다양한 행사에 적절한 연회실을 갖고 있다.

02. The marketing team is discussing on how to respond to an _____ review of the new product. 마케팅팀은 신제품에 대한 부정적인 평가에 어떻게 반응할지 의논하고 있다.

03. High fuel _____ contributed to the steady increase in oil imports.
높은 연료 소비는 꾸준한 원유 수입 증가에 기여했다.

04. More than half of all participants failed to meet _____ standards.
전체 참가자 중 절반 이상이 엄격한 기준을 충족하는 것에 실패하였다.

05. The clerk will offer _____ assistance, if needed.
필요하다면, 점원이 추가적인 도움을 줄 것이다.

06. I expect the product to be delivered in a timely _____.
저는 상품이 시기적절하게 배송되기를 기대합니다.

07. What I do is helping businessmen to _____ with clients effectively.
내가 하는 일은 사업가들이 고객들과 효과적으로 소통하도록 도와주는 것이다.

08. Revise the list of _____s before sending the invitations out.
초대장을 발송하기 전에 고객 명단을 수정하시오.

09. The damage is so severe that extensive _____s should be carried out.
손상이 몹시 심각해서 광범위한 수리가 수행되어야 한다.

10. Most of the public transport vehicles have _____ seating for passengers with disabilities. 대부분의 대중교통 차량은 장애가 있는 승객을 위해 우대석을 갖고 있다.

DAY 1
DAY 2
DAY 3
DAY 4
DAY 5
DAY 6
DAY 7
DAY 8
DAY 9
DAY 10
DAY 11
DAY 12
DAY 13
DAY 14
DAY 15
DAY 16
DAY 17
DAY 18
DAY 19
DAY 20
DAY 21
DAY 22
DAY 23
DAY 24
DAY 25
DAY 26
DAY 27
DAY 28
DAY 29
DAY 30

Exercise C 주어진 단어의 적절한 의미를 찾아 연결해 보세요.

01. unfavorable •   • a. 적절한, 적당한

02. repair •   • b. 호의적이 아닌

03. priority •   • c. 방식, 태도

04. suitable •   • d. 수리; 고치다

05. manner •   • e. 우선권, 우선 사항

06. client •   • f. 소비, 소모

07. consumption •   • g. 소통하다

08. interact •   • h. 철저한, 엄격한

09. rigorous •   • i. 더 이상의; 게다가

10. further •   • j. 고객, 의뢰인

Exercise B 01. suitable 02. unfavorable 03. consumption 04. rigorous 05. further 06. manner 07. interact 08. client 09. repair 10. priority **Exercise C** 01. b 02. d 03. e 04. a 05. c 06. j 07. f 08. g 09. h 10. i

Exercise D 다음 문장을 올바르게 해석해 보세요.

Our ^{01}**priority** is to ensure that an investment is ^{02}**suitable** for the ^{03}**client**.

우리의 ^{01}_____ 은 투자가 ^{03}_____ 에게 ^{02}_____ 하다고 보장하는 것이다.

They've managed the system in a ^{04}**rigorous** ^{05}**manner**.

그들은 시스템을 ^{04}_____ ^{05}_____ 으로 관리해 왔다.

Exercise E 다음 구문을 올바르게 해석해 보세요.

01. be **suitable** for a variety of events

_____

02. an **unfavorable** review

_____

03. revise a list of **clients**

_____

04. extensive **repairs**

_____

05. high fuel **consumption**

_____

06. **priority** seating

_____

07. **interact** with clients

_____

08. meet **rigorous** standards

_____

09. offer **further** assistance

_____

10. in a timely **manner**

_____

Exercise D 01. 우선 사항 02. 적절 03. 고객 04. 엄격한 05. 방식 **Exercise E** 01. 다양한 행사에 적절하다 02. 부정적인 평가 03. 고객 명단을 수정하다 04. 광범위한 수리 05. 높은 연료 소비 06. 우대석 07. 고객들과 소통하다 08. 엄격한 기준을 충족하다 09. 추가적인 도움을 주다 10. 시기적절하게

DAY 4-4

membership	n. 회원 자격, 회원 member n. 구성원, 회원	benefits of _____ 회원 혜택 fitness center _____ 피트니스 센터 회원 자격
notice	n. 주목, 통보, 공고문 v. 알아차리다, 주목하다	a delivery _____ 배송 통보(서) be very easily _____d 매우 쉽게 눈에 띄다
admission	n. 입장, 입학 admit v. 인정하다, (입장·입학을) 허가하다	free _____ 무료 입장 win _____ 입학을 허가받다
privilege	n. 특혜, 특권, 영광 v. 특권을 주다	membership _____s 회원 특전 attorney-client _____ 변호사-의뢰인 비밀 유지 특권
service	n. 근무, 봉사, 서비스 v. (차량·기계를) 점검하다 serve v. 일하다, 근무하다	a customer _____ representative 고객 서비스 담당자 request repair _____s 수리 서비스를 요청하다
replace	v. 교체하다, 대신하다, 대체하다 replacement n. 대체, 후임자 replaceable a. 대체할 수 있는 replace A with B A를 B로 교체하다	_____ a broken product 망가진 제품을 교체하다 be _____d by artificial plants 인공식물로 교체되다
inquire	v. 문의하다, 질문하다(about) inquiry n. 문의, 질문	_____ about an order 주문에 관해 문의하다 _____ about my flight details 내 비행편의 세부 사항에 관해 문의하다
handle	v. 취급하다, 다루다(=deal with)	the office that _____s customer orders 고객 주문을 취급하는 부서 the issues _____d in the last meeting 지난 회의에서 다뤄졌던 안건들
request	n. 요청, 신청 v. 요청[신청]하다	submit a _____ online 온라인으로 요청사항을 제출하다 _____ a late checkout 늦은 체크아웃을 요청하다
fix	v. 수리하다, 고정하다, (날짜·가격 등을) 정하다 fixed a. 고정된	_____ the tire of a truck 트럭 타이어를 수리하다 a _____ed price 정가

DAY 1
DAY 2
DAY 3
DAY 4
DAY 5
DAY 6
DAY 7
DAY 8
DAY 9
DAY 10
DAY 11
DAY 12
DAY 13
DAY 14
DAY 15
DAY 16
DAY 17
DAY 18
DAY 19
DAY 20
DAY 21
DAY 22
DAY 23
DAY 24
DAY 25
DAY 26
DAY 27
DAY 28
DAY 29
DAY 30

저절로 암기 Training

Exercise A 주어진 단어들을 결합하여 구문을 만드세요.

benefit + membership → _____s of _____
혜택　　　　회원, 회원 자격　　　　　회원 혜택

delivery + notice → a _____ _____
배송　　　　통보　　　　배송 통보(서)

win + admission → _____ _____
얻다　　입학　　　　　입학을 허가받다

attorney + privilege → _____-client _____
변호사　　　특권　　　　변호사–의뢰인 비밀 유지 특권

request + service → _____ repair _____s
요청하다　　서비스　　　수리 서비스를 요청하다

replace + broken → _____ a _____ product
교체하다　　망가진　　　망가진 제품을 교체하다

inquire + detail → _____ about my flight _____s
문의하다　　세부 사항　　　내 비행편의 세부 사항에 관해 문의하다

issue + handle → the _____s _____d in the last meeting
안건　　　다루다　　　지난 회의에서 다뤄졌던 안건들

request + checkout → _____ a late _____
요청하다　　체크아웃　　　늦은 체크아웃을 요청하다

fix + price → a _____ed _____
정하다　가격　　정가

Exercise B 보기에서 적절한 단어를 찾아 문장을 완성하세요.

보기

membership　notice　admission　privilege　service
replace　inquire　handle　request　fix

01. You can request repair _____s if you find problems with the machine.
기계에서 문제를 발견하면, 수리 서비스를 요청하실 수 있습니다.

02. All communications with lawyers are protected by attorney-client _____.
변호사와의 모든 의사소통은 변호사–의뢰인 비밀 유지 특권에 의해 보호된다.

03. A news rippled across the web that a New York student had won _____ to three Ivy League universities. 한 뉴욕 학생이 세 아이비리그 대학교에서 입학을 허가받았다는 소식이 인터넷에 퍼졌다.

04. The manager was asked to _____ the broken product with a new one immediately. 관리자는 망가진 제품을 새 제품으로 즉시 교체하라고 요구받았다.

05. Within this package you will find a brochure detailing the benefits of _____. 이 소포 안에서 회원 혜택에 대해 자세하게 알려주는 브로슈어를 찾아보실 수 있습니다.

06. The delivery _____ states where your parcel is being held. 배송 통보서는 당신의 소포가 어디에 보관되어 있는지 명시한다.

07. The following are the issues _____d in the last meeting. 다음 사항들은 지난 회의에서 다뤄졌던 안건들이다.

08. I am calling to _____ about my flight details. 제 비행편의 세부 사항에 대해 문의하려고 전화 드렸습니다.

09. I _____ed a late checkout because I have a late flight. 제 비행편이 늦은 시간이라 늦은 체크아웃을 요청했습니다.

10. The buyer seems to prefer a _____ed price contract. 구매자는 정가 계약을 선호하는 것처럼 보인다.

Exercise C 주어진 단어의 적절한 의미를 찾아 연결해 보세요.

01. privilege •   • a. 교체하다

02. admission •   • b. 문의하다

03. inquire •   • c. 입장, 입학

04. replace •   • d. 특혜; 특권을 주다

05. fix •   • e. 수리하다, 정하다

06. membership •   • f. 회원 자격, 회원

07. notice •   • g. 취급하다

08. handle •   • h. 주목; 알아차리다

09. service •   • i. 요청; 신청하다

10. request •   • j. 서비스, 근무; 점검하다

Exercise B 01. service 02. privilege 03. admission 04. replace 05. membership 06. notice 07. handle 08. inquire 09. request 10. fix **Exercise C** 01. d 02. c 03. b 04. a 05. e 06. f 07. h 08. g 09. j 10. i

Exercise D 다음 문장을 올바르게 해석해 보세요.

The [01]**admission** [02]**notice** will be sent to you personally at the e-mail address you gave in your application.

[01] _____ [02] _____ 는 지원서에 기재하신 이메일 주소로 귀하에게 개별적으로 발송될 것입니다.

The customer service department [03]**inquired** about how to [04]**handle** this special [05]**request**.

고객 서비스부는 이 특별 [05] _____ 을 어떻게 [04] _____ 하는지 [03] _____ .

Exercise E 다음 구문을 올바르게 해석해 보세요.

01. benefits of **membership**

_____

02. a delivery **notice**

_____

03. win **admission**

_____

04. attorney-client **privilege**

_____

05. request repair **services**

_____

06. **replace** a broken product

_____

07. **inquire** about my flight details

_____

08. the issues **handled** in the last meeting

_____

09. **request** a late checkout

_____

10. a **fixed** price

_____

Exercise D 01. 입학 02. 통지서[허가서] 03. 문의했다 04. 취급해야 05. 요청   Exercise E 01. 회원 혜택 02. 배송 통보(서) 03. 입학을 허가받다 04. 변호사-의뢰인 비밀 유지 특권 05. 수리 서비스를 요청하다 06. 망가진 제품을 교체하다 07. 내 비행편의 세부 사항에 관해 문의하다 08. 지난 회의에서 다뤄졌던 안건들 09. 늦은 체크아웃을 요청하다 10. 정가

저절로 실전 Training

Grammar & Expressions 배운 단어로 Part 5 실전 문제 풀어보기

1. In response to his ------, the firm refunded his money.

(A) complaint
(B) compliment
(C) compensation
(D) comparison

2. There can be no assurance that local services will continue without ------.

(A) interrupt
(B) interruptable
(C) interruption
(D) interruptedly

3. Our priority is to ensure that an investment is ------ for the client.

(A) suitable
(B) popular
(C) evident
(D) subjective

4. The customer service department ------ about how to handle this special request.

(A) inquire
(B) inquired
(C) inquiring
(D) to inquire

- -

Answers

1. (A)

해석 그의 불만에 대한 답변으로, 회사는 그의 돈을 환불했다.

해설 [어휘] 형태가 유사한 명사 소유격 대명사 his가 가리키는 대상은 the firm의 고객일 것이며, 문맥상 '고객의 (A) 불만에 대한 답변으로 ~ 환불했다'고 해야 적절하다.
(A) 불만 (B) 칭찬 (C) 보상 (D) 비교

2. (C)

해석 지역 서비스가 중단 없이 계속될 것이라고 보장할 수는 없다.

해설 [어법] 품사 전치사 뒤에는 동명사(-ing) 또는 명사가 올 수 있다. 따라서 (C) interruption이 적절하다.
(A) 방해하다 (B) 방해할 수 있는 (C) 방해, 중단 (D) 가로막혀서, 방해받아서

3. (A)

해석 우리의 우선 사항은 투자가 고객에게 적절하다고 보장하는 것이다.

해설 [어휘] 문맥에 어울리는 형용사 문맥상 '투자가 고객에게 (A) 적절하다'고 해야 한다. 나머지 형용사는 주절의 동사 ensure와 의미가 통하지 않는다.
(A) 적절한 (B) 인기 있는 (C) 분명한, 명백한 (D) 주관적인

4. (B)

해석 고객 서비스부는 이 특별 요청을 어떻게 취급해야 하는지 문의했다.

해설 [어법] 동사 문장에 동사가 없으므로 (B) inquired가 적절하다. 주어가 3인칭 단수명사이므로 복수동사인 inquire는 올 수 없다.

저절로 실전 Training

Reading & Listening 배운 단어로 실전 지문 읽고 들어보기

다음 글을 읽고 올바른 해석을 고르세요.

MP3

DAY 4

Customer Service

Thank you for purchasing a membership at our gym. We hope to assist you in reaching your fitness goal. As a client, you are entitled to the **privilege** and service

1. (A) 특권과 서비스를 이용할 자격이 있다
(B) 사생활을 보장받을 자격이 있다

offered by our gym. If you experience any inconvenience, please file your **complaint**

2. (A) 서비스를 칭찬하다
(B) 불만을 제기하다

to the management to have it fixed. We want to keep our gym affordable for the local community. As a result, we are very popular and it is difficult to initially buy a membership. However, as a continuing member, you have a **priority** in extending

3. (A) 이전에 해봤다
(B) 우선권이 있다

your membership before we open for other customers. If you don't extend by the 25th of every month for the next month's membership, your membership will be cancelled. Thank you. Hope you have a good workout!

Best regards,

Danny Williams
Manager, Middlebury Gym and Pool

Answers

1. (A)   2. (B)   3. (B)

해석 저희 체육관에서 회원권을 구매해 주신 것에 감사드립니다. 저희는 당신이 신체 단련 목표에 이르는 데 도움이 되고 싶습니다. 고객께서는, 저희 체육관에서 제공하는 ^{1.} 특권과 서비스를 이용하실 자격이 있습니다. 만약 불편을 겪게 되시면, 그것을 바로잡도록 관리부에 ^{2.} 불만을 제기하여 주 십시오. 저희는 저희 체육관을 지역 공동체가 이용하기에 알맞은 가격으로 유지하고자 합니다. 그 결과 저희는 아주 인기 있으며 처음에 회원권을 구매하기 어렵습니다. 그러나 지속적인 회원으로서, 당신은 저희가 다른 고객들에게 개방하기 전에 회원권을 연장할 ^{3.} 우선권이 있습니다. 만약 당신이 매달 25일까지 다음 달 회원권을 연장하지 않으면, 당신의 회원권은 취소될 것입니다. 감사합니다. 좋은 운동 하시길 바랍니다!
Danny Williams
매니저, Middlebury Gym and Pool

DAY 5-1

benefit	*n.* 이익(↔disadvantage 불이익), 혜택 *v.* 혜택을 보다, 이익을 얻다 beneficial *a.* 유익한, 이로운	tax _____ 세금 혜택 _____ financially from the transactions 거래에서 재정적으로 이익을 얻다
profit	*n.* 이익, 수익 profitability *n.* 수익성 profitable *a.* 이윤이 많은	a non-_____ organization 비영리 기관 increase in _____s for the past half year 지난 반 년간의 수익 증가
share	*n.* 몫, 지분, 주식 *v.* 공유하다, 함께 나누다 shareholder *n.* 주주 shared *a.* 공유한, 공유의	expand a market _____ 시장 점유율을 확장하다 _____ concerns about the museum's budget 박물관의 예산에 대한 우려를 함께 나누다
anticipate	*v.* 예상하다, 기대하다 anticipation *n.* 예상, 기대	_____ hiring additional sales staff 추가 판매 사원 고용을 기대하다 It is stronger than originally _____d. 이것은 처음에 예상했던 것보다 더 강하다.
significant	*a.* 상당한, 중대한, 중요한 significance *n.* 중요성 significantly *ad.* 중요하게	make a _____ contribution 상당한 기여를 하다 receive a _____ offer 중요한 제안을 받다
slightly	*ad.* 약간 slight *a.* 약간의	rise _____ again 다시 약간 오르다 a _____ darker shade 약간 더 어두운 색조
decline	*n.* 감소, 하락 *v.* 감소하다, 거절하다	the _____ in revenue 수입의 감소 _____ the invitation 초대를 거절하다
grant	*n.* 보조금, 장학금 *v.* 인정하다, 수여하다 take ~ for granted ~을 당연하게 여기다	a corporate _____ 기업 보조금 _____ academic degrees in music 음악 학위를 수여하다
incur	*v.* (부채 등을) 지다, (위험을) 초래하다 incurrence *n.* (손해 따위를) 입음	reimburse customers for any expenses _____red 발생한 비용을 고객들에게 보상해주다
revenue	*n.* 수입(↔debt 부채, loss 손실)	be based on advertising _____ 광고 수입에 기초하다 approximately 10 percent of _____ 수입의 대략 10%

DAY 1
DAY 2
DAY 3
DAY 4
DAY 5
DAY 6
DAY 7
DAY 8
DAY 9
DAY 10
DAY 11
DAY 12
DAY 13
DAY 14
DAY 15
DAY 16
DAY 17
DAY 18
DAY 19
DAY 20
DAY 21
DAY 22
DAY 23
DAY 24
DAY 25
DAY 26
DAY 27
DAY 28
DAY 29
DAY 30

DAY 5 수익   91

저절로 암기 Training

Exercise A 주어진 단어들을 결합하여 구문을 만드세요.

benefit + transaction → _____ financially from the _____s
이익을 얻다   거래   거래에서 재정적으로 이익을 얻다

increase + profit → _____ in _____s for the past half year
증가   수익   지난 반 년간의 수익 증가

expand + share → _____ a market _____
넓히다   몫, 지분   시장 점유율을 확장하다

originally + anticipate → It is stronger than _____ _____d.
처음에, 원래   예상하다   이것은 처음에 예상했던 것보다 더 강하다.

significant + contribution → make a _____ _____
상당한   기여   상당한 기여를 하다

slightly + again → rise _____ _____
약간   다시   다시 약간 오르다

decline + revenue → the _____ in _____
감소   수입   수입의 감소

corporate + grant → a _____ _____
기업   보조금   기업 보조금

reimburse + incur → _____ customers for any expenses _____red
보상하다   초래하다   발생한 비용을 고객들에게 보상해주다

approximately + revenue → _____ 10 percent of _____
대략   수입   수입의 대략 10%

Exercise B 보기에서 적절한 단어를 찾아 문장을 완성하세요.

보기

benefit   profit   share   anticipate   significant
slightly   decline   grant   incur   revenue

01. In this environment, only large companies can _____ financially from the transactions. 이 환경에서는 큰 기업들만 거래에서 재정적으로 이익을 얻을 수 있다.

02. He is a valuable employee who has made a _____ contribution to our organization. 그는 우리 조직에 상당한 기여를 한 귀중한 직원이다.

03. The corporate _____s tend to be small and hard to get.
기업 보조금은 규모도 작고 얻기도 힘든 경향이 있다.

04. The purpose of this occasion is to celebrate the increase in _____s for the past half year. 이 행사의 목적은 지난 반 년간의 수익 증가를 축하하기 위함입니다.

05. Local community objections are stronger than originally _____d.
지역 사회의 반대가 처음에 예상했던 것보다 더 강하다.

06. Approximately 10 percent of _____ comes from advertising.
수입의 대략 10%는 광고에서 온다.

07. There may be various causes of the _____ in revenue.
수입의 감소에는 여러 원인이 있을 수 있다.

DAY 1
DAY 2
DAY 3
DAY 4
DAY 5
DAY 6
DAY 7
DAY 8
DAY 9
DAY 10
DAY 11
DAY 12
DAY 13
DAY 14
DAY 15
DAY 16
DAY 17
DAY 18
DAY 19
DAY 20
DAY 21
DAY 22
DAY 23
DAY 24
DAY 25
DAY 26
DAY 27
DAY 28
DAY 29
DAY 30

08. The improved quality is required to expand the market _____.
시장 점유율을 확장하기 위해 향상된 품질이 요구된다.

09. Ms. Haberman personally promised to reimburse customers for any expenses _____red. Ms. Haberman은 발생한 비용을 고객들에게 보상해주겠다고 개인적으로 약속했다.

10. The interest rates rise _____ again. 이자율이 다시 약간 오른다.

Exercise C 주어진 단어의 적절한 의미를 찾아 연결해 보세요.

01. share	•	• a. 이익; 혜택을 보다
02. slightly	•	• b. 감소; 거절하다
03. benefit	•	• c. 몫; 공유하다
04. incur	•	• d. 지다, 초래하다
05. decline	•	• e. 약간
06. revenue	•	• f. 상당한, 중대한
07. profit	•	• g. 이익, 수익
08. anticipate	•	• h. 보조금; 인정하다
09. significant	•	• i. 예상하다, 기대하다
10. grant	•	• j. 수입

Exercise B 01. benefit 02. significant 03. grant 04. profit 05. anticipate 06. revenue 07. decline 08. share 09. incur 10. slightly **Exercise C** 01. c 02. e 03. a 04. d 05. b 06. j 07. g 08. i 09. f 10. h

Exercise D 다음 문장을 올바르게 해석해 보세요.

We ⁰¹**anticipate** a ⁰²**significant** increase in ⁰³**profits** this year.
우리는 올해 ⁰²_____ ⁰³_____ 증가를 ⁰¹_____.

A nearly 30 percent ⁰⁴**decline** in the ⁰⁵**shares** of Homecore sent fear through the market.
Homecore ⁰⁵_____의 30%에 가까운 ⁰⁴_____이 시장 전체에 두려움을 퍼뜨렸다.

Exercise E 다음 구문을 올바르게 해석해 보세요.

01. **benefit** financially from the transactions
_____

02. increase in **profits** for the past half year
_____

03. expand a market **share**
_____

04. It is stronger than originally **anticipated**.
_____

05. make a **significant** contribution
_____

06. rise **slightly** again
_____

07. the **decline** in revenue
_____

08. a corporate **grant**
_____

09. reimburse customers for any expenses **incurred**
_____

10. approximately 10 percent of **revenue**
_____

Exercise D 01. 예상한다 02. 상당한 03. 수익 04. 하락 05. 주식   **Exercise E** 01. 거래에서 재정적으로 이익을 얻다 02. 지난 반 년간의 수익 증가 03. 시장 점유율을 확장하다 04. 이것은 처음에 예상했던 것보다 더 강하다. 05. 상당한 기여를 하다 06. 다시 약간 오르다 07. 수입의 감소 08. 기업 보조금 09. 발생한 비용을 고객들에게 보상해주다 10. 수입의 대략 10%

DAY 5-2

수익

obtain	v. 얻다, 획득하다, 입수하다 obtainable a. 입수할 수 있는	_____ more information 더 많은 정보를 얻다 _____ an opportunity 기회를 얻다
yield	n. 수확, 생산량, 이윤 v. (이윤을) 가져오다, 굴복하다, 넘겨주다	_____ genuine benefits for stock holders 주주들에게 진정한 이익을 가져오다 produce a high _____ 높은 수확량을 창출하다
accumulation	n. 축적, 누적 accumulate v. 모으다, 축적하다	an _____ of ground water 지하수의 축적 an _____ of inventory 재고 축적
drop	n. 하락, 감소 v. 떨어지다, 감소시키다, 가져다 주다 drop off 가져다 주다, 내려 주다	_____ below $3 million 3백만 달러 아래로 떨어지다 _____ the artwork off by 4 o'clock 예술품을 4시까지는 갖다 주다
entire	a. 전체의, 전부의, 온 entirely ad. 완전히	the _____ department 부서 전체 for the _____ summer 여름 내내
expectation	n. 예상, 기대 expect v. 예상하다, 기대하다 in expectation of ~을 기대하며	beyond _____ 예상을 뛰어넘는 surpass all _____s 모든 기대를 능가하다
expenditure	n. 지출, 비용 expend v. 지출하다, 소비하다	reduce company _____s 회사 지출을 줄이다 marketing _____s 마케팅 비용
firm	n. 회사 a. 단단한, 확실한 firmly ad. 단단하게, 확고하게	a real estate _____ 부동산 회사 a _____ offer 확실한 제안
gain	n. 증가, 이득, (재정적) 이익 v. 얻다, 획득하다	significant _____s in learning 학습에서의 상당한 증진 _____ free admission 무료 입장권을 얻다
gradually	ad. 점차, 서서히 gradual a. 점진적인, 서서히 일어나는	_____ decrease the amount 점진적으로 양을 줄여나가다 be _____ integrated 점차 통합되다

DAY 1
DAY 2
DAY 3
DAY 4
DAY 5
DAY 6
DAY 7
DAY 8
DAY 9
DAY 10
DAY 11
DAY 12
DAY 13
DAY 14
DAY 15
DAY 16
DAY 17
DAY 18
DAY 19
DAY 20
DAY 21
DAY 22
DAY 23
DAY 24
DAY 25
DAY 26
DAY 27
DAY 28
DAY 29
DAY 30

저절로 암기 Training

Exercise A 주어진 단어들을 결합하여 구문을 만드세요.

obtain + opportunity → _____ an _____
얻다   기회   기회를 얻다

produce + yield → _____ a high _____
창출하다   수확   높은 수확량을 창출하다

accumulation + inventory → an _____ of _____
축적   재고   재고 축적

drop + below → _____ _____ $3 million
떨어지다   ~ 아래로   3백만 달러 아래로 떨어지다

entire + department → the _____ _____
전체의   부서   부서 전체

beyond + expectation → _____ _____
~을 뛰어넘는   예상, 기대   예상을 뛰어넘는

reduce + expenditure → _____ company _____s
줄이다   비용   회사 지출을 줄이다

real estate + firm → a _____ _____
부동산   회사   부동산 회사

significant + gain → _____ _____s in learning
상당한   증가   학습에서의 상당한 증진

gradually + integrate → be _____ _____d
점차   통합하다   점차 통합되다

Exercise B 보기에서 적절한 단어를 찾아 문장을 완성하세요.

보기

     obtain   yield   accumulation   drop   entire
     expectation   expenditure   firm   gain   gradually

01. Weak sales led to an _____ of inventory. 저조한 판매가 재고 축적으로 이어졌다.

02. The analysts forecast that the price of the painting won't _____ below $3 million. 분석가들은 그 그림의 가격이 3백만 달러 아래로 떨어지지는 않을 것으로 전망한다.

03. I believe this will produce significant _____s in learning.
나는 이것이 학습에서의 상당한 증진을 만들어 낼 거라고 믿는다.

04. The rumors say the top two airlines will be _____ integrated into a single airline company. 소문에 따르면 (업계) 최고의 두 항공사가 하나의 항공사로 점차 통합될 것이다.

05. I would do anything to _____ an opportunity to talk with him.
나는 그와 이야기할 기회를 얻기 위해서는 무엇이라도 할 것이다.

06. The seminar is about how to produce a high _____.
세미나는 어떻게 높은 수확량을 창출할 것인가에 대한 것이다.

07. Such an outcome was beyond _____. 그러한 결과는 예상을 뛰어넘는 것이었다.

08. I have a message for you from the real estate _____.
부동산 회사에서 당신에게 보낸 메시지가 있습니다.

09. What should we do to reduce company _____s on staff recruitment?
직원 채용에 드는 회사 지출을 줄이기 위해 무엇을 해야 할까요?

10. Mr. Palmer's decision is beneficial to the _____ department.
Mr. Palmer의 결정은 부서 전체에 이롭다.

DAY 1
DAY 2
DAY 3
DAY 4
DAY 5
DAY 6
DAY 7
DAY 8
DAY 9
DAY 10
DAY 11
DAY 12
DAY 13
DAY 14
DAY 15
DAY 16
DAY 17
DAY 18
DAY 19
DAY 20
DAY 21
DAY 22
DAY 23
DAY 24
DAY 25
DAY 26
DAY 27
DAY 28
DAY 29
DAY 30

Exercise C 주어진 단어의 적절한 의미를 찾아 연결해 보세요.

01. obtain	a. 하락; 떨어지다
02. drop	b. 지출, 비용
03. expenditure	c. 회사; 단단한
04. firm	d. 점차, 서서히
05. gradually	e. 얻다, 획득하다
06. yield	f. 수확, 생산량; 가져오다
07. entire	g. 축적, 누적
08. accumulation	h. 예상, 기대
09. expectation	i. 전체의, 전부의
10. gain	j. 이익, 증가; 얻다

Exercise B 01. accumulation 02. drop 03. gain 04. gradually 05. obtain 06. yield 07. expectation 08. firm 09. expenditure 10. entire **Exercise C** 01. e 02. a 03. b 04. c 05. d 06. f 07. i 08. g 09. h 10. j

Exercise D 다음 문장을 올바르게 해석해 보세요.

The research was conducted over a long period of time to [01]**obtain** [02]**accumulation** of database. 데이터베이스의 [02]_____ 을 [01]_____ 위해서 오랜 기간 동안 조사가 수행되었다.

There is an [03]**expectation** that [04]**expenditure** on education will [05]**drop** by about 5%.
교육 [04]_____ 이 5% 가량 [05]_____ 것이라는 [03]_____ 이 있다.

Exercise E 다음 구문을 올바르게 해석해 보세요.

01. **obtain** an opportunity
_____

02. produce a high **yield**
_____

03. an **accumulation** of inventory
_____

04. **drop** below $3 million
_____

05. the **entire** department
_____

06. beyond **expectation**
_____

07. reduce company **expenditures**
_____

08. a real estate **firm**
_____

09. significant **gains** in learning
_____

10. be **gradually** integrated
_____

Exercise D 01. 얻기 02. 축적 03. 예상 04. 비용 05. 감소할   Exercise E 01. 기회를 얻다 02. 높은 수확량을 창출하다 03. 재고 축적 04. 3백만 달러 아래로 떨어지다 05. 부서 전체 06. 예상을 뛰어넘는 07. 회사 지출을 줄이다 08. 부동산 회사 09. 학습에서의 상당한 증진 10. 점차 통합되다

DAY 5-3

lower	*a.* 더 낮은, 아래쪽의 *v.* (양·가격을) 줄이다, 낮추다(↔raise 올리다) low *a.* 낮은	_____ prices 더 낮은 가격 fail to _____ the price 가격을 낮추는 데 실패하다
popularity	*n.* 인기, 평판, 대중성 popular *a.* 인기 있는	grow in _____ 인기가 증가하다 describe the _____ of a local artist 지역 예술가의 평판을 서술하다
steady	*a.* 꾸준한, 안정된 steadily *ad.* 꾸준히, 끊임없이	_____ rate of return 꾸준한 수익률 have a _____ job 안정적인 직장을 갖다
temporary	*a.* 임시의, 일시적인 temporarily *ad.* 일시적으로 (↔permanently 영구히)	be employed on a _____ basis 임시로 고용되다 _____ measures 임시 조치
financial	*a.* 재정[금융]적인 finance *n.* 재정, 자금, 재무	_____ constraints 재정적인 제약 a _____ transaction 금융 거래
total	*n.* 합계, 총액 *a.* 완전한, 전체의 totally *ad.* 전적으로, 아주	the _____ cost 총비용 our yearly sales _____ 우리 (회사의) 연간 총매출
waste	*n.* 낭비, 쓰레기, 황무지 *v.* 낭비하다, 황폐하게 하다 wasteful *a.* 낭비하는 wastefully *ad.* 낭비되게, 헛되게	_____ the chance 기회를 낭비하다 the disposal of industrial _____ 산업 쓰레기의 처리
worth	*n.* 가치, 값어치 *a.* ~의 가치가 있는 worthy *a.* 가치 있는 worthwhile *a.* ~할 가치가 있는	prove his _____ 그의 가치를 증명하다 a deal _____ up to nine trillion dollars 최대 9조 달러의 가치가 있는 거래
noticeable	*a.* 눈에 띄는 noticeably *ad.* 눈에 띄게 notice *n.* 주목 *v.* 알아차리다	a _____ location 눈에 띄는 장소 become more _____ 더 눈에 띄게 되다
secure	*a.* 안전한, 안심하는 *v.* 확보하다, 안전하게 지키다, 고정하다 securely *ad.* 안전하게(↔insecurely 불안전하게)	_____ storage for confidential files 기밀 서류를 위한 안전한 보관소 be _____d on a rack 걸이에 고정되다

저절로 암기 Training

Exercise A 주어진 단어들을 결합하여 구문을 만드세요.

fail　　+ lower → _____ to _____ the price
실패하다　　낮추다　　　　가격을 낮추는 데 실패하다

grow　+ popularity → _____ in _____
증가하다　　인기　　　　　　인기가 증가하다

steady　+ return → _____ rate of _____
꾸준한　　　수익　　　　꾸준한 수익률

employ　+ temporary → be _____ed on a _____ basis
고용하다　　　임시의, 일시적인　　　임시로 고용되다

financial　+ transaction → a _____ _____
재정적인　　　거래　　　　　　금융 거래

total　+ cost → the _____ _____
전체의　　비용　　　　총비용

disposal　+ waste → the _____ of industrial _____
처리　　　쓰레기　　　　산업 쓰레기의 처리

prove　+ worth → _____ his _____
증명하다　　가치　　　　그의 가치를 증명하다

noticeable　+ location → a _____ _____
눈에 띄는　　　　　장소　　　　눈에 띄는 장소

secure　+ storage → _____ _____ for confidential files
안전한　　　보관소　　　　기밀 서류를 위한 안전한 보관소

Exercise B 보기에서 적절한 단어를 찾아 문장을 완성하세요.

보기

lower　popularity　steady　temporary　financial
total　waste　worth　noticeable　secure

01. He's trying hard to prove his _____. 그는 자신의 가치를 증명하기 위해 열심히 노력하고 있다.

02. Housing was widely seen as a safe investment with a _____ rate of return.
주택은 꾸준한 수익률을 내는 안전한 투자로 널리 여겨졌다.

03. Visit our office to estimate the _____ cost of your vacation.
당신의 휴가에 들 총비용을 견적 내기 위해서 우리 사무실을 방문해주세요.

04. Mr. Asma is well aware that he is employed on a _____ basis.

Mr. Asma는 그가 임시로 고용되었다는 사실을 잘 알고 있다.

05. Where do we keep the records of the _____ transactions?

우리가 금융 거래 기록을 보관해두는 곳은 어디인가요?

06. Despite numerous attempts, they failed to _____ the price.

수많은 시도에도 불구하고, 그들은 가격을 낮추는 데 실패했다.

07. His music has grown in _____ in the past few years.

그의 음악은 지난 몇 년간 인기가 증가했다.

08. The disposal of industrial _____ is quite limited.

산업 쓰레기의 처리는 상당히 한정되어 있다.

09. The Thai restaurant is in a _____ location. 그 태국 음식점은 눈에 띄는 장소에 있다.

10. You can rely on our _____ storage for confidential files.

당신은 우리의 기밀 서류를 위한 안전한 보관소를 믿으셔도 됩니다.

Exercise C 주어진 단어의 적절한 의미를 찾아 연결해 보세요.

01. popularity   •   • a. 안전한; 확보하다

02. worth   •   • b. 인기, 평판

03. secure   •   • c. 쓰레기; 낭비하다

04. temporary   •   • d. 임시의, 일시적인

05. waste   •   • e. 가치; ~의 가치가 있는

06. financial   •   • f. 합계; 완전한

07. lower   •   • g. 꾸준한, 안정된

08. steady   •   • h. 재정적인

09. total   •   • i. 눈에 띄는

10. noticeable   •   • j. 더 낮은; 낮추다

Exercise B 01. worth 02. steady 03. total 04. temporary 05. financial 06. lower 07. popularity 08. waste 09. noticeable 10. secure **Exercise C** 01. b 02. e 03. a 04. d 05. c 06. h 07. j 08. g 09. f 10. i

Exercise D 다음 문장을 올바르게 해석해 보세요.

This tomato sauce maintained a [01]**steady** [02]**popularity** for the last decade.
이 토마토소스는 지난 10년간 [01]_____ [02]_____를 유지했다.

Dalton Hotel announced a [03]**temporary** hiring freeze to [04]**lower** [05]**total** operating costs.
Dalton 호텔은 [05]_____ 운영 경비를 [04]_____ 위한 [03]_____ 고용 동결을 발표했다.

DAY 1
DAY 2
DAY 3
DAY 4
DAY 5
DAY 6

DAY 7
DAY 8
DAY 9
DAY 10
DAY 11
DAY 12

DAY 13
DAY 14
DAY 15
DAY 16
DAY 17
DAY 18

DAY 19
DAY 20
DAY 21
DAY 22
DAY 23
DAY 24

DAY 25
DAY 26
DAY 27
DAY 28
DAY 29
DAY 30

Exercise E 다음 구문을 올바르게 해석해 보세요.

01. fail to **lower** the price
_____

02. grow in **popularity**
_____

03. **steady** rate of return
_____

04. be employed on a **temporary** basis
_____

05. a **financial** transaction
_____

06. the **total** cost
_____

07. the disposal of industrial **waste**
_____

08. prove his **worth**
_____

09. a **noticeable** location
_____

10. **secure** storage for confidential files
_____

Exercise D 01. 꾸준한 02. 인기 03. 일시적인 04. 낮추기 05. 총   **Exercise E** 01. 가격을 낮추는 데 실패하다 02. 인기가 증가하다 03. 꾸준한 수익률 04. 임시로 고용되다 05. 금융 거래 06. 총비용 07. 산업 쓰레기의 처리 08. 그의 가치를 증명하다 09. 눈에 띄는 장소 10. 기밀 서류를 위한 안전한 보관소

DAY 5-4

figure	n. 수치, 인물, 외관 v. 알아내다, 이해하다 figure out 알아내다, 계산해내다	_____ out the problem 문제점을 알아내다 confirm some _____s 몇몇 수치를 확인하다
sign	n. 간판, 표지(판) v. 서명하다 signature n. 서명	post a _____ 간판을 내걸다 _____ the lease 임대차 계약서에 사인하다
partial	a. 부분적인, 불완전한 partially ad. 부분적으로, 불완전하게	a _____ payment 부분 지불 a _____ solution 부분적인 해결책
demanding	a. 까다로운, 너무 많은 요구를 하는, 힘든 demand v. 요구하다	be very _____ due to the time constraint 시간 제약 때문에 매우 까다롭다 despite their _____ schedule 그들의 바쁜 일정에도 불구하고
exceed	v. 초과하다, 지나치다 excess n. 과잉(↔shortage 부족), 과도 excessive a. 과도한 excessively ad. 매우	_____ the amounts allocated in the budget 예산에 할당된 금액을 초과하다 _____ the workplace safety guidelines 작업장의 안전 기준을 초과하다
estimate	n. 추정, 견적(서) v. 추정하다, 견적을 내다	a budget _____ 예산 견적 _____ the cost of the project 프로젝트 비용을 견적 내다
division	n. 부서, 분할 divide v. 나누다, 분배하다 dividend n. 배당금	a research _____ 연구 부서 the equal _____ 동등한 분배
earning	n. 소득, 수익, 수입 earn v. (자격을) 얻다, (돈을) 벌다	_____ power 수익력 the first quarter _____s 1/4분기 수익
decrease	n. 감소, 하락 v. 줄이다, 감소하다[시키다]	a _____ in funding 자금 조달의 감소 _____ the reliance on domestic sales 내수 판매에 대한 의존을 줄이다
count	n. 셈, 계산, 총수 v. (숫자를) 세다, 계산하다 countable a. 셀 수 있는 countless a. 셀 수 없는; 무수한	_____ the merchandise twice 상품을 두 번 세다 _____ the total revenue 총수익을 계산하다

저절로 암기 Training

Exercise A 주어진 단어들을 결합하여 구문을 만드세요.

confirm + figure → _____ some _____s
확인하다 　　　수치 　　　　몇몇 수치를 확인하다

sign + lease → _____ the _____
서명하다 　　임대 　　　　임대차 계약서에 사인하다

partial + payment → a _____ _____
부분적인 　　지불 　　　　　부분 지불

despite + demanding → _____ their _____ schedule
~에도 불구하고 　　까다로운, 힘든 　　　그들의 바쁜 일정에도 불구하고

exceed + workplace → _____ the _____ safety guidelines
초과하다 　　작업장 　　　　작업장의 안전 기준을 초과하다

estimate + project → _____ the cost of the _____
견적을 내다 　　프로젝트 　　　프로젝트 비용을 견적 내다

research + division → a _____ _____
연구 　　　부서 　　　　연구 부서

earning + power → _____ _____
소득, 수익 　　힘, 능력 　　　수익력

decrease + domestic → _____ the reliance on _____ sales
감소시키다 　　국내의 　　　내수 판매에 대한 의존을 줄이다

count + merchandise → _____ the _____ twice
세다 　　상품 　　　　상품을 두 번 세다

Exercise B 보기에서 적절한 단어를 찾아 문장을 완성하세요.

보기
_____

figure　sign　partial　demanding　exceed
estimate　division　earning　decrease　count
_____

01. I need more time to confirm some _____s.
몇몇 수치를 확인하기 위해 시간이 더 필요합니다.

02. They found time for us despite their _____ schedule.
그들의 바쁜 일정에도 불구하고 그들은 우리를 위해 시간을 내주었다.

03. This is a corporation with _____ power. 이 회사는 수익력이 좋은 회사입니다.

04. Who do you think will be promoted to head of the research _____?
누가 연구 부서의 수장으로 승진될 거라고 생각하세요?

05. He might have _____ed the workplace safety guidelines.
그는 작업장의 안전 기준을 초과했을 수도 있다.

06. This year's goal is to _____ the reliance on domestic sales.
올해의 목표는 내수 판매에 대한 의존을 줄이는 것이다.

07. I'm considering making a _____ payment. 저는 부분 지불 하는 것을 고려하고 있습니다.

08. The manager asked me to _____ the merchandise twice.
관리인은 나에게 상품을 두 번 세라고 요구했다.

09. She didn't have to meet with the landlord to _____ the lease.
임대차 계약서에 사인하기 위해 그녀가 건물주를 만날 필요는 없었다.

10. We'll give you more information to _____ the cost of the project.
저희는 당신이 프로젝트 비용을 견적 낼 수 있도록 더 많은 정보를 드리겠습니다.

DAY 1
DAY 2
DAY 3
DAY 4
DAY 5
DAY 6
DAY 7
DAY 8
DAY 9
DAY 10
DAY 11
DAY 12
DAY 13
DAY 14
DAY 15
DAY 16
DAY 17
DAY 18
DAY 19
DAY 20
DAY 21
DAY 22
DAY 23
DAY 24
DAY 25
DAY 26
DAY 27
DAY 28
DAY 29
DAY 30

Exercise C 주어진 단어의 적절한 의미를 찾아 연결해 보세요.

01. division · · a. 수치, 인물; 알아내다

02. demanding · · b. 셈; 세다, 계산하다

03. count · · c. 부서

04. figure · · d. 까다로운, 힘든

05. decrease · · e. 감소; 줄이다

06. sign · · f. 추정; 견적을 내다

07. partial · · g. 부분적인, 불완전한

08. exceed · · h. 소득

09. estimate · · i. 초과하다

10. earning · · j. 간판; 서명하다

Exercise B 01. figure 02. demanding 03. earning 04. division 05. exceed 06. decrease 07. partial 08. count 09. sign 10. estimate **Exercise C** 01. c 02. d 03. b 04. a 05. e 06. j 07. g 08. i 09. f 10. h

Exercise D 다음 문장을 올바르게 해석해 보세요.

The sales [01]**division** reported that the sales [02]**figures** were higher than the experts had [03]**estimated**.

영업 [01]_____는 매출액 [02]_____가 전문가들이 [03]_____ 것보다 더 높았다고 보고했다.

12 percent of residents experienced a [04]**decrease** in [05]**earnings**.

주민 중 12%가 [05]_____ [04]_____를 경험했다.

Exercise E 다음 구문을 올바르게 해석해 보세요.

01. confirm some **figures**

_____

02. **sign** the lease

_____

03. a **partial** payment

_____

04. despite their **demanding** schedule

_____

05. **exceed** the workplace safety guidelines

_____

06. **estimate** the cost of the project

_____

07. a research **division**

_____

08. **earning** power

_____

09. **decrease** the reliance on domestic sales

_____

10. **count** the merchandise twice

_____

Exercise D 01. 부서 02. 수치 03. 추정했던 04. 감소 05. 소득 **Exercise E** 01. 몇몇 수치를 확인하다 02. 임대차 계약서에 사인하다 03. 부분 지불 04. 그들의 바쁜 일정에도 불구하고 05. 작업장의 안전 기준을 초과하다 06. 프로젝트 비용을 견적 내다 07. 연구 부서 08. 수익력 09. 내수 판매에 대한 의존을 줄이다 10. 상품을 두 번 세다

저절로 실전 Training

Day 5에서 배운 단어,
실제 토익에는 이렇게 나옵니다.

Grammar & Expressions 배운 단어로 Part 5 실전 문제 풀어보기

1. A nearly 30 percent ------- in the shares of Homecore sent fear through the markets.

(A) decline
(B) declined
(C) declinable
(D) decliner

2. The research was conducted over a long period of time to obtain ------- of database.

(A) extinction
(B) demolition
(C) peculation
(D) accumulation

3. Dalton Hotel announced a ------- hiring freeze to lower total operating costs.

(A) steady
(B) temporary
(C) timeless
(D) unsafe

4. The sales division reported that the sales figures were higher than the experts -------.

(A) will estimate
(B) estimate
(C) to estimate
(D) had estimated

- -

Answers

1. (A)

해석 Homecore 주식의 30%에 가까운 하락이 시장 전체에 두려움을 퍼뜨렸다.

해설 [어법] 품사 문장에 동사(sent)가 있으므로, 빈칸 앞의 수량 표현(A nearly 30 percent)에 어울리는 명사가 적절하다. 따라서 'Homecore 주식의 30%에 가까운 (A) 하락'이라고 해야 한다. 참고로 decliner는 '사퇴자, 하락주'를 의미한다.

2. (D)

해석 데이터베이스의 축적을 얻기 위해서 오랜 기간 동안 조사가 수행되었다.

해설 [어휘] 문맥에 어울리는 명사 문맥상 조사가 수행된 목적에 해당하는 부분이므로 '데이터베이스의 (D) 축적을 얻기 위해'라고 해야 적절하다.
(A) 소멸, 멸종 (B) 파괴 (C) 횡령 (D) 축적

3. (B)

해석 Dalton 호텔은 총 운영 경비를 낮추기 위해 일시적인 고용 동결을 발표했다.

해설 [어휘] 문맥에 어울리는 형용사 경비를 낮추기 위한 호텔 측의 행동으로 적절한 것은 '(B) 일시적인 고용 동결'이다.
(A) 꾸준한 (B) 일시적인 (C) 영원한 (D) 위험한

4. (D)

해석 영업 부서는 매출액 수치가 전문가들이 추정했던 것보다 더 높았다고 보고했다.

해설 [어법] 동사 빈칸 앞에 동작의 주체인 the experts가 있으므로 than을 접속사로 보아 '주어+동사'의 형태를 만들어 주는 것이 적절하다. 또한 영업 부서가 보고한 시점보다 전문가들이 추정한 시점이 더 과거이므로 과거보다 앞선 시제를 나타내는 과거완료 (D) had estimated가 적절하다.

Profit

저절로 실전 Training

Reading & Listening 배운 단어로 실전 지문 읽고 들어보기

다음 글을 읽고 올바른 해석을 고르세요.

MP3 🎧

Welcome to Introduction to Finance. In this course, we will learn about the benefit of smart investing. **Accumulation** of **wealth** can occur rapidly or gradually. If you're

1. (A) 부의 재분배
(B) 부의 축적

risk-averse, you might choose a safer investment with steady but lower return. If you're a risk-taker, you might choose a high-risk and high-return financial product that can yield a significant profit. If you fall into the latter category and you choose to invest in stocks, you need to carefully **estimate** the **worth** of the firm you'll be

2. (A) 가치를 평가하다
(B) 넓이를 측정하다

investing in. Look carefully at their earnings. See if they had a noticeable increase in expenditure or a **decrease** in **revenue**. By examining these key figures, you can

3. (A) 수익 감소
(B) 수익 급변

anticipate the future earnings and adjust your expectation.

DAY 5

Profit

Answers

1. (B)　2. (A)　3. (A)

해석 금융학 개론 수업에 오신 여러분들을 환영합니다. 이 수업에서 우리는 현명한 투자의 유익함에 대해 배우게 될 것입니다. [1.] **부의 축적**은 빠르게 혹은 점진적으로 일어날 수 있습니다. 만약 당신이 위험 회피형이라면, 당신은 꾸준하지만 낮은 수익률의 보다 안전한 투자를 선택할 것입니다. 만약 당신이 위험 추구형이라면, 당신은 상당한 이익을 창출할 수 있는 고위험 고수익 금융 상품을 선택할 것입니다. 당신이 후자에 속하고 주식에 투자하기로 선택한다면, 당신은 주의 깊게 당신이 투자할 기업의 [2.] **가치를 평가해야** 합니다. 그들의 수익을 유심히 보십시오. 그들이 주목할 만한 지출 증가나 [3.] **수익 감소**가 있었는지 보세요. 이러한 핵심 수치들을 검토함으로써, 당신은 미래 수익을 예상할 수 있고 기대치를 조정할 수 있습니다.

DAY 6-1

a range of	다양한, 광범위한, 폭넓은 (=various, extensive, wide)	_____ broad _____ household services 광범위한 가정용 서비스 _____ wide _____ interests and abilities 폭넓은 관심과 능력
according to	~에 따라 (=in accordance with)	_____ the manager of the PR department 홍보팀 부서장에 따르면 _____ the advertisement 광고에 따르면
agree on / to do	~에 동의하다, 뜻을 같이하다 (=consent to, assent to)	_____ a personnel decision 인사과 결정에 동의하다 _____ a change 변경에 동의하다
as a result of	~의 결과로서 (=as a consequence of)	_____ this change 이런 변화의 결과로서 _____ consistently positive feedback 일관적으로 긍정적인 피드백의 결과로서
as long as	~하는 동안은, ~하는 한 (=so long as)	_____ Dr. Woods receives a grant Dr. Woods가 보조금을 받는 한 _____ it's set up by this morning 오늘 오전까지 착수되는 한
as proof of	~의 증거로 (=as evidence of)	_____ residence 거주의 증거로서
at least	적어도 (=at the least)	_____ one month 적어도 한 달 _____ two business days in advance 영업일 기준으로 최소 이틀 전에
at the moment	바로 지금 (=now, at present)	not _____ 지금은 아닌 busy _____ 지금 바쁜
be discussed with	~와 논의되다	_____ the dispatcher 운항 담당자와 논의되다
be expected to	~할 것으로 예상되다 (=be predicted to)	_____ hire a new capable marketing director 유능한 신임 마케팅 책임자를 고용할 것으로 예상되다 _____ undergo some significant changes 몇몇 중요한 변화를 경험할 것으로 예상되다

저절로 암기 Training

Exercise A 주어진 표현들을 결합하여 구문을 만드세요.

a range of + household → _____ broad _____ _____ services
광범위한   가정   광범위한 가정용 서비스

according to + advertisement → _____ the _____
～에 따라   광고   광고에 따르면

agree on + personnel → _____ a _____ decision
～에 동의하다   인사과   인사과 결정에 동의하다

as a result of + consistently → _____ _____ positive feedback
～의 결과로서   일관적으로   일관적으로 긍정적인 피드백의 결과로서

as long as + grant → _____ Dr. Woods receives a _____
～하는 한   보조금   Dr. Woods가 보조금을 받는 한

as proof of + residence → _____ _____
～의 증거로   거주   거주의 증거로

at least + month → _____ one _____
적어도   달   적어도 한 달

busy + at the moment → _____ _____
바쁜   지금   지금 바쁜

be discussed with + dispatcher → _____ the _____
～와 논의되다   운항 담당자   운항 담당자와 논의되다

be expected to + capable → _____ hire a new _____ marketing director
～할 것으로 예상되다   유능한   유능한 신임 마케팅 책임자를 고용할 것으로 예상되다

Exercise B 보기에서 적절한 표현을 찾아 문장을 완성하세요.

보기

a range of   according to   agree on   as a result of   as long as
as proof of   at least   at the moment   be discussed with   be expected to

01. Since Hanna left her position, they _____ hire a new capable marketing director. Hanna가 그녀의 직책을 떠났으므로, 그들은 유능한 신임 마케팅 책임자를 고용할 것으로 예상된다.

02. No one will _____ a personnel decision. 아무도 인사과 결정에 동의하지 않을 것이다.

03. Every tenant is required to submit one of the following documents _____ residence. 모든 세입자는 거주의 증거로 다음 서류 중 하나를 제출해야 한다.

04. Are you busy _____? 지금 바쁘신가요?

05. WGN provides _____ broad _____ household services.
WGN은 광범위한 가정용 서비스를 제공합니다.

06. _____ the advertisement, the blender is offered at a special price.
광고에 따르면, 블렌더는 특가에 제공된다.

07. The research continues _____ Dr. Woods receives a grant.
Dr. Woods가 보조금을 받는 한 연구는 계속된다.

08. It is advised to make an appointment _____ one month before you visit.
방문하기 적어도 한 달 전에 예약하시는 것이 좋습니다.

09. Those issues must _____ the dispatcher. 그 문제들은 운항 담당자와 논의되어야 합니다.

10. She decided to proceed with the next program _____ consistently positive feedback. 일관적으로 긍정적인 피드백의 결과로서 그녀는 다음 프로그램을 진행하기로 했다.

Exercise C 주어진 표현의 적절한 의미를 찾아 연결해 보세요.

01. according to •   • a. ~의 증거로

02. as proof of •   • b. 바로 지금

03. at the moment •   • c. ~할 것으로 예상되다

04. be expected to •   • d. ~에 따라

05. agree on •   • e. ~에 동의하다

06. as a result of •   • f. ~의 결과로

07. a range of •   • g. ~하는 한

08. as long as •   • h. 다양한, 광범위한

09. be discussed with •   • i. 적어도

10. at least •   • j. ~와 논의되다

DAY 1
DAY 2
DAY 3
DAY 4
DAY 5
DAY 6
DAY 7
DAY 8
DAY 9
DAY 10
DAY 11
DAY 12
DAY 13
DAY 14
DAY 15
DAY 16
DAY 17
DAY 18
DAY 19
DAY 20
DAY 21
DAY 22
DAY 23
DAY 24
DAY 25
DAY 26
DAY 27
DAY 28
DAY 29
DAY 30

Exercise D 다음 문장을 올바르게 해석해 보세요.

The strategy should [01]**be discussed with** the client [02]**at least** two weeks in advance.
전략은 [02]_____ 두 주 전에 의뢰인과 [01]_____ 한다.

[03]**According to** a source, the investigation [04]**is expected to** resume next week [05]**as long as** he doesn't change his mind. 어느 출처에 [03]_____, 그가 마음을 바꾸지 않는
[05]_____ 조사는 다음 주에 재개될 [04]_____.

Exercise E 다음 구문을 올바르게 해석해 보세요.

01. **a** broad **range of** household services

_____

02. **according to** the advertisement

_____

03. **agree on** a personnel decision

_____

04. **as a result of** consistently positive feedback

_____

05. **as long as** Dr. Woods receives a grant

_____

06. **as proof of** residence

_____

07. **at least** one month

_____

08. busy **at the moment**

_____

09. **be discussed with** the dispatcher

_____

10. **be expected to** hire a new capable marketing director

_____

Exercise D 01. 논의되어야 02. 적어도 03. 따르면 04. 것으로 예상된다 05. 한   **Exercise E** 01. 광범위한 가정용 서비스 02. 광고에 따르면
03. 인사과 결정에 동의하다 04. 일관적으로 긍정적인 피드백의 결과로서 05. Dr. Woods가 보조금을 받는 한 06. 거주의 증거로서 07. 적어도 한 달
08. 지금 바쁜 09. 운항 담당자와 논의되다 10. 유능한 신임 마케팅 책임자를 고용할 것으로 예상되다

DAY 6-2

be no use (-ing)	(~해봐야) 소용없다, 쓸모없다	_____ trying to persuade her 그녀를 설득하려고 노력하는 것은 소용없다
be satisfied with	~에 만족하다 (=be pleased with, ↔be displeased[dissatisfied] with)	_____ the company's products 그 회사의 제품에 만족하다 _____ the current job 현재 직업에 만족하다
be scheduled to	~하기로 예정되어 있다 (=be supposed to, be planned to)	_____ depart 출발하기로 예정되다 _____ be completed by January 31 1월 31일까지 완성되기로 예정되다
by request	요구에 따라, 요청에 따라(of)	keep private _____ 요청에 따라 비밀로 해두다
come up with	~을 찾아내다, ~을 생각해 내다 (=find out, figure out)	_____ a design 디자인을 생각해 내다 _____ the idea for the poster 포스터에 대한 아이디어를 생각해 내다
fill out	기재하다, 채우다 (=complete)	_____ a questionnaire 질문지를 채우다 _____ an application 신청서를 작성하다
in a minute	즉각, 당장 (=right away)	do it _____ 당장 그것을 하다 come back _____ 즉각 돌아오다
in a timely manner	때맞춰 (=in time)	perform administrative tasks _____ 때맞춰 행정 업무를 처리하다 make payment _____ 적시에 대금을 지불하다
inform A of B	A에게 B를 알리다 (=notify A of B)	_____ Mr. Turk _____ his screening results Mr. Turk에게 그의 심사 결과를 알리다 _____ the board of directors _____ the intention to retire 이사회에 은퇴 의사를 알리다
judging from	~으로 판단하건대[미루어 보아]	_____ the architect's blueprint 건축가의 설계로 판단해 볼 때 _____ previous experience 이전 경험으로 판단하건대

저절로 암기 Training

Exercise A 주어진 표현들을 결합하여 구문을 만드세요.

be no use + persuade → _____ trying to _____ her
소용없다   설득하다   그녀를 설득하려고 노력하는 것은 소용없다

be satisfied with + product → _____ the company's _____s
~에 만족하다   제품   그 회사의 제품에 만족하다

be scheduled to + depart → _____ _____
~하기로 예정되어 있다   출발하다   출발하기로 예정되다

private + by request → keep _____ _____
비공개의   요청에 따라   요청에 따라 비밀로 해두다

come up with + design → _____ a _____
~을 생각해 내다   디자인   디자인을 생각해 내다

fill out + questionnaire → _____ a _____
채우다   질문지   질문지를 채우다

do + in a minute → _____ it _____
하다   당장   당장 그것을 하다

perform + in a timely manner → _____ administrative tasks _____
처리하다   때맞춰   때맞춰 행정 업무를 처리하다

inform A of B + screening → _____ Mr. Turk _____ his _____ results
A에게 B를 알리다   심사   Mr. Turk에게 그의 심사 결과를 알리다

judging from + architect → _____ the _____'s blueprint
~으로 판단하건대   건축가   건축가의 설계로 판단해 볼 때

Exercise B 보기에서 적절한 표현을 찾아 문장을 완성하세요.

보기

> be no use   be satisfied with   be scheduled to   by request   come up with
> fill out   in a minute   in a timely manner   inform A of B   judging from

01. How do you _____ a design? 당신은 어떻게 디자인을 생각해 내나요?

02. Please have a seat and _____ this questionnaire. 앉으셔서 이 질문지를 채워주세요.

03. It _____ trying to persuade her. 그녀를 설득하려고 노력하는 것은 소용없다.

04. I'm gonna keep private the details of the conversation _____.
나는 요청에 따라 대화의 자세한 내용을 비밀로 해둘 것이다.

05. More than half of surveyees _____ the company's product.
응답자들의 절반 이상이 그 회사의 제품에 만족한다.

06. I don't think they can do this _____.
나는 그들이 이것을 당장 할 수 있을 것이라고 생각하지 않는다.

07. The completed building will be magnificent _____ the architect's blueprint.
건축가의 설계로 판단해 볼 때, 완성된 건물은 웅장할 것이다.

08. An experienced assistant performs administrative tasks _____.
숙련된 비서는 때맞춰 행정 업무를 처리한다.

09. The committee immediately _____ed Mr. Turk _____ his screening results.
위원회는 즉시 Mr. Turk에게 그의 심사 결과를 알렸다.

10. The plane _____ depart at 9 a.m. 비행기는 오전 9시에 출발하기로 예정되어 있다.

Exercise C 주어진 표현의 적절한 의미를 찾아 연결해 보세요.

01. be scheduled to ·	· a.	~으로 판단하건대
02. in a minute ·	· b.	즉각, 당장
03. come up with ·	· c.	~하기로 예정되어 있다
04. judging from ·	· d.	요구에 따라
05. by request ·	· e.	~을 생각해 내다
06. be no use ·	· f.	기재하다, 채우다
07. be satisfied with ·	· g.	~에 만족하다
08. inform A of B ·	· h.	때맞춰
09. in a timely manner ·	· i.	A에게 B를 알리다
10. fill out ·	· j.	소용없다

Exercise B 01. come up with 02. fill out 03. is no use 04. by request 05. are satisfied with 06. in a minute 07. judging from 08. in a timely manner 09. inform, of 10. is scheduled to   **Exercise C** 01. c 02. b 03. e 04. a 05. d 06. j 07. g 08. i 09. h 10. f

Exercise D 다음 문장을 올바르게 해석해 보세요.

The engineers [01]**are scheduled to** visit the local branches [02]**by request**.
기술자들은 [02]_____ 지방 지점들을 방문하기로 [01]_____ .

[03]**Judging from** her voice, she [04]**is satisfied with** the idea we [05]**came up with**.
그녀의 목소리로 [03]_____, 그녀는 우리가 [05]_____ 아이디어에 [04]_____ .

Exercise E 다음 구문을 올바르게 해석해 보세요.

01. **be no use** trying to persuade her
_____

02. **be satisfied with** the company's products
_____

03. **be scheduled to** depart
_____

04. keep private **by request**
_____

05. **come up with** a design
_____

06. **fill out** a questionnaire
_____

07. do it **in a minute**
_____

08. perform administrative tasks **in a timely manner**
_____

09. **inform** Mr. Turk **of** his screening results
_____

10. **judging from** the architect's blueprint
_____

Exercise D 01. 예정되어 있다 02. 요청에 따라 03. 판단하건대 04. 만족한다 05. 생각해 낸 **Exercise E** 01. 그녀를 설득하려고 노력하는 것은 소용없다 02. 그 회사의 제품에 만족하다 03. 출발하기로 예정되다 04. 요청에 따라 비밀로 해두다 05. 디자인을 생각해 내다 06. 질문지를 채우다 07. 당장 그것을 하다 08. 때맞춰 행정 업무를 처리하다 09. Mr. Turk에게 그의 심사 결과를 알리다 10. 건축가의 설계로 판단해 볼 때

DAY 6-3

by the end of	~의 끝[말]까지	_____ the quarter 분기 말까지
		_____ the year 연말까지
make a decision	결정을 내리다 (=decide, determine)	postpone _____ing _____ 결정 내리는 것을 연기하다
		_____ alone 혼자서 결정하다
no longer	이미 ~이 아니다, 더는 ~ 아니다	_____ the leading computer provider 더는 컴퓨터 공급 선두주자가 아닌
		be _____ used 더 이상 사용되지 않다
no more than	단지 ~에 지나지 않는, ~일 뿐 (=only)	_____ 3,000 words 3,000 단어 이하인
		_____ a formality 단지 형식에 지나지 않는
not at all	전혀 ~하지 않는 (=not a bit)	would _____ mind _____ 전혀 개의치 않을 것이다
		be _____ easy 전혀 쉽지 않다
point at /out	~을 가리키다 / ~을 지적하다	_____ some merchandise 몇몇 상품을 가리키다
		_____ an error 잘못을 지적하다
provided that	만약 ~라면 (=if, on condition that)	_____ items are returned within seven days 만약 7일 이내에 제품이 반품된다면
put on hold	~을 보류[연기]하다 (=put off, hold off)	_____ her _____ 그녀를 기다리게 하다
		_____ his career _____ 그의 경력을 보류하다
step over / onto	(장애물을) 넘다(=climb over), (금기를) 범하다 / ~를 올라타다(=get on)	_____ the fallen tree 쓰러진 나무를 넘어가다
		_____ a sailboat 요트에 올라타다
assuming that	~이라 가정하여, ~이라 하면	_____ there are unforeseen circumstances 예측할 수 없는 상황이 있다고 가정하면
		_____ shareholders are passive in relation to the running of the company 주주들이 회사 운영과 관련하여 수동적이라고 가정한다면

DAY 1
DAY 2
DAY 3
DAY 4
DAY 5
DAY 6
DAY 7
DAY 8
DAY 9
DAY 10
DAY 11
DAY 12
DAY 13
DAY 14
DAY 15
DAY 16
DAY 17
DAY 18
DAY 19
DAY 20
DAY 21
DAY 22
DAY 23
DAY 24
DAY 25
DAY 26
DAY 27
DAY 28
DAY 29
DAY 30

저절로 암기 Training

Exercise A 주어진 표현들을 결합하여 구문을 만드세요.

by the end of + quarter → _____ the _____
~의 끝까지 　　　　분기 　　　　분기 말까지

postpone + make a decision → _____ _____ing _____
연기하다 　　　결정을 내리다 　　　　결정 내리는 것을 연기하다

no longer + provider → _____ the leading computer _____
더는 ~ 아니다 　　공급자 　　　더는 컴퓨터 공급 선두주자가 아닌

no more than + formality → _____ a _____
단지 ~에 지나지 않는 　　형식 　　　단지 형식에 지나지 않는

not at all + mind → would _____ _____ _____
전혀 ~하지 않는 　　꺼리다 　　전혀 개의치 않을 것이다

point out + error → _____ an _____
~을 지적하다 　　잘못 　　잘못을 지적하다

provided that + within → _____ items are returned _____ seven days
만약 ~라면 　　　~이내에 　　만약 7일 이내에 제품이 반품된다면

put on hold + career → _____ his _____ _____
~을 보류하다 　　직업 경력 　　그의 경력을 보류하다

step over + fallen → _____ the _____ tree
넘다 　　　쓰러진 　　쓰러진 나무를 넘어가다

assuming that + unforeseen → _____ there are _____ circumstances
~이라 가정하여 　　예측하지 못한 　　예측할 수 없는 상황이 있다고 가정하면

Exercise B 보기에서 적절한 표현을 찾아 문장을 완성하세요.

보기

by the end of　　make a decision　　no longer　　no more than　　not at all
point out　　provided that　　put on hold　　step over　　assuming that

01. He could _____ the fallen tree, whereas I would have to go around it.
나는 그것 주위로 돌아서 가야 하겠지만, 그는 쓰러진 나무를 넘어갈 수 있을 것이다.

02. NCKI is _____ the leading computer provider, and Panaly has taken its place.
NCKI는 더는 컴퓨터 공급 선두주자가 아니고, Panaly가 그 자리를 대신 차지했다.

03. The contract has not been signed _____ the quarter.
계약서는 분기 말까지도 서명되지 않았다.

04. He has a critical side and likes to _____ an error.

그는 비판적인 면이 있고 잘못을 지적하기를 좋아한다.

05. Signing this form is _____ a formality. 이 서류에 서명하는 것은 단지 형식에 지나지 않는다.

06. Should I postpone _____ing _____ on whether to accept the offer?

제가 그 제안을 받아들일지를 결정 내리는 것을 연기해야 할까요?

07. The system change may be delayed _____ there are unforeseen

circumstances. 예측할 수 없는 상황이 있다고 가정하면 시스템 변경은 지연될 수도 있다.

08. He _____ his career _____ to take care of his son.

그는 아들을 돌보기 위해 그의 경력을 보류했다.

09. We will refund the purchase price and delivery charges _____ the item are

returned within seven days.

만약 7일 이내에 제품이 반품된다면, 저희는 구매 가격과 배송비를 환불해드릴 것입니다.

10. I am sure he would _____ mind _____ paying extra.

나는 그가 추가 비용을 내는 것을 전혀 개의치 않을 것이라고 확신한다.

Exercise C 주어진 표현의 적절한 의미를 찾아 연결해 보세요.

01. step over	•	• a. 넘다, 범하다
02. make a decision	•	• b. ~의 끝까지
03. assuming that	•	• c. 결정을 내리다
04. by the end of	•	• d. ~이라 가정하여
05. put on hold	•	• e. ~을 보류하다
06. no more than	•	• f. 만약 ~라면
07. provided that	•	• g. 더는 ~ 아니다
08. no longer	•	• h. ~을 지적하다
09. not at all	•	• i. 전혀 ~하지 않는
10. point out	•	• j. ~일 뿐

DAY 1
DAY 2
DAY 3
DAY 4
DAY 5
DAY 6
DAY 7
DAY 8
DAY 9
DAY 10
DAY 11
DAY 12
DAY 13
DAY 14
DAY 15
DAY 16
DAY 17
DAY 18
DAY 19
DAY 20
DAY 21
DAY 22
DAY 23
DAY 24
DAY 25
DAY 26
DAY 27
DAY 28
DAY 29
DAY 30

Exercise B 01. step over 02. no longer 03. by the end of 04. point out 05. no more than 06. mak, a decision 07. assuming that 08. put, on hold 09. provided that 10. not, at all **Exercise C** 01. a 02. c 03. d 04. b 05. e 06. j 07. f 08. g 09. i 10. h

Exercise D 다음 문장을 올바르게 해석해 보세요.

You need to [01]**make a decision** [02]**by the end of** the month.
당신은 이번 달 [02]_____ [01]_____ 합니다.

The diplomat [03]**pointed out** that we can [04]**no longer** ignore the recent changes in the international economy and we should [05]**put** the current development plan [05]**on hold**.
그 외교관은 우리가 국제 경제의 최근 변화들을 [04]_____ 무시할 수 없고, 우리는 현재의 개발 계획을
[05]_____ 한다고 [03]_____ .

Exercise E 다음 구문을 올바르게 해석해 보세요.

01. **by the end of** the quarter
_____

02. postpone **making a decision**
_____

03. **no longer** the leading computer provider
_____

04. **no more than** a formality
_____

05. would **not** mind **at all**
_____

06. **point out** an error
_____

07. **provided that** items are returned within seven days
_____

08. **put** his career **on hold**
_____

09. **step over** the fallen tree
_____

10. **assuming that** there are unforeseen circumstances
_____

Exercise D 01. 결정을 내려야 02. 말까지 03. 지적했다 04. 더는 05. 보류해야 **Exercise E** 01. 분기 말까지 02. 결정 내리는 것을 연기하다 03. 더는 컴퓨터 공급 선두주자가 아닌 04. 단지 형식에 지나지 않는 05. 전혀 개의치 않을 것이다 06. 잘못을 지적하다 07. 만약 7일 이내에 제품이 반품된다면 08. 그의 경력을 보류하다 09. 쓰러진 나무를 넘어가다 10. 예측할 수 없는 상황이 있다고 가정하면

DAY 6-4

Phrases & Expressions (1)

in advance	미리, ~보다 앞에 (=beforehand)	Thank you _____ for your cooperation. 협조에 미리 감사드립니다. 24 hours _____ of their scheduled arrival 그들의 도착 예정 시점 24시간 전에
take over	인수하다, 떠맡다 (=undertake, assume)	_____ Mr. Park's account Mr. Park의 계좌를 맡다 _____ the training for a few minutes 잠깐 교육을 맡다
when it comes to	~에 관해서는 (=as for, with regard to)	_____ mobile phone devices 휴대 전화 장치에 관해서는
be vulnerable to	~에 취약하다, ~에 영향받기 쉽다	_____ changes in the environment 환경 변화에 영향받기 쉽다
on schedule	예정대로, 정시에 (=on time)	be held _____ 예정대로 개최되다 depart _____ 예정대로 출발하다
expand into	~로 확대하다	soon _____ London 런던으로 곧 확대하다
take place	개최되다, 열리다 (be held, be hosted)	_____ in San Jose tomorrow 내일 산 호세에서 열리다 _____ in September 9월에 개최되다
on sale	판매되는, 구입할 수 있는	be _____ at the supermarket 슈퍼마켓에서 판매 중이다 immediately after they went _____ 그것들이 판매가 되자마자
without -ing	~하지 않고, ~하는 것 없이	_____ satisfactorily complet_____ the course on corporate law 기업 법률 과정을 만족스럽게 마치지 않고 _____ injur_____ one's back 허리를 다치지 않으면서
merge with	~와 통합[합병]하다 (=amalgamate with)	_____ BWC Savings Bank BWC 저축은행과 합병하다 plan to _____ Adrian, Inc. Adrian사와 합병할 계획이다

DAY 1
DAY 2
DAY 3
DAY 4
DAY 5
DAY 6
DAY 7
DAY 8
DAY 9
DAY 10
DAY 11
DAY 12
DAY 13
DAY 14
DAY 15
DAY 16
DAY 17
DAY 18
DAY 19
DAY 20
DAY 21
DAY 22
DAY 23
DAY 24
DAY 25
DAY 26
DAY 27
DAY 28
DAY 29
DAY 30

DAY 6 Phrases & Expressions (1)　　　121

저절로 암기 Training

Exercise A 주어진 표현들을 결합하여 구문을 만드세요.

in advance + arrival → 24 hours _____ of their scheduled _____
미리, ~보다 앞에   도착   그들의 도착 예정 시점 24시간 전에

take over + training → _____ the _____ for a few minutes
떠맡다   교육   잠깐 교육을 맡다

when it comes to + device → _____ mobile phone _____s
~에 관해서는   장치   휴대 전화 장치에 관해서는

be vulnerable to + environment → _____ changes in the _____
~에 영향받기 쉽다   환경   환경 변화에 영향을 받기 쉽다

depart + on schedule → _____ _____
출발하다   예정대로   예정대로 출발하다

soon + expand into → _____ _____ London
곧   ~로 확대하다   런던으로 곧 확대하다

take place + September → _____ in _____
개최되다   9월   9월에 개최되다

on sale + supermarket → be _____ at the _____
판매되는   슈퍼마켓   슈퍼마켓에서 판매 중이다

without –ing + injure → _____ _____ one's back
~하지 않고   다치다   허리를 다치지 않으면서

plan + merge with → _____ to _____ Adrian, Inc.
계획하다   ~와 합병하다   Adrian사와 합병할 계획이다

Exercise B 보기에서 적절한 표현을 찾아 문장을 완성하세요.

보기

| in advance | take over | when it comes to | be vulnerable to | on schedule |
| expand into | take place | on sale | without –ing | merge with |

01. I can _____ the training for a few minutes. 제가 잠깐 교육을 맡을 수 있습니다.

02. Mr. Sydney's assistance is an expert _____ mobile phone devices.
    휴대 전화 장치에 관해서는 Mr. Sydney의 비서가 전문가입니다.

03. Give us a call at least 24 hours _____ of their scheduled arrival.
    그들의 도착 예정 시점 최소 24시간 전에 우리에게 전화 주세요.

04. Can you tell me how I can continue exercising _____ injur_____ my back?
허리를 다치지 않으면서 계속해서 운동할 방법을 알려주실 수 있어요?

05. The inaugural event will _____ in September. 취임식은 9월에 개최될 것이다.

06. A large assortment of cheeses are _____ at the supermarket.
많은 종류의 치즈들이 슈퍼마켓에서 판매 중이다.

07. This train departs _____. 이 열차는 예정대로 출발한다.

08. H-Mobile plans to _____ Adrian, Inc. H-Mobile은 Adrian사와 합병할 계획이다.

09. Which components _____ changes in the environment?
어느 부품이 환경 변화에 영향을 받기 쉽습니까?

10. Oriol Group acquired LiveOak Home to _____ London.
Oriol 그룹사는 런던으로 확대하기 위해 LiveOak Home을 인수했다.

DAY 1
DAY 2
DAY 3
DAY 4
DAY 5
DAY 6
DAY 7
DAY 8
DAY 9
DAY 10
DAY 11
DAY 12
DAY 13
DAY 14
DAY 15
DAY 16
DAY 17
DAY 18
DAY 19
DAY 20
DAY 21
DAY 22
DAY 23
DAY 24
DAY 25
DAY 26
DAY 27
DAY 28
DAY 29
DAY 30

Exercise C 주어진 표현의 적절한 의미를 찾아 연결해 보세요.

01. expand into •   • a. 미리, ~보다 앞에

02. without -ing •   • b. ~로 확대하다

03. in advance •   • c. ~하지 않고

04. on schedule •   • d. ~에 관해서는

05. when it comes to •   • e. 예정대로, 정시에

06. merge with •   • f. 인수하다, 떠맡다

07. be vulnerable to •   • g. 판매되는

08. take over •   • h. 개최되다, 열리다

09. take place •   • i. ~에 취약하다

10. on sale •   • j. ~와 통합[합병]하다

Exercise B 01. take over 02. when it comes to 03. in advance 04. without, ing 05. take place 06. on sale 07. on schedule 08. merge with 09. are vulnerable to 10. expand into   **Exercise C** 01. b 02. c 03. a 04. e 05. d 06. j 07. i 08. f 09. h 10. g

Exercise D 다음 문장을 올바르게 해석해 보세요.

Please register ⁰¹**in advance** for the workshop which will ⁰²**take place** in Shanghai next month. 다음 달 상하이에서 ⁰²_____ 워크숍에 ⁰¹_____ 등록해주세요.

Ms. Hudson ⁰³**took over** some of her husband's responsibilities ⁰⁴**without complaining** because he ⁰⁵**was vulnerable to** stress.
그가 스트레스에 ⁰⁵_____ 때문에 Ms. Hudson은 그녀 남편의 책무 중 일부를 ⁰⁴_____
⁰³_____.

Exercise E 다음 구문을 올바르게 해석해 보세요.

01. 24 hours **in advance** of their scheduled arrival

_____

02. **take over** the training for a few minutes

_____

03. **when it comes to** mobile phone devices

_____

04. **be vulnerable to** changes in the environment

_____

05. depart **on schedule**

_____

06. soon **expand into** London

_____

07. **take place** in September

_____

08. be **on sale** at the supermarket

_____

09. **without** injuring one's back

_____

10. plan to **merge with** Adrian, Inc.

_____

Exercise D 01. 미리 02. 열릴 03. 떠맡았다 04. 불평하지 않고 05. 취약했기   Exercise E 01. 그들의 도착 예정 시점 24시간 전에 02. 잠깐 교육을 맡다 03. 휴대 전화 장치에 관해서는 04. 환경 변화에 영향받기 쉽다 05. 예정대로 출발하다 06. 런던으로 곧 확대하다 07. 9월에 개최되다 08. 슈퍼마켓에서 판매 중이다 09. 허리를 다치지 않으면서 10. Adrian사와 합병할 계획이다

저절로 실전 Training

Reading & Listening 배운 단어로 실전 지문 읽고 들어보기

다음 글을 읽고 올바른 해석을 고르세요.

MP3 🎧

I want to give you a notification in advance. By the end of the month, you'll have to make a decision either to **take over** the company or to give up your shares. The

1. (A) 회사를 인수하다
(B) 회사를 성장시키다

more you delay, the more you'll **be vulnerable to** the pressures of the board members.

2. (A) 압력에 취약하다
(B) 강압에 저항하다

In order to move forward, you need to **come up with** the asking price in a timely

3. (A) 가격을 물어보러 가다
(B) 제시 가격을 생각해내다

manner. The board meeting will take place early next month. I want to point out that there are at least two other competing offers. I am informing you of the situation because the competing bidders are moving very aggressively. Judging from their bidding amounts, they seem to be very eager to buy the company. Please let me know of your financial decision as soon as possible.

DAY 6

Phrases & Expressions (1)

- -

Answers

1. **(A)**   2. **(A)**   3. **(B)**

해석 당신에게 미리 공지드리고 싶습니다. 이번 달 말까지 당신은 ¹ 회사를 인수할지 아니면 주식을 포기할지 선택해야 합니다. 당신이 더 지체할수록 당신은 이사회 구성원의 ² 압력에 더 취약해집니다. 앞으로 진행하기 위해서, 당신은 시기적절하게 ³ 제시 가격을 생각해내야 합니다. 이사회의는 다음 달 초에 열립니다. 저는 최소한 다른 두 개의 경쟁적인 제안이 있다는 것을 지적하고 싶습니다. 저는 이 경쟁적인 입찰자들이 몹시 공격적으로 움직이고 있기 때문에 상황을 알려드리는 것입니다. 그들의 입찰가로 미루어보아 그들은 회사를 매입하기를 몹시 열망하는 것으로 보입니다. 가능한 한 빨리 당신의 재무 의사 결정을 알려주시기 바랍니다.

ECONOMY

2

DAY 7-1

change	*n.* 변화, 변경, 거스름돈 *v.* 변하다, 바꾸다	the _____ in the trends 추세의 변화 _____ existing systems to new ones 기존 시스템을 새 시스템으로 바꾸다
promising	*a.* 유망한, 장래성 있는, 조짐이 좋은 promise *v.* 약속하다 *n.* 약속	a _____ industry 유망 산업 reward _____ students 유망한 학생에게 상을 주다
waive	*v.* (권리 등을) 포기하다, 적용하지 않다 waiver *n.* 포기, 면제	_____ shipping costs 운송비를 적용하지 않다 _____ a fee 납부금을 면제하다
enhance	*v.* 향상시키다, 높이다, 강화하다 enhancement *n.* 상승, 향상, 증대	_____ online content 온라인 콘텐츠를 향상시키다 _____ the security 보안을 강화하다
merger	*n.* 합병 merge *v.* 합병하다	a company _____ 회사 합병 close the _____ 합병을 마무리하다
probable	*a.* ~할 듯한, 그럴듯한, 개연성 있는 probably *ad.* 아마도 probability *n.* 개연성	It is _____ that Mr. Park will be a supervisor. Mr. Park이 관리자가 될 것 같다. _____ cause 그럴듯한 근거
asset	*n.* 재산, 자산(↔liability 부채), 재원	a valuable _____ to our team 우리 팀에 귀중한 자산 a key _____ 핵심 자산
authority	*n.* 권한, (-ties) 당국, 권위자 authorization *n.* 인가, 허가 authorize *v.* 허가하다 authority on ~의 권위자	the _____ on the digital strategy 디지털 전략의 권위자 an independent regulatory _____ 독자적 규제 기관
challenge	*n.* 도전, 난제 *v.* 도전하다 challenging *a.* 도전적인, 힘든 challenged *a.* 장애가 있는	a formidable _____ 어마어마한 도전 walk away from a _____ 도전에서 물러나다
economic	*a.* 경제의, 경제성이 있는(≠economical 경제적인, 실속 있는) economics *n.* 경제학	an _____ expert 경제 전문가 a new _____ system 새 경제 제도

저절로 암기 Training

Exercise A 주어진 단어들을 결합하여 구문을 만드세요.

change + existing → _____ _____ systems to new ones
바꾸다   기존의   기존 시스템을 새 시스템으로 바꾸다

promising + industry → a _____ _____
유망한   산업   유망 산업

waive   + shipping → _____ _____ costs
적용하지 않다   운송   운송비를 적용하지 않다

enhance + security → _____ the _____
강화하다   보안   보안을 강화하다

close   + merger → _____ the _____
마무리하다   합병   합병을 마무리하다

probable + supervisor → It is _____ that Mr. Park will be a _____.
〜할 듯한   관리자   Mr. Park이 관리자가 될 것 같다.

valuable + asset → a _____ _____ to our team
귀중한   자산   우리 팀에 귀중한 자산

authority + strategy → the _____ on the digital _____
권위자   전략   디지털 전략의 권위자

formidable + challenge → a _____ _____
어마어마한   도전   어마어마한 도전

economic + expert → an _____ _____
경제의   전문가   경제 전문가

Exercise B 보기에서 적절한 단어를 찾아 문장을 완성하세요.

보기
_____

change   promising   waive   enhance   merger
probable   asset   authority   challenge   economic
_____

01. As an enticement, many online vendors _____ shipping costs.
유인책으로 많은 온라인 판매자들이 운송비를 적용하지 않는다.

02. We have Dr. Gary Fisher, the _____ on the digital strategy for the next
segment. 다음 코너에서는 디지털 전략의 권위자인 Dr. Gary Fisher를 모시겠습니다.

03. It is _____ that Mr. Park will be a supervisor of the construction.
Mr. Park이 건설 관리자가 될 것 같다.

04. You are a valuable _____ to our team. 당신은 우리 팀에 귀중한 자산입니다.

05. Here's your chance to _____ existing systems to new ones.
당신이 기존 시스템을 새 시스템으로 바꿀 기회가 여기 있습니다.

06. The innovation seems to be a formidable _____ in this situation.
이 상황에서 혁신은 어마어마한 도전처럼 보인다.

07. How much time is required to close the _____?
합병을 마무리하기 위해서는 얼마나 시간이 필요한가요?

08. No investors think it's a _____ industry.
어떤 투자자도 그것이 유망 산업이라고 생각하지 않는다.

09. When are you going to interview the _____ expert?
당신은 언제 경제 전문가를 인터뷰할 건가요?

10. They are considering further measures to _____ the security.
그들은 보안을 강화할 더 많은 방안을 고려하고 있다.

DAY 1
DAY 2
DAY 3
DAY 4
DAY 5
DAY 6
DAY 7
DAY 8
DAY 9
DAY 10
DAY 11
DAY 12
DAY 13
DAY 14
DAY 15
DAY 16
DAY 17
DAY 18
DAY 19
DAY 20
DAY 21
DAY 22
DAY 23
DAY 24
DAY 25
DAY 26
DAY 27
DAY 28
DAY 29
DAY 30

Exercise C 주어진 단어의 적절한 의미를 찾아 연결해 보세요.

01. asset •   • a. 변화; 바꾸다

02. change •   • b. 경제의

03. waive •   • c. 적용하지 않다

04. economic •   • d. 권한, 당국, 권위자

05. authority •   • e. 재산, 자산

06. challenge •   • f. 그럴듯한, ~할 듯한

07. enhance •   • g. 합병

08. merger •   • h. 향상시키다

09. probable •   • i. 도전; 도전하다

10. promising •   • j. 유망한

Exercise B 01. waive 02. authority 03. probable 04. asset 05. change 06. challenge 07. merger 08. promising 09. economic 10. enhance **Exercise C** 01. e 02. a 03. c 04. b 05. d 06. i 07. h 08. g 09. f 10. j

Exercise D 다음 문장을 올바르게 해석해 보세요.

The [01]**change** in the trends may [02]**enhance** [03]**economic** growth.
추세의 [01]_____가 [03]_____ 성장을 [02]_____ 수도 있다.

Do you have the [04]**authority** to access his [05]**assets**?
당신은 그의 [05]_____에 접근할 수 있는 [04]_____이 있습니까?

Exercise E 다음 구문을 올바르게 해석해 보세요.

01. **change** existing systems to new ones

_____

02. a **promising** industry

_____

03. **waive** shipping costs

_____

04. **enhance** the security

_____

05. close the **merger**

_____

06. It is **probable** that Mr. Park will be a supervisor.

_____

07. a valuable **asset** to our team

_____

08. the **authority** on the digital strategy

_____

09. a formidable **challenge**

_____

10. an **economic** expert

_____

Exercise D 01. 변화 02. 향상시킬 03. 경제 04. 권한 05. 자산 **Exercise E** 01. 기존 시스템을 새 시스템으로 바꾸다 02. 유망 산업 03. 운송비를 적용하지 않다 04. 보안을 강화하다 05. 합병을 마무리하다 06. Mr. Park이 관리자가 될 것 같다. 07. 우리 팀에 귀중한 자산 08. 디지털 전략의 권위자 09. 어마어마한 도전 10. 경제 전문가

DAY 7-2

recession	*n.* 불황, (경기) 후퇴 recess *n.* 휴회 *v.* 휴회를 하다	the economic _____ 경기 침체 the depth of the _____ 경기 불황의 깊이
initiative	*n.* 계획, 자주성, 주도성 initiate *v.* (사업에) 착수하다, 시작하다 take the initiative 주도권을 쥐다 on one's own initiative 자발적으로	the new government _____ 새 정부 계획 a hiring _____ 고용 계획
market	*n.* 시장 *v.* (상품을) 시장에 내놓다 marketer *n.* 마케팅 담당자 marketing *n.* 마케팅, (시장에서의) 매매	overseas _____s 해외 시장 be specifically _____ed to children 특별히 아동들을 대상으로 출시되다
moderately	*ad.* 중간 정도로, 적당하게 moderate *a.* 온건한, 중간의, 적당한 moderator *n.* 조정자, 중재자, 의장	a _____ successful writer 적당히 성공한 작가 a _____ positive stance 중간 정도로 긍정적인 태도
prediction	*n.* 예측, 예상 predict *v.* 예측하다, 예견하다 predictable *a.* 예측 가능한	the _____ for hiring trends 고용 추세에 대한 예측 an accurate _____ 정확한 예측
quarter	*n.* 분기, 4분의 1 *v.* 4등분하다, 배치하다 quarterly *a.* 4등분의, 계절마다의 *ad.* 계절마다	losses in the fourth _____ 4분기의 손실 the end of the _____ 분기 말
forecast	*n.* 예측, 전망, (날씨 등의) 예보 *v.* 예측[예보]하다	this month's _____ 이번 달 예측 a weather _____ 일기 예보
projection	*n.* 예상, 예측, 추정 project *n.* 계획, 프로젝트 *v.* 계획하다, 추정하다	the budget _____s 예산 예측 the most optimistic _____ 가장 낙관적인 예상
sequence	*n.* 연속, 순서, 장면 *v.* 차례로 배열하다 in sequence 순서대로	the _____ of the day's events 당일 행사 순서 the _____ from the film 영화 장면
vary	*v.* 각기 다르다, 달라지다 variety *n.* 다양함, 다양성, 종류 various *a.* 다양한, 여러 가지의 variously *ad.* 다양한 방법으로, 여러 가지로	_____ in length 길이가 다양하다 The requirements _____ slightly. 요건이 조금씩 다르다.

저절로 암기 Training

Exercise A 주어진 단어들을 결합하여 구문을 만드세요.

economic + recession → the _____ _____
경기의 / 불황, 후퇴 / 경기 침체

hiring + initiative → a _____ _____
고용 / 계획 / 고용 계획

overseas + market → _____ _____s
해외의 / 시장 / 해외 시장

moderately + stance → a _____ positive _____
중간 정도로 / 태도 / 중간 정도로 긍정적인 태도

prediction + trend → the _____ for hiring _____s
예측 / 추세 / 고용 추세에 대한 예측

loss + quarter → _____es in the fourth _____
손실 / 분기, 4분의 1 / 4분기의 손실

weather + forecast → a _____ _____
날씨 / 예측, 예보 / 일기 예보

optimistic + projection → the most _____ _____
낙관적인 / 예상 / 가장 낙관적인 예상

sequence + event → the _____ of the day's _____s
순서 / 행사 / 당일 행사 순서

vary + length → _____ in _____
각기 다르다 / 길이 / 길이가 다양하다

Exercise B 보기에서 적절한 단어를 찾아 문장을 완성하세요.

보기

recession   initiative   market   moderately   prediction
quarter   forecast   projection   sequence   vary

01. Ms. Song maintained a _____ positive stance on stocks.
    Ms. Song은 주식에 관해 중간 정도로 긍정적인 태도를 유지했다.

02. The researchers are assessing the impact of the economic _____ on the college students. 연구원들은 대학생들에게 미치는 경기 침체의 영향을 평가하고 있습니다.

03. Could you give me a briefing on overseas _____s?
    제게 해외 시장에 관해 브리핑해줄 수 있나요?

04. The weather _____ says that it will rain tomorrow.
일기 예보는 내일 비가 올 거라고 해요.

05. The _____ for hiring trends requires a great deal of statistical information.
고용 추세에 대한 예측은 상당한 양의 통계 정보를 요구한다.

06. The tourist industry will see great losses in the fourth _____.
관광 업계는 4분기에 큰 손실을 입게 될 것이다.

07. Mr. Wiley has announced an aggressive hiring _____.
Mr. Wiley는 공격적인 고용 계획을 공표했다.

08. Even under the most optimistic _____, half of young college graduates are probably jobless. 가장 낙관적인 예상 하에서도, 젊은 대학 졸업생 중 절반이 아마도 무직일 것이다.

09. Remember the _____ of the day's events. 당일 행사 순서를 잘 외워두세요.

10. The articles may _____ in length, depending on the material being covered.
다루는 주제에 따라 기사들은 길이가 다양할 수 있습니다.

DAY 1
DAY 2
DAY 3
DAY 4
DAY 5
DAY 6
DAY 7
DAY 8
DAY 9
DAY 10
DAY 11
DAY 12
DAY 13
DAY 14
DAY 15
DAY 16
DAY 17
DAY 18
DAY 19
DAY 20
DAY 21
DAY 22
DAY 23
DAY 24
DAY 25
DAY 26
DAY 27
DAY 28
DAY 29
DAY 30

Exercise C 주어진 단어의 적절한 의미를 찾아 연결해 보세요.

01. recession   •
02. projection   •
03. initiative   •
04. vary   •
05. forecast   •
06. prediction   •
07. moderately   •
08. sequence   •
09. market   •
10. quarter   •

• a. 예보; 예측하다
• b. 불황, 후퇴
• c. 계획, 주도성
• d. 예상, 예측, 추정
• e. 각기 다르다
• f. 예측, 예상
• g. 시장
• h. 연속, 순서; 차례로 배열하다
• i. 중간 정도로
• j. 분기, 4분의 1

Exercise B 01. moderately 02. recession 03. market 04. forecast 05. prediction 06. quarter 07. initiative 08. projection 09. sequence 10. vary   **Exercise C** 01. b 02. d 03. c 04. e 05. a 06. f 07. i 08. h 09. g 10. j

Exercise D 다음 문장을 올바르게 해석해 보세요.

Due to the severe ^{01}**recession**, our ^{02}**projection** for this year's earnings is dismal.
심각한 ^{01}_____ 때문에, 올해 수익에 관한 우리의 ^{02}_____은 어둡다.

Each ^{03}**market** reform ^{04}**initiative** ^{05}**varies** in its progress.
각 ^{03}_____ 개혁 ^{04}_____은 진행 상황이 ^{05}_____.

Exercise E 다음 구문을 올바르게 해석해 보세요.

01. the economic **recession**

_____

02. a hiring **initiative**

_____

03. a **moderately** positive stance

_____

04. overseas **markets**

_____

05. the **prediction** for hiring trends

_____

06. losses in the fourth **quarter**

_____

07. a weather **forecast**

_____

08. the most optimistic **projection**

_____

09. the **sequence** of the day's events

_____

10. **vary** in length

_____

Exercise D 01. 불황 02. 예상 03. 시장 04. 계획 05. 다르다   **Exercise E** 01. 경기 침체 02. 고용 계획 03. 중간 정도로 긍정적인 태도 04. 해외 시장 05. 고용 추세에 대한 예측 06. 4분기의 손실 07. 일기 예보 08. 가장 낙관적인 예상 09. 당일 행사 순서 10. 길이가 다양하다

DAY 7-3

note	*n.* (간단한) 기록, 문서 *v.* 주목하다, 언급하다, 적어두다, 유의하다 notable *a.* 주목할 만한	detailed _____s 상세한 기록 _____ an alarming increase 놀라운 증가에 주목하다
arise	*v.* (문제 등이) 발생하다(=come up), 일어나다	customer problems that may _____ 발생할 수 있는 고객 문제 in case the same problems _____ 같은 문제가 일어날 경우
nearly	*ad.* 거의(=almost) near *a.* 가까운 *ad.* 가까이	offer _____ twice 거의 두 배로 제의하다 by _____ 10 percent 거의 10%까지
dramatic	*a.* 극적인 dramatically *ad.* 급격히, 극적으로	a _____ increase in profits 수익의 급격한 증가 _____ changes 급격한 변화
continuously	*ad.* 연달아, 계속해서 continuous *a.* 계속되는, 지속적인 continue *v.* 계속하다	_____ monitor the condition 계속해서 상태를 지켜보다 _____ refuse the invitation 계속해서 초대를 거절하다
emerge	*v.* 나타나다, 드러나다, 부상하다 emergence *n.* 출현 emerge as ~로서 두각을 나타내다	_____ from the water 물에서 나오다 Details _____d. 세부 사항이 드러났다.
remarkable	*a.* 주목할 만한, 놀랄 만한 remarkably *ad.* 놀랄 만큼, 엄청나게 remark *n.* 발언, 주목 *v.* 언급하다	a _____ achievement 놀랄 만한 업적 a _____ 50 percent rise in subscriptions 놀랄 만한 50% 구독 증가
potential	*n.* 가능성, 잠재력 *a.* 가능성이 있는, 잠재적인 potentially *ad.* 잠재적으로	attract _____ customers 잠재 고객을 끌어들이다 be pitched to _____ investors 잠재 투자자들에게 맞춰지다
ongoing	*a.* 계속 진행 중인	an _____ debate 계속 진행 중인 토론 be _____ for one year 1년 동안 계속 진행 중이다
cooperate	*v.* 협력하다, 협조하다 cooperative *a.* 협조적인	_____ with human resources department 인사팀과 협력하다 _____ to prevent disputes 분쟁을 막기 위해 협력하다

저절로 암기 Training

Exercise A 주어진 단어들을 결합하여 구문을 만드세요.

detailed + note → _____ _____ s
상세한   기록   상세한 기록

problem + arise → in case the same _____ s _____
문제   일어나다   같은 문제가 일어날 경우

nearly + twice → offer _____ _____
거의   두 배   거의 두 배로 제의하다

dramatic + profit → a _____ increase in _____ s
극적인   수익   수익의 급격한 증가

continuously + monitor → _____ _____ the condition
계속해서   지켜보다   계속해서 상태를 지켜보다

detail + emerge → _____ s _____ d.
세부 사항   드러나다   세부 사항이 드러났다.

remarkable + achievement → a _____ _____
놀랄 만한   업적   놀랄 만한 업적

pitch + potential → be _____ ed to _____ investors
겨냥하다   잠재적인   잠재 투자자들에게 맞춰지다

ongoing + debate → an _____ _____
계속 진행 중인   토론   계속 진행 중인 토론

cooperate + dispute → _____ to prevent _____ s
협력하다   분쟁   분쟁을 막기 위해 협력하다

Exercise B 보기에서 적절한 단어를 찾아 문장을 완성하세요.

보기

note　arise　nearly　dramatic　continuously
emerge　remarkable　potential　ongoing　cooperate

01. We were surprised at the _____ increase in profits.
우리는 수익의 급격한 증가에 놀랐다.

02. The headhunter firm offered _____ twice my previous earnings.
그 헤드헌터 업체는 내 이전 소득의 거의 두 배로 제의했다.

03. The coaches _____ monitor the condition of athletes.
코치들은 계속해서 선수들의 상태를 지켜본다.

04. Such an _____ debate is an important part of the problem solving process.

그와 같은 계속 진행 중인 토론은 문제 해결 과정의 중요한 부분이다.

05. I've attached some detailed _____s on what was said.

거론된 것에 관한 상세한 기록을 첨부하였습니다.

06. What alternatives do we have in case the same problems _____?

같은 문제가 일어날 경우, 우리는 어떤 대안을 가지고 있습니까?

07. Unnoticed details about the layoffs _____d.

정리해고에 관한 간과되었던 세부 사항이 드러났다.

08. It was a _____ achievement which brought together international funders.

그것은 세계적인 투자자들을 한 데 모은 놀랄 만한 업적이었다.

09. The new online consulting service was pitched to _____ investors.

새 온라인 상담 서비스는 잠재 투자자들에게 맞춰졌다.

10. A number of experts _____ to prevent disputes.

많은 전문가가 분쟁을 막기 위해 협력한다.

DAY 1
DAY 2
DAY 3
DAY 4
DAY 5
DAY 6
DAY 7
DAY 8
DAY 9
DAY 10
DAY 11
DAY 12
DAY 13
DAY 14
DAY 15
DAY 16
DAY 17
DAY 18
DAY 19
DAY 20
DAY 21
DAY 22
DAY 23
DAY 24
DAY 25
DAY 26
DAY 27
DAY 28
DAY 29
DAY 30

Exercise C 주어진 단어의 적절한 의미를 찾아 연결해 보세요.

01. remarkable • • a. 주목할 만한

02. ongoing • • b. 거의

03. dramatic • • c. 계속 진행 중인

04. cooperate • • d. 극적인

05. nearly • • e. 협력하다, 협조하다

06. continuously • • f. 나타나다, 드러나다

07. arise • • g. 기록; 주목하다

08. note • • h. 가능성; 잠재적인

09. emerge • • i. 발생하다, 일어나다

10. potential • • j. 연달아, 계속해서

Exercise B 01. dramatic 02. nearly 03. continuously 04. ongoing 05. note 06. arise 07. emerge 08. remarkable 09. potential 10. cooperate **Exercise C** 01. a 02. c 03. d 04. e 05. b 06. j 07. i 08. g 09. f 10. h

Exercise D 다음 문장을 올바르게 해석해 보세요.

Please ⁰¹**note** that we are currently not hiring due to the ⁰²**ongoing** restructuring.

⁰² _____ 구조조정 때문에, 현재 우리는 채용하고 있지 않다는 것을 ⁰¹ _____ 주십시오.

His ⁰³**remarkable** ⁰⁴**potential** began to ⁰⁵**emerge**.

그의 ⁰³ _____ ⁰⁴ _____ 이 ⁰⁵ _____ 시작했다.

Exercise E 다음 구문을 올바르게 해석해 보세요.

01. detailed **notes**

_____

02. in case the same problems **arise**

_____

03. offer **nearly** twice

_____

04. a **dramatic** increase in profits

_____

05. **continuously** monitor the condition

_____

06. Details **emerged.**

_____

07. a **remarkable** achievement

_____

08. be pitched to **potential** investors

_____

09. an **ongoing** debate

_____

10. **cooperate** to prevent disputes

_____

Exercise D 01. 유의해 02. 계속 진행 중인 03. 놀랄 만한 04. 잠재력 05. 나타나기 **Exercise E** 01. 상세한 기록 02. 같은 문제가 일어날 경우 03. 거의 두 배로 제의하다 04. 수익의 급격한 증가 05. 계속해서 상태를 지켜보다 06. 세부 사항이 드러났다. 07. 놀랄 만한 업적 08. 잠재 투자자들에게 맞춰지다 09. 계속 진행 중인 토론 10. 분쟁을 막기 위해 협력하다

DAY 7-4

remain	*v.* 계속 ~이다, 남다 *n.* 나머지, 남은 것 remains *n.* 유적, 유해	_____ at home 집에 남아 있다 _____ confidential 비밀로 남아 있다
notwithstanding	*prep.* ~에도 불구하고(=in spite of) *ad.* 그럼에도 불구하고(=nevertheless) *conj.* ~임에도 불구하고(=although)	_____ the problem 그 문제에도 불구하고 _____ the uncertainty 불확실성에도 불구하고
stagnant	*a.* 침체된, 발전이 없는, 불경기의 stagnancy *n.* 침체, 불황 stagnate *v.* 침체되다	a _____ economy 침체된 경기 _____ wages 오르지 않는 임금
measurement	*n.* 측정, 측량, 치수 measure *v.* 측정하다	the exact _____s 정확한 치수 a new unit of _____ 새로운 측정 단위
competitive	*a.* 경쟁력 있는, 뒤지지 않는 competitively *ad.* 경쟁적으로	_____ rates for auto insurance 자동차 보험의 경쟁력 있는 요금 offer _____ employee benefits 경쟁력 있는 직원 혜택을 제공하다
leading	*a.* 선도적인, 선도의, 주된 lead *v.* 이끌다, 안내하다 leader *n.* 지도자	a _____ research institution 선도적인 연구 기관 a _____ laptop provider 선도적인 노트북 공급자
upcoming	*a.* 곧 있을, 다가오는	an _____ business presentation 곧 있을 사업 발표 publicize our _____ event 다가올 우리의 행사를 알리다
consider	*v.* 고려하다, 숙고하다, (~으로) 간주하다(as) consideration *n.* 고려사항, 숙고	_____ing the rise in oil prices 유가의 상승을 고려하면 _____ the work you've been doing 당신이 해오고 있는 일을 고려하다
implement	*v.* 이행하다, 실시하다 implementation *n.* 이행, 실행	too expensive to _____ 너무나 비싸서 실행할 수 없는 _____ safety rules 안전 수칙을 이행하다
severely	*ad.* 엄격하게, 심하게 severe *a.* 심각한, 극심한	be _____ damaged 심하게 파손되다 be _____ criticized 심하게 비난받다

저절로 암기 Training

Exercise A 주어진 단어들을 결합하여 구문을 만드세요.

remain + home → _____ at _____
남다　　　　집　　　　　집에 남아 있다

notwithstanding + uncertainty → _____ the _____
～에도 불구하고　　　　불확실성　　　　　불확실성에도 불구하고

stagnant + economy → a _____ _____
침체된　　　　경기　　　　침체된 경기

exact + measurement → the _____ _____s
정확한　　　측정, 치수　　　　정확한 치수

competitive + benefit → offer _____ employee _____s
경쟁력 있는　　　혜택　　　　경쟁력 있는 직원 혜택을 제공하다

leading + institution → a _____ research _____
선도적인　　　기관　　　　선도적인 연구 기관

publicize + upcoming → _____ our _____ event
알리다　　　　다가오는　　　　다가올 우리의 행사를 알리다

consider + work → _____ the _____ you've been doing
고려하다　　　일　　　　당신이 해오고 있는 일을 고려하다

implement + safety → _____ _____ rules
이행하다　　　　안전　　　　안전 수칙을 이행하다

severely + criticize → be _____ _____d
심하게　　　비난하다　　　　심하게 비난받다

Exercise B 보기에서 적절한 단어를 찾아 문장을 완성하세요.

보기

remain　　notwithstanding　　stagnant　　measurement　　competitive
leading　　upcoming　　consider　　implement　　severely

01. _____ the uncertainty surrounding the global politics, the economic growth
is steady.　국제 정세를 둘러싼 불확실성에도 불구하고, 경제 성장은 안정적이다.

02. Is it true that his argument was _____ criticized?
그의 주장이 심하게 비난받았다는 것이 사실이니?

03. The company is suffering from a _____ economy.
회사는 침체된 경기로 인해 어려움을 겪고 있다.

04. I have some ideas that can help publicize our _____ event.
나에게 다가올 우리의 행사를 알리는 데 도움을 줄 수 있는 몇 가지 생각이 있어요.

05. The accident happened while I _____ed at home.
그 사고는 내가 집에 남아 있던 동안 일어났다.

06. We'll _____ the work you've been doing since you joined the team.
우리는 당신이 팀에 들어온 이후부터 당신이 해오고 있는 일을 고려할 것입니다.

07. Many businesses offer _____ employee benefits to recruit talented employees.
많은 회사에서 재능 있는 직원을 모집하기 위해 경쟁력 있는 직원 혜택을 제공한다.

08. We are not yet ready to _____ new safety rules.
우리는 아직 새로운 안전 수칙을 이행할 준비가 되어 있지 않습니다.

09. The exact _____s of the rooms are required. 방들의 정확한 치수가 요구된다.

10. It was recognized as a _____ research institution in the field of engineering.
그것은 공학 분야에서 선도적인 연구 기관으로 인정받았다.

Exercise C 주어진 단어의 적절한 의미를 찾아 연결해 보세요.

01. stagnant   •   • a. 고려하다, 간주하다

02. leading   •   • b. ~에도 불구하고

03. consider   •   • c. 침체된

04. severely   •   • d. 선도적인

05. notwithstanding •   • e. 엄격하게, 심하게

06. measurement   •   • f. 나머지; 남다

07. upcoming   •   • g. 곧 있을, 다가오는

08. remain   •   • h. 측정, 측량, 치수

09. competitive   •   • i. 이행하다, 실시하다

10. implement   •   • j. 경쟁력 있는

Exercise B 01. Notwithstanding 02. severely 03. stagnant 04. upcoming 05. remain 06. consider 07. competitive 08. implement 09. measurement 10. leading   **Exercise C** 01. c 02. d 03. a 04. e 05. b 06. h 07. g 08. f 09. j 10. i

Exercise D 다음 문장을 올바르게 해석해 보세요.

Some of the [01]**leading** experts are [02]**considering** not participating in the [03]**upcoming** conference.

[01] _____ 전문가 중 일부는 [03] _____ 학회에 참가하지 않는 것을 [02] _____ 있다.

The firm has been [04]**severely** criticized for [05]**implementing** harsh policies.

그 회사는 가혹한 규정을 [05] _____ 으로 인하여 [04] _____ 비난받아 왔다.

Exercise E 다음 구문을 올바르게 해석해 보세요.

01. **remain** at home

_____

02. **notwithstanding** the uncertainty

_____

03. a **stagnant** economy

_____

04. the exact **measurements**

_____

05. offer **competitive** employee benefits

_____

06. a **leading** research institution

_____

07. publicize our **upcoming** event

_____

08. **consider** the work you've been doing

_____

09. **implement** safety rules

_____

10. be **severely** criticized

_____

Exercise D 01. 선도적인 02. 고려하고 03. 다가오는 04. 심하게 05. 실시하는 것   Exercise E 01. 집에 남아 있다 02. 불확실성에도 불구하고 03. 침체된 경기 04. 정확한 치수 05. 경쟁력 있는 직원 혜택을 제공하다 06. 선도적인 연구기관 07. 다가올 우리의 행사를 알리다 08. 당신이 해오고 있는 일을 고려하다 09. 안전 수칙을 이행하다 10. 심하게 비난받다

저절로 실전 Training

Grammar & Expressions 배운 단어로 Part 5 실전 문제 풀어보기

1. Do you have the ------- to access his assets?

(A) convenience
(B) authority
(C) reputation
(D) composure

2. Each market reform initiative ------- in its progress.

(A) vary
(B) varies
(C) to vary
(D) were varied

3. His ------- potential began to emerge.

(A) remarker
(B) remarks
(C) remarkable
(D) remarkably

4. The firm has been severely criticized for ------- harsh policies.

(A) implement
(B) to implement
(C) implementing
(D) have implemented

Answers

1. (B)

해석 당신은 그의 자산에 접근할 수 있는 권한이 있습니까?

해설 **[어휘] 문맥에 어울리는 명사** 문맥상 특정 자산에 대해 '접근할 수 있는 (B) 권한'이 있는지 물어보는 것이 적절하다.
(A) 편의, 편한 시간 (B) 권한 (C) 평판, 명성 (D) 평정심

2. (B)

해석 각 시장 개혁 계획은 진행 상황이 다르다.

해설 **[어법] 동사** 주어가 단수명사(Each ~ initiative)이므로 단수동사 (B) varies가 적절하다.

3. (C)

해석 그의 놀랄 만한 잠재력이 나타나기 시작했다.

해설 **[어법] 품사** 문맥상 potential을 명사인 '잠재력'으로 해석하는 것이 적절하므로, 이를 수식해 주는 형용사 (C) remarkable이 적절하다.
(A) 발언자 (B) 발언 (C) 놀라운, 주목할 만한 (D) 놀랍게도

4. (C)

해석 그 회사는 가혹한 규정을 실시하는 것으로 인하여 심하게 비난받아 왔다.

해설 **[어법] 준동사** 전치사 뒤에는 동명사나 명사가 오므로 동명사 (C) implementing이 적절하다.

저절로 실전 Training

Reading & Listening 배운 단어로 실전 지문 읽고 들어보기

다음 글을 읽고 올바른 해석을 고르세요.

MP3 🎧

Dear Ms. Bennett,

Due to the **ongoing economic recession** and the change in the market condition,

1. (A) 앞으로 닥칠 경제 불황
   (B) 계속되는 경제 불황

our company is in a severely difficult condition. Recently, a merger offer was made from a leading tech company and the management would like to request a board meeting to discuss the issue. The merger package they are offering is quite **remarkable**.

2. (A) 상당히 불합리하다
   (B) 상당히 주목할 만하다

It would become a challenge to protect our assets and everyone involved, if we do not consider a promising merger, as our earnings forecast for this quarter continuously depreciates. You may **waive** your **voting rights** by sending in the

3. (A) 투표권을 대리하다
   (B) 투표권을 포기하다

enclosed form. If not, please confirm the time of the board meeting. We hope to see you at the upcoming meeting.

- -

Answers

1. (B) 2. (B) 3. (B)

해석 Ms. Bennett 귀하

¹· 계속되는 경제 불황과 시장 상황 변화로 인하여, 우리 회사는 매우 어려운 상황에 놓여 있습니다. 최근, 선도적인 기술 회사로부터 합병 제의가 왔으며 경영진은 이사회에 이 안건을 논의하도록 요청하고자 합니다. 그들이 제의하고 있는 합병의 전체 내용은 ²· 상당히 주목할 만합니다. 이번 분기의 예상 수익이 지속해서 하락하고 있는 상황에서, 우리가 장래성 있는 합병을 고려하지 않는다면, 우리 회사의 자산 그리고 관여된 모든 사람을 보호하는 것은 도전이 될 것입니다. 동봉된 양식을 보내주시면 ³· 투표권을 포기하실 수도 있습니다. 그렇지 않다면, 이사회 시간을 확인해주십시오. 다가오는 회의에서 뵙게 되기를 바랍니다.

DAY 8-1

observance	*n.* 준수, 축하, 의식 **observe** *v.* 관찰하다, (규칙 등을) 준수하다, 지키다 **observation** *n.* 관찰, 정탐 **inobservance** *n.* 부주의, 태만	in _____ of New Year's Day 새해 첫날을 기념하여 _____ of human rights 인권 준수
laboratory	*n.* 실험실	a _____ technician 실험실 기술자 work in a _____ 실험실에서 일하다
upgrade	*n.* 업그레이드, 개선, 개량형 *v.* 높여 주다, 개선하다	the computer system _____s 컴퓨터 시스템 업그레이드 _____ to a suite 스위트룸으로 높여 주다
create	*v.* 창조하다, 창출하다, 야기하다 **creation** *n.* 창조 **creativity** *n.* 창조성, 창의력 **creative** *a.* 창조적인	_____ employment opportunities 고용 기회를 창출하다 _____ a business partnership 업무 제휴 관계를 만들다
development	*n.* 개발, 발전 **develop** *v.* 발전하다, 개발하다	a product _____ process 제품 개발 과정 urban _____ 도시 개발
quality	*n.* 품질, 질 *a.* 고급의, 양질의	guarantee high _____ 높은 품질을 보장하다 _____ control 품질 관리
inspect	*v.* 검사하다, 조사하다 **inspector** *n.* 조사관, 검사관 **inspection** *n.* 점검, 검사	_____ the front of the car 차의 앞쪽을 검사하다 _____ work equipment 작업 장비를 검사하다
relationship	*n.* 관계 **relation** *n.* 관계, 관련성, 친척 **relate** *v.* 관계시키다, 연관되다	a business _____ 사업 관계 build a _____ 관계를 맺다
warranty	*n.* (품질 등의) 보증, 보증서	a two-year _____ 2년간의 보증 a product _____ 제품 보증서
innovative	*a.* 혁신적인, 획기적인 **innovation** *n.* 혁신(적인 것) **innovate** *v.* 혁신하다, (새로운 것을) 받아들이다	an _____ approach 혁신적인 접근법 _____ vacuum cleaners 획기적인 진공청소기

저절로 암기 Training

Exercise A 주어진 단어들을 결합하여 구문을 만드세요.

observance + New Year's Day → in _____ of _____
준수, 축하   새해 첫날   새해 첫날을 기념하여

laboratory + technician → a _____ _____
실험실   기술자   실험실 기술자

system + upgrade → the computer _____ _____s
시스템   업그레이드   컴퓨터 시스템 업그레이드

create + opportunity → _____ employment _____ies
창출하다   기회   고용 기회를 창출하다

development + process → a product _____ _____
개발   과정   제품 개발 과정

guarantee + quality → _____ high _____
보장하다   품질   높은 품질을 보장하다

inspect + equipment → _____ work _____
검사하다   장비   작업 장비를 검사하다

build + relationship → _____ a _____
쌓다   관계   관계를 맺다

product + warranty → a _____ _____
제품   보증서   제품 보증서

innovative + approach → an _____ _____
혁신적인   접근법   혁신적인 접근법

Exercise B 보기에서 적절한 단어를 찾아 문장을 완성하세요.

보기

observance   laboratory   upgrade   create   development
quality   inspect   relationship   warranty   innovative

01. Call this number, if you are still interested in the _____ technician position.
    여전히 실험실 기술자 직무에 관심이 있다면 이 번호로 전화해보세요.

02. Please back up data before the computer system _____s.
    컴퓨터 시스템 업그레이드 전에 데이터를 백업해두세요.

03. I'm sorry but this product _____ has already expired.
    죄송하지만 이 제품 보증서는 이미 만료되었습니다.

04. I thought they visited to _____ work equipment.

나는 그들이 작업 장비를 검사하기 위해 방문했다고 생각했어요.

05. The new product _____ process is at a crucial stage.

신제품 개발 과정은 결정적인 단계에 있습니다.

06. A brand name does not guarantee high _____.

브랜드 이름이 높은 품질을 보장하지는 않는다.

07. Today's lecture is about how to build a stronger _____ with your coworkers.

오늘의 강연은 어떻게 여러분의 동료들과 더 강력한 관계를 맺을 수 있는지에 관한 것입니다.

08. I've been impressed with your _____ approach to learning foreign languages.   저는 당신의 혁신적인 외국어 학습 접근법에 감명 받았습니다.

09. Mr. Fernandez is known for trying to _____ employment opportunities for disabled people.   Mr. Fernandez는 장애인을 위한 고용 기회를 창출하기 위해 노력한 것으로 알려져 있다.

10. The WPC Foundation office will be closed on Thursday in _____ of New Year's Day.   새해 첫날을 기념하여 WPC Foundation 사무실은 목요일에 문을 닫을 것입니다.

DAY 1
DAY 2
DAY 3
DAY 4
DAY 5
DAY 6
DAY 7
DAY 8
DAY 9
DAY 10
DAY 11
DAY 12
DAY 13
DAY 14
DAY 15
DAY 16
DAY 17
DAY 18
DAY 19
DAY 20
DAY 21
DAY 22
DAY 23
DAY 24
DAY 25
DAY 26
DAY 27
DAY 28
DAY 29
DAY 30

Exercise C 주어진 단어의 적절한 의미를 찾아 연결해 보세요.

01. observance   •   • a. 품질, 질; 양질의

02. upgrade   •   • b. 업그레이드; 개선하다

03. development   •   • c. 관계

04. quality   •   • d. 준수, 축하, 의식

05. relationship   •   • e. 개발, 발전

06. laboratory   •   • f. 창조하다

07. inspect   •   • g. 검사하다

08. create   •   • h. 혁신적인, 획기적인

09. innovative   •   • i. 보증, 보증서

10. warranty   •   • j. 실험실

Exercise B 01. laboratory 02. upgrade 03. warranty 04. inspect 05. development 06. quality 07. relationship 08. innovative 09. create 10. observance   **Exercise C** 01. d 02. b 03. e 04. a 05. c 06. j 07. g 08. f 09. h 10. i

Exercise D 다음 문장을 올바르게 해석해 보세요.

Currently, we cannot afford to [01]**upgrade** [02]**laboratory** facilities.
현재로서, 우리는 [02]_____ 설비를 [01]_____ 할 여력이 없다.

Our company is using the most [03]**innovative** technology to [04]**create** high-[05]**quality** products. 저희 회사는 높은 [05]_____ 제품을 [04]_____ 위해 가장 [03]_____ 기술을 사용하고 있습니다.

Exercise E 다음 구문을 올바르게 해석해 보세요.

01. the computer system **upgrades**
_____

02. a product **development** process
_____

03. in **observance** of New Year's Day
_____

04. **inspect** work equipment
_____

05. a product **warranty**
_____

06. a **laboratory** technician
_____

07. **create** employment opportunities
_____

08. an **innovative** approach
_____

09. build a **relationship**
_____

10. guarantee high **quality**
_____

Exercise D 01. 업그레이드 02. 실험실 03. 혁신적인 04. 창안하기 05. 품질의   Exercise E 01. 컴퓨터 시스템 업그레이드 02. 제품 개발 과정 03. 새해 첫날을 기념하여 04. 작업 장비를 검사하다 05. 제품 보증서 06. 실험실 기술자 07. 고용 기회를 창출하다 08. 혁신적인 접근법 09. 관계를 맺다 10. 높은 품질을 보장하다

KEY TOEIC VOCABULARY

DAY 8-2

sample	*n.* 견본, 샘플, 표본 *v.* 시식하다, (견본으로) 시험하다	download a _____ tour schedule 견본 여행 일정표를 다운받다 _____ the chef's favorite appetizer 주방장이 특히 잘하는 애피타이저를 맛보다
technical	*a.* 과학 기술의, 기술적인 technique *n.* 기술, 기법 technician *n.* 기술자, 기술 전문가	_____ support 기술 지원 _____ terms 전문 용어
accuracy	*n.* 정확성(↔inaccuracy 부정확) accurate *a.* 정확한 accurately *ad.* 정확하게	verify the _____ 정확성을 확인하다 question the _____ 정확성에 의문을 제기하다
output	*n.* 생산량, 산출량, 출력 *v.* 생산하다, 출력하다	industrial _____ 산업 생산량 strong _____ growth 강한 생산량 성장
manual	*n.* 매뉴얼, 설명서, 안내서 *a.* 손으로 하는, 수동의	check the instruction _____ 취급 설명서를 확인하다 a training _____ 교육 지침서
explore	*v.* 조사하다, 탐구하다, 개척하다 exploration *n.* 탐사, 탐험 explorer *n.* 탐험가 exploratory *a.* 탐사의, 탐구의	_____ coral reefs 산호초를 탐험하다 _____ new markets 새로운 시장을 개척하다
complicated	*a.* 복잡한, 까다로운 complication *n.* 복잡한 문제, 합병증 complicate *v.* 복잡하게 만들다	_____ tax regulations 복잡한 조세 규정 _____ medical terms 복잡한 의학 용어
experiment	*n.* 실험 *v.* 시도하다, 실험 삼아 해보다 experimental *a.* 실험적인	conduct the _____ 실험을 수행하다 repeat the _____ 실험을 반복하다
invention	*n.* 발명(품), 고안물 invent *v.* 발명하다, 고안하다 inventor *n.* 발명가	his latest _____ 그의 최신 발명품 patent the _____ 발명에 특허를 받다
inventory	*n.* 물품 목록, 재고품, 재고 목록	take an _____ of products 상품 목록을 만들다 the _____ list 재고 목록

DAY 1
DAY 2
DAY 3
DAY 4
DAY 5
DAY 6
DAY 7
DAY 8
DAY 9
DAY 10
DAY 11
DAY 12
DAY 13
DAY 14
DAY 15
DAY 16
DAY 17
DAY 18
DAY 19
DAY 20
DAY 21
DAY 22
DAY 23
DAY 24
DAY 25
DAY 26
DAY 27
DAY 28
DAY 29
DAY 30

DAY 8 연구개발   149

저절로 암기 Training

Exercise A 주어진 단어들을 결합하여 구문을 만드세요.

sample + schedule → download a _____ tour _____
견본   일정표   견본 여행 일정표를 다운받다

technical + support → _____ _____
기술적인   지원   기술 지원

verify + accuracy → _____ the _____
확인하다   정확성   정확성을 확인하다

industrial + output → _____ _____
산업의   생산량   산업 생산량

check + manual → _____ the instruction _____
확인하다   설명서   취급 설명서를 확인하다

explore + market → _____ new _____s
개척하다   시장   새로운 시장을 개척하다

complicated + regulation → _____ tax _____s
복잡한   규정   복잡한 조세 규정

conduct + experiment → _____ the _____
수행하다   실험   실험을 수행하다

latest + invention → his _____ _____
최신의   발명품   그의 최신 발명품

inventory + list → the _____ _____
재고품   목록   재고 목록

Exercise B 보기에서 적절한 단어를 찾아 문장을 완성하세요.

보기

   sample   technical   accuracy   output   manual
   explore   complicated   experiment   invention   inventory

01. Industrial _____ is projected to grow by 2.6 percent per year.
    산업 생산량은 연간 2.6% 증가할 것으로 예측된다.

02. You can also download a _____ tour schedule on our website.
    당신은 또한 저희 웹사이트에서 견본 여행 일정표를 다운받을 수 있습니다.

03. They have acknowledged it can be difficult to verify the _____ of documents.
    그들은 문서의 정확성을 확인하기 어려울 수도 있다고 인정했다.

04. Siphone's _____ support department is available Monday through Friday between the hours of 9:00 A.M. and 6:30 P.M.
Siphone의 기술 지원 부서는 월요일에서 금요일까지, 오전 9시부터 오후 6시 30분 사이에 이용하실 수 있습니다.

05. Did you check the instruction _____? 취급 설명서를 확인해봤나요?

06. He suggested that we should _____ new markets rather than strengthen existing markets. 그는 우리가 기존 시장을 강화하기보다는 새로운 시장을 개척해야 한다고 제안했다.

07. Thank you for helping me to review the _____ list.
제가 재고 목록 검토하는 것을 도와주셔서 고마워요.

08. With whom did you conduct the _____? 당신은 누구와 함께 실험을 수행했습니까?

09. I know someone who might be willing to purchase his latest _____.
저는 그의 최신 발명품을 구매할 의향이 있을지도 모르는 누군가를 알고 있습니다.

10. This seminar is for citizens who struggle to understand _____ tax regulations. 이 세미나는 복잡한 조세 규정을 이해하기 힘들어하는 시민들을 위한 것입니다.

DAY 1
DAY 2
DAY 3
DAY 4
DAY 5
DAY 6
DAY 7
DAY 8
DAY 9
DAY 10
DAY 11
DAY 12
DAY 13
DAY 14
DAY 15
DAY 16
DAY 17
DAY 18
DAY 19
DAY 20
DAY 21
DAY 22
DAY 23
DAY 24
DAY 25
DAY 26
DAY 27
DAY 28
DAY 29
DAY 30

Exercise C 주어진 단어의 적절한 의미를 찾아 연결해 보세요.

01. output	•	• a. 생산량, 산출량
02. technical	•	• b. 복잡한, 까다로운
03. explore	•	• c. 탐구하다, 개척하다
04. accuracy	•	• d. 과학 기술의, 기술적인
05. complicated	•	• e. 정확성
06. manual	•	• f. 견본; 시식하다
07. experiment	•	• g. 물품 목록, 재고품
08. invention	•	• h. 실험; 시도하다
09. sample	•	• i. 설명서, 안내서
10. inventory	•	• j. 발명(품), 고안물

Exercise B 01. output 02. sample 03. accuracy 04. technical 05. manual 06. explore 07. inventory 08. experiment 09. invention 10. complicated **Exercise C** 01. a 02. d 03. c 04. e 05. b 06. i 07. h 08. j 09. f 10. g

Exercise D 다음 문장을 올바르게 해석해 보세요.

The [01]**experiment** was repeated many times to ensure [02]**accuracy**.

[02]_____을 보장하기 위해 그 [01]_____은 여러 번 반복되었다.

Some customers have complained that the [03]**technical** [04]**manual** is too [05]**complicated**.

몇몇 고객들은 [03]_____ [04]_____가 너무 [05]_____고 불평했다.

Exercise E 다음 구문을 올바르게 해석해 보세요.

01. industrial **output**

_____

02. **complicated** tax regulations

_____

03. check the instruction **manual**

_____

04. conduct the **experiment**

_____

05. **technical** support

_____

06. his latest **invention**

_____

07. download a **sample** tour schedule

_____

08. **explore** new markets

_____

09. the **inventory** list

_____

10. verify the **accuracy**

_____

Exercise D 01. 실험 02. 정확성 03. 기술 04. 설명서 05. 복잡하다   **Exercise E** 01. 산업 생산량 02. 복잡한 조세 규정 03. 취급 설명서를 확인하다 04. 실험을 수행하다 05. 기술 지원 06. 그의 최신 발명품 07. 견본 여행 일정표를 다운받다 08. 새로운 시장을 개척하다 09. 재고 목록 10. 정확성을 확인하다

DAY 8-3

install	v. 설치하다, 장치하다 installation n. 설치	easy to _____ 설치하기 쉬운 _____ some wiring 일부 배선을 설치하다
software	n. 소프트웨어, 프로그램	inventory management _____ 재고 관리 소프트웨어 install the _____ 소프트웨어를 설치하다
availability	n. (이용) 가능성, 유효성, 유용성 available a. 구할 수 있는, 이용 가능한	check _____ 이용 가능성을 확인하다 _____ of research results 조사 결과의 이용 가능성
means	n. 수단, 방법, 재력 by all means 물론, 아무렴	a strong _____ of attracting customers 고객들을 끌어들일 수 있는 강력한 수단 a _____ of transportation 교통수단
capable	a. (~을) 할 수 있는, (~할) 능력이 있는 capability n. 능력 be capable of -ing ~할 능력이 있다	be _____ of judging arts 예술을 평가할 능력이 있다 be _____ of handling the responsibility 책무를 감당할 능력이 있다
source	n. 원천, 자료(출처), 공급원, 납품업체 v. 얻다, 공급하다	a _____ of inspiration 영감의 원천 online reading _____s for parents 학부모를 위한 온라인 읽기 자료
mechanic	n. 기계공, 정비사 mechanics n. 역학, 기계학 mechanical a. 기계와 관련된, 기계의 mechanically ad. 기계적으로	an auto _____ 자동차 정비사 need highly skilled _____s to repair it 그것을 수리할 고도로 숙련된 정비공이 필요하다
accomplished	a. 기량이 뛰어난, 숙달된, 노련한 accomplish v. 이룩하다, 성취하다 accomplishment n. 업적, 성취	an _____ author 기량이 뛰어난 작가 an _____ pianist 기량이 뛰어난 피아노 연주자
pattern	n. 무늬, 패턴, 양식 v. 무늬를 넣다 patterned a. 무늬가 있는	a circular _____ 원형 모양 _____ed scarves 무늬가 있는 스카프
various	a. 다양한 variable a. 변하기 쉬운 vary v. 다르다	_____ electronic payment methods 다양한 전자 결제 방식 through _____ experiences 다양한 경험을 통해

저절로 암기 Training

Exercise A 주어진 단어들을 결합하여 구문을 만드세요.

install + wiring → _____ some _____
설치하다   배선   일부 배선을 설치하다

install + software → _____ the _____
설치하다   소프트웨어   소프트웨어를 설치하다

check + availability → _____ _____
확인하다   이용 가능성   이용 가능성을 확인하다

means + transportation → a _____ of _____
수단, 방법   운송, 교통   교통수단

capable + handle → be _____ of _____ing the responsibility
능력이 있는   감당하다   책무를 감당할 능력이 있다

source + inspiration → a _____ of _____
원천   영감   영감의 원천

auto + mechanic → an _____ _____
자동차   정비사   자동차 정비사

accomplished + author → an _____ _____
기량이 뛰어난   작가   기량이 뛰어난 작가

pattern + scarf → _____ed _____ves
무늬를 넣다   스카프   무늬가 있는 스카프

various + method → _____ electronic payment _____s
다양한   방식   다양한 전자 결제 방식

Exercise B 보기에서 적절한 단어를 찾아 문장을 완성하세요.

보기
_____

install   software   availability   means   capable
source   mechanic   accomplished   pattern   various
_____

01. He was fired because he wasn't _____ of handling the responsibility.
    그는 책무를 감당할 능력이 없어서 해고당했다.

02. The auto _____ is off duty today. 그 자동차 정비공은 오늘 휴무입니다.

03. Karen Yang is an _____ author whose novels have been translated into 13
    languages. Karen Yang은 그녀의 소설들이 13개 언어로 번역된 기량이 뛰어난 작가이다.

04. I _____ed some wiring by myself. 저는 스스로 일부 배선을 설치했습니다.

05. I think the subway is the most reliable _____ of transportation.
저는 지하철이 가장 신뢰할 수 있는 교통수단이라고 생각합니다.

06. Check _____ for rooms at Noguerra Hotel at our website.
저희 웹사이트에서 Noguerra Hotel의 객실 이용 가능성을 확인하세요.

07. Nature has long been a _____ of inspiration of many artists.
자연은 오랫동안 많은 예술가의 영감의 원천이었다.

08. For your convenience, we provide _____ electronic payment methods.
당신의 편의를 위해, 저희는 다양한 전자 결제 방식을 제공합니다.

09. I can't install the _____ properly. 저는 소프트웨어를 적절하게 설치할 수 없습니다.

10. I ordered _____ed scarves three days ago.
저는 3일 전에 무늬가 있는 스카프를 주문했습니다.

Exercise C 주어진 단어의 적절한 의미를 찾아 연결해 보세요.

01. availability   •
02. means   •
03. software   •
04. install   •
05. capable   •
06. source   •
07. mechanic   •
08. accomplished   •
09. pattern   •
10. various   •

• a. 설치하다
• b. 능력이 있는
• c. 가능성, 유효성
• d. 수단, 방법
• e. 소프트웨어
• f. 기계공, 정비사
• g. 다양한
• h. 원천, 자료
• i. 기량이 뛰어난, 숙달된
• j. 무늬; 무늬를 넣다

Exercise B 01. capable 02. mechanic 03. accomplished 04. install 05. means 06. availability 07. source 08. various 09. software 10. pattern   **Exercise C** 01. c 02. d 03. e 04. a 05. b 06. h 07. f 08. i 09. j 10. g

Exercise D 다음 문장을 올바르게 해석해 보세요.

The researchers are analyzing data from [01]**various** [02]**sources**.
연구원들은 [01]_____ [02]_____에서 얻은 자료들을 분석하고 있다.

Even though he is not a [03]**mechanic**, he is [04]**capable** of [05]**installing** a new filter in your vehicle.
비록 그가 [03]_____은 아니지만, 그는 네 차량에 새 필터를 [05]_____ [04]_____.

Exercise E 다음 구문을 올바르게 해석해 보세요.

01. **install** some wiring
_____

02. a **means** of transportation
_____

03. an **accomplished** author
_____

04. **patterned** scarves
_____

05. install the **software**
_____

06. check **availability**
_____

07. a **source** of inspiration
_____

08. **various** electronic payment methods
_____

09. be **capable** of handling the responsibility
_____

10. an auto **mechanic**
_____

Exercise D 01. 다양한 02. 출처 03. 정비공 04. 수 있다 05. 설치할 **Exercise E** 01. 일부 배선을 설치하다 02. 교통수단 03. 기량이 뛰어난 작가 04. 무늬가 있는 스카프 05. 소프트웨어를 설치하다 06. 이용 가능성을 확인하다 07. 영감의 원천 08. 다양한 전자 결제 방식 09. 책무를 감당할 능력이 있다 10. 자동차 정비사

DAY 8-4

protective	*a.* 보호하는, 보호용의, 방어적인 protection *n.* 보호, 방어 protect *v.* 지키다, 막다, 보호하다	_____ gear 보호 장비 wear _____ goggles 보호 안경을 쓰다
transformation	*n.* 변형, 변화 transform *v.* 바꾸다, 변형시키다	undergo a significant _____ 중요한 변화를 겪다 _____ of the public service 공공 서비스의 변화
domestic	*a.* 국내의(↔international 국제의), 가정의 domesticate *v.* 길들이다, 재배하다	gross _____ product 국내 총 생산 _____ travel locations 국내 여행지
base	*n.* 토대, 기초, 기반 *v.* ~에 기초[근거]를 두다 basis *n.* 기준, 단위, 기초, 근거	a loyal customer _____ 충성스러운 고객층 a _____ salary 기본급
original	*n.* 원문, 원서 *a.* 본래의, 원래의 origin *n.* 근원, 시초 originate *v.* 시작되다	_____ condition 원래의 상태 _____ elements 본래 요소
conversion	*n.* 전환, 변환, 개조 convert *v.* 전환하다, 변환하다 a conversion into ~로의 전환	a _____ fee 전환 수수료 house _____ 주택 개조
approximately	*ad.* 대략 approximation *n.* 근사치 approximate *a.* 거의 정확한, 근사치인	_____ two hours 대략 2시간 정도 until _____ the following Wednesday 대략 다음 주 수요일까지
examination	*n.* 진찰, 검사, 시험 examine *v.* 검토하다, 검사하다 examiner *n.* 시험관, 조사관	schedule a dental _____ 치과 검사 날짜를 잡다 have a physical _____ 건강 검사를 받다
efficiency	*n.* 효율, 능률(↔inefficiency 비능률) efficient *a.* 능률적인 efficiently *ad.* 능률적으로	improve energy _____ 에너지 효율을 개선하다 an attempt to increase task _____ 업무 능률을 높이기 위한 시도
research	*n.* 연구, 조사 *v.* 연구하다, 조사하다 researcher *n.* 연구자 research on ~에 대한 연구	a _____ proposal 연구 제안서 _____ and development 연구개발

저절로 암기 Training

Exercise A 주어진 단어들을 결합하여 구문을 만드세요.

protective + gear → _____ _____
보호하는   장비   보호 장비

undergo + transformation → _____ a significant _____
겪다   변화   중요한 변화를 겪다

domestic + location → _____ travel _____s
국내의   장소, 위치   국내 여행지

base + salary → a _____ _____
기초   급여   기본급

original + condition → _____ _____
원래의   상태   원래의 상태

house + conversion → _____ _____
주택   전환, 개조   주택 개조

approximately + following → until _____ the _____ Wednesday
대략   다음의   대략 다음 주 수요일까지

dental + examination → schedule a _____ _____
치과의   검사, 진찰   치과 검사 날짜를 잡다

improve + efficiency → _____ energy _____
개선하다   효율   에너지 효율을 개선하다

research + proposal → a _____ _____
연구   제안서   연구 제안서

Exercise B 보기에서 적절한 단어를 찾아 문장을 완성하세요.

보기
_____

protective   transformation   domestic   base   original
conversion   approximately   examination   efficiency   research
_____

01. The travel agency recommended _____ travel locations.
여행사는 국내 여행지를 추천하였다.

02. We provide excellent house _____ services.
저희는 뛰어난 주택 개조 서비스를 제공합니다.

03. Do not take off your _____ gear until we dispose of hazardous materials.
우리가 위험 물질을 없앨 때까지 보호 장비를 벗지 마십시오.

04. Ms. Gorman wants to receive a huge raise in her _____ salary.

Ms. Gorman은 막대한 기본급 인상을 받고 싶어 한다.

05. It has been restored to its _____ condition. 그것은 원래의 상태로 복구되었다.

06. His business might undergo a significant _____.

그의 사업체는 중요한 변화를 겪게 될 것이다.

07. The quickest way to schedule your dental _____ is to do it online.

당신의 치과 검사 날짜를 잡는 가장 빠른 방법은 온라인으로 하는 것입니다.

08. Lower your energy bill by improving energy _____!

에너지 효율을 개선함으로써 에너지 요금을 낮추세요!

09. Could you review this report until _____ the following Wednesday?

대략 다음 주 수요일까지 이 보고서를 검토해 주실 수 있을까요?

10. At the meeting, the committee reviewed the following _____ proposals.

그 회의에서 위원회는 다음 연구 제안서들을 검토했습니다.

Exercise C 주어진 단어의 적절한 의미를 찾아 연결해 보세요.

01. protective	•	• a. 국내의
02. domestic	•	• b. 보호하는, 보호용의
03. base	•	• c. 변형, 변화
04. transformation	•	• d. 토대; ~에 기초를 두다
05. original	•	• e. 원문; 본래의
06. conversion	•	• f. 대략
07. efficiency	•	• g. 전환, 변환
08. research	•	• h. 진찰, 검사
09. approximately	•	• i. 효율, 능률
10. examination	•	• j. 연구, 조사; 연구하다

Exercise B 01. domestic 02. conversion 03. protective 04. base 05. original 06. transformation 07. examination 08. efficiency 09. approximately 10. research **Exercise C** 01. b 02. a 03. d 04. c 05. e 06. g 07. i 08. j 09. f 10. h

Exercise D 다음 문장을 올바르게 해석해 보세요.

The purpose of this [01]**research** is to investigate ways to increase [02]**domestic** energy [03]**efficiency**.
이 [01]_____의 목적은 [02]_____ 에너지 [03]_____을 높이는 방법을 조사하는 것이다.

The [04]**examination** results will be announced within [05]**approximately** five days.
[04]_____ 결과는 [05]_____ 5일 이내에 공지될 것입니다.

Exercise E 다음 구문을 올바르게 해석해 보세요.

01. schedule a dental **examination**
_____

02. house **conversion**
_____

03. undergo a significant **transformation**
_____

04. a **base** salary
_____

05. improve energy **efficiency**
_____

06. **domestic** travel locations
_____

07. **protective** gear
_____

08. **original** condition
_____

09. a **research** proposal
_____

10. until **approximately** the following Wednesday
_____

Exercise D 01. 연구 02. 가정용 03. 효율 04. 검사 05. 대략   Exercise E 01. 치과 검사 날짜를 잡다 02. 주택 개조 03. 중요한 변화를 겪다
04. 기본급 05. 에너지 효율을 개선하다 06. 국내 여행지 07. 보호 장비 08. 원래의 상태 09. 연구 제안서 10. 대략 다음 주 수요일까지

저절로 실전 Training

Grammar & Expressions 배운 단어로 Part 5 실전 문제 풀어보기

1. Our company is using the most innovative technology ------- high-quality products.

(A) to create
(B) creates
(C) created
(D) has created

2. The experiment was repeated many times to ensure -------.

(A) accuracy
(B) accurate
(C) accurately
(D) most accurate

3. Even though he is not a mechanic, he is capable of ------- a new filter in your vehicle.

(A) install
(B) installs
(C) to install
(D) installing

4. The examination results will be announced within ------- five days.

(A) approximate
(B) approximant
(C) approximation
(D) approximately

- -

Answers

1. (A)
해석 저희 회사는 높은 품질의 제품을 창안하기 위해 가장 혁신적인 기술을 사용하고 있습니다.
해설 [어법] 준동사 빈칸 이하 부분은 가장 혁신적인 기술을 사용하는 목적을 나타낸다. 따라서 부사 역할을 하여 목적을 표현할 수 있는 to부정사 (A) to create이 정답이다.

2. (A)
해석 정확성을 보장하기 위해 그 실험은 여러 번 반복되었다.
해설 [어법] 품사 to ensure의 목적어인 명사가 와야 하므로 (A) accuracy가 적절하다.
(A) 정확성 (B) 정확한 (C) 정확하게 (D) 가장 정확한

3. (D)
해석 비록 그가 정비공은 아니지만, 그는 네 차량에 새 필터를 설치할 수 있다.
해설 [어법] 준동사 전치사 뒤에 올 수 있는 동사의 형태는 동명사이므로 (D) installing이 적절하다.

4. (D)
해석 검사 결과는 대략 5일 이내에 공지될 것입니다.
해설 [어법] 품사 해석상 수량 형용사 five를 수식해야 하므로 부사 (D) approximately가 적절하다.
(A) 근사치의 (B) 근접음 (C) 근사치 (D) 대략

저절로 실전 Training

Reading & Listening 배운 단어로 실전 지문 읽고 들어보기

다음 글을 읽고 올바른 해석을 고르세요.

MP3 🎧

Thank you for your interest in our company. We specialize in technical developments and software upgrades. Our small company has been through a **transformation**

1. (A) 변화를 거쳐 왔다
(B) 발전을 거듭해 왔다

during the last ten years as we built a strong **relationship** with local business

2. (A) 강력한 조직을 형성하다
(B) 긴밀한 관계를 형성하다

partners and top research universities and laboratories. We hire only the most competent and **accomplished** software engineers through a comprehensive

3. (A) 기량이 뛰어난 소프트웨어 기술자들
(B) 경력이 화려한 소프트웨어 기술자들

examination and interview process. The quality and efficiency of our products are unmatched. If you'd like to experience our products before making a purchasing decision, you can download a free sample program.

- -

Answers

1. (A)   2. (B)   3. (A)

해석 저희 회사에 대한 관심에 감사드립니다. 저희는 기술 개발과 소프트웨어 업그레이드 전문 회사입니다. 저희 소규모 회사는 지역의 협력 업체 및 최상위 학술 대학 및 연구소와 2. 긴밀한 관계를 형성하면서 지난 10년간 1. 변화를 거쳐 왔습니다. 우리는 종합적인 검토와 면접 과정을 통해서 가장 유능하고 3. 기량이 뛰어난 소프트웨어 기술자들만을 채용합니다. 저희 제품의 품질과 효율은 따라올 수 없습니다. 여러분께서 구매 결정을 내리기 전에 저희 제품을 체험해보고 싶으시다면 무료 샘플 프로그램을 다운받으시면 됩니다.

DAY 9-1

production	n. 생산, 제작(사) product n. 생산품, 제품, 성과 produce n. 농산물 v. 생산하다	accelerate the _____ 생산을 가속화하다 mass _____ 대량 생산
processing	n. 가공, 처리 process n. 과정, 절차 v. 처리하다	a _____ fee 처리 비용[수수료] food _____ trades 식품 가공 무역
capacity	n. 용량, (~을 이해할 수 있는) 능력 capacious a. 넓은	a limited seating _____ 한정된 좌석 수용력 the significant expansion of _____ 상당한 용량 확장
plant	n. 공장, 발전소, 식물 v. (식물을) 심다	a manufacturing _____ 제조 공장 be _____ed in a courtyard 마당에 심어지다
assemble	v. (부품·기계 등을) 조립하다 (↔disassemble 분해하다), (사람을) 모으다 assembly n. 조립(품), 의회, 집합	_____ a team 팀을 모으다 be fully _____d 완전히 조립되다
inspection	n. 점검, 검사, 조사 inspector n. 조사관, 감독관 inspect v. 조사하다, 시찰하다	file the _____ report 조사 보고서를 제출하다 mandatory _____s 의무적으로 받아야 할 점검
flexible	a. 유연한, 융통성이 있는 flexibility n. 유연성, 융통성 flex n. 굽음, 접힘 v. 구부러지다	a _____ schedule 탄력적인 일정 design _____ solutions 융통성 있는 해결책을 구상하다
precaution	n. 예방 조치, 예방책 precautious a. 조심하는	follow safety _____s 안전 예방책을 지키다 take _____s 예방 조치를 취하다
considerably	ad. 상당히, 많이 consider v. 고려하다 considerable a. 중요한, 상당한 양의	_____ reduce the cost 비용을 상당히 낮추다 slow down the process _____ 과정을 상당히 늦추다
device	n. 장치, 방법 devise v. 고안하다	electronic _____s 전자 기기 set a _____ passcode 기기 암호를 설정하다

저절로 암기 Training

Exercise A 주어진 단어들을 결합하여 구문을 만드세요.

accelerate + production → _____ the _____
가속화하다   생산   생산을 가속화하다

processing + fee → a _____ _____
처리   비용   처리 비용[수수료]

limited + capacity → a _____ seating _____
한정된   용량. 능력   한정된 좌석 수용력

manufacturing + plant → a _____ _____
제조   공장   제조 공장

assemble + team → _____ a _____
모으다   팀   팀을 모으다

mandatory + inspection → _____ _____ s
의무적인   점검   의무적으로 받아야 할 점검

flexible + schedule → a _____ _____
유연한   일정   탄력적인 일정

take + precaution → _____ _____ s
취하다   예방 조치   예방 조치를 취하다

considerably + reduce → _____ _____ the cost
상당히   낮추다   비용을 상당히 낮추다

electronic + device → _____ _____ s
전자의   장치   전자 기기

Exercise B 보기에서 적절한 단어를 찾아 문장을 완성하세요.

보기

production   processing   capacity   plant   assemble
inspection   flexible   precaution   considerably   device

01. There is a _____ fee that applies upon cancellation.
    취소 시 적용하는 처리 비용[수수료]이 있습니다.

02. Due to limited seating _____, reservations are necessary.
    한정된 좌석 수용력으로 인해 예약은 필수입니다.

03. An alternative solution is to accelerate the _____.
    한 가지 대안은 생산을 가속화하는 것이다.

04. In addition to our corporate offices, two manufacturing _____s are located in Chungju. 우리 회사 사무실 외에도, 제조 공장 두 개가 충주에 있다.

05. They conduct mandatory _____s of building work as it progresses.
건설 공사가 진행됨에 따라, 그들은 의무적으로 받아야 할 건설 공사 점검을 시행한다.

06. Please turn off all personal electronic _____s, including laptops and cell phones. 휴대용 컴퓨터와 휴대전화를 포함한 모든 개인용 전자 기기를 꺼주시기 바랍니다.

07. Take _____s to avoid heat-related illnesses during the summer.
여름 동안 열과 관련된 질병에 걸리지 않도록 예방 조치를 취하세요.

08. As we discussed previously, this cost could be _____ reduced.
우리가 이전에 논의했듯이, 이 비용은 상당히 낮아질 수 있습니다.

09. Why don't you negotiate a _____ work schedule with your boss?
네 상사와 탄력적인 근무 일정에 대해 협의하는 게 어때?

10. The project manager is _____ing a team of IT specialists.
프로젝트 관리자는 IT 전문가 팀을 모으고 있다.

DAY 1
DAY 2
DAY 3
DAY 4
DAY 5
DAY 6
DAY 7
DAY 8
DAY 9
DAY 10
DAY 11
DAY 12
DAY 13
DAY 14
DAY 15
DAY 16
DAY 17
DAY 18
DAY 19
DAY 20
DAY 21
DAY 22
DAY 23
DAY 24
DAY 25
DAY 26
DAY 27
DAY 28
DAY 29
DAY 30

Exercise C 주어진 단어의 적절한 의미를 찾아 연결해 보세요.

01. processing •   • a. 공장; (식물을) 심다

02. capacity •   • b. 가공, 처리

03. plant •   • c. 조립하다, 모으다

04. production •   • d. 용량, 능력

05. assemble •   • e. 생산

06. inspection •   • f. 예방 조치, 예방책

07. flexible •   • g. 상당히, 많이

08. considerably •   • h. 유연한, 융통성이 있는

09. precaution •   • i. 장치, 방법

10. device •   • j. 점검, 검사

Exercise B 01. processing 02. capacity 03. production 04. plant 05. inspection 06. device 07. precaution 08. considerably 09. flexible 10. assembl **Exercise C** 01. b 02. d 03. a 04. e 05. c 06. j 07. h 08. g 09. f 10. i

Exercise D 다음 문장을 올바르게 해석해 보세요.

This ⁰¹**device** has a limited storage ⁰²**capacity**.
이 ⁰¹_____ 는 제한된 저장 ⁰²_____ 을 갖는다.

The current ⁰³**processing** system is ⁰⁴**considerably** more ⁰⁵**flexible**.
현 ⁰³_____ 시스템이 ⁰⁴_____ 더 ⁰⁵_____.

Exercise E 다음 구문을 올바르게 해석해 보세요.

01. **assemble** a team
_____

02. accelerate the **production**
_____

03. a **flexible** schedule
_____

04. a **processing** fee
_____

05. mandatory **inspections**
_____

06. **considerably** reduce the cost
_____

07. a limited seating **capacity**
_____

08. electronic **devices**
_____

09. take **precautions**
_____

10. a manufacturing **plant**
_____

Exercise D 01. 장치 02. 용량 03. 처리 04. 상당히 05. 유연하다 **Exercise E** 01. 팀을 모으다 02. 생산을 가속화하다 03. 탄력적인 일정
04. 처리 비용[수수료] 05. 의무적으로 받아야 할 점검 06. 비용을 상당히 낮추다 07. 한정된 좌석 수용력 08. 전자 기기 09. 예방 조치를 취하다
10. 제조 공장

DAY 9-2

malfunction	*n.* 오작동, 기능 불량 *v.* (기계 등이) 제대로 작동하지 않다 function *n.* 기능 *v.* 기능하다	cause _____s 오작동을 유발하다 _____ing equipment 오작동하는 기기
specialize	*v.* 전문적으로 다루다, ~을 전공하다(in) specialization *n.* 전문화, 특수화 specialized *a.* 전문화된, 전문적인 special *a.* 특별한, 중요한 *n.* 특별한 것, 할인가격	_____ in clothing for children 아동복을 전문으로 하다 _____ in environmental issues 환경 문제를 전문으로 다루다
productivity	*n.* 생산성 production *n.* 생산, 제작, 작품 productive *a.* 생산적인, 성과 있는	employee _____ 직원 생산성 _____ of American worker 미국 근로자 생산성
automatic	*a.* 자동의, 무의식적인 automatically *ad.* 자동으로 automation *n.* 자동화 automate *v.* 자동화하다	an _____ payment 자동 이체 an _____ fire alarm 자동 화재경보기
component	*n.* 부품, (구성) 요소 *a.* 구성하는, 성분의	order more _____s 더 많은 부품을 주문하다 additional _____s 추가 요소
durable	*a.* 내구성이 있는, 오래 가는 durability *n.* 내구성	incredibly _____ 매우 내구성이 강한 _____ materials 내구성이 강한 재료
essential	*a.* 필수적인, 극히 중요한, 본질적인 essence *n.* 본질, 정수, 진액 be essential to / for ~에 있어서 필수적이다	be _____ for maintaining 유지하는 데 필수적이다 purchase of _____ lab equipment 연구실 필수 장비 구매
fabric	*n.* 직물, 천, 옷감	a _____ supplier 천 공급업체 dye batches of the _____ 직물 다발들을 염색하다
generate	*v.* 만들어내다, 발생시키다 generation *n.* 발생, 생성, 세대 generative *a.* 발생의	_____ profits 수익을 발생시키다 _____ considerable growth 상당한 성장을 창출하다
machinery	*n.* 기계(류) machine *n.* 기계	construction _____ 건설 기계 operate heavy _____ 중장비를 작동하다

DAY 1
DAY 2
DAY 3
DAY 4
DAY 5
DAY 6
DAY 7
DAY 8
DAY 9
DAY 10
DAY 11
DAY 12
DAY 13
DAY 14
DAY 15
DAY 16
DAY 17
DAY 18
DAY 19
DAY 20
DAY 21
DAY 22
DAY 23
DAY 24
DAY 25
DAY 26
DAY 27
DAY 28
DAY 29
DAY 30

저절로 암기 Training

Exercise A 주어진 단어들을 결합하여 구문을 만드세요.

cause + malfunction → _____ _____ s
유발하다   오작동   오작동을 유발하다

specialize + clothing → _____ in _____ for children
전문적으로 다루다   의복   아동복을 전문으로 하다

employee + productivity → _____ _____
직원   생산성   직원 생산성

automatic + payment → an _____ _____
자동의   지불   자동 이체

order + component → _____ more _____ s
주문하다   부품   더 많은 부품을 주문하다

durable + material → _____ _____ s
내구성이 있는   재료   내구성이 강한 재료

essential + maintain → be _____ for _____ing
필수적인   유지하다   유지하는 데 필수적이다

fabric + supplier → a _____ _____
천   공급업체   천 공급업체

generate + profit → _____ _____ s
발생시키다   수익   수익을 발생시키다

construction + machinery → _____ _____
건설   기계   건설 기계

Exercise B 보기에서 적절한 단어를 찾아 문장을 완성하세요.

보기

malfunction   specialize   productivity   automatic   component
durable   essential   fabric   generate   machinery

01. I am an experienced designer, _____ing in clothing for children.
    저는 아동복을 전문으로 하는 숙련된 디자이너입니다.

02. We choose the most _____ materials for our product.
    저희는 저희 제품을 위해 가장 내구성이 강한 재료를 선택합니다.

03. I can introduce a reliable _____ supplier to you.
    저는 당신께 믿을 수 있는 천 공급업체를 소개해 드릴 수 있습니다.

04. Sometimes this can cause _____s. 때때로 이것은 오작동을 유발할 수 있다.

05. Fill out this form to set up an _____ payment.
    자동 이체를 설정하시려면 이 양식을 작성하십시오.

06. When can I get the report on employee _____?
    직원 생산성에 관한 보고서를 언제 받아볼 수 있을까요?

07. I heard that they are looking for someone who can operate construction
    _____. 저는 그들이 건설 기계를 작동할 수 있는 사람을 찾고 있다고 들었습니다.

08. Should I order more _____s? 더 많은 부품을 주문해야 할까요?

09. A balanced diet is _____ for maintaining health.
    균형 잡힌 식단은 건강을 유지하는 데 필수적이다.

10. They might _____ profits by accessing this previously untapped market.
    그들은 이전에 개척되지 않은 이 시장에 접근함으로써 수익을 발생시킬 수 있다.

DAY 1
DAY 2
DAY 3
DAY 4
DAY 5
DAY 6
DAY 7
DAY 8
DAY 9
DAY 10
DAY 11
DAY 12
DAY 13
DAY 14
DAY 15
DAY 16
DAY 17
DAY 18
DAY 19
DAY 20
DAY 21
DAY 22
DAY 23
DAY 24
DAY 25
DAY 26
DAY 27
DAY 28
DAY 29
DAY 30

Exercise C 주어진 단어의 적절한 의미를 찾아 연결해 보세요.

01. malfunction   •   • a. 부품, (구성) 요소

02. specialize   •   • b. 자동의

03. productivity   •   • c. 오작동; 제대로 작동하지 않다

04. automatic   •   • d. 전문적으로 다루다

05. component   •   • e. 생산성

06. essential   •   • f. 내구성이 있는

07. fabric   •   • g. 필수적인, 극히 중요한

08. generate   •   • h. 발생시키다

09. durable   •   • i. 기계(류)

10. machinery   •   • j. 직물, 천, 옷감

Exercise B 01. specializ 02. durable 03. fabric 04. malfunction 05. automatic 06. productivity 07. machinery 08. component
09. essential 10. generate **Exercise C** 01. c 02. d 03. e 04. b 05. a 06. g 07. j 08. h 09. f 10. i

Exercise D 다음 문장을 올바르게 해석해 보세요.

This will minimize the chance of losing [01]**productivity** due to an equipment [02]**malfunction**.

이것은 장비 [02]_____으로 인한 [01]_____ 저하 가능성을 최소화할 것이다.

The new weaving [03]**machinery** produces more [04]**durable** [05]**fabric**.

새로운 직조 [03]_____는 더 [04]_____ [05]_____을 생산한다.

Exercise E 다음 구문을 올바르게 해석해 보세요.

01. an **automatic** payment

_____

02. a **fabric** supplier

_____

03. employee **productivity**

_____

04. order more **components**

_____

05. **durable** materials

_____

06. be **essential** for maintaining

_____

07. cause **malfunctions**

_____

08. **generate** profits

_____

09. construction **machinery**

_____

10. **specialize** in clothing for children

_____

Exercise D 01. 생산성 02. 오작동 03. 기계 04. 내구성이 좋은 05. 천   **Exercise E** 01. 자동 이체 02. 천 공급업체 03. 직원 생산성 04. 더 많은 부품을 주문하다 05. 내구성이 강한 재료 06. 유지하는 데 필수적이다 07. 오작동을 유발하다 08. 수익을 발생시키다 09. 건설 기계 10. 아동복을 전문으로 하다

DAY 9-3

substantially	*ad.* 상당히 substantial *a.* 상당한 substance *n.* 물질, 본질, 중요성	_____ more revenue 상당히 더 많은 수입 contribute _____ to the company 회사에 상당히 기여하다
quantity	*n.* 양, 수량 in quantity 다량으로, 많이	the _____ of the product 제품의 수량 a senior _____ surveyor 선임 견적사
previous	*a.* 이전의, 사전의 previously *ad.* 이전에	_____ versions 이전 버전 my _____ job 나의 이전 직업
utility	*n.* (—ties) 공공 설비, 공익사업, 유용, 효용 *a.* 실용적인, 다용도의 utilize *v.* 활용하다, 이용하다 utilization *n.* 이용	sport _____ vehicles 스포츠 유틸리티 차량(SUV) the _____ bill 공공요금 (전기 · 가스 · 수도 요금)
warehouse	*n.* 창고, 저장소	arrive at the _____ 창고에 도착하다 be handled by the _____ manager 창고 관리자에 의해 처리되다
attribute	*n.* 자질, 속성 *v.* ~의 덕으로 돌리다, (~을) 탓하다(to) attribution *n.* 귀속, 속성 attribute A to B A를 B 덕분으로 돌리다	_____ her success to good luck 그녀의 성공을 좋은 운 덕으로 돌리다 desirable _____s 바람직한 자질
period	*n.* 기간, 시기 periodic *a.* 주기적인 periodically *ad.* 주기적으로	a limited _____ of time 한정된 기간 a warranty _____ 보증 기간
chemical	*n.* (—s) 화학 약품 *a.* 화학의, 화학적인 chemist *n.* 화학자 chemistry *n.* 화학	the use of _____s 화학 약품 사용 a _____ substance 화학 물질
maneuver	*n.* (기술을 요하는) 조작, 책략 *v.* 조종하다, 처리하다 maneuverable *a.* 조종할 수 있는	_____ a machine 기계를 조종하다 a well-planned _____ 잘 계획된 책략
manufacturer	*n.* 제조사, 제조업자, 생산자 manufacturing *n.* 제조(업) manufacture *v.* 제조하다, 생산하다	become a leading _____ 선도적인 제조업체가 되다 a clothing _____ 의류 제조업체

DAY 1
DAY 2
DAY 3
DAY 4
DAY 5
DAY 6
DAY 7
DAY 8
DAY 9
DAY 10
DAY 11
DAY 12
DAY 13
DAY 14
DAY 15
DAY 16
DAY 17
DAY 18
DAY 19
DAY 20
DAY 21
DAY 22
DAY 23
DAY 24
DAY 25
DAY 26
DAY 27
DAY 28
DAY 29
DAY 30

저절로 암기 Training

Exercise A 주어진 단어들을 결합하여 구문을 만드세요.

substantially + revenue → _____ more _____
상당히　　　　　수입　　　　　상당히 더 많은 수입

quantity + product → the _____ of the _____
수량　　　　제품　　　　제품의 수량

previous + version → _____ _____s
이전의　　　　버전　　　　이전 버전

utility + bill → the _____ _____
공공 설비　　요금　　　공공요금

arrive + warehouse → _____ at the _____
도착하다　　창고　　　　　창고에 도착하다

attribute + success → _____ her _____ to good luck
~의 덕으로 돌리다　　성공　　　그녀의 성공을 좋은 운 덕으로 돌리다

limited + period → a _____ _____ of time
한정된　　　기간, 시기　　　한정된 기간

chemical + substance → a _____ _____
화학의　　　물질　　　　　화학 물질

maneuver + machine → _____ a _____
조종하다　　기계　　　　기계를 조종하다

clothing + manufacturer → a _____ _____
의류　　　　제조업체　　　　의류 제조업체

Exercise B 보기에서 적절한 단어를 찾아 문장을 완성하세요.

보기

substantially quantity previous utility warehouse
attribute period chemical maneuver manufacturer

01. The problem is that the ordered quantity is greater than the _____ of the product that is available to ship. 문제는 주문량이 배송 가능한 제품의 수량보다 더 많다는 것입니다.

02. Payment of the _____ bill is due 12 days after billing.
공공요금 지불은 청구 후 12일 내로 이루어져야 합니다.

03. This will mean _____ more tax revenue for the country.
이것은 국가에게 상당히 더 많은 세금 수입을 의미할 것입니다.

04. It is categorized as a dangerous _____ substance.
이것은 위험한 화학 물질로 분류됩니다.

05. How can I restore the _____ versions of a file?
어떻게 파일의 이전 버전들을 복구할 수 있습니까?

06. A man is _____ing a machine. 한 남자가 기계를 조종하고 있다.

07. The brochures are scheduled to arrive at the _____ tomorrow.
소책자들은 내일 창고에 도착할 예정입니다.

08. This special offer is valid for a limited _____ of time.
이 특가 판매는 한정된 기간에만 유효합니다.

09. She _____s her success to good luck. 그녀는 자기의 성공을 좋은 운 덕으로 돌린다.

10. I worked at a clothing _____ in Hong Kong.
저는 홍콩에 있는 의류 제조업체에서 일했습니다.

DAY 1
DAY 2
DAY 3
DAY 4
DAY 5
DAY 6
DAY 7
DAY 8
DAY 9
DAY 10
DAY 11
DAY 12
DAY 13
DAY 14
DAY 15
DAY 16
DAY 17
DAY 18
DAY 19
DAY 20
DAY 21
DAY 22
DAY 23
DAY 24
DAY 25
DAY 26
DAY 27
DAY 28
DAY 29
DAY 30

Exercise C 주어진 단어의 적절한 의미를 찾아 연결해 보세요.

01. substantially • • a. 이전의
02. quantity • • b. 상당히
03. previous • • c. 공공 설비; 실용적인
04. utility • • d. 양, 수량
05. warehouse • • e. 창고, 저장소
06. attribute • • f. 기간, 시기
07. period • • g. 화학 약품; 화학의
08. chemical • • h. ~의 덕으로 돌리다; 자질, 속성
09. maneuver • • i. 제조업자
10. manufacturer • • j. 조작; 조종하다

Exercise B 01. quantity 02. utility 03. substantially 04. chemical 05. previous 06. maneuver 07. warehouse 08. period 09. attribute 10. manufacturer **Exercise C** 01. b 02. d 03. a 04. c 05. e 06. h 07. f 08. g 09. j 10. i

Exercise D 다음 문장을 올바르게 해석해 보세요.

The cellphone [01]**manufacturer** generated [02]**substantially** more revenue.

그 휴대전화 [01]_____는 [02]_____ 더 많은 수익을 창출했다.

He works at a [03]**chemical** [04]**warehouse** over the Christmas [05]**period**.

그는 크리스마스 [05]_____ 에 [03]_____ [04]_____에서 일한다.

Exercise E 다음 구문을 올바르게 해석해 보세요.

01. the **utility** bill

_____

02. **substantially** more revenue

_____

03. a limited **period** of time

_____

04. a **chemical** substance

_____

05. a clothing **manufacturer**

_____

06. the **quantity** of the product

_____

07. **attribute** her success to good luck

_____

08. **maneuver** a machine

_____

09. **previous** versions

_____

10. arrive at the **warehouse**

_____

Exercise D 01. 제조업체 02. 상당히 03. 화학 약품 04. 창고 05. 시기   **Exercise E** 01. 공공요금 02. 상당히 더 많은 수입 03. 한정된 기간 04. 화학 물질 05. 의류 제조업체 06. 제품의 수량 07. 그녀의 성공을 좋은 운 덕으로 돌리다 08. 기계를 조종하다 09. 이전 버전 10. 창고에 도착하다

DAY 9-4

launch	*n.* 출시, 시작 *v.* 출시하다, 시작하다	a product _____ event 제품 출시 행사 _____ a website 웹사이트를 시작하다
plenty	*pron.* 풍부한 양 *n.* 풍부, 많음 *a.* 충분한 plentiful *a.* 풍부한, 많은 plenty of 많은	_____ of room 충분한 공간 _____ bikes for every employee 모든 직원을 위한 충분한 자전거
span	*n.* 기간, 거리 *v.* 걸쳐 이어지다, 미치다, 뻗치다	_____ the river 강에 걸쳐 이어지다 a life _____ 수명
technician	*n.* 기술자, 기술 전문가 technique *n.* 기술(=technic) technical *a.* 기술적인	consult with a _____ 기술자와 상의하다 a newly hired _____ 새로 고용된 기술자
trim	*v.* (깎아) 다듬다, 없애다, 삭감하다 trim A from / off B B에서 A를 다듬어내다	_____ bushes 덤불을 다듬다 _____ tree branches 나뭇가지를 다듬다
volume	*n.* 양, 부피, 음량, (잡지・시리즈물의) 권	_____ control 소리 조절 _____ of the background music 배경 음악 음량
automate	*v.* 자동화하다 automation *n.* 자동화 automated *a.* 자동화된	_____ the assembly line 조립 라인을 자동화하다 _____d manufacturing process 자동화된 생산 과정
material	*n.* 재료, 물질, 자료 materialize *v.* 구체화하다, 구현하다	the cost of raw _____s 원자재 가격 waterproof _____s 방수 자재
supply	*n.* 공급, (-ies) 비품, 소모품 *v.* 공급하다 supplier *n.* 공급자, 납품업체 supply A with B A에게 B를 공급하다	order office _____ies 사무실 비품을 주문하다 _____ us with fresh produce 우리에게 신선한 농산물을 공급하다
care	*n.* 관리, 돌봄, 보호 *v.* 돌보다, 좋아하다 careless *a.* 부주의한, 경솔한 careful *a.* 조심스러운, 주의 깊은 care for ~를 돌보다, ~를 좋아하다	a health _____ plan 의료보험 제도 a hair-_____ product 모발 관리 제품

저절로 암기 Training

Exercise A 주어진 단어들을 결합하여 구문을 만드세요.

launch + event → a product _____ _____
출시   행사   제품 출시 행사

plenty + room → _____ of _____
충분한 양 공간   충분한 공간

life + span → a _____ _____
삶   기간   수명

consult + technician → _____ with a _____
상의하다   기술자   기술자와 상의하다

trim + bush → _____ _____es
다듬다   덤불   덤불을 다듬다

volume + background → _____ of the _____ music
음량   배경   배경 음악 음량

automate + assembly → _____ the _____ line
자동화하다   조립   조립 라인을 자동화하다

cost + material → the _____ of raw _____s
가격   재료, 물질   원자재 가격

supply + produce → _____ us with fresh _____
공급하다   농산물   우리에게 신선한 농산물을 공급하다

care + product → a hair-_____ _____
관리   제품   모발 관리 제품

Exercise B 보기에서 적절한 단어를 찾아 문장을 완성하세요.

보기

launch   plenty   span   technician   trim
volume   automate   material   supply   care

01. Excessive alcohol consumption affects an individual's life _____.
과도한 음주는 개인의 수명에 영향을 미친다.

02. Did she consult with a _____ before making the final decision?
그녀는 최종 결정을 내리기 전에 기술자와 상의했나요?

03. The facility upgrade will _____ the assembly line.
설비 업그레이드는 조립 라인을 자동화할 것이다.

04. Which location is more ideal to host the product _____ event?
어느 장소가 제품 출시 행사를 개최하기에 더 이상적인가요?

05. Local farmers _____ us with fresh produce.
지역 농부들은 우리에게 신선한 농산물을 공급한다.

06. Is there an option to automatically adjust the _____ of the background music? 배경 음악 음량을 자동으로 조절할 수 있는 옵션이 있나요?

07. Try our line of hair-_____ products that use only organic ingredients.
유기농 원료만 사용하는 저희 모발 관리 제품 종류를 사용해보세요.

08. There is _____ of room in our warehouse. 우리 창고에는 충분한 공간이 있다.

09. Why is the cost of raw _____s skyrocketing? 왜 원자재 가격이 치솟고 있습니까?

10. A woman is _____ming bushes. 한 여자가 덤불을 다듬고 있다.

DAY 1
DAY 2
DAY 3
DAY 4
DAY 5
DAY 6
DAY 7
DAY 8
DAY 9
DAY 10
DAY 11
DAY 12
DAY 13
DAY 14
DAY 15
DAY 16
DAY 17
DAY 18
DAY 19
DAY 20
DAY 21
DAY 22
DAY 23
DAY 24
DAY 25
DAY 26
DAY 27
DAY 28
DAY 29
DAY 30

Exercise C 주어진 단어의 적절한 의미를 찾아 연결해 보세요.

01. launch •	• a. 풍부한 양; 충분한
02. span •	• b. 기술자
03. technician •	• c. 다듬다, 삭감하다
04. trim •	• d. 출시; 시작하다
05. plenty •	• e. 기간; 걸쳐 이어지다
06. volume •	• f. 양, 부피, 음량
07. automate •	• g. 재료, 물질, 자료
08. material •	• h. 비품; 공급하다
09. supply •	• i. 자동화하다
10. care •	• j. 관리; 돌보다

Exercise B 01. span 02. technician 03. automate 04. launch 05. supply 06. volume 07. care 08. plenty 09. material 10. trim **Exercise C** 01. d 02. e 03. b 04. c 05. a 06. f 07. i 08. g 09. h 10. j

Exercise D 다음 문장을 올바르게 해석해 보세요.

Could you review the training [01]**materials** for newly hired [02]**technicians**?
새로 고용된 [02]_____ 을 위한 교육용 [01]_____ 를 검토해 주실 수 있나요?

I don't think we have [03]**plenty** of staff to [04]**automate** the [05]**supply** chain management system.
저는 우리가 [05]_____ 망 관리 시스템을 [04]_____ [03]_____ 한 인력이 있다고 생각하지 않아요.

Exercise E 다음 구문을 올바르게 해석해 보세요.

01. a life **span**

_____

02. **trim** bushes

_____

03. a product **launch** event

_____

04. the cost of raw **materials**

_____

05. **volume** of the background music

_____

06. **automate** the assembly line

_____

07. consult with a **technician**

_____

08. **plenty** of room

_____

09. **supply** us with fresh produce

_____

10. a hair-**care** product

_____

Exercise D 01. 자료 02. 기술자들 03. 충분 04. 자동화할 05. 공급   **Exercise E** 01. 수명 02. 덤불을 다듬다 03. 제품 출시 행사 04. 원자재 가격 05. 배경 음악 음량 06. 조립 라인을 자동화하다 07. 기술자와 상의하다 08. 충분한 공간 09. 우리에게 신선한 농산물을 공급하다 10. 모발 관리 제품

저절로 실전 Training

Grammar & Expressions 배운 단어로 Part 5 실전 문제 풀어보기

1. The current processing system is considerably -------.

(A) flexibly
(B) flexibility
(C) more flexible
(D) most flexibly

2. This will minimize the chance of losing productivity due to an ------- malfunction.

(A) assignment
(B) equipment
(C) arrangement
(D) amusement

3. The cellphone ------- generated substantially more revenue.

(A) manufacturer
(B) manufacture
(C) manufactures
(D) manufactured

4. I don't think we have plenty of staff to ------- the supply chain management system.

(A) automate
(B) designate
(C) fascinate
(D) anticipate

Answers

1. (C)

해석 현 처리 시스템이 상당히 더 유연하다.

해설 [어법] 품사 앞에 있는 부사의 수식을 받으면서 주어(The ~ system)의 보어 역할을 하려면 형용사가 적절하므로 비교급 형용사 (C) more flexible이 적절하다.
(A) 유연하게 (B) 유연성 (C) 더 유연한 (D) 가장 유연하게

2. (B)

해석 이것은 장비 오작동으로 인한 생산성 저하 가능성을 최소화할 것이다.

해설 [어휘] 형태가 유사한 명사 malfunction은 '오작동, 기능 이상'을 의미하므로, '(B) 장비 오작동'이라고 해야 적절하다.
(A) 임무, 배치 (B) 장비 (C) 배열 (D) 재미, 오락

3. (A)

해석 그 휴대전화 제조업체는 상당히 더 많은 수익을 창출했다.

해설 [어법] 품사 동사 generated의 주체가 되도록 주어를 완성해야 하므로 '그 휴대전화 (A) 제조업체'가 되어야 적절하다.

4. (A)

해석 저는 우리가 공급망 관리 시스템을 자동화할 충분한 인력이 있다고 생각하지 않아요.

해설 [어휘] 형태가 유사한 동사 문맥상 '시스템을 (A) 자동화할 인력'이라고 해야 적절하다.
(A) 자동화하다 (B) 임명하다 (C) 사로잡다 (D) 예상하다

저절로 실전 Training

Day 9에서 배운 단어,
실제 토익에는 이렇게 나옵니다.

Reading & Listening 배운 단어로 실전 지문 읽고 들어보기

다음 글을 읽고 올바른 해석을 고르세요.

MP3 🎧

We are a chemical processing company launching a new plant in Asia as our current plant's capacity is at its maximum. We specialize in the production of the final goods. Having a plant in Asia will **considerably** increase our **productivity**. We'll have

1. (A) 생산성 향상에 대해 생각하다
(B) 생산성을 상당히 향상하다

better access to highly competent technicians. It would be easier to transfer the materials. All in all, we'll be able to cut costs **substantially** and generate more

2. (A) 비용을 상당히 절감하다
(B) 비용을 잠재적으로 절감하다

profits by expanding abroad. Our overseas plants will be subject to the same standard of safety **inspections**. It is essential that we make a timely decision to

3. (A) 안전 수칙
(B) 안전 점검

make the transition smoothly.

Answers

1. (B) 2. (A) 3. (B)

해석 우리는 약품 처리 회사이며, 현재 공장 처리용량이 최대치에 달하여 아시아에 신설 공장을 개시하였습니다. 저희는 소비재 생산을 전문으로 하고 있습니다. 아시아에 공장을 보유하는 것은 [1.] 생산성을 상당히 향상할 것입니다. 우리는 고도로 숙련된 기술자들에게 더 쉽게 접근할 것입니다. 재료를 운송하는 것이 더 쉬워질 것입니다. 대체로 해외로 확장하여 [2.] 비용을 상당히 절감하고 더 많은 이익을 창출할 수 있을 것입니다. 우리의 해외 공장은 [3.] 안전 점검에 있어 동일한 기준이 적용됩니다. 원활하게 전환하기 위해 우리가 시기적절한 결정을 내리는 것은 필수적입니다.

DAY 10-1

package	*n.* 소포, 꾸러미	a promotional _____ 판촉물
	pack *n.* 꾸러미, 무리	mail a _____ 소포를 보내다
	v. 싸다, 짐을 꾸리다, 포장하다	
	packaging *n.* 포장	

reception	*n.* 리셉션, 환영회, (호텔 등의) 접수처	available at _____
	receptionist *n.* 접수원	접수처에서 이용할 수 있는
	receptor *n.* 수신기, 수용 기관	an awards _____ 시상식 리셉션

revision	*n.* 수정, 변경, 개정판	make minor _____s
	revise *v.* (의견 • 계획을) 수정하다, 변경하다	사소한 수정을 하다
	revised *a.* 개정된, 수정된	in preparing for this _____
		이 개정판을 준비하면서

ensure	*v.* 확실하게 하다, 보장하다	_____ that bills are paid quickly
	sure *a.* 확실한, 틀림없는	반드시 청구서가 신속히 결제되도록 하다
		_____ safety 안전을 보장하다

storage	*n.* 보관(소), 저장(소)	data _____ technologies
	store *n.* 상점 *v.* 저장하다, 보관하다	데이터 저장 기술
		a _____ facility 보관 시설

shipment	*n.* 선적, (화물의) 발송, 배송, 수송품, 적하물	the _____ of cleaning supplies
	ship *n.* 선박 *v.* 수송하다	청소용품의 발송
		a delay in _____ 배송 지연

delivery	*n.* 배달	express _____ 특급 배달
	deliver *v.* 배달하다,	check the _____ charge
	(강연 • 연설을) 전달하다	배송비를 확인하다

enclose	*v.* 동봉하다, (울타리 등으로) 에워싸다	sign the _____d contract
	enclosure *n.* 동봉물, 둘러쌈	동봉된 계약서에 서명하다
		_____ a copy of the certificate
		증명서 사본을 동봉하다

impose	*v.* (법률 • 세금을) 부과하다, 도입하다	_____ additional taxes
	imposition *n.* 부과	추가 세금을 부과하다
	impose A on[upon] B	be _____d after the returned date
	A를 B에 부과하다	반납일 이후에 부과되다

separate	*a.* 별도의, 분리된 *v.* 분리하다, 분류하다	two _____ walkways
	separately *ad.* 별도로, 각자	두 개의 분리된 보도
		a _____ entity 별도의 독립체

저절로 암기 Training

Exercise A 주어진 단어들을 결합하여 구문을 만드세요.

mail + package → _____ a _____
발송하다   소포   소포를 보내다

available + reception → _____ at _____
이용할 수 있는   접수처   접수처에서 이용할 수 있는

minor + revision → make _____ _____s
사소한   수정   사소한 수정을 하다

ensure + safety → _____ _____
보장하다   안전   안전을 보장하다

storage + facility → a _____ _____
보관   시설   보관 시설

delay + shipment → a _____ in _____
지연   선적, 배송   배송 지연

express + delivery → _____ _____
급행의   배달   특급 배달

enclose + contract → sign the _____d _____
동봉하다   계약서   동봉된 계약서에 서명하다

impose + tax → _____ additional _____es
부과하다   세금   추가 세금을 부과하다

separate + entity → a _____ _____
별도의   독립체   별도의 독립체

Exercise B 보기에서 적절한 단어를 찾아 문장을 완성하세요.

보기
_____

package   reception   revision   ensure   storage
shipment   delivery   enclose   impose   separate
_____

01. What is the cheapest way to mail a _____?
    소포를 보내는 가장 저렴한 방법은 무엇입니까?

02. Looking for local _____ facilities near you?
    당신 근처에 있는 지역 보관 시설을 찾고 계십니까?

03. Please sign the _____d contract and return it in the envelope provided.
    동봉된 계약서에 서명하고, 제공된 봉투에 넣어 반송해 주세요.

04. The government decided to _____ additional taxes on imported goods.
정부는 수입품에 추가 세금을 부과하기로 했다.

05. Wi-Fi is free but only available at _____.
무선인터넷은 무료지만 접수처에서만 이용하실 수 있습니다.

06. I called the consultant right after I made minor _____s to the finance report.
저는 재정 보고서에 사소한 수정을 한 직후에 자문가에게 전화했습니다.

07. How much does it cost to send this package to San Francisco by express
_____? 특급 배달로 이 소포를 샌프란시스코까지 보내려면 요금이 얼마나 드나요?

08. You have to take necessary precautions to _____ your own safety.
당신 자신의 안전을 보장하기 위해 필요한 예방 조치를 취해야 합니다.

09. It should be treated as a _____ entity. 그것은 별도의 독립체로 취급되어야 합니다.

10. We sincerely apologize for the delay in _____ of your recent order.
저희는 귀하의 최근 주문의 배송 지연에 대해 진심으로 사과드립니다.

DAY 1
DAY 2
DAY 3
DAY 4
DAY 5
DAY 6
DAY 7
DAY 8
DAY 9
DAY 10
DAY 11
DAY 12
DAY 13
DAY 14
DAY 15
DAY 16
DAY 17
DAY 18
DAY 19
DAY 20
DAY 21
DAY 22
DAY 23
DAY 24
DAY 25
DAY 26
DAY 27
DAY 28
DAY 29
DAY 30

Exercise C 주어진 단어의 적절한 의미를 찾아 연결해 보세요.

01. package •   • a. 보장하다

02. reception •   • b. 리셉션, 환영회

03. revision •   • c. 소포, 꾸러미

04. ensure •   • d. 보관소, 저장소

05. storage •   • e. 수정, 변경, 개정판

06. shipment •   • f. 별도의; 분리하다

07. delivery •   • g. 선적, 발송

08. enclose •   • h. 부과하다, 도입하다

09. impose •   • i. 동봉하다, 에워싸다

10. separate •   • j. 배달

Exercise B 01. package 02. storage 03. enclose 04. impose 05. reception 06. revision 07. delivery 08. ensure 09. separate
10. shipment **Exercise C** 01. c 02. b 03. e 04. a 05. d 06. g 07. j 08. i 09. h 10. f

Exercise D 다음 문장을 올바르게 해석해 보세요.

It may be necessary to send your items in [01]**separate** [02]**shipments** to [03]**ensure** that you receive them in a timely manner.

당신이 물품을 시기적절하게 받는 것을 [03]_____ 위해서 당신의 물품을 [01]_____

[02]_____으로 보내는 것이 필수적일 수도 있습니다.

The [04]**storage** charge was [05]**imposed** on the goods.

상품에 [04]_____ 비용이 [05]_____.

Exercise E 다음 구문을 올바르게 해석해 보세요.

01. make minor **revisions**

_____

02. express **delivery**

_____

03. **ensure** safety

_____

04. sign the **enclosed** contract

_____

05. **impose** additional taxes

_____

06. a **storage** facility

_____

07. available at **reception**

_____

08. a **separate** entity

_____

09. mail a **package**

_____

10. a delay in **shipment**

_____

Exercise D 01. 별도의 02. 배송 03. 보장하기 04. 보관 05. 부과되었다   **Exercise E** 01. 사소한 수정을 하다 02. 특급 배달 03. 안전을 보장하다 04. 동봉된 계약서에 서명하다 05. 추가 세금을 부과하다 06. 보관 시설 07. 접수처에서 이용할 수 있는 08. 별도의 독립체 09. 소포를 보내다 10. 배송 지연

DAY 10-2

attachment	*n.* 첨부 파일, 부착, 부속물 attach *v.* 붙이다, 접착하다, 첨부하다 attached *a.* 첨부된	as an _____ 첨부 파일로 feel an emotional _____ 감정적 애착을 느끼다
content	*n.* 내용(물), 콘텐트 *a.* 만족하는 *v.* 만족시키다 contented *a.* 만족해하는 be content with ~에 만족하다	access to the entire _____ 전체 내용에 대한 접근권 review the _____ of a notebook 노트 내용을 검토하다
recipient	*n.* 수령인, 수신자(↔sender 발신자)	the _____ of this e-mail 이 이메일의 수신자 a _____'s address 수신자 주소
import	*n.* 수입(품) *v.* 수입하다, 불러오다	an _____ company 수입 회사 the beans _____ed from Chile 칠레에서 수입된 콩
accidentally	*ad.* 뜻하지 않게(↔deliberately 고의로), 우연히, 실수로 accident *n.* 사고 accidental *a.* 우연한	delete a digital file _____ 실수로 디지털 파일을 삭제하다 _____ leave out the last letter 실수로 마지막 글자를 빼먹다
adequate	*a.* 충분한, 적절한 adequately *ad.* 충분히, 적절히 adequacy *n.* 적절함, 타당	an _____ supply 충분한 공급 an _____ level of protection 적절한 수준의 보호
defect	*n.* 결함, 하자 defective *a.* 결함이 있는	a technical _____ 기술적인 결함 correct product _____s 제품 결함을 바로잡다
reservation	*n.* 예약, 지정, 보호 구역 reserve *v.* 예약하다	a _____ confirmation 예약 확인 a _____ specialist 예약 담당자
immediate	*a.* 즉각적인, 직접적인 immediately *ad.* 즉시, 곧	_____ feedback 즉각적인 피드백 direction of their _____ supervisor 그들의 직속 상관의 지시
matter	*n.* 문제, 일 *v.* 중요하다, 문제 되다 no matter how 아무리 ~라 할지라도	attention to this _____ 이 문제에 대한 관심 Does it _____ if I sign the contract now? 지금 계약서에 사인해도 상관없나요?

DAY 1
DAY 2
DAY 3
DAY 4
DAY 5
DAY 6
DAY 7
DAY 8
DAY 9
DAY 10
DAY 11
DAY 12
DAY 13
DAY 14
DAY 15
DAY 16
DAY 17
DAY 18
DAY 19
DAY 20
DAY 21
DAY 22
DAY 23
DAY 24
DAY 25
DAY 26
DAY 27
DAY 28
DAY 29
DAY 30

DAY 10 배송   185

저절로 암기 Training

Exercise A 주어진 단어들을 결합하여 구문을 만드세요.

as + attachment → _____ an _____
~로   첨부 파일   첨부 파일로

access + content → _____ to the entire _____
접근권   내용   전체 내용에 대한 접근권

recipient + e-mail → the _____ of this _____
수신자   이메일   이 이메일의 수신자

import + company → an _____ _____
수입   회사   수입 회사

accidentally + leave out → _____ _____ the last letter
실수로   빼먹다   실수로 마지막 글자를 빼먹다

adequate + supply → an _____ _____
충분한   공급   충분한 공급

technical + defect → a _____ _____
기술적인   결함   기술적인 결함

reservation + confirmation → a _____ _____
예약   확인   예약 확인

immediate + feedback → _____ _____
즉각적인   피드백   즉각적인 피드백

attention + matter → _____ to this _____
관심   문제   이 문제에 대한 관심

Exercise B 보기에서 적절한 단어를 찾아 문장을 완성하세요.

보기

attachment   content   recipient   import   accidentally
adequate   defect   reservation   immediate   matter

01. What is the _____ of this e-mail asked to do?
이 이메일의 수신자는 무엇을 해달라고 요청받는가?

02. An _____ supply of clean water is essential for maintaining health.
깨끗한 물의 충분한 공급은 건강을 유지하는 데 필수적이다.

03. I haven't received my _____ confirmation yet. 저는 아직 예약 확인을 받지 못했습니다.

04. This intelligent tutoring systems provide _____ feedback on errors.
이 지능적인 교습 시스템은 실수에 대한 즉각적인 피드백을 제공한다.

05. I'll send my résumé and cover letter as an _____.
이력서와 자기소개서를 첨부 파일로 보내겠습니다.

06. He started an _____ company in 2000. 그는 2000년도에 수입 회사를 시작했다.

07. A technical _____ in the engine may have caused the accident.
엔진의 기술적인 결함이 사고를 일으켰을 수도 있다.

08. Thank you in advance for your attention to this _____.
이 문제에 관한 귀하의 관심에 먼저 감사드립니다.

09. Only subscribers can have access to the entire _____.
구독자들만이 전체 내용에 대한 접근권을 가질 수 있습니다.

10. I _____ left out the last letter of my name.
제가 실수로 제 이름의 마지막 글자를 빼먹었어요.

DAY 1
DAY 2
DAY 3
DAY 4
DAY 5
DAY 6
DAY 7
DAY 8
DAY 9
DAY 10
DAY 11
DAY 12
DAY 13
DAY 14
DAY 15
DAY 16
DAY 17
DAY 18
DAY 19
DAY 20
DAY 21
DAY 22
DAY 23
DAY 24
DAY 25
DAY 26
DAY 27
DAY 28
DAY 29
DAY 30

Exercise C 주어진 단어의 적절한 의미를 찾아 연결해 보세요.

01. attachment   •

02. content   •

03. recipient   •

04. import   •

05. accidentally   •

06. adequate   •

07. defect   •

08. reservation   •

09. immediate   •

10. matter   •

• a. 뜻하지 않게, 우연히

• b. 수입(품); 수입하다

• c. 내용(물); 만족하는

• d. 첨부 파일, 부착

• e. 수령인, 수신자

• f. 예약, 지정, 보호 구역

• g. 충분한, 적절한

• h. 문제, 일; 중요하다

• i. 결함, 하자

• j. 즉각적인, 직접적인

Exercise B 01. recipient 02. adequate 03. reservation 04. immediate 05. attachment 06. import 07. defect 08. matter 09. content 10. accidentally **Exercise C** 01. d 02. c 03. e 04. b 05. a 06. g 07. i 08. f 09. j 10. h

Exercise D 다음 문장을 올바르게 해석해 보세요.

Please see the ⁰¹**attachment** and verify the address of the ⁰²**recipient**.
⁰¹ _____ 을 보시고, ⁰² _____ 의 주소를 확인하세요.

I ⁰³**accidentally** booked my ⁰⁴**reservation** for the wrong date. I would appreciate any help with this ⁰⁵**matter**.
제가 ⁰³ _____ 잘못된 날짜에 ⁰⁴ _____ 을 했습니다. 이 ⁰⁵ _____ 에 관해 도움을 주시면 감사하겠습니다.

Exercise E 다음 구문을 올바르게 해석해 보세요.

01. a technical **defect**

_____

02. access to the entire **content**

_____

03. as an **attachment**

_____

04. a **reservation** confirmation

_____

05. an **import** company

_____

06. the **recipient** of this e-mail

_____

07. **immediate** feedback

_____

08. **accidentally** leave out the last letter

_____

09. attention to this **matter**

_____

10. an **adequate** supply

_____

Exercise D 01. 첨부 파일 02. 수령인 03. 실수로 04. 예약 05. 문제   Exercise E 01. 기술적인 결함 02. 전체 내용에 대한 접근권 03. 첨부 파일로 04. 예약 확인 05. 수입 회사 06. 이 이메일의 수신자 07. 즉각적인 피드백 08. 실수로 마지막 글자를 빼먹다 09. 이 문제에 대한 관심 10. 충분한 공급

DAY 10-3

---

online
a. 온라인의(↔offline 오프라인의)
ad. 온라인으로

register _____ 온라인으로 등록하다
order a meal _____
온라인으로 식사를 주문하다

---

agency
n. 대행 회사, 대리점
agent *n.* 대리인, 중개상

a shipping _____ 배송 대행 회사
an advertising _____ 광고 대행사

---

recall
n. 회수, 리콜, 회상
v. 회수[리콜]하다, 회상하다

_____ where it is
그것이 어디 있는지 기억하다
be _____ed because of
manufacturing defects
제조상 결함이 있어 회수되다

---

strive
v. 노력하다(for), 힘쓰다

_____ for the high standards
최고 수준을 향해 분투하다
_____ to maintain the dominant
position 지배적인 위치를 유지하려고 노력하다

---

urgent
a. 긴급한
be in urgent need of
~이 긴급하게 필요하다

an _____ delivery 긴급 배달
be in _____ need of food
음식이 긴급하게 필요하다

---

acceleration
n. 가속(도)
accelerate *v.* 빠르게 하다, 촉진하다

call for an _____ 가속을 요구하다
a sudden _____ 갑작스러운 가속

---

carry
v. 지니다, 나르다, (물품을) 팔다, 가게에 놓다
carrier *n.* 항공사, 수송사
carry out 수행하다

_____ a shopping bag
쇼핑백을 들고 가다
_____ the burden 부담을 지다

---

coverage
n. (보험의) 보상 범위, 보도, 취재 범위
cover *v.* 포함하다, 보도하다

a _____ limit 보상 한도
reliable _____ of world events
세계적인 사건에 대한 신뢰할 만한 보도

---

postpone
v. 연기하다(=put off), 미루다
postponement *n.* 연기

_____ placing orders
주문하는 것을 연기하다
be _____d until further notice
추후 공지가 있을 때까지 연기되다

---

perishable
a. 부패하기 쉬운
perish *v.* 사라지다, 죽다

transport _____ items
부패하기 쉬운 제품을 운송하다
Cakes are _____ and should be
refrigerated.
케이크는 상하기 쉬우므로 냉장 보관되어야 한다.

저절로 암기 Training

Exercise A 주어진 단어들을 결합하여 구문을 만드세요.

order + online → _____ a meal _____
주문하다　　온라인으로　　　온라인으로 식사를 주문하다

shipping + agency → a _____ _____
배송　　　　대행 회사　　　배송 대행 회사

recall + defect → be _____ed because of manufacturing _____s
회수하다　　결함　　　제조상 결함이 있어 회수되다

strive + dominant → _____ to maintain the _____ position
노력하다　　지배적인　　　지배적인 위치를 유지하려고 노력하다

urgent + delivery → an _____ _____
긴급한　　배달　　　긴급 배달

call for + acceleration → _____ an _____
~을 요구하다　　가속　　　가속을 요구하다

carry + shopping bag → _____ a _____
나르다　　쇼핑백　　　쇼핑백을 들고 가다

coverage + limit → a _____ _____
보상　　한도　　　보상 한도

postpone + notice → be _____d until further _____
연기하다　　공지　　　추후 공지가 있을 때까지 연기되다

transport + perishable → _____ _____ items
배송하다　　부패하기 쉬운　　　부패하기 쉬운 제품을 운송하다

Exercise B 보기에서 적절한 단어를 찾아 문장을 완성하세요.

보기

online　agency　recall　strive　urgent
acceleration　carry　coverage　postpone　perishable

01. Order your meal _____ and we will have it ready.
당신의 식사를 온라인으로 주문하시면 저희가 준비해두겠습니다.

02. The public called for an _____ of political reforms.
대중은 정치적 개혁의 가속을 요구했다.

03. The meeting has been _____d until further notice.
회의는 추후 공지가 있을 때까지 연기되었다.

04. You'd better use a refrigerated truck to transport _____ items.
부해하기 쉬운 제품을 운송하기 위해서는 냉장 트럭을 사용하는 것이 좋습니다.

05. WAP is the world's best shipping _____ with a good reputation for quality service. WAP는 품질 높은 서비스로 좋은 명성을 갖춘 세계 최고의 배송 대행 회사입니다.

06. We provide _____ delivery options for lightweight shipments around the world. 저희는 가벼운 수송품에 대해 전 세계에 긴급 배달 옵션을 제공합니다.

07. Nearly half a million of sedans are _____ed because of manufacturing defects. 약 50만 대의 승용차가 제조상 결함이 있어 회수됩니다.

08. A man is _____ing shopping bags. 한 남자가 쇼핑백을 들고 가고 있다.

09. DTC Co., Ltd. _____s to maintain its dominant position.
DTC Co., Ltd.는 지배적인 위치를 유지하려고 노력한다.

10. You are responsible for any claims that exceed your _____ limit.
귀하의 보상 한도를 초과하는 청구는 귀하의 책임입니다.

DAY 1
DAY 2
DAY 3
DAY 4
DAY 5
DAY 6
DAY 7
DAY 8
DAY 9
DAY 10
DAY 11
DAY 12
DAY 13
DAY 14
DAY 15
DAY 16
DAY 17
DAY 18
DAY 19
DAY 20
DAY 21
DAY 22
DAY 23
DAY 24
DAY 25
DAY 26
DAY 27
DAY 28
DAY 29
DAY 30

Exercise C 주어진 단어의 적절한 의미를 찾아 연결해 보세요.

01. online   •   • a. 온라인의; 온라인으로

02. agency   •   • b. 노력하다, 힘쓰다

03. recall   •   • c. 리콜; 회수하다, 회상하다

04. strive   •   • d. 대행 회사, 대리점

05. urgent   •   • e. 긴급한

06. acceleration •   • f. 부패하기 쉬운

07. carry   •   • g. 가속

08. coverage   •   • h. 지니다, 나르다

09. postpone   •   • i. 보도, 보상 범위

10. perishable   •   • j. 연기하다, 미루다

Exercise B 01. online 02. acceleration 03. postpone 04. perishable 05. agency 06. urgent 07. recall 08. carry 09. strive 10. coverage **Exercise C** 01. a 02. d 03. c 04. b 05. e 06. g 07. h 08. i 09. j 10. f

Exercise D 다음 문장을 올바르게 해석해 보세요.

Since the item you ordered is [01]**perishable**, it requires your [02]**urgent** attention.
당신이 주문하신 제품은 [01]_____므로, 당신의 [02]_____ 주의를 요구합니다.

I asked the [03]**online** travel [04]**agency** to [05]**postpone** my reservation.
나는 [03]_____ 여행 [04]_____에 내 예약을 [05]_____ 달라고 요청했다.

Exercise E 다음 구문을 올바르게 해석해 보세요.

01. be **recalled** because of manufacturing defects
_____

02. **strive** to maintain the dominant position
_____

03. order a meal **online**
_____

04. **carry** a shopping bag
_____

05. call for an **acceleration**
_____

06. be **postponed** until further notice
_____

07. a shipping **agency**
_____

08. an **urgent** delivery
_____

09. a **coverage** limit
_____

10. transport **perishable** items
_____

Exercise D 01. 부패하기 쉬우 02. 긴급한 03. 온라인 04. 대행사 05. 연기해 **Exercise E** 01. 제조상 결함이 있어 회수되다 02. 지배적인 위치를 유지하려고 노력하다 03. 온라인으로 식사를 주문하다 04. 쇼핑백을 들고 가다 05. 가속을 요구하다 06. 추후 공지가 있을 때까지 연기되다 07. 배송 대행 회사 08. 긴급 배달 09. 보상 한도 10. 부패하기 쉬운 제품을 운송하다

DAY 10-4

departure	*n.* 출발 depart *v.* 출발하다	a _____ terminal 출발 터미널 three hours before _____ 출발 세 시간 전
delicate	*a.* 섬세한, 민감한 delicacy *n.* 여림, 섬세함, 맛있는 것	_____ and easily broken 약하고 깨지기 쉬운 a _____ issue 민감한 문제
envelope	*n.* 봉투 envelop *n.* 감싸다, 뒤덮다	put a stamp on the _____ 봉투에 우표를 붙이다 return the signed consent form in the _____ 서명된 합의서를 봉투에 넣어 반송하다
receipt	*n.* 영수증, 수령(증) reception *n.* (호텔 등의) 접수처, 환영(회) receive *v.* 받다, 수령하다	confirm the _____ 수령을 확인하다 an original _____ 원본 영수증
delay	*n.* 지연, 지체 *v.* 지연하다 without delay 지체 없이, 곧바로	cause the _____ 지체를 야기하다 _____ the scheduled shipping date 예정된 배송 날짜를 뒤로 미루다
efficient	*a.* (방법 등이) 효율적인, 능률적인, 유능한 efficiently *ad.* 효율적으로 efficiency *n.* 효율성	energy-_____ 에너지 효율적인 _____ allocation of resources 효율적인 자원 배분
order	*n.* 주문(품), 순서, 질서 *v.* 주문하다, 정리하다 ordering *n.* 정리, 정리하는 행위 orderly *a.* 순서대로 out of order 고장 난	an _____ form 주문서 appear in alphabetical _____ 알파벳 순서대로 나오다
distribution	*n.* 배포, 분배 distribute *v.* 유통하다, 나누어주다, 배부하다 distributor *n.* 유통업자	a new _____ center 새 유통 센터 _____ of leaflets 전단 배포
fragile	*a.* 깨지기 쉬운, 부서지기 쉬운	a _____ item 깨지기 쉬운 제품 _____! 파손 주의!
track	*n.* 궤도, 선로 *v.* (전개·진행 과정을) 추적하다	extend over railway _____s 철도 선로를 연장하다 a _____ing number 추적 번호

저절로 암기 Training

Exercise A 주어진 단어들을 결합하여 구문을 만드세요.

departure + terminal → a _____ _____
출발   터미널   출발 터미널

delicate + issue → a _____ _____
민감한   문제   민감한 문제

stamp + envelope → put a _____ on the _____
우표   봉투   봉투에 우표를 붙이다

confirm + receipt → _____ the _____
확인하다   수령   수령을 확인하다

cause + delay → _____ the _____
야기하다   지체   지체를 야기하다

energy + efficient → _____-_____
에너지   효율적인   에너지 효율적인

order + form → an _____ _____
주문   양식   주문서

distribution + center → a new _____ _____
유통   센터   새 유통 센터

fragile + item → a _____ _____
깨지기 쉬운   제품   깨지기 쉬운 제품

track + number → a _____ing _____
추적하다   번호   추적 번호

Exercise B 보기에서 적절한 단어를 찾아 문장을 완성하세요.

보기

departure   delicate   envelope   receipt   delay
efficient   order   distribution   fragile   track

01. Please confirm the _____ of this mail. 이 메일의 수령을 확인해주세요.

02. We can save energy by simply switching to energy-_____ lighting.
우리는 단지 에너지 효율적인 조명으로 바꾸는 것만으로 에너지를 절약할 수 있습니다.

03. Please fill out this _____ form. 이 주문서를 작성해주세요.

04. You can find information about your flight's _____ terminal on our website.
귀하의 항공편 출발 터미널에 관한 정보는 저희 웹사이트에서 찾아보실 수 있습니다.

05. This is certainly a _____ issue. 이것은 분명히 민감한 문제이다.

06. Use enough bubble wrap when you pack a _____ item.
깨지기 쉬운 제품을 포장할 때는 충분한 양의 공기쿠션 포장지를 사용하시오.

07. How could you forget to put a stamp on the _____?
어떻게 봉투에 우표 붙이는 것을 잊어버릴 수가 있니?

08. I can't find a _____ing number. 저는 추적 번호를 찾을 수 없어요.

09. Do you know what caused the _____? 무엇이 지체를 야기했는지 아나요?

10. We gathered to celebrate the opening of our new _____ center.
우리는 새 유통 센터의 개관을 축하하기 위해 모였습니다.

Exercise C 주어진 단어의 적절한 의미를 찾아 연결해 보세요.

01. departure   •   • a. 섬세한, 민감한

02. envelope   •   • b. 출발

03. delicate   •   • c. 봉투

04. receipt   •   • d. 지체; 지연시키다

05. delay   •   • e. 영수증, 수령(증)

06. efficient   •   • f. 주문(품), 순서; 주문하다

07. order   •   • g. 효율적인

08. distribution   •   • h. 궤도, 선로; 추적하다

09. fragile   •   • i. 배포, 분배

10. track   •   • j. 깨지기 쉬운

Exercise B 01. receipt 02. efficient 03. order 04. departure 05. delicate 06. fragile 07. envelope 08. track 09. delay 10. distribution   **Exercise C** 01. b 02. c 03. a 04. e 05. d 06. g 07. f 08. i 09. j 10. h

Exercise D 다음 문장을 올바르게 해석해 보세요.

It's a very [01]**delicate** issue and I need more time to decide whether to [02]**delay** my [03]**departure**. 그것은 매우 [01]_____ 문제이고, 저는 [03]_____ 을 [02]_____ 지 결정할 시간이 더 필요합니다.

There are many ways to make a [04]**distribution** channel more [05]**efficient**.
[04]_____ 경로를 더 [05]_____ 으로 만들 수 있는 많은 방법이 있습니다.

Exercise E 다음 구문을 올바르게 해석해 보세요.

01. energy-**efficient**

_____

02. a **departure** terminal

_____

03. cause the **delay**

_____

04. an **order** form

_____

05. a **delicate** issue

_____

06. a **fragile** item

_____

07. put a stamp on the **envelope**

_____

08. a new **distribution** center

_____

09. a **tracking** number

_____

10. confirm the **receipt**

_____

Exercise D 01. 민감한 02. 지연할 03. 출발 04. 유통 05. 효율적 **Exercise E** 01. 에너지 효율적인 02. 출발 터미널 03. 지체를 야기하다 04. 주문서 05. 민감한 문제 06. 깨지기 쉬운 제품 07. 봉투에 우표를 붙이다 08. 새 유통 센터 09. 추적 번호 10. 수령을 확인하다

저절로 실전 Training

실제 토익에는 이렇게 나옵니다.

Day 10에서 배운 단어, 실제 토익에는 이렇게 나옵니다.

Grammar & Expressions 배운 단어로 Part 5 실전 문제 풀어보기

1. The storage charge ------- on the goods.

(A) imposed
(B) was imposed
(C) will be imposing
(D) be imposed

2. Please see the attachment and verify the address of the -------.

(A) receipt
(B) receiver
(C) recipient
(D) reception

3. Since the item you ordered is perishable, it requires your ------- attention.

(A) urge
(B) urgency
(C) urgent
(D) urgently

4. It's a very ------- issue and I need more time to decide whether to delay my departure.

(A) delicate
(B) inclement
(C) vibrant
(D) considerate

- -

Answers

1. **(B)**
   해석 상품에 보관 비용이 부과되었다.
   해설 [어법] 동사 빈칸에는 문장의 동사가 위치해야 한다. 주어가 단수명사이며 impose라는 동작의 대상이므로, 수동태 단수 (B) was imposed 가 적절하다.

2. **(C)**
   해석 첨부 파일을 보시고, 수신인의 주소를 확인하세요.
   해설 [어휘] 형태와 의미가 유사한 명사 보기 중 주소를 가지기 적합한 단어는 '(C) 수신인'이다.
   (A) 영수증 (B) 수화기 (C) 수신인, 수령인 (D) 접수(처)

3. **(C)**
   해석 당신이 주문하신 제품은 부패하기 쉬우므로, 당신의 긴급한 주의를 요구합니다.
   해설 [어법] 품사 명사 attention을 수식하는 형용사가 와야 하므로 (C) urgent가 적절하다.
   (A) 충고하다, 재촉하다 (B) 긴급, 급박 (C) 긴급한 (D) 긴급하게

4. **(A)**
   해석 그것은 매우 민감한 문제이고, 저는 출발을 지연할지 결정할 시간이 더 필요합니다.
   해설 [어휘] 문맥에 어울리는 형용사 명사(issue)를 수식하면서 and 이후의 내용을 자연스럽게 뒷받침하는 단어가 와야 하므로 '매우 (A) 민감한 문제'라고 하는 것이 적절하다.
   (A) 민감한, 예민한 (B) (날씨가) 궂은 (C) 활기찬 (D) 사려 깊은

DAY 10 배송   197

저절로 실전 Training

Day 10에서 배운 단어,
실제 토익에는 이렇게 나옵니다.

Shipping

Reading & Listening 배운 단어로 실전 지문 읽고 들어보기

다음 글을 읽고 올바른 해석을 고르세요.

MP3 🎧

I ordered a perishable food item from your online shopping mall last week. I received the package today and it was a huge mess. The plastic jar containing the food had a crack so it was leaking everywhere. There was no **"fragile"** sign written on the

1. (A) '냉장 식품'이라는 표시
(B) '깨지기 쉬움'이라는 표시

package. The shipment had been sitting outside for a while by the time I got home, and the food had already gone bad and half of the **contents** had been spilled onto

2. (A) 내용물의 절반
(B) 첨가물의 절반

the carpet due to the crack. Shouldn't such a fragile and perishable delivery be handed directly to the recipient? Please replace my order as soon as possible. I'm sending you the photo of the package in a **separate** attachment. I'd appreciate

3. (A) 안전한 첨부 파일
(B) 별도의 첨부 파일

your immediate attention to the matter.

Answers

1. (B)   2. (A)   3. (B)

해석 저는 상하기 쉬운 식품을 귀사 온라인 쇼핑몰에서 지난주에 주문했습니다. 오늘 포장물을 받았으며 그것은 엉망이었습니다. 음식을 담고 있는 플라스틱병에 금이 가 있어서 사방으로 새고 있었습니다. 포장물에는 ^{1.} '깨지기 쉬움'이라는 표시가 적혀 있지 않았습니다. 배송품은 제가 집에 갈 때까지 한동안 바깥에 놓여 있었고, 음식은 이미 상한 상태였으며, 금이 간 것 때문에 ^{2.} 내용물의 절반이 카펫에 새어 나왔습니다. 그렇게 깨지기 쉽고 상하기 쉬운 택배는 수취인에게 직접 전달되어야 하지 않나요? 저의 주문을 가능한 한 빨리 대체해 주시기 바랍니다. ^{3.} 별도의 첨부 파일로 소포의 사진을 보내드립니다. 이 문제에 즉각적인 관심을 주신다면 감사하겠습니다.

198   KEY TOEIC VOCABULARY

DAY 11-1

information	*n.* 정보, 자료 informative *a.* 유익한, 정보를 주는 informed *a.* 잘 아는, 박식한 inform *v.* 알리다, 통지하다	share _____ 정보를 공유하다 provide updated _____ 최신 정보를 제공하다
unexpectedly	*ad.* 예기치 않게, 뜻밖에, 갑자기 unexpected *a.* 예기치 않은, 뜻밖의	an _____ high demand 예기치 않게 높은 수요 _____ cold weather 갑자기 추운 날씨
accountant	*n.* 회계원, 회계사 accounting *n.* 회계 account *n.* 계좌, 계정 *v.* 간주하다	a junior _____ position 하급 회계원 자리 terminate an _____ 회계사를 해고하다
unprecedented	*a.* 전례가 없는 unprecedentedly *ad.* 전례 없이, 신기하게	_____ success 전례가 없는 성공 an _____ 25 percent increase in sales 전례 없는 25% 판매 증가
lead	*v.* 이끌다, 지휘하다, (결과에) 이르다(to) leading *a.* 선도하는	_____ a workshop 워크숍을 이끌다 _____ down to the water's edge 물가로 이어지다
substitute	*n.* 대용품, 교체품 *v.* 대신하다, 교체하다 substitution *n.* 대리, 대체, 치환	accept this model as a _____ 이 모델을 대용품으로 받아들이다 be _____d for chicken or beef 닭고기나 쇠고기로 대체되다
limit	*n.* 한계, 제한 *v.* 제한하다, 한정하다 limitation *n.* 제약 limited *a.* 한정된, 많지 않은	break the speed _____ 속도 제한을 위반하다 exceed the _____ 한도를 초과하다
initial	*a.* 처음의, 최초의, 초기의 initiate *v.* 개시하다, 처음 접하게 하다	an _____ evaluation 초기 평가 the _____ stage 초기 단계
allocate	*v.* 할당하다, 배분하다 allocation *n.* 배당, 배급	_____ more money 더 많은 돈을 할당하다 _____ sufficient staff 충분한 직원을 할당하다
audit	*n.* 회계 감사, 심사 *v.* (회계, 계산 등을) 감사하다 auditor *n.* 회계 감사원	an upcoming _____ 다가올 회계 감사 postpone an _____ 감사를 연기하다

저절로 암기 Training

Exercise A 주어진 단어들을 결합하여 구문을 만드세요.

share + information → _____ _____
공유하다   정보   정보를 공유하다

unexpectedly + demand → an _____ high _____
예기치 않게   수요   예기치 않게 높은 수요

junior + accountant → a _____ _____ position
하급의   회계사   하급 회계원 자리

unprecedented + success → _____ _____
전례가 없는   성공   전례가 없는 성공

lead + workshop → _____ a _____
이끌다   워크숍   워크숍을 이끌다

accept + substitute → _____ this model as a _____
받아들이다   대용품   이 모델을 대용품으로 받아들이다

speed + limit → break the _____ _____
속도   제한   속도 제한을 위반하다

initial + stage → the _____ _____
초기의   단계   초기 단계

allocate + money → _____ more _____
할당하다   돈   더 많은 돈을 할당하다

upcoming + audit → an _____ _____
다가올   회계 감사   다가올 회계 감사

Exercise B 보기에서 적절한 단어를 찾아 문장을 완성하세요.

보기
_____

    information   unexpectedly   accountant   unprecedented   lead
    substitute   limit   initial   allocate   audit
_____

01. Dr. Rahman will _____ a workshop on learning foreign languages.
    Dr. Rahman이 외국어 학습에 관한 워크숍을 이끌 것입니다.

02. I'd like to share this _____ with my colleagues.
    저는 이 정보를 제 동료들과 공유하고 싶습니다.

03. Do you agree to accept this model as a _____?
    이 모델을 대용품으로 받아들이기로 동의하십니까?

04. Due to _____ high demand, our Nature Protein is currently on backorder.
예기치 않게 높은 수요로 인해 저희 Nature Protein 제품이 현재 주문이 밀린 상태입니다.

05. Would you please let me know if the junior _____ position has been filled?
하급 회계원 자리가 충원되었는지 알려주시겠어요?

06. Those factors were ignored at the _____ stage. 그 요소들은 초기 단계에서 무시되었다.

07. He personally promised to _____ more money for research.
그는 연구를 위해 더 많은 돈을 할당하겠다고 개인적으로 약속했다.

08. I'm busy preparing for the upcoming _____. 저는 다가올 회계 감사를 준비하느라 바빠요.

09. We achieved _____ success by working together.
우리는 협력함으로써 전례가 없는 성공을 거두었다.

10. I accidentally broke the speed _____. 제가 실수로 속도 제한을 위반했어요.

DAY 1
DAY 2
DAY 3
DAY 4
DAY 5
DAY 6
DAY 7
DAY 8
DAY 9
DAY 10
DAY 11
DAY 12
DAY 13
DAY 14
DAY 15
DAY 16
DAY 17
DAY 18
DAY 19
DAY 20
DAY 21
DAY 22
DAY 23
DAY 24
DAY 25
DAY 26
DAY 27
DAY 28
DAY 29
DAY 30

Exercise C 주어진 단어의 적절한 의미를 찾아 연결해 보세요.

01. information •   • a. 예기치 않게, 뜻밖에

02. unexpectedly •   • b. 전례가 없는

03. accountant •   • c. 이끌다, 지휘하다

04. unprecedented •   • d. 정보, 자료

05. lead •   • e. 회계원, 회계사

06. substitute •   • f. 할당하다, 배분하다

07. limit •   • g. 대용품; 대신하다

08. initial •   • h. 처음의, 최초의

09. allocate •   • i. 회계 감사; 감사하다

10. audit •   • j. 한계; 제한하다

Exercise B 01. lead 02. information 03. substitute 04. unexpectedly 05. accountant 06. initial 07. allocate 08. audit 09. unprecedented 10. limit **Exercise C** 01. d 02. a 03. e 04. b 05. c 06. g 07. j 08. h 09. f 10. i

Exercise D 다음 문장을 올바르게 해석해 보세요.

The [01]**accountant** was terminated because he leaked confidential [02]**information**.
그 [01]_____ 는 기밀 [02]_____ 를 유출해서 해고되었다.

My [03]**initial** credit [04]**limit** is [05]**unexpectedly** high.
제 [03]_____ 신용 [04]_____ 가 [05]_____ 높네요.

Exercise E 다음 구문을 올바르게 해석해 보세요.

01. **unprecedented** success
_____

02. share **information**
_____

03. **lead** a workshop
_____

04. break the speed **limit**
_____

05. an upcoming **audit**
_____

06. the **initial** stage
_____

07. an **unexpectedly** high demand
_____

08. a junior **accountant** position
_____

09. accept this model as a **substitute**
_____

10. **allocate** more money
_____

Exercise D 01. 회계사 02. 정보 03. 초기 04. 한도[제한] 05. 예기치 않게   Exercise E 01. 전례가 없는 성공 02. 정보를 공유하다 03. 워크숍을 이끌다 04. 속도 제한을 위반하다 05. 다가올 회계 감사 06. 초기 단계 07. 예기치 않게 높은 수요 08. 하급 회계원 자리 09. 이 모델을 대용품으로 받아들이다 10. 더 많은 돈을 할당하다

DAY 11-2

business	*n.* 사업, 상업, 일, 업무 out of business 폐업한	a _____ client 사업 고객 _____ hours 영업 시간
corporate	*a.* 법인(체)의, 회사의, 기업의 corporation *n.* (큰 규모의) 기업, 회사	_____ headquarters 기업 본사 _____ income tax regulations 법인 소득세 규정
deficit	*n.* 적자(↔surplus 흑자), 결손, 부족액 deficient *a.* 부족한, 결핍된	curb a budget _____ 예산 적자를 억제하다 a trade _____ 무역 적자
run	*n.* 운행, 조업, 작업 *v.* 운영하다, 경영하다, 출마하다, 운행하다	_____ a family business 가족 기업을 경영하다 _____ every half hour 30분마다 운행하다
deduct	*v.* 빼다, 공제하다 deduction *n.* 공제, 추론 deductible *n.* 공제금 *a.* 공제할 수 있는	_____ the cost 비용을 공제하다 be _____ed from taxable income 과세 소득에서 공제되다
economical	*a.* 경제적인, 절약되는 economically *ad.* 경제적으로 economic *a.* 경제의	an _____ heating system 절약되는 난방 설계 an _____ use 경제적인 사용
retail	*n.* 소매 *v.* 소매하다 retailer *n.* 소매업자, 소매상 at[by] retail 소매로	the _____ store 소매점 use the _____ price index 소매 물가 지수를 이용하다
scheme	*n.* (운영) 계획, 구성, 배합 *v.* 계획하다, 고안해내다	change the color _____ 색채 배합[설계]을 바꾸다 a pension _____ 연금 제도
adjustment	*n.* 수정, 조정, 적응 adjust *v.* 조절하다, 맞추다	due to flight schedule _____s 비행 일정 조정으로 인해 make some _____s 일부 조정하다
optimal	*a.* 최선(상)의, 가장 바람직한 optimistic *a.* 낙관적인 optimize *v.* 최적화하다	_____ health condition 최적의 건강 상태 determine the _____ time 최상의 시간을 결정하다

DAY 1
DAY 2
DAY 3
DAY 4
DAY 5
DAY 6
DAY 7
DAY 8
DAY 9
DAY 10
DAY 11
DAY 12
DAY 13
DAY 14
DAY 15
DAY 16
DAY 17
DAY 18
DAY 19
DAY 20
DAY 21
DAY 22
DAY 23
DAY 24
DAY 25
DAY 26
DAY 27
DAY 28
DAY 29
DAY 30

DAY 11 회계, 경제학   203

저절로 암기 Training

Exercise A 주어진 단어들을 결합하여 구문을 만드세요.

business + hour → _____ _____s
사업, 업무   시간   영업 시간

corporate + headquarters → _____ _____
회사의   본사   기업 본사

trade + deficit → a _____ _____
무역   적자   무역 적자

run + half → _____ every _____ hour
운행하다   절반   30분마다 운행하다

deduct + cost → _____ the _____
공제하다   비용   비용을 공제하다

economical + use → an _____ _____
경제적인   사용   경제적인 사용

retail + store → the _____ _____
소매   상점   소매점

change + scheme → _____ the color _____
바꾸다   계획, 배합   색채 배합[설계]을 바꾸다

make + adjustment → _____ some _____s
만들다   조정   일부 조정하다

optimal + condition → _____ health _____
최상의   상태   최적의 건강 상태

Exercise B 보기에서 적절한 단어를 찾아 문장을 완성하세요.

보기

business   corporate   deficit   run   deduct
economical   retail   scheme   adjustment   optimal

01. This is an example of an _____ use of interior space.
    이것은 내부 공간의 경제적인 사용 예시입니다.

02. The customer requested to change the color _____.
    고객이 색채 배합을 바꾸라고 요청했다.

03. The accounting department forgot to _____ the cost.
    회계부가 비용을 공제하는 것을 잊어버렸다.

04. Work out regularly to maintain the _____ health condition.
최적의 건강 상태를 유지하기 위해 규칙적으로 운동하세요.

05. The trade _____ fell to its lowest level in seven months as exports rose.
수출이 증가함에 따라 무역 적자가 7개월 만에 가장 낮은 수준으로 감소했습니다.

06. The company plans to open more _____ stores in California.
그 회사는 캘리포니아에 더 많은 소매점을 열 계획이다.

07. The _____ hours are from 8 a.m. to 5 p.m. 영업 시간은 오전 8시에서 오후 5시까지입니다.

08. I'm willing to make some _____s in the plan.
나는 기꺼이 계획을 일부 조정할 용의가 있다.

09. This is Christine Kang in _____ headquarters.
저는 기업 본사의 Christine Kang입니다.

10. The express trains will _____ every half hour.
급행열차는 30분마다 운행할 것입니다.

Exercise C 주어진 단어의 적절한 의미를 찾아 연결해 보세요.

01. business •   • a. 빼다, 공제하다

02. corporate •   • b. 법인(체)의, 회사의

03. deficit •   • c. 사업, 상업, 업무

04. run •   • d. 운행; 운영하다

05. deduct •   • e. 적자, 결손, 부족액

06. economical •   • f. 계획, 구성; 계획하다

07. retail •   • g. 경제적인, 절약되는

08. scheme •   • h. 최선의, 가장 바람직한

09. adjustment •   • i. 소매; 소매하다

10. optimal •   • j. 수정, 조정

Exercise B 01. economical 02. scheme 03. deduct 04. optimal 05. deficit 06. retail 07. business 08. adjustment 09. corporate 10. run **Exercise C** 01. c 02. b 03. e 04. d 05. a 06. g 07. i 08. f 09. j 10. h

Exercise D 다음 문장을 올바르게 해석해 보세요.

This course is for people who are [01]**running** a [02]**retail** [03]**business**.
이 과정은 [02]_____ [03]_____ 를 [01]_____ 사람들을 위한 것입니다.

The [04]**corporate** strategists assess the impact of price [05]**adjustments**.
[04]_____ 전략가들은 가격 [05]_____의 영향을 평가한다.

Exercise E 다음 구문을 올바르게 해석해 보세요.

01. **run** every half hour

   _____

02. **business** hours

   _____

03. **corporate** headquarters

   _____

04. change the color **scheme**

   _____

05. an **economical** use

   _____

06. make some **adjustments**

   _____

07. **optimal** health condition

   _____

08. **deduct** the cost

   _____

09. a trade **deficit**

   _____

10. the **retail** store

   _____

Exercise D 01. 운영하는 02. 소매 03. 업체 04. 기업 05. 조정 **Exercise E** 01. 30분마다 운행하다 02. 영업 시간 03. 기업 본사 04. 색채 배합[설계]을 바꾸다 05. 경제적인 사용 06. 일부 조정하다 07. 최적의 건강 상태 08. 비용을 공제하다 09. 무역 적자 10. 소매점

DAY 11-3

transition	*n.* 변화, 추이, 과도기 transit *n.* 수송, 환승, 변화 *v.* 통과하다, 나르다	a career _____ 경력 변화 [전직] during the _____ to her new role 그녀의 새로운 역할로의 과도기 동안
constraint	*n.* 제약, 통제 constrain *v.* 제한하다	a time _____ 시간 제약 a budget _____ 예산 제약
corporation	*n.* 주식회사, 법인 corporate *a.* 법인의, 회사의	within a _____ 회사 내에서 work for a public _____ 공공 기업에서 일하다
account	*n.* 설명, 계좌, 예금(액) *v.* 설명하다, (비율을) 차지하다 (for) accounting *n.* 회계 be accounted to V ~하는 것으로 간주되다	a savings _____ 저축 계좌 activate an _____ with a security code 보안 암호로 계정을 활성화하다
internationally	*ad.* 국제적으로, 국가간에 international *a.* 국제적인	be shipped _____ 국제적으로 배송되다 an expert in investing _____ 국제 투자 전문가
proceeds	*n.* 수익금(=profits), 대금 proceed *v.* 진행하다	share the _____ 수익금을 나누다 the _____ from the concert 콘서트 수익금
profitable	*a.* 수익성 있는, 유익한 profit *n.* 수익, 이익 *v.* 이익을 얻다, 남다 profitability *n.* 수익성 profitably *ad.* 유익하게, 벌이가 되게	the most _____ product 가장 수익성 있는 제품 be found to be less _____ 수익이 덜하다고 밝혀지다
prompt	*a.* 즉각적인, 신속한 *v.* 촉발하다, 유도하다 *ad.* 정확히, 정각에	a _____ response 신속한 답변 _____ him to withdraw the motion 그에게 제안을 철회하도록 유도하다
redeemable	*a.* (상품이나 현금으로) 교환할 수 있는, 되찾을 수 있는 redeem *v.* 보완하다, 현금[상품]으로 바꾸다	be _____ at any Hedleman location Hedleman 지점 어디에서든 교환할 수 있다 not _____ for cash 현금으로 교환할 수 없는
reimbursement	*n.* 변제, 상환 reimburse *v.* 변제하다, 배상하다	a _____ request 상환 요청 complete the _____ form 상환서를 작성하다

저절로 암기 Training

Exercise A 주어진 단어들을 결합하여 구문을 만드세요.

career + transition → a _____ _____
경력   변화   경력 변화 [전직]

budget + constraint → a _____ _____
예산   제약   예산 제약

public + corporation → work for a _____ _____
공공의   주식회사, 법인   공공 기업에서 일하다

saving + account → a _____s _____
저축   계좌   저축 계좌

ship + internationally → be _____ped _____
배송하다   국제적으로, 국제간에   국제적으로 배송되다

proceeds + concert → the _____ from the _____
수익금   콘서트   콘서트 수익금

profitable + product → the most _____ _____
수익성 있는   제품   가장 수익성 있는 제품

prompt + response → a _____ _____
신속한   답변   신속한 답변

redeemable + location → be _____ at any Hedleman _____
교환할 수 있는   장소, 지점   Hedleman 지점 어디에서든 교환할 수 있다

reimbursement + request → a _____ _____
상환   요청   상환 요청

Exercise B 보기에서 적절한 단어를 찾아 문장을 완성하세요.

보기

transition   constraint   corporation   account   internationally
proceeds   profitable   prompt   redeemable   reimbursement

01. Why do you want to work for a public _____? 왜 당신은 공공 기업에서 일하고 싶습니까?

02. Are you thinking about making a career _____?
    당신은 경력 변화를 하는 것에 대해 생각하고 있습니까?

03. Due to budget _____s, we're working to find options to minimize expenses.
    예산 제약으로 인해, 우리는 경비를 최소화할 수 있는 선택지들을 찾기 위해 노력하고 있습니다.

04. The XT-3560 has become the most _____ product.
XT-3560은 가장 수익성 있는 제품이 되었다.

05. The _____ from the concert go to charity. 콘서트 수익금은 자선 활동에 쓰입니다.

06. Hedleman Gift Cards are _____ at any Hedleman location.
Hedleman 상품권은 Hedleman 지점 어디에서든 교환할 수 있습니다.

07. I'd like to open a high-interest savings _____.
저는 고이율 저축 계좌를 개설하고 싶습니다.

08. Thank you for your _____ response. 당신의 신속한 답변에 감사드립니다.

09. Where can I download a _____ request form?
어디에서 상환 요청 양식을 다운받을 수 있을까요?

10. Unfortunately, this item can't be shipped _____.
안타깝지만, 이 제품은 국제적으로 배송될 수 없습니다.

DAY 1
DAY 2
DAY 3
DAY 4
DAY 5
DAY 6
DAY 7
DAY 8
DAY 9
DAY 10
DAY 11
DAY 12
DAY 13
DAY 14
DAY 15
DAY 16
DAY 17
DAY 18
DAY 19
DAY 20
DAY 21
DAY 22
DAY 23
DAY 24
DAY 25
DAY 26
DAY 27
DAY 28
DAY 29
DAY 30

Exercise C 주어진 단어의 적절한 의미를 찾아 연결해 보세요.

01. transition	a. 국제적으로
02. constraint	b. 제약, 통제
03. corporation	c. 주식회사, 법인
04. account	d. 변화, 추이, 과도기
05. internationally	e. 계좌; 설명하다
06. proceeds	f. 교환할 수 있는
07. profitable	g. 수익금
08. prompt	h. 변제, 상환
09. redeemable	i. 즉각적인; 유도하다; 정각에
10. reimbursement	j. 수익성 있는, 유익한

Exercise B 01. corporation 02. transition 03. constraint 04. profitable 05. proceeds 06. redeemable 07. account 08. prompt 09. reimbursement 10. internationally   **Exercise C** 01. d 02. b 03. c 04. e 05. a 06. g 07. j 08. i 09. f 10. h

Exercise D 다음 문장을 올바르게 해석해 보세요.

Thank you for the [01]**prompt** [02]**reimbursement** of the double booked ticket.
이중으로 예약된 표의 [01]_____ [02]_____ 에 감사드립니다.

The [03]**proceeds** from fraud were transferred to an [04]**account** held by the shell [05]**corporation**.
사기 [03]_____ 은 유령 [05]_____ 에 의해 소유된 [04]_____ 로 전송되었다.

Exercise E 다음 구문을 올바르게 해석해 보세요.

01. the **proceeds** from the concert

_____

02. a savings **account**

_____

03. a **prompt** response

_____

04. a career **transition**

_____

05. the most **profitable** product

_____

06. a **reimbursement** request

_____

07. be shipped **internationally**

_____

08. a budget **constraint**

_____

09. work for a public **corporation**

_____

10. be **redeemable** at any Hedleman location

_____

Exercise D 01. 신속한 02. 환불 03. 수익금 04. 계좌 05. 회사   **Exercise E** 01. 콘서트 수익금 02. 저축 계좌 03. 신속한 답변 04. 경력 변화 [전직] 05. 가장 수익성 있는 제품 06. 상환 요청 07. 국제적으로 배송되다 08. 예산 제약 09. 공공 기업에서 일하다 10. Hedleman 지점 어디에서든 교환할 수 있다

DAY 11-4

budget	*n.* 예산(안), 예상 비용 *v.* 예산을 세우다 budgetary *a.* 예산의	a tight _____ 빠듯한 예산 a _____ committee 예산 위원회
accounting	*n.* 회계 account *n.* 설명, 계좌, 계정 　　　　　*v.* 설명하다, (비중을) 차지하다 accountant *n.* 회계사	an updated _____ system 최신 회계 시스템 an _____ procedure 회계 절차
brisk	*a.* 활발한, 호황의, 빠른 *v.* 활기를 띠다[띠게 하다] briskly *ad.* 활발하게	at a _____ pace 빠른 속도로 a _____ business 호황인 사업
assistance	*n.* 지원, 도움 assist *v.* 돕다 assistant *n.* 보조원, 조수	offer _____ 도움을 제공하다 provide translation _____ 번역 지원을 제공하다
calculator	*n.* 계산기 calculate *v.* 계산하다, 산출하다, 산정하다 calculation *n.* 계산	use a _____ 계산기를 사용하다 an electronic _____ 전자계산기
cost	*n.* 비용, 가격 *v.* (비용이) 들다 costly *a.* 많은 돈이 드는	additional _____ 추가 비용 a _____ estimate 견적서
amend	*v.* 수정하다, 고치다 amends *n.* 배상, 보상 amendment *n.* 개정, 수정	an _____ed contract 수정된 계약서 _____ a report 보고서를 수정하다
discontinue	*v.* 중단하다(↔continue 계속하다)	_____ a product 제품 생산을 중단하다 _____ the contracts with the longtime supplier 장기 공급자와의 계약을 중단하다
board	*n.* 이사회, 위원회, 판자 *v.* 승선하다, 탑승하다 boarding *n.* 탑승, 나무판자	new _____ members 새 이사진 a notice _____ 게시판
fiscal	*a.* 재정(상)의, 회계의	the next _____ year 다음 회계 연도 a _____ policy of incurring budget deficits 예산 결손을 발생시키는 방식의 재정 정책

저절로 암기 Training

Exercise A 주어진 단어들을 결합하여 구문을 만드세요.

tight + budget → a ＿＿＿＿＿ ＿＿＿＿＿
빠듯한　　예산　　　　빠듯한 예산

updated + accounting → an ＿＿＿＿＿ ＿＿＿＿＿ system
최신의　　　회계　　　　　최신 회계 시스템

brisk + pace → at a ＿＿＿＿＿ ＿＿＿＿＿
빠른　　속도　　　빠른 속도로

offer + assistance → ＿＿＿＿＿ ＿＿＿＿＿
제공하다　도움　　　　　도움을 제공하다

use + calculator → ＿＿＿＿＿ a ＿＿＿＿＿
사용하다　계산기　　　　계산기를 사용하다

additional + cost → ＿＿＿＿＿ ＿＿＿＿＿
추가적인　　　비용　　　추가 비용

amend + contract → an ＿＿＿＿＿ed ＿＿＿＿＿
수정하다　　계약(서)　　　수정된 계약서

discontinue + product → ＿＿＿＿＿ a ＿＿＿＿＿
중단하다　　　제품　　　제품 생산을 중단하다

board + member → new ＿＿＿＿＿ ＿＿＿＿＿s
이사회　　회원　　　　새 이사진

next + fiscal → the ＿＿＿＿＿ ＿＿＿＿＿ year
다음의　회계의　　다음 회계 연도

Exercise B 보기에서 적절한 단어를 찾아 문장을 완성하세요.

보기

budget   accounting   brisk   assistance   calculator
cost   amend   discontinue   board   fiscal

01. Which product has been ＿＿＿＿＿d? 어느 제품이 생산 중단되었습니까?

02. Get unlimited online photo storage at no additional ＿＿＿＿＿!
무제한 사진 저장소를 추가 비용 없이 받으세요!

03. The technological sector continues to expand at a ＿＿＿＿＿ pace.
기술 분야는 계속해서 빠른 속도로 확장합니다.

04. We're on a tight _____. 우리는 예산이 빠듯하다.

05. Am I allowed to use a _____ during my exam? 시험 도중에 계산기를 써도 됩니까?

06. All new _____ members should participate in the orientation.
모든 새 이사진들은 오리엔테이션에 참여해야 합니다.

07. An updated _____ system offers new functionality to run your department more efficiently.
최신 회계 시스템은 당신의 부서를 더욱 효율적으로 운영할 수 있게 새로운 기능을 제공합니다.

08. I'm here to offer my _____. 저는 이곳에 도와주려고 왔습니다.

09. The senior partners would approve the _____ed contract.
상급 파트너들은 수정된 계약서를 승인할 것이다.

10. When can you present the expenditure plan for the next _____ year?
다음 회계 연도의 지출 계획을 언제 제시하실 수 있습니까?

DAY 1
DAY 2
DAY 3
DAY 4
DAY 5
DAY 6
DAY 7
DAY 8
DAY 9
DAY 10
DAY 11
DAY 12
DAY 13
DAY 14
DAY 15
DAY 16
DAY 17
DAY 18
DAY 19
DAY 20
DAY 21
DAY 22
DAY 23
DAY 24
DAY 25
DAY 26
DAY 27
DAY 28
DAY 29
DAY 30

Exercise C 주어진 단어의 적절한 의미를 찾아 연결해 보세요.

01. budget •   • a. 예산; 예산을 세우다

02. accounting •   • b. 계산기

03. brisk •   • c. 회계

04. assistance •   • d. 활발한, 호황의

05. calculator •   • e. 지원, 도움

06. cost •   • f. 이사회; 승선하다

07. amend •   • g. 중단하다

08. discontinue •   • h. 비용; 비용이 들다

09. board •   • i. 재정(상)의, 회계의

10. fiscal •   • j. 수정하다

Exercise B 01. discontinue 02. cost 03. brisk 04. budget 05. calculator 06. board 07. accounting 08. assistance 09. amend
10. fiscal   **Exercise C** 01. a 02. c 03. d 04. e 05. b 06. h 07. j 08. g 09. f 10. i

Exercise D 다음 문장을 올바르게 해석해 보세요.

The ⁰¹**board** agreed to ⁰²**amend** the budget for the next ⁰³**fiscal** year.

⁰¹_____는 다음 ⁰³_____ 연도 예산을 ⁰²_____ 동의했다.

They may ⁰⁴**discontinue** further ⁰⁵**assistance**.

그들은 추가 ⁰⁵_____을 ⁰⁴_____ 수도 있다.

Exercise E 다음 구문을 올바르게 해석해 보세요.

01. at a **brisk** pace

_____

02. an **amended** contract

_____

03. offer **assistance**

_____

04. a tight **budget**

_____

05. **discontinue** a product

_____

06. new **board** members

_____

07. an updated **accounting** system

_____

08. use a **calculator**

_____

09. additional **cost**

_____

10. the next **fiscal** year

_____

Exercise D 01. 이사회 02. 수정하기로 03. 회계 04. 중단할 05. 지원   **Exercise E** 01. 빠른 속도로 02. 수정된 계약서 03. 도움을 제공하다 04. 빠듯한 예산 05. 제품 생산을 중단하다 06. 새 이사진 07. 최신 회계 시스템 08. 계산기를 사용하다 09. 추가 비용 10. 다음 회계 연도

저절로 실전 Training

Grammar & Expressions 배운 단어로 Part 5 실전 문제 풀어보기

1. My initial credit ------- is unexpectedly high.

(A) limit
(B) limits
(C) limited
(D) limitedly

2. The corporate strategists assess the impact of price -------.

(A) adjust
(B) adjustable
(C) adjustments
(D) adjustably

3. Thank you for the prompt ------- of the double booked ticket.

(A) transcription
(B) agreement
(C) combination
(D) reimbursement

4. The board agreed to ------- the budget for the next fiscal year.

(A) remain
(B) amend
(C) adhere
(D) leak

- -

Answers

1. (A)

해석 제 초기 신용 한도가 예기치 않게 높네요.

해설 [어법] 품사 credit과 함께 복합 명사를 이루어 문장의 주어가 될 수 있는 명사 (A) limit가 와야 한다.

2. (C)

해석 기업 전략가들은 가격 조정의 영향을 평가한다.

해설 [어법] 품사 of에 뒤따르는 구의 형태는 (동)명사이며, price와 함께 복합 명사를 이루는 것이 적절하다. 따라서 '가격 조정'의 의미를 형성하는 (C) adjustments가 와야 한다.

3. (D)

해석 이중으로 예약된 표의 신속한 환불에 감사드립니다.

해설 [어휘] 문맥에 어울리는 명사 이중으로 예약된 표를 신속하게 처리한 것에 감사하고 있으므로, 처리 내용으로 '신속한 (D) 환불'이 적절하다.
(A) 기록, 필사 (B) 동의, 계약 (C) 조합 (D) 환불, 배상

4. (B)

해석 이사회는 다음 회계 연도 예산을 수정하기로 동의했다.

해설 [어휘] 문맥에 어울리는 동사 이사회가 예산에 대해 동의했을 내용으로 '예산을 (B) 수정하다'가 적절하다.
(A) 남기다 (B) 수정하다 (C) 고수하다 (D) 누설하다

저절로 실전 Training

Day 11에서 배운 단어,
실제 토익에는 이렇게 나옵니다.

Reading 배운 단어로 실전지문 해석하기

다음 글을 읽고 올바른 해석을 고르세요.

MP3

The new fiscal policy announced yesterday hit the market unexpectedly. In an attempt to cut the budget deficit, the government lowered interest rates at an **unprecedented** level and printed money. We will have to watch and see the

1. (A) 돌이킬 수 없는 수준
(B) 전례 없는 수준

effectiveness of the new policy. Corporations are making more economical choices and cutting back on big investments. They are making necessary **adjustments** to survive in the tough market.

2. (A) 살아남기 위해 필수적인 조정을 하다
(B) 살아남기 위해 필수적인 합병을 하다

Businesses are **limiting** their **costs** and **risks** while discontinuing less profitable operations.

3. (A) 비용과 위험을 제거하다
(B) 비용과 위험을 제한하다

Answers

1. (B) 2. (A) 3. (B)

해석 어제 발표된 새로운 회계 정책이 예상치 못하게 시장을 강타했습니다. 재정 적자를 줄이려는 시도 속에서, 정부는 이율을 1. 전례 없는 수준으로 낮추었고 화폐를 발행했습니다. 우리는 새로운 정책의 효과를 주시하고 지켜봐야 합니다. 기업들은 더 많은 경제적인 선택을 하고 있으며 대규모 투자를 축소하고 있습니다. 그들은 어려운 시장에서 2. 살아남기 위해 필수적인 조정을 하고 있습니다. 사업체들은 이익이 적은 영업 활동을 중단하면서 3. 비용과 위험을 제한하는 중입니다.

DAY 12-1

Phrases & Expressions (2)

notify A of B	A에게 B를 알리다 (=inform A of B)	_____ the customer _____ the delay in shipment 고객에게 배송 지연을 알리다 _____ sales personnel _____ the change in management 영업 사원에게 경영 변화를 알리다
pick up	줍다, (차에) 태우다, 전화를 받다, 찾아가다	_____ a prescription 처방 약을 찾아가다 _____ a coupon worth 15% off 15% 할인 쿠폰을 얻다
hold onto	~에 매달리다(=cling to), ~을 꼭 잡다	_____ a rope 밧줄을 꼭 잡다 _____ a handrail 난간을 꼭 잡다
register for	~에 등록하다, ~을 신청하다 (=sign up for, enroll in)	_____ a course 강좌에 등록하다 _____ for membership 회원 가입을 신청하다
result in	~을 야기하다, 그 결과 ~가 되다, ~을 낳다 (=cause, bring about)	_____ a higher quality product 그 결과 더 높은 품질의 제품이 되다 _____ a remarkable 50 percent rise 놀랄 만한 50% 상승을 야기하다
owing to	~로 인하여, ~ 때문에 (=as a result of, due to, because of)	be temporarily closed _____ flooding 홍수 때문에 일시적으로 폐쇄되다
instead of	~ 대신에, ~ 이외에, ~하지 않고 (=except, in place of)	jog around the lake _____ through the buildings 빌딩을 통과하는 대신에 호수 주변을 조깅하다 eat outside _____ in the house 집 대신 바깥에서 먹다
in person	몸소, 직접 (=directly, personally)	meet _____ 몸소[직접] 만나다 be delivered _____ 직접 배달되다
refer to	~을 참조하다, 언급하다(=mention), ~에게 문의하다	_____ the operating instructions 조작 설명서를 참조하다 _____ a former employer 전 고용주에게 문의하다
follow up on	~에 대해 후속 조치하다 follow-up n. 후속 조치, 후속편	_____ the suggestion 그 제안에 대해 후속 조치를 하다 _____ a request 요청에 대해 후속 조치를 하다

DAY 1
DAY 2
DAY 3
DAY 4
DAY 5
DAY 6
DAY 7
DAY 8
DAY 9
DAY 10
DAY 11
DAY 12
DAY 13
DAY 14
DAY 15
DAY 16
DAY 17
DAY 18
DAY 19
DAY 20
DAY 21
DAY 22
DAY 23
DAY 24
DAY 25
DAY 26
DAY 27
DAY 28
DAY 29
DAY 30

DAY 12 Phrases & Expressions (2)   217

저절로 암기 Training

Exercise A 주어진 표현들을 결합하여 구문을 만드세요.

notify A of B + delay → _____ the customer _____ the _____ in shipment
A에게 B를 알리다 · 지연 · 고객에게 배송 지연을 알리다

pick up + prescription → _____ a _____
찾아가다 · 처방전, 처방 약 · 처방 약을 찾아가다

hold onto + handrail → _____ a _____
~을 꼭 잡다 · 난간 · 난간을 꼭 잡다

register for + course → _____ a _____
~에 등록하다 · 강좌 · 강좌에 등록하다

result in + quality → _____ a higher _____ product
그 결과 ~가 되다 · 질 · 그 결과 더 높은 품질의 제품이 되다

owing to + flooding → be temporarily closed _____ _____
~때문에 · 홍수 · 홍수 때문에 일시적으로 폐쇄되다

instead of + house → eat outside _____ in the _____
~ 대신에 · 집 · 집 대신 바깥에서 먹다

deliver + in person → be _____ed _____
배달하다 · 직접 · 직접 배달되다

refer to + instruction → _____ the operating _____s
~을 참조하다 · 설명 · 조작 설명서를 참조하다

follow up on + suggestion → _____ the _____
~에 대해 후속 조치하다 · 제안 · 그 제안에 대해 후속 조치를 하다

Exercise B 보기에서 적절한 표현을 찾아 문장을 완성하세요.

보기
| notify A of B | pick up | hold onto | register for | result in |
| owing to | instead of | in person | refer to | follow up on |

01. Some schools are temporarily closed _____ flooding.
몇몇 학교는 홍수 때문에 일시적으로 휴교한다.

02. Let's eat outside _____ in the house, weather permitting.
만약 날씨가 허락한다면 집 대신 바깥에서 먹자.

03. This document must be delivered _____. 이 서류는 직접 배달되어야만 한다.

04. I'm at the pharmacy to _____ my prescription.
저는 제 처방 약을 찾아가려고 약국에 있어요.

05. Please _____ the operating instructions before use.
사용 전에 조작 설명서를 참조하시기 바랍니다.

06. He didn't _____ the customer _____ the delay in shipment immediately.
그는 고객에게 배송 지연을 즉시 알리지 않았다.

07. Some children are _____ing _____ a handrail. 몇몇 아이들이 난간을 꼭 잡고 있다.

08. In order to _____ a course for the first time, you must create an account with a username and password.
처음으로 강좌에 등록하시기 위해서는 사용자 이름과 비밀번호를 갖춘 계정을 만드셔야 합니다.

09. Adoption of advanced techniques will _____ a higher quality product.
발전된 기술 도입의 결과로 더 높은 품질의 제품이 될 것이다.

10. How are you gonna _____ the suggestion?
당신은 그 제안에 대해 어떻게 후속 조치를 할 건가요?

DAY 1
DAY 2
DAY 3
DAY 4
DAY 5
DAY 6
DAY 7
DAY 8
DAY 9
DAY 10
DAY 11
DAY 12
DAY 13
DAY 14
DAY 15
DAY 16
DAY 17
DAY 18
DAY 19
DAY 20
DAY 21
DAY 22
DAY 23
DAY 24
DAY 25
DAY 26
DAY 27
DAY 28
DAY 29
DAY 30

Exercise C 주어진 표현의 적절한 의미를 찾아 연결해 보세요.

01. notify A of B •   • a. ~에 매달리다, ~을 꼭 잡다

02. pick up •   • b. 줍다, 찾아가다

03. hold onto •   • c. A에게 B를 알리다

04. register for •   • d. ~을 낳다, 그 결과 ~가 되다

05. result in •   • e. ~에 등록하다

06. owing to •   • f. 몸소, 직접

07. instead of •   • g. ~로 인하여

08. in person •   • h. ~을 참조하다, ~에게 문의하다

09. refer to •   • i. ~에 대해 후속 조치하다

10. follow up on •   • j. ~ 대신에, ~ 이외에

Exercise B 01. owing to 02. instead of 03. in person 04. pick up 05. refer to 06. notify, of 07. hold, onto 08. register for 09. result in 10. follow up on   **Exercise C** 01. c 02. b 03. a 04. e 05. d 06. g 07. j 08. f 09. h 10. i

Exercise D 다음 문장을 올바르게 해석해 보세요.

The buyer wants to ⁰¹**pick up** his order ⁰²**in person** ⁰³**instead of** having it shipped.

구매자는 그의 주문품을 배송받는 ⁰³ _____ ⁰² _____ ⁰¹ _____ 싶어 한다.

I couldn't ⁰⁴**register for** the conference online ⁰⁵**owing to** server failure.

저는 서버 오류 ⁰⁵ _____ 학회에 온라인으로 ⁰⁴ _____ 수 없었습니다.

Exercise E 다음 구문을 올바르게 해석해 보세요.

01. **notify** the customer **of** the delay in shipment

_____

02. **register for** a course

_____

03. be temporarily closed **owing to** flooding

_____

04. **pick up** a prescription

_____

05. eat outside **instead of** in the house

_____

06. be delivered **in person**

_____

07. **refer to** the operating instructions

_____

08. **hold onto** a handrail

_____

09. **result in** a higher quality

_____

10. **follow up on** the suggestion

_____

Exercise D 01. 찾아가고 02. 직접 03. 대신에 04. 등록할 05. 때문에 **Exercise E** 01. 고객에게 배송 지연을 알리다 02. 강좌에 등록하다 03. 홍수 때문에 일시적으로 폐쇄되다 04. 처방 약을 찾아가다 05. 집 대신 바깥에서 먹다 06. 직접 배달되다 07. 조작 설명서를 참조하다 08. 난간을 꼭 잡다 09. 그 결과 더 높은 품질의 제품이 되다 10. 그 제안에 대해 후속 조치를 하다

KEY TOEIC VOCABULARY

DAY 12-2

look over	~을 훑어보다, ~을 살펴보다 (=glance over, scan)	_____ this training manual 이 교육 안내서를 살펴보다 _____ the financial report 재정 보고서를 검토하다
run out of	~을 다 써버리다, ~이 없어지다 (=use up, exhaust)	_____ paper 종이가 떨어지다 _____ money 돈을 다 써버리다
wipe off	~을 닦다, ~을 훔쳐내다 (=clean)	_____ the refrigerator 냉장고를 닦다 _____ the table 탁자를 훔쳐내다
put back	~을 미루다, ~을 되돌리다	_____ a meeting 회의를 미루다 _____ it _____ in good condition 그것을 좋은 상태로 되돌리다
aim to (do)	~하는 것을 목표로 하다 (=target at)	_____ encourage parents 부모들에게 장려하는 것을 목표로 하다 _____ reduce the risk 위험을 축소하는 것을 목표로 하다
belong to	~에 속하다, ~의 소유물이다	_____ the sales department 영업부 소속이다 These buildings _____ James. 이 건물들은 James의 소유이다.
a number of	많은 ~, 여러 ~ (=a great deal of, plenty of)	_____ quality checks 많은 품질 검사 _____ items 많은 제품
based on	~에 기초한, ~에 근거한	_____ your excellent credit 당신의 우수한 신용에 기초한 _____ the information you provided 당신이 제공한 정보에 근거한
be available for	~이 가능하다, ~로 이용 가능하다	_____ customized items 맞춤형 품목으로 이용 가능하다 _____ consultation 상담[면담] 가능하다
wait on	~의 시중을 들다, ~을 기다리다	_____ tables 식사 시중을 들다 _____ the outcome 결과를 기다리다

저절로 암기 Training

Exercise A 주어진 표현들을 결합하여 구문을 만드세요.

look over + training → _____ this _____ manual
~을 살펴보다   훈련, 교육   이 교육 안내서를 살펴보다

run out of + paper → _____ _____
~을 다 써버리다   종이   종이가 떨어지다

wipe off + refrigerator → _____ the _____
~을 닦다   냉장고   냉장고를 닦다

put back + meeting → _____ a _____
~을 미루다   회의   회의를 미루다

aim to V + encourage → _____ _____ parents
~하는 것을 목표로 하다   장려하다   부모들에게 장려하는 것을 목표로 하다

belong to + department → _____ the sales _____
~에 속하다   부서   영업부 소속이다

a number of + check → _____ quality _____s
많은 ~   검사   많은 품질 검사

based on + provide → _____ the information you _____d
~에 근거한   제공하다   당신이 제공한 정보에 근거한

be available for + consultation → _____ _____
~이 가능하다   상담, 진찰   상담[면담] 가능하다

wait on + table → _____ _____s
~의 시중을 들다   식탁   식사 시중을 들다

Exercise B 보기에서 적절한 표현을 찾아 문장을 완성하세요.

보기

look over   run out of   wipe off   put back   aim to V
belong to   a number of   based on   be available for   wait on

01. The meeting has been _____ a week. 회의는 일주일 미뤄졌다.

02. What department does the speaker _____? 그 연사는 어느 부서 소속인가?

03. _____ this training manual while you're waiting.
기다리는 동안 이 교육 안내서를 살펴보세요.

04. The copier has _____ paper. 복사기에 종이가 떨어졌어요.

05. Dr. Jang _____ consultation from 3 P.M. to 6 P.M.

Dr. Jang은 오후 3시부터 6시까지 면담 가능합니다.

06. A man is _____ing _____ tables. 한 남자가 식사 시중을 들고 있다.

07. Some people _____ the refrigerator.

몇몇 사람들이 냉장고를 닦는다.

08. These campaigns _____ encourage parents to spend more time with their

children. 이 캠페인은 부모들이 그들의 자녀와 더 많은 시간을 보내도록 장려하는 것을 목표로 한다.

09. They go through _____ quality checks. 그것들은 많은 품질 검사를 거친다.

10. These expenses are automatically calculated _____ the information you

provided. 이 비용은 당신이 제공한 정보에 근거하여 자동으로 계산됩니다.

Exercise C 주어진 표현의 적절한 의미를 찾아 연결해 보세요.

01. look over	•	• a. ~을 닦다, 훔쳐내다
02. run out of	•	• b. ~을 미루다
03. wipe off	•	• c. ~하는 것을 목표로 하다
04. put back	•	• d. ~을 살펴보다
05. aim to (do)	•	• e. ~을 다 써버리다
06. belong to	•	• f. ~에 기초한
07. a number of	•	• g. ~에 속하다
08. based on	•	• h. ~의 시중을 들다
09. be available for	•	• i. 많은 ~, 여러 ~
10. wait on	•	• j. ~이 가능하다

DAY 1
DAY 2
DAY 3
DAY 4
DAY 5
DAY 6
DAY 7
DAY 8
DAY 9
DAY 10
DAY 11
DAY 12
DAY 13
DAY 14
DAY 15
DAY 16
DAY 17
DAY 18
DAY 19
DAY 20
DAY 21
DAY 22
DAY 23
DAY 24
DAY 25
DAY 26
DAY 27
DAY 28
DAY 29
DAY 30

Exercise B 01. put back 02. belong to 03. Look over 04. run out of 05. is available for 06. wait, on 07. wipe off 08. aim to
09. a number of 10. based on **Exercise C** 01. d 02. e 03. a 04. b 05. c 06. g 07. i 08. f 09. j 10. h

Exercise D 다음 문장을 올바르게 해석해 보세요.

[01]**A number of** beach houses [02]**belonging to** Ms. Solano [03]**are available for** vacation rental.   Ms. Solano [02]_____ [01]_____ 해변 별장들은 휴가용 임대로 [03]_____.

[04]**Based on** his theory, some scientists predict that the world will [05]**run out of** oil in 15 years.
그의 이론에 [04]_____, 몇몇 과학자들은 15년 이내에 세계가 원유를 [05]_____ 것이라고 예측한다.

Exercise E 다음 구문을 올바르게 해석해 보세요.

01. **look over** this training manual

_____

02. **aim to** encourage parents

_____

03. **belong to** the sales department

_____

04. **a number of** quality checks

_____

05. **run out of** paper

_____

06. **wipe off** the refrigerator

_____

07. **be available for** consultation

_____

08. **put back** a meeting

_____

09. **based on** the information you provided

_____

10. **wait on** tables

_____

Exercise D 01. 많은 02. 소유물인 03. 이용 가능하다 04. 기반을 두어 05. 다 써버릴   **Exercise E** 01. 이 교육 안내서를 살펴보다 02. 부모들에게 장려하는 것을 목표로 하다 03. 영업부 소속이다 04. 많은 품질 검사 05. 종이가 떨어지다 06. 냉장고를 닦다 07. 상담[면담] 가능하다 08. 회의를 미루다 09. 당신이 제공한 정보에 근거한 10. 식사 시중을 들다

DAY 12-3

be eligible for	~할 자격이 되다, ~의 대상이 되다 (=be qualified for)	_____ a discount 할인받을 자격이 되다 _____ free shipping 무료 배송을 받을 자격이 되다
side by side	나란히	be seated _____ 나란히 앉아 있다 motorcycles parked _____ 나란히 주차된 오토바이들
plug in	~을 연결하다, ~을 전원에 꽂다	_____ a laptop 노트북 플러그를 꽂다 _____ a USB cable USB 케이블을 연결하다
be similar to	~과 유사하다 (=be akin to)	_____ the old one 예전 것과 유사하다 _____ revenue figures of the last five years 지난 5년 동안의 매출 수치와 유사하다
conflict with	~과 상충하다, 충돌하다 (=be counter to)	_____ earlier findings 앞선 결과와 상충하다 _____ your schedule 당신의 일정과 충돌하다
be familiar with	~을 잘 알고 있다, ~에 익숙하다 (=be accustomed to, be used to)	_____ the material 그 자료를 잘 알고 있다 _____ our system 우리 체계를 잘 알고 있다
find out	찾아내다, 알아내다 (=figure out, discover)	_____ if we've exceeded our budget 우리가 예산을 초과했는지 알아내다 _____ when the office will open 사무실이 언제 열지 알아내다
at all times	항상(=all the time)	be available _____ 항상 이용할 수 있다 be accessible _____ 항상 접근할 수 있다
for now	우선은, 당분간, 지금은 (=for a while, for the moment)	be stable _____ 당분간은 안정적이다 enough _____ 지금은 충분한
in favor of	~에 찬성하여, ~을 위하여(=for the sake of), ~에 유리한(=for the benefit of)	_____ the laboratory upgrades 실험실 개선을 위하여 _____ the policy 정책에 찬성하여

저절로 암기 Training

Exercise A 주어진 표현들을 결합하여 구문을 만드세요.

be eligible for + discount → _____ a _____
~할 자격이 되다   할인   할인받을 자격이 되다

be seated + side by side → _____ _____
앉아 있다   나란히   나란히 앉아 있다

plug in   + laptop → _____ a _____
플러그를 꽂다   노트북   노트북 플러그를 꽂다

be similar to + old → _____ the _____ one
~과 유사하다   예전의   예전 것과 유사하다

conflict with + schedule → _____ your _____
~과 상충하다   일정   당신의 일정과 충돌하다

be familiar with + system → _____ our _____
~을 잘 알고 있다   체계   우리 체계를 잘 알고 있다

find out + exceed → _____ if we've _____ed our budget
알아내다   초과하다   우리가 예산을 초과했는지 알아내다

accessible + at all times → be _____ _____
접근할 수 있는   항상   항상 접근할 수 있다

enough + for now → _____ _____
충분한   지금은, 당분간   지금은 충분한

in favor of + policy → _____ the _____
~에 찬성하여   정책   정책에 찬성하여

Exercise B 보기에서 적절한 표현을 찾아 문장을 완성하세요.

보기

    be eligible for   side by side   plug in   be similar to   conflict with
    be familiar with   find out   at all times   for now   in favor of

01. I hope it doesn't _____ your schedule.
    저는 이것이 당신의 일정과 충돌하지 않길 바라요.

02. All members _____ a discount.   모든 회원은 할인받을 자격이 된다.

03. She _____ our system.   그녀는 우리 체계를 잘 알고 있다.

04. The digital documents are accessible _____.   디지털 문서에 항상 접근할 수 있다.

05. Two women are seated _____ on the bench. 두 여자가 벤치에 나란히 앉아 있다.

06. I think that's enough _____. 지금은 그 정도로 충분한 것 같군요.

07. Surprisingly, most people are _____ the policy.
놀랍게도 대부분의 사람이 그 정책에 찬성한다.

08. Where can I _____ my laptop? 어디에 제 노트북 플러그를 꽂을 수 있을까요?

09. The new machine _____ the old one. 새 기계는 예전 것과 유사하다.

10. Can you _____ if we've exceeded our budget for me?
당신은 저를 위해서 우리가 예산을 초과했는지 알아봐 줄 수 있나요?

DAY 1
DAY 2
DAY 3
DAY 4
DAY 5
DAY 6
DAY 7
DAY 8
DAY 9
DAY 10
DAY 11
DAY 12
DAY 13
DAY 14
DAY 15
DAY 16
DAY 17
DAY 18
DAY 19
DAY 20
DAY 21
DAY 22
DAY 23
DAY 24
DAY 25
DAY 26
DAY 27
DAY 28
DAY 29
DAY 30

Exercise C 주어진 표현의 적절한 의미를 찾아 연결해 보세요.

01. be eligible for •   • a. 나란히

02. side by side •   • b. ~과 상충하다

03. plug in •   • c. ~할 자격이 되다

04. be similar to •   • d. ~과 유사하다

05. conflict with •   • e. ~을 전원에 꽂다

06. be familiar with •   • f. 항상

07. find out •   • g. ~을 잘 알고 있다

08. at all times •   • h. 우선은, 당분간

09. for now •   • i. ~에 찬성하여

10. in favor of •   • j. 찾아내다, 알아내다

Exercise B 01. conflict with 02. are eligible for 03. is familiar with 04. at all times 05. side by side 06. for now 07. in favor of 08. plug in 09. is similar to 10. find out **Exercise C** 01. c 02. a 03. e 04. d 05. b 06. g 07. j 08. f 09. h 10. i

Exercise D 다음 문장을 올바르게 해석해 보세요.

I just [01]**found out** that all products at GoEurope.com [02]**are eligible for** free shipping [03]**for now**.

저는 막 GoEurope.com의 모든 제품이 [03]_____ 무료 배송 [02]_____ 것을 [01]_____.

Anyone who [04]**is familiar with** us knows that we are honest to our partners [05]**at all times**. 우리를 [04]_____ 사람이라면 우리가 [05]_____ 우리 파트너들에게 정직하다는 것을 안다.

Exercise E 다음 구문을 올바르게 해석해 보세요.

01. **conflict with** your schedule

_____

02. **find out** if we've exceeded our budget

_____

03. **plug in** a laptop

_____

04. be accessible **at all times**

_____

05. **be eligible for** a discount

_____

06. **be familiar with** our system

_____

07. enough **for now**

_____

08. **in favor of** the policy

_____

09. be seated **side by side**

_____

10. **be similar to** the old one

_____

Exercise D 01. 발견했습니다 02. 대상이라는 03. 당분간 04. 잘 알고 있는 05. 항상   Exercise E 01. 당신의 일정과 충돌하다 02. 우리가 예산을 초과했는지 알아내다 03. 노트북 플러그를 꽂다 04. 항상 접근할 수 있다 05. 할인받을 자격이 되다 06. 우리 체계를 잘 알고 있다 07. 지금은 충분한 08. 정책에 찬성하여 09. 나란히 앉아 있다 10. 예전 것과 유사하다

DAY 12-4

Phrases & Expressions (2)

make arrangements	준비하다, 결정하다	_____ the travel _____ 여행 준비를 하다 _____ for annual convention 연례 회의를 준비하다
look forward to	~을 기대하다	_____ tomorrow's play 내일 연극을 기대하다 _____ hearing from you 당신의 연락을 기다리다
make a profit	수익을 올리다, 이윤을 남기다	_____ large _____ 큰 수익을 올리다 struggle to _____ 수익을 올리기 위해 고군분투하다
report on	~에 대해 보고하다	_____ a company merger 회사 합병에 대해 보고하다 _____ environmental impacts 환경 영향에 대해 보고하다
meet one's needs	~의 요구에 부합하다 (=satisfy one's demands)	_____ customers' _____ 고객의 요구에 부합하다
stay ahead	앞서다, 미리 (~을) 하다	_____ of schedule 일정보다 앞서다 _____ of the competition 경쟁에서 앞서다
A as well as B	B뿐만 아니라 A도 (=not only B but also A)	season passes _____ tickets for one-day admission 1일 입장권뿐만 아니라 시즌 이용권도 buses _____ taxis 택시뿐 아니라 버스도
attend to	~을 돌보다, ~의 시중을 들다(=serve)	_____ customers in a restaurant 식당에서 손님들 시중을 들다 _____ a patient 환자를 돌보다
bring in	~에 참여[관여]하게 하다, ~을 들여오다, (시스템을) 도입하다, (돈을) 벌다	_____ more customers 더 많은 손님을 끌어들이다 _____ extra money 여분의 돈을 벌다
take part in	~에 참여하다(=participate in)	_____ a study 연구에 참여하다 _____ the program 프로그램에 참여하다

DAY 1
DAY 2
DAY 3
DAY 4
DAY 5
DAY 6
DAY 7
DAY 8
DAY 9
DAY 10
DAY 11
DAY 12
DAY 13
DAY 14
DAY 15
DAY 16
DAY 17
DAY 18
DAY 19
DAY 20
DAY 21
DAY 22
DAY 23
DAY 24
DAY 25
DAY 26
DAY 27
DAY 28
DAY 29
DAY 30

DAY 12 Phrases & Expressions (2)   229

저절로 암기 Training

Exercise A 주어진 표현들을 결합하여 구문을 만드세요.

make arrangements + travel → ＿＿＿＿＿＿＿ the ＿＿＿＿＿＿＿ ＿＿＿＿＿＿＿
준비하다 　　　　　　　여행 　　　　여행 준비를 하다

look forward to + from → ＿＿＿＿＿＿＿ hearing ＿＿＿＿＿＿＿ you
～을 기대하다 　　　　～로부터 　　　당신의 연락을 기다리다

struggle + make a profit → ＿＿＿＿＿＿＿ to ＿＿＿＿＿＿＿
고군분투하다 　　수익을 올리다 　　　수익을 올리기 위해 고군분투하다

report on + environmental → ＿＿＿＿＿＿＿ ＿＿＿＿＿＿＿ impacts
～에 대해 보고하다 　　환경의 　　　　환경 영향에 대해 보고하다

meet one's needs + customer → ＿＿＿＿＿＿＿ ＿＿＿＿＿＿＿s' ＿＿＿＿＿＿＿
～의 요구에 부합하다 　　고객 　　　고객의 요구에 부합하다

stay ahead + competition → ＿＿＿＿＿＿＿ of the ＿＿＿＿＿＿＿
앞선 　　　　경쟁 　　　　경쟁에서 앞서다

pass + A as well as B → season ＿＿＿＿＿＿＿es ＿＿＿＿＿＿＿ tickets for one-day
이용권 　　B뿐만 아니라 A도 　　admission
　　　　　　　　　　　　1일 입장권뿐만 아니라 시즌 이용권도

attend to + patient → ＿＿＿＿＿＿＿ a ＿＿＿＿＿＿＿
돌보다 　　환자 　　환자를 돌보다

bring in + extra → ＿＿＿＿＿＿＿ ＿＿＿＿＿＿＿ money
벌다 　　여분의 　　여분의 돈을 벌다

take part in + program → ＿＿＿＿＿＿＿ the ＿＿＿＿＿＿＿
참여하다 　　프로그램 　　프로그램에 참여하다

Exercise B 보기에서 적절한 표현을 찾아 문장을 완성하세요.

보기

make arrangements   look forward to   make a profit   report on
meet (one's) needs   stay ahead   A as well as B   attend to   bring in   take part in

01. Season passes ＿＿＿＿＿＿＿ tickets for one-day admission can be bought online.
　　1일 입장권뿐만 아니라 시즌 이용권도 온라인으로 구입할 수 있습니다.

02. She was called out to ＿＿＿＿＿＿＿ a patient. 그녀는 환자를 돌보라고 호출 받았다.

03. I have to ＿＿＿＿＿＿＿ the travel ＿＿＿＿＿＿＿ for the boss.
　　나는 상사를 위해 여행 준비를 해야 한다.

04. They will _____ environmental impacts of meat consumption.
그들은 육류 소비의 환경 영향에 대해 보고할 것이다.

05. Please contact us if you wish to _____ the program.
프로그램에 참여하기 원하신다면 저희에게 연락해주십시오.

06. I _____ hearing from you soon. 연락 기다리겠습니다.

07. They make little effort to _____ customers' _____.
그들은 고객의 요구에 부합하려는 노력을 거의 하지 않는다.

08. East Asia Fabric Company is struggling to _____.
East Asia Fabric Company는 수익을 올리기 위해 고군분투하고 있다.

09. It's important to think outside the box to _____ of the competition.
경쟁에서 앞서기 위해서는 틀 밖에서 생각하는 것이 중요하다.

10. She started a part-time job to _____ extra money.
그녀는 여분의 돈을 벌기 위해 시간제 일을 시작했다.

DAY 1
DAY 2
DAY 3
DAY 4
DAY 5
DAY 6
DAY 7
DAY 8
DAY 9
DAY 10
DAY 11
DAY 12
DAY 13
DAY 14
DAY 15
DAY 16
DAY 17
DAY 18
DAY 19
DAY 20
DAY 21
DAY 22
DAY 23
DAY 24
DAY 25
DAY 26
DAY 27
DAY 28
DAY 29
DAY 30

Exercise C 주어진 표현의 적절한 의미를 찾아 연결해 보세요.

01. make arrangements ·   · a. ~에 대해 보고하다

02. look forward to ·   · b. 수익을 올리다

03. make a profit ·   · c. ~의 요구에 부합하다

04. report on ·   · d. ~을 기대하다

05. meet one's needs ·   · e. 준비하다

06. stay ahead ·   · f. 앞서다

07. A as well as B ·   · g. ~을 돌보다, ~의 시중을 들다

08. attend to ·   · h. B뿐만 아니라 A도

09. bring in ·   · i. 도입하다, 벌다

10. take part in ·   · j. ~에 참여하다

Exercise B 01. as well as 02. attend to 03. make, arrangements 04. report on 05. take part in 06. look forward to 07. meet, needs 08. make a profit 09. stay ahead 10. bring in **Exercise C** 01. e 02. d 03. b 04. a 05. c 06. f 07. h 08. g 09. i 10. j

Exercise D 다음 문장을 올바르게 해석해 보세요.

We can ⁰¹**make** more **profit** by developing new products that ⁰²**meet** customers' **needs** ⁰³**as well as** by lowering prices.

가격을 낮출 ⁰³_____ 고객의 ⁰²_____ 새 상품들을 개발함으로써 우리는 더 많은 ⁰¹_____ 수 있다.

I'm ⁰⁴**looking forward to** going on a vacation. I already finished ⁰⁵**making** the travel **arrangements**.

저는 휴가 가는 것을 ⁰⁴_____ 있어요. 저는 벌써 여행 ⁰⁵_____ 을 끝마쳤어요.

Exercise E 다음 구문을 올바르게 해석해 보세요.

01. **bring in** extra money
_____

02. **stay ahead** of the competition
_____

03. season passes **as well as** tickets for one-day admission
_____

04. **attend to** a patient
_____

05. **make** the travel **arrangements**
_____

06. **report on** environmental impacts
_____

07. **look forward to** hearing from you
_____

08. **meet** customers' **needs**
_____

09. struggle to **make a profit**
_____

10. **take part in** the program
_____

Exercise D 01. 수익을 올릴 02. 요구에 부합하는 03. 뿐만 아니라 04. 기대하고 05. 준비하는 것   **Exercise E** 01. 여분의 돈을 벌다 02. 경쟁에서 앞서다 03. 1일 입장권뿐만 아니라 시즌 이용권도 04. 환자를 돌보다 05. 여행 준비를 하다 06. 환경 영향에 대해 보고하다 07. 당신의 연락을 기다리다 08. 고객의 요구에 부합하다 09. 수익을 올리기 위해 고군분투하다 10. 프로그램에 참여하다

저절로 실전 Training

Day 12에서 배운 단어,
실제 토익에는 이렇게 나옵니다.

Reading & Listening 배운 단어로 실전 지문 읽고 들어보기

다음 글을 읽고 올바른 해석을 고르세요.

MP3 🎧

> I am notifying you of our final decision. Our committee carefully **looked over** your **application** and we decided to offer you a position with our company.
>
> **1.** (A) 당신의 지원서를 검토했다
>   (B) 당신의 지원서를 누락했다
>
> Congratulations! You will take part in our biggest project in New York. We're expecting for you to **bring in** your expertise.
>
> **2.** (A) 역량을 보여주다
>   (B) 역량을 소진하다
>
> You will report on the progress of the project directly to the Vice President in person. Your office will be available for you in a week. For now, if you wish to accept the offer, please **follow up on** this email. Your salary will be based on the compensation
>
> **3.** (A) 이메일을 보관하다
>   (B) 이메일에 답변하다
>
> request you made during the last interview. Once we receive your confirmation, we can make an arrangement for you to register for the company's intranet. We'll look forward to having you at our company.

Phrases & Expressions (2)

Answers

1. (A) 2. (A) 3. (B)

해석 우리의 최종 결정을 알려드립니다. 우리 위원회는 신중하게 당신의 ^{1.} 당신의 지원서를 검토하였으며 당신에게 우리 회사와 함께할 직책을 제공하기로 하였습니다. 축하드립니다! 당신은 뉴욕에서 회사의 가장 큰 프로젝트에 참가하게 될 것입니다. 당신의 ^{2.} 역량을 보여주시기를 기대합니다. 당신은 프로젝트 진행 과정에 대해 부사장님께 직접 보고하게 됩니다. 당신의 사무실은 일주일 내로 이용할 수 있을 것입니다. 이제 제안을 받아들이신다면 이 ^{3.} 이메일에 답변해주시기 바랍니다. 당신의 연봉은 마지막 면접 때 말씀해주셨던 급여 요청에 근거할 것입니다. 당신의 확인을 받는 대로 저희는 당신이 회사 인트라넷에 등록할 수 있게 조치를 취하겠습니다. 우리 회사에 와주시기를 고대합니다.

CHAPTER

JOB & WORK

3

DAY 13-1

manager	n. (사업체·상점 등의) 경영자, 관리자 managerial *a.* 관리의 manage *v.* 경영하다, 관리하다	a facility _____ 시설 운영자 a property _____ 재산 관리인
organization	n. 조직, 기구, 준비 organize *v.* 조직하다, 준비하다, 구성하다 organizational *a.* 조직(상)의	a local _____ 지역 단체 the entire _____ 전체 조직
function	n. 기능, 행사, 의식 *v.* 기능하다, 작동하다 functionality *n.* 기능성, 작동 functional *a.* 기능상의, 실용적인	host a private _____ 사적인 행사를 주최하다 _____ properly 제대로 작동하다
correct	*a.* 올바른, 정확한 *v.* 수정하다, 바로잡다 correction *n.* 수정, 정정 correctly *ad.* 바르게, 맞게	_____ a misunderstanding 오해를 바로잡다 _____ed information 정정된 정보
instructor	n. 강사 instruct *v.* 지시하다, 가르치다 instruction *n.* 지시, 설명(서)	a cooking _____ 요리 강사 a software _____ 소프트웨어 강사
supervise	*v.* 감독하다, 지도하다, 관리하다 supervision *n.* 감독, 관리 supervisor *n.* 감독자, 관리자	_____ the production line 생산라인을 감독하다 _____ interns 인턴들을 감독하다
monitor	n. 화면, 모니터 *v.* 감독하다, 감시하다, 검토하다 monitoring *n.* 감시 *a.* 모니터(용)의	a computer _____ 컴퓨터 모니터 _____ their children's behavior 그들의 자녀들 행동을 감시하다
conduct	n. 수행 *v.* 수행하다, 실시하다 conductor *n.* 지휘자, 안내원, 차장	_____ a marketing survey 마케팅 설문 조사를 실시하다 _____ a job interview 입사 면접을 실시하다
arrange	*v.* 정리하다, 배열하다, 계획하다, 준비하다 arrangement *n.* 배열, 정돈	_____ an appointment 약속을 잡다 _____ the room 방 정리를 하다
maintain	*v.* 유지하다, 관리하다 maintenance *n.* 관리, 유지 보수	_____ airport equipment 공항 장비를 관리하다 _____ its dominant position in the market 시장에서 지배적 위치를 유지하다

저절로 암기 Training

Exercise A 주어진 단어들을 결합하여 구문을 만드세요.

property + manager → a _____ _____
재산   관리인   재산 관리인

local + organization → a _____ _____
지역의   단체   지역 단체

private + function → host a _____ _____
사적인   행사, 기능   사적인 행사를 주최하다

correct + misunderstanding → _____ a _____
바로잡다   오해   오해를 바로잡다

cooking + instructor → a _____ _____
요리   강사   요리 강사

supervise + intern → _____ _____ s
감독하다   인턴   인턴들을 감독하다

monitor + behavior → _____ their children's _____
감시하다   행동   그들의 자녀들 행동을 감시하다

conduct + interview → _____ a job _____
실시하다   면담, 인터뷰   입사 면접을 실시하다

arrange + appointment → _____ an _____
계획하다   약속   약속을 잡다

maintain + dominant → _____ its _____ position in the market
유지하다   지배적인   시장에서 지배적 위치를 유지하다

Exercise B 보기에서 적절한 단어를 찾아 문장을 완성하세요.

<u>보기</u>

manager   organization   function   correct   instructor
supervise   monitor   conduct   arrange   maintain

01. It shows the property owner trusts the property _____.
그것은 재산 소유주가 재산 관리인을 신뢰한다는 것을 보여준다.

02. It gave me an opportunity to _____ the misunderstanding.
그것은 나에게 오해를 바로잡을 기회를 주었다.

03. She's been a cooking _____ for 8 years. 그녀는 8년 동안 요리 강사로 있었다.

04. I designed a logo for a local _____ . 저는 한 지역 단체의 로고를 디자인했습니다.

05. He was sent to San Diego to _____ interns.
그는 인턴들을 감독하라고 San Diego로 파견되었다.

06. This is a perfect place for hosting a private _____ .
이곳은 사적인 행사를 주최하기 완벽한 장소입니다.

07. For the last 12 years, I have _____ed thousands of job interviews.
지난 12년 동안, 저는 수천 건의 입사 면접을 실시했습니다.

08. As parents, they should _____ their children's behavior.
부모로서, 그들은 그들의 자녀들 행동을 감시해야 한다.

09. I wonder if WML would be able to _____ its dominant position in the
market. 나는 WML이 시장에서 지배적 위치를 유지할 수 있을지 의문이다.

10. I would like to _____ an appointment to discuss a new business idea.
새로운 사업 아이디어를 논의하기 위해 약속을 잡고 싶습니다.

Exercise C 주어진 단어의 적절한 의미를 찾아 연결해 보세요.

01. manager •   • a. 강사

02. organization •   • b. 경영자, 관리자

03. function •   • c. 올바른; 수정하다

04. correct •   • d. 기능, 행사; 작동하다

05. instructor •   • e. 조직, 기구, 준비

06. supervise •   • f. 수행; 수행하다, 실시하다

07. monitor •   • g. 배열하다, 준비하다

08. conduct •   • h. 감독하다, 지도하다

09. arrange •   • i. 유지하다, 관리하다

10. maintain •   • j. 화면; 감독하다, 감시하다

Exercise B 01. manager 02. correct 03. instructor 04. organization 05. supervise 06. function 07. conduct 08. monitor 09. maintain 10. arrange **Exercise C** 01. b 02. e 03. d 04. c 05. a 06. h 07. j 08. f 09. g 10. i

Exercise D 다음 문장을 올바르게 해석해 보세요.

The personnel [01]**managers** [02]**monitor** the [03]**instructor** hiring process.
인사 [01]_____ 이 [03]_____ 채용 과정을 [02]_____ .

The [04]**organization** [05]**conducts** an internal evaluation every year.
그 [04]_____ 은 매년 내부 평가를 [05]_____ .

Exercise E 다음 구문을 올바르게 해석해 보세요.

01. **supervise** interns
_____

02. a property **manager**
_____

03. correct a **misunderstanding**
_____

04. a cooking **instructor**
_____

05. **monitor** their children's behavior
_____

06. a local **organization**
_____

07. **arrange** an appointment
_____

08. host a private **function**
_____

09. **maintain** its dominant position in the market
_____

10. **conduct** a job interview
_____

Exercise D 01. 관리자들 02. 감독한다 03. 강사 04. 조직 05. 실시한다   **Exercise E** 01. 인턴들을 감독하다 02. 재산 관리인 03. 오해를 바로잡다 04. 요리 강사 05. 그들의 자녀들 행동을 감시하다 06. 지역 단체 07. 약속을 잡다 08. 사적인 행사를 주최하다 09. 시장에서 지배적 위치를 유지하다 10. 입사 면접을 실시하다

DAY 13-2

mandatory	*a.* 의무적인, 강제적인 (=compulsory, obligatory) mandate *n.* 권한, 지시, 명령 *v.* 명령하다, 지시하다	a _____ inspection 의무 검사 _____ for all employees 모든 직원에게 의무적인
appropriate	*a.* 적당한, 적합한 appropriately *ad.* 적당하게, 알맞게	wear the _____ safety gear 적합한 안전 장비를 착용하다 in an _____ manner 적절한 방식으로
combination	*n.* 결합, 연합, 조합 combine *v.* 결합하다 in combination with ~와 더불어, ~와 결합하여	a _____ of education and experience 교육과 경험의 조합 make a good _____ 좋은 결합이 되다
summarize	*v.* 요약하다, 간추려 말하다 summary *n.* 요약 *a.* 간략한, 약식의	_____ business activity 사업 활동을 요약하다 _____ the results of preliminary research 예비 조사 결과를 요약하다
repeat	*n.* 반복, 재방송 *v.* 반복하다, 거듭 말하다, 전하다 repetition *n.* 반복 repetitive *a.* 반복적인, 되풀이하는	_____ the message 메시지를 반복하다 _____ the mistakes of the past 과거의 실수를 반복하다
shift	*n.* 변화, 교대 근무(조) *v.* 옮기다, 이동하다	the night _____ 밤 교대 근무 major climate _____ 중대한 기후 변화
retreat	*n.* 워크숍, (회사) 야유회, 후퇴 *v.* 후퇴하다, 물러나다	hold the regional managers' _____ 지역 매니저들의 워크숍을 개최하다 organize a _____ for employees 직원들을 위한 야유회를 준비하다
private	*a.* 민간의, 사적인 privacy *n.* 사생활, 은둔, 비밀	a _____ sector 민간 분야 _____ donations 사적인 기부
extend	*v.* 연장하다, 뻗다 extension *n.* 연장, 확대 extensive *a.* 광범위한, 폭넓은	_____ your stay 당신의 숙박을 연장하다 _____ her both hands 그녀의 양손을 뻗다
establish	*v.* 세우다, 설립하다(=found) establishment *n.* 설립 established *a.* 확립된, 확고히 자리를 잡은	_____ a business 사업체를 설립하다 _____ a new plant in Dubai 두바이에 새 공장을 세우다

저절로 암기 Training

Exercise A 주어진 단어들을 결합하여 구문을 만드세요.

mandatory + inspection → a ＿＿＿＿＿＿ ＿＿＿＿＿＿
의무적인　　　검사　　　　　　의무 검사

wear + appropriate → ＿＿＿＿＿ the ＿＿＿＿＿ safety gear
착용하다　　적합한　　　　　적합한 안전 장비를 착용하다

combination + experience → a ＿＿＿＿＿ of education and ＿＿＿＿＿
조합　　　　　경험　　　　　교육과 경험의 조합

summarize + result → ＿＿＿＿＿ the ＿＿＿＿＿s of preliminary research
요약하다　　　결과　　　　예비 조사 결과를 요약하다

repeat + message → ＿＿＿＿＿ the ＿＿＿＿＿
반복하다　　메시지　　　　메시지를 반복하다

night + shift → the ＿＿＿＿＿ ＿＿＿＿＿
밤, 야간　　교대 근무　　밤 교대 근무

organize + retreat → ＿＿＿＿＿ a ＿＿＿＿＿ for employees
준비하다　　야유회　　　직원들을 위한 야유회를 준비하다

private + donation → ＿＿＿＿＿ ＿＿＿＿＿s
사적인　　기부　　　　사적인 기부

extend + stay → ＿＿＿＿＿ your ＿＿＿＿＿
연장하다　　숙박　　　당신의 숙박을 연장하다

establish + business → ＿＿＿＿＿ a ＿＿＿＿＿
설립하다　　사업체　　　사업체를 설립하다

Exercise B 보기에서 적절한 단어를 찾아 문장을 완성하세요.

보기
___

　　mandatory　appropriate　combination　summarize　repeat
　　shift　retreat　private　extend　establish
___

01. Mr. Brewster is in charge of organizing a ＿＿＿＿＿ for employees.
　　Mr. Brewster가 직원들을 위한 야유회 준비를 맡았습니다.

02. The museum largely relies on ＿＿＿＿＿ donations. 박물관은 사적인 기부에 크게 의존한다.

03. A bachelor's degree or equivalent ＿＿＿＿＿ of education and experience is
　　required. 학사 학위 또는 그에 상응하는 교육과 경험의 조합이 요구됩니다.

04. To _____ the message, press number 5. 메시지를 반복하시려면 5번을 누르세요.

05. Visitors are not permitted to enter the building unless they are wearing the _____ safety gear.
적합한 안전 장비를 착용하지 않으면 방문객들은 건물에 들어가는 것이 허용되지 않습니다.

06. This report _____s the results of preliminary research.
이 보고서는 예비 조사 결과를 요약한다.

07. The date of the next _____ inspection is shown on the next page.
다음 의무 검사의 날짜는 다음 페이지에 나와 있습니다.

08. I've been working the night _____. 저는 밤 교대 근무를 해오고 있습니다.

09. If you are already in the hotel and you want to _____ your stay, you can request it from the receptionists.
만약 이미 호텔에 도착하셨는데 당신의 숙박을 연장하고 싶으시면, 접수원에게 요청하실 수 있습니다.

10. More and more foreign investors are interested in _____ing businesses in Hong Kong. 점점 더 많은 외국인 투자자들이 홍콩에 사업체를 설립하는 데 흥미를 갖는다.

Exercise C 주어진 단어의 적절한 의미를 찾아 연결해 보세요.

01. mandatory   •   • a. 의무적인, 강제적인

02. appropriate   •   • b. 반복; 반복하다

03. combination   •   • c. 적당한, 적합한

04. summarize   •   • d. 결합, 연합

05. repeat   •   • e. 요약하다

06. shift   •   • f. 세우다, 설립하다

07. retreat   •   • g. 민간의, 사적인

08. private   •   • h. 교대 근무; 옮기다

09. extend   •   • i. 워크숍, 야유회

10. establish   •   • j. 연장하다, 뻗다

Exercise B 01. retreat 02. private 03. combination 04. repeat 05. appropriate 06. summarize 07. mandatory 08. shift 09. extend 10. establish **Exercise C** 01. a 02. c 03. d 04. e 05. b 06. h 07. i 08. g 09. j 10. f

Exercise D 다음 문장을 올바르게 해석해 보세요.

The research center was [01]**established** through a [02]**combination** of [03]**private** donations and state funding.
연구 센터는 [03]_____ 기부와 주 기금의 [02]_____으로 [01]_____.

It's hard to find an [04]**appropriate** location for a company [05]**retreat**.
회사 [05]_____를 위한 [04]_____ 장소를 찾는 것이 어렵다.

Exercise E 다음 구문을 올바르게 해석해 보세요.

01. **establish** a business

_____

02. **extend** your stay

_____

03. **repeat** the message

_____

04. organize a **retreat** for employees

_____

05. **private** donations

_____

06. a **mandatory** inspection

_____

07. the night **shift**

_____

08. wear the **appropriate** safety gear

_____

09. **summarize** the results of preliminary research

_____

10. a **combination** of education and experience

_____

Exercise D 01. 설립되었다 02. 조합 03. 사적인 04. 적합한 05. 야유회   **Exercise E** 01. 사업체를 설립하다 02. 당신의 숙박을 연장하다
03. 메시지를 반복하다 04. 직원들을 위한 야유회를 준비하다 05. 사적인 기부 06. 의무 검사 07. 밤 교대 근무 08. 적합한 안전 장비를 착용하다
09. 예비 조사 결과를 요약하다 10. 교육과 경험의 조합

DAY 13-3

proceed	*v.* 나아가다(to), 진행하다(with) procedure *n.* 절차, 순서 proceeds *n.* 수입, 매상고	_____ on schedule 예정대로 진행하다 _____ with this reservation 이 예약을 진행하다
overview	*n.* 개요, 개관 give an overview of ~을 개략적으로 설명하다	an _____ of a local event 지역 행사의 개관 a company _____ 회사 개요
workshop	*n.* 작업장, 워크숍, 연수	a venue for the _____ 워크숍 장소 participate in the upcoming _____ 다가오는 워크숍에 참석하다
balance	*n.* 잔액, 잔금, 균형(↔imbalance 불균형) *v.* 균형을 잡다	the _____ due 미납 잔액 eat a well-_____d diet 잘 균형 잡힌 식단을 먹다
solely	*ad.* 전적으로, 오로지 sole *a.* 유일한, 단독의	_____ by energy from the sun 오로지 태양 에너지로만 be _____ handled by the warehouse manager 창고 관리인에 의해 전적으로 관리되다
repeated	*a.* 반복되는 repeatedly *ad.* 되풀이하여, 여러 차례 repeat *n.* 반복 *v.* 반복하다	_____ attempts 반복적인 시도 only after _____ requests 반복되는 요청 후에야
personnel	*n.* (집합적) 직원, 인원, 인사과	the _____ department 인사과 serve as _____ director 인사부장으로 일하다
regular	*a.* 정기적인, 단골의 regularly *ad.* 정기적으로, 규칙적으로 (↔irregularly 불규칙적으로)	a _____ customer 단골손님 a _____ physical check-up 정기 건강 검진
administration	*n.* 정부(기관), 경영(진), 행정 administrative *a.* 관리[행정]상의 administer *v.* 관리하다, 집행하다	the _____ office 행정처 all aspects of office _____ 사무실 관리의 모든 측면
advisor	*n.* 고문 advisory *a.* 충고의, 고문의 advise *v.* 충고하다 advice *n.* 충고	a financial _____ 재정 고문 a foreign policy _____ 외교 정책 고문

저절로 암기 Training

Exercise A 주어진 단어들을 결합하여 구문을 만드세요.

proceed + schedule → _____ on _____
진행하다   일정   예정대로 진행하다

company + overview → a _____ _____
회사   개요   회사 개요

venue + workshop → a _____ for the _____
장소   워크숍   워크숍 장소

balance + due → the _____ _____
잔액, 잔금   예정된   미납 잔액

solely + energy → _____ by _____ from the sun
오로지   에너지   오로지 태양 에너지로만

repeated + attempt → _____ _____s
반복되는   시도   반복되는 시도

personnel + department → the _____ _____
직원, 인원   부서   인사과

regular + check-up → a _____ physical _____
정기적인   검진   정기 건강 검진

administration + office → the _____ _____
행정   사무실   행정처

financial + advisor → a _____ _____
재정의   고문   재정 고문

Exercise B 보기에서 적절한 단어를 찾아 문장을 완성하세요.

보기
proceed	overview	workshop	balance	solely
repeated	personnel	regular	administration	advisor

01. I'm here for a _____ physical check-up. 저는 정기 건강 검진받으러 왔습니다.

02. The _____ department is located on the third floor. 인사과는 3층에 있습니다.

03. Attached with this email is a company _____. 이 이메일에 회사 개요가 첨부되어 있습니다.

04. This car is powered _____ by energy from the sun.
이 차는 오로지 태양 에너지로만 동력을 공급받는다.

05. The venue for our company _____ has been severely damaged from last night's storm. 우리 회사 워크숍 장소가 지난 밤 태풍으로 인해 심각하게 훼손되었습니다.

06. We have to shorten the break time to _____ on schedule with the rest of the drill. 나머지 훈련을 예정대로 진행하기 위해 휴식 시간을 줄여야 합니다.

07. The Lake View Resort will automatically charge the _____ due to your credit card. Lake View Resort는 당신의 신용카드로 미납 잔액을 자동으로 청구할 것입니다.

08. I gave up after _____ attempts. 저는 반복되는 시도 후 포기했어요.

09. We announce that our _____ office will be moving to 1900 Ashbury Street on June 15. 우리 행정처는 6월 15일 Ashbury가 1900번지로 이전함을 공지합니다.

10. If you're not financially ready to retire yet, you should consider hiring a financial _____.
만약 당신이 재정적으로 은퇴할 준비가 아직 되어있지 않다면, 재정 고문 고용을 고려하는 것이 좋을 거예요.

DAY 1
DAY 2
DAY 3
DAY 4
DAY 5
DAY 6
DAY 7
DAY 8
DAY 9
DAY 10
DAY 11
DAY 12
DAY 13
DAY 14
DAY 15
DAY 16
DAY 17
DAY 18
DAY 19
DAY 20
DAY 21
DAY 22
DAY 23
DAY 24
DAY 25
DAY 26
DAY 27
DAY 28
DAY 29
DAY 30

Exercise C 주어진 단어의 적절한 의미를 찾아 연결해 보세요.

01. proceed   •   • a. 개요, 개관

02. overview   •   • b. 워크숍, 연수

03. workshop   •   • c. 전적으로, 오로지

04. balance   •   • d. 나아가다, 진행하다

05. solely   •   • e. 잔액; 균형을 잡다

06. repeated   •   • f. 정부, 행정, 경영

07. personnel   •   • g. 반복되는

08. regular   •   • h. 고문

09. administration   •   • i. 직원, 인원, 인사과

10. advisor   •   • j. 정기적인, 단골의

Exercise B 01. regular 02. personnel 03. overview 04. solely 05. workshop 06. proceed 07. balance 08. repeated 09. administration 10. advisor   **Exercise C** 01. d 02. a 03. b 04. e 05. c 06. g 07. i 08. j 09. f 10. h

Exercise D 다음 문장을 올바르게 해석해 보세요.

I was focused [01]**solely** on preparing the [02]**regular** [03]**workshop**.

저는 [02]_____ [03]_____ 을 준비하는 것에 [01]_____ 열중하고 있었어요.

They ignored the [04]**advisor's** [05]**repeated** suggestions.

그들은 [04]_____ 의 [05]_____ 제안을 무시했다.

Exercise E 다음 구문을 올바르게 해석해 보세요.

01. the **administration** office

_____

02. **repeated** attempts

_____

03. a company **overview**

_____

04. the **balance** due

_____

05. **proceed** on schedule

_____

06. **solely** by energy from the sun

_____

07. a **regular** physical check-up

_____

08. a venue for the **workshop**

_____

09. the **personnel** department

_____

10. a financial **advisor**

_____

Exercise D 01. 전적으로 02. 정기 03. 워크숍 04. 고문 05. 반복되는   Exercise E 01. 행정처 02. 반복되는 시도 03. 회사 개요 04. 미납 잔액 05. 예정대로 진행하다 06. 오로지 태양 에너지로만 07. 정기 건강 검진 08. 워크숍 장소 09. 인사과 10. 재정 고문

DAY 13-4

numerous	*a.* 많은, 다양한, 다수의	_____ copies 수많은 사본 _____ employment opportunities 수많은 고용 기회
central	*a.* 중앙의, 중심의 center *n.* 중앙 *v.* 중앙에 놓다 *a.* 중심의 centralize *v.* 중앙에 집중시키다	the _____ facility 중앙 시설 play a _____ role 중심 역할을 하다
existing	*a.* 기존의, 현행의 existence *n.* 존재 exist *v.* 존재하다, 살아가다	_____ customers 기존 고객들 an _____ building 기존 건물
structure	*n.* 구조(물), 건축물 *v.* 조직하다, 구축하다 structural *a.* 구조상의	the basic _____ 기본 구조 a parking _____ 주차 건물
collaboration	*n.* 협력, 협동, 협업 collaborate *v.* 협력하다, 공동으로 하다	in _____ with several museums 몇몇 박물관과 협력하여 the benefits of _____ between organizations 조직 간 협력의 이점
complex	*n.* 복합체, (건물) 단지, 복합건물 *a.* 복잡한 complexity *n.* 복잡성, 복잡함	an apartment _____ 아파트 단지 _____ installation procedures 복잡한 설치 과정
fortunate	*a.* 운 좋은(↔unfortunate 불행한) fortunately *ad.* 다행히 fortune *n.* 운, 재산	be _____ to have a job 운이 좋게도 직업을 갖다 be _____ to win a scholarship 운이 좋게도 장학금을 받다
consultation	*n.* 협의, 상의, (정식) 회담 consult *v.* 상담하다, 상의하다 consultant *n.* 자문가, 상담사	schedule a _____ 상담 일정을 잡다 request a _____ 상담을 요청하다
evaluate	*v.* 평가하다, 계산하다 evaluation *n.* 평가 evaluator *n.* 평가자	_____ a theater production 극장의 공연을 평가하다 _____ the safety 안전성을 평가하다
regulate	*v.* 규제하다, 조절하다 regulation *n.* 규정 regulator *n.* 조절기, 규제 기관	_____ the carbon emissions 탄소 배출을 규제하다 _____ cash flow 현금 흐름을 조절하다

저절로 암기 Training

Exercise A 주어진 단어들을 결합하여 구문을 만드세요.

numerous + employment → _____ _____ opportunities
수많은   고용   수많은 고용 기회

central + facility → the _____ _____
중앙의   시설   중앙 시설

existing + customer → _____ _____s
기존의   고객   기존 고객들

parking + structure → a _____ _____
주차   구조, 건축물   주차 건물

collaboration + several → in _____ with _____ museums
협업   몇몇의   몇몇 박물관과 협력하여

apartment + complex → an _____ _____
아파트   복합 단지   아파트 단지

fortunate + job → be _____ to have a _____
운 좋은   직업   운이 좋게도 직업을 갖다

request + consultation → _____ a _____
요청하다   상담   상담을 요청하다

evaluate + safety → _____ the _____
평가하다   안전성   안전성을 평가하다

regulate + flow → _____ cash _____
조절하다   흐름   현금 흐름을 조절하다

Exercise B 보기에서 적절한 단어를 찾아 문장을 완성하세요.

보기

numerous   central   existing   structure   collaboration
complex   fortunate   consultation   evaluate   regulate

01. A group of experts were convened to _____ the safety of a new medicine.
신약의 안전성을 평가하기 위해 한 무리의 전문가들이 소집되었다.

02. We offer _____ employment opportunities. 저희는 수많은 고용 기회를 제공합니다.

03. This special exhibition is organized in _____ with several museums.
이 특별 전시회는 몇몇 박물관과 협력하여 조직되었습니다.

04. I think it would be better to focus on _____ customers.

저는 기존 고객들에게 초점을 맞추는 것이 더 낫다고 생각합니다.

05. I'm _____ to have a job in this economy. 이런 경제 상황에 직업을 갖다니 나는 운이 좋아요.

06. I suggest that you request a _____ with your attorney.

저는 당신이 변호사에게 상담을 요청하는 것을 제안합니다.

07. The _____ facility is not open to the public. 중앙 시설은 대중에게 개방하지 않습니다.

08. The local government is in the final planning stage for the construction of a 611-space parking _____.

지방 정부는 611대를 수용하는 주차 건물 건축의 마지막 계획 단계에 있습니다.

09. This apartment _____ has luxury amenities.

이 아파트 단지는 고급 편의 시설을 제공한다.

10. I know many small business owners have difficulty in _____ing cash flow.

저는 많은 소형 사업주들이 현금 흐름을 조절하는 데 어려움을 겪는다는 것을 알아요.

Exercise C 주어진 단어의 적절한 의미를 찾아 연결해 보세요.

01. numerous • • a. 구조; 조직하다

02. central • • b. 많은, 다양한

03. existing • • c. 협업, 협력

04. structure • • d. 기존의, 현행의

05. collaboration • • e. 중앙의, 중심의

06. complex • • f. 운 좋은

07. fortunate • • g. 복합체, 단지; 복잡한

08. consultation • • h. 규제하다, 조절하다

09. evaluate • • i. 협의, 상의, 회담

10. regulate • • j. 평가하다, 계산하다

DAY 1
DAY 2
DAY 3
DAY 4
DAY 5
DAY 6
DAY 7
DAY 8
DAY 9
DAY 10
DAY 11
DAY 12
DAY 13
DAY 14
DAY 15
DAY 16
DAY 17
DAY 18
DAY 19
DAY 20
DAY 21
DAY 22
DAY 23
DAY 24
DAY 25
DAY 26
DAY 27
DAY 28
DAY 29
DAY 30

Exercise B 01. evaluate 02. numerous 03. collaboration 04. existing 05. fortunate 06. consultation 07. central 08. structure
09. complex 10. regulat **Exercise C** 01. b 02. e 03. d 04. a 05. c 06. g 07. f 08. i 09. j 10. h

Exercise D 다음 문장을 올바르게 해석해 보세요.

The problems your department is facing are too [01]**numerous** and [02]**complex** to discuss here.   당신 부서가 겪고 있는 문제는 여기에서 의논하기에는 너무 [01]_____ [02]_____.

After [03]**consultation** with experts, we decided not to extend the [04]**existing** [05]**collaboration**.

전문가들과 [03]_____ 후에, 우리는 [04]_____ [05]_____ 을 연장하지 않기로 했습니다.

Exercise E 다음 구문을 올바르게 해석해 보세요.

01. request a **consultation**

_____

02. an apartment **complex**

_____

03. be **fortunate** to have a job

_____

04. **numerous** employment opportunities

_____

05. a parking **structure**

_____

06. in **collaboration** with several museums

_____

07. the **central** facility

_____

08. **existing** customers

_____

09. **regulate** cash flow

_____

10. **evaluate** the safety

_____

Exercise D 01. 많고 02. 복잡합니다 03. 상의 04. 기존 05. 협업   Exercise E 01. 상담을 요청하다 02. 아파트 단지 03. 운이 좋게도 직업을 갖다 04. 수많은 고용 기회 05. 주차 건물 06. 몇몇 박물관과 협력하여 07. 중앙 시설 08. 기존 고객들 09. 현금 흐름을 조절하다 10. 안전성을 평가하다

저절로 실전 Training

Grammar & Expressions 배운 단어로 Part 5 실전 문제 풀어보기

1. The personnel managers monitor the ------- hiring process.

(A) instructor
(B) instructive
(C) instruct
(D) instructed

2. The research center was established through a ------- of private donations and state funding.

(A) distinction
(B) expiration
(C) combination
(D) contradiction

3. I was focused ------- on preparing the regular workshop.

(A) sole
(B) solely
(C) solitude
(D) soleless

4. After ------- with experts, we decided not to extend the existing collaboration.

(A) consultation
(B) consultative
(C) consult
(D) consulted

- -

Answers

1. (A)

해석 인사 관리자가 강사 채용 과정을 감독한다.

해설 [어법] 품사　관사 the 이하 부분은 명사구이므로 빈칸에는 hiring process와 함께 명사구를 형성하기 어울리는 단어가 와야 한다. 문맥상 '(A) 강사 채용 과정을 감독한다'고 해야 적절하다.
(A) 강사 (B) 교육적인 (C) 가르치다, 지시하다 (D) 교양 있는, 교육받은

2. (C)

해석 연구 센터는 사적인 기부와 주 기금의 조합으로 설립되었다.

해설 [어휘] 문맥에 어울리는 명사　문맥상 '사적인 기부와 주 기금의 (C) 조합'이라고 해야 적절하다.
(A) 차이 (B) 만기, 만료 (C) 조합 (D) 대비, 모순

3. (B)

해석 저는 정기 워크숍을 준비하는 것에 전적으로 열중하고 있었어요.

해설 [어법] 품사　빈칸에는 전치사구를 수식하는 부사가 적절하므로 부사 (B) solely가 적절하다.
(A) 유일한 (B) 전적으로, 오로지 (C) 고독함 (D) 유일하지 않은

4. (A)

해석 전문가들과 상의 후에, 우리는 기존 협업을 연장하지 않기로 했습니다.

해설 [어법] 품사　전치사 다음에는 (동)명사구가 올 수 있으므로, 명사 (A) consultation이 적절하다.
(A) 상의 (B) 상담의, 자문하는 (C) 자문하다, 상담하다 (D) 상담받는

저절로 실전 Training

Reading & Listening 배운 단어로 실전 지문 읽고 들어보기

다음 글을 읽고 올바른 해석을 고르세요.

MP3

DAY 13

Administration

Congratulations on your promotion to a manager! It is mandatory that you attend the new manager's workshop taking place next week. You'd be given a more complex role and you are to **supervise numerous personnel**. As you know, our

1. (A) 당신은 수많은 직원을 감독하게 됩니다
   (B) 당신은 수많은 학생을 감독해 왔습니다

organization puts a great emphasis on the work-life balance, and we want you to make sure that the additional duties you take on as a manager doesn't interfere with your private life. Should you experience any problems, please schedule a consultation session with one of our advisors. Your performance will be evaluated **solely** based on the output you provide. It is no longer the combination of the

2. (A) 오직 당신이 생산하는 결과에 근거해서
   (B) 본질적으로 당신이 원하는 결과를 근거해서

output plus the hours you worked. So you don't even have to keep regular work hours as long as your end result is strong. On behalf of the administration department, we **extend** our gratitude for your hard work and dedication to the company.

3. (A) 감사의 뜻을 확인합니다
   (B) 큰 감사를 드립니다

Answers

1. (A)   2. (A)   3. (B)

해석 관리자로의 승진을 축하드립니다! 다음 주에 열리는 신임 담당자 워크숍에 참석하는 것은 의무입니다. 이제 당신에게는 더 복잡한 역할이 주어질 것이고, [1] 당신은 수많은 직원을 감독하게 됩니다. 아시다시피 우리 조직은 일과 생활의 균형을 아주 강조하고 있으므로, 당신이 담당자로서 맡게 될 추가적인 직무가 당신의 개인 생활을 방해하지 않도록 해주셨으면 합니다. 만약 문제가 발생하면 자문가들 중 한 분과의 상담 시간을 예약해주시기 바랍니다. 당신의 성과는 [2] 오직 당신이 생산하는 결과에 근거해서 평가될 것입니다. 이제는 더 이상 생산한 결과물에 당신이 일한 시간을 더한 조합에 근거하는 것이 아닙니다. 따라서 최종 결과가 훌륭하기만 하면 정규 업무시간을 준수하지 않아도 됩니다. 경영부를 대표하여 당신의 노고와 회사에 대한 헌신에 [3] 큰 감사를 드립니다.

DAY 14-1

acquire	v. 습득하다, 획득하다 acquisition n. 인수, 습득 acquired a. 획득한, 후천적인	_____ the information 정보를 획득하다 _____ the company for $3 billion 3조 달러에 회사를 인수하다
bill	n. 청구서, 계산서 v. ~에게 청구서를 보내다 billing n. 청구서[계산서] 발부	view a current utility _____ 현재 공공요금 청구서를 보다 send out the _____s 청구서를 보내다
overdue	a. (지불·반납 등의) 기한이 지난	pay an _____ bill 기한이 지난 청구서를 내다 an _____ library book 연체된 도서관 책
deposit	n. 착수금, 예치금, 보증금 v. 두다, 예금[예치]하다(↔withdraw 인출 하다), 침전시키다	a non-refundable _____ 환급 불가 보증금 _____ funds 자금을 맡기다
due	n. 지불해야 하는 것, (-s) 회비 a. 지급 기일이 된, 납부해야 할 due to ~ 때문에, ~로 인해	It was _____ three days ago. 그것은 3일 전이 지급 기일이었다. a _____ date 만기일
double	n. 두 배 a. 두 배의 ad. 두 개로, 이중으로 v. 두 배로 만들다	_____ the number of products 상품 수를 두 배로 늘리다 _____-check 재확인하다
outcome	n. 결과(=result)	the _____ of the extensive review 광범위한 검토의 결과 predict the _____ 결과를 예측하다
partnership	n. 동업 관계, 협력, 제휴 partner n. 동반자 v. ~와 제휴하다	a _____ with a local bakery 지역 제과점과의 제휴[협력] develop a _____ 제휴 관계를 구축하다
sponsor	n. 후원자, 광고주 v. 후원하다 sponsorship n. (재정적) 후원	a contest _____ 대회 후원자 _____ young artists 젊은 예술가들을 후원하다
statement	n. 명세서, 성명(서), 진술 state n. 상태 v. 진술하다	issue a _____ 성명을 발표하다 be shown on a bank _____ 은행 거래 내역서에 표시되다

저절로 암기 Training

Exercise A 주어진 단어들을 결합하여 구문을 만드세요.

acquire + information → _____ the _____
획득하다   정보   정보를 획득하다

send out + bill → _____ the _____s
~를 보내다   청구서   청구서를 보내다

overdue + library → an _____ _____ book
기한이 지난   도서관   연체된 도서관 책

refundable + deposit → a non-_____ _____
환급 가능한   보증금   환급 불가 보증금

due   + ago → It was _____ three days _____.
지급 기일이 된   ~전에   그것은 3일 전이 지급 기일이었다.

double + check → _____-_____
이중으로   확인하다   재확인하다

outcome + extensive → the _____ of the _____ review
결과   광범위한   광범위한 검토의 결과

partnership + bakery → a _____ with a local _____
협력, 제휴   제과점   지역 제과점과의 제휴

sponsor + artist → _____ young _____s
후원하다   예술가   젊은 예술가들을 후원하다

issue + statement → _____ a _____
발표하다   성명   성명을 발표하다

Exercise B 보기에서 적절한 단어를 찾아 문장을 완성하세요.

보기

acquire   bill   overdue   deposit   due
double   outcome   partnership   sponsor   statement

01. Your loan payment was _____ three days ago.
당신의 대출 상환금은 3일 전이 지급 기일이었다.

02. I am calling because you have an _____ library book.
당신이 연체된 도서관 책을 가지고 있어서 전화합니다. (당신이 도서관 책을 연체하고 있어서 전화합니다.)

03. Piccolo Delish announced a _____ with a local bakery.
Piccolo Delish는 지역 제과점과의 제휴를 공표했다.

04. The company issued a _____ in response to the New York Times article.

그 회사는 New York Times 기사에 대응하여 성명을 발표했다.

05. Who did you _____ that information from? 당신은 그 정보를 누구로부터 획득했습니까?

06. A non-refundable _____ is required at the time of booking.

예약 시 환급 불가 보증금이 요구됩니다.

07. Has Mark sent out the _____s? Mark가 청구서를 보냈습니까?

08. Please _____-check your shipping address before submitting your order.

당신의 주문서를 제출하기 전에 당신의 배송 주소를 재확인해주세요.

09. I was surprised by the _____ of the extensive review.

저는 광범위한 검토의 결과에 놀랐어요.

10. His foundation _____s young artists. 그의 재단은 젊은 예술가들을 후원한다.

Exercise C 주어진 단어의 적절한 의미를 찾아 연결해 보세요.

01. acquire   •   • a. 기한이 지난

02. bill   •   • b. 습득하다, 획득하다

03. overdue   •   • c. 지급 기일이 된

04. deposit   •   • d. 예치금; 예금하다

05. due   •   • e. 청구서; 청구서를 보내다

06. double   •   • f. 결과

07. outcome   •   • g. 후원자; 후원하다

08. partnership   •   • h. 두 배; 두 배의; 이중으로

09. sponsor   •   • i. 명세서, 성명(서), 진술

10. statement   •   • j. 협력, 제휴

Exercise B 01. due 02. overdue 03. partnership 04. statement 05. acquire 06. deposit 07. bill 08. double 09. outcome 10. sponsor   **Exercise C** 01. b 02. e 03. a 04. d 05. c 06. h 07. f 08. j 09. g 10. i

Exercise D 다음 문장을 올바르게 해석해 보세요.

The ^{01}**deposit** ^{02}**due** date is 10 days from the date of the acceptance letter.

^{01} _____ ^{02} _____ 일은 합격 통지서 날짜로부터 열흘입니다.

One of the ^{03}**sponsors** of the competition helped him pay the ^{04}**overdue** medical ^{05}**bill**.

대회 ^{03} _____ 중 한 명이 그가 ^{04} _____ 병원 ^{05} _____ 를 납부하도록 도와주었다.

Exercise E 다음 구문을 올바르게 해석해 보세요.

01. **sponsor** young artists

   _____

02. the **outcome** of the extensive review

   _____

03. It was **due** three days ago.

   _____

04. a **partnership** with a local bakery

   _____

05. send out the **bills**

   _____

06. **double**-check

   _____

07. an **overdue** library book

   _____

08. **acquire** the information

   _____

09. issue a **statement**

   _____

10. a non-refundable **deposit**

   _____

Exercise D 01. 예치금 02. 납기 03. 후원자들 04. 기한이 지난 05. 청구서 **Exercise E** 01. 젊은 예술가들을 후원하다 02. 광범위한 검토의 결과 03. 그것은 3일 전이 지급 기일이었다. 04. 지역 제과점과의 제휴 05. 청구서를 보내다 06. 재확인하다 07. 연체된 도서관 책 08. 정보를 획득하다 09. 성명을 발표하다 10. 환급 불가 보증금

DAY 14-2

stock	*n.* 재고, 주식 *v.* (식량·상품 등을) 들여놓다, 비축하다 in stock 비축되어, 재고로 out of stock 품절되어	be temporarily out of _____ 일시적으로 품절되다 _____ price 주가
certificate	*n.* 증명서, (인)증서, 자격 *v.* ~에게 인증서를 주다 certification *n.* 증명, 보증 certify *v.* 증명하다, 보증하다	a safety _____ course 안전 증서 과정 a professional development _____ 전문가 양성 과정 수료증
allow	*v.* 허락하다, 허용하다 allowance *n.* 허용치, 수당, 용돈 allowable *a.* 허락할 수 있는, 허용되는	_____ you to work from home 당신이 재택 근무하도록 허용하다 _____ extra time 추가 시간을 허락하다
possible	*a.* 가능한, 있음직한(↔impossible 불가능한) possibility *n.* 가능성 possibly *ad.* 혹시, 아마	as soon as _____ 가능한 한 빨리 be _____ to transfer some funds 일부 자금을 이체할 수 있다
subsequent	*a.* 차후의, 그다음의 subsequence *n.* 뒤이어 일어남, 결과 subsequently *ad.* 그 뒤에, 후에	a _____ meeting 차후의 회의 _____ volumes in the series 시리즈물의 속간
valuable	*a.* 소중한, 가치가 큰, 귀중한 value *n.* 가치, 중요성 *v.* 소중하게 여기다, 평가하다	gain _____ experience 귀중한 경험을 얻다 insurance for _____ items 귀중품 보험
fund	*n.* 자금, 기금 *v.* 자금을 지원하다 funding *n.* 자금, 자금 지원	_____ a program 프로그램에 자금을 지원하다 raise _____s 자금을 마련하다
consent	*n.* 동의(↔dissent 반대), 허락 *v.* 동의하다 consent of ~의 동의	the _____ form 동의서 without the owner's _____ 소유주의 동의 없이는
investment	*n.* 투자(액), 투자 대상 invest *v.* 투자하다 investor *n.* 투자자	an _____ banker 투자 은행가 an _____ opportunity 투자 기회
property	*n.* 재산, 부동산, 특성	look around a _____ 부동산을 둘러보다 the company's intellectual _____ 회사의 지적 재산

저절로 암기 Training

Exercise A 주어진 단어들을 결합하여 구문을 만드세요.

stock + price → _____ _____
주식   가격   주가

safety + certificate → a _____ _____ course
안전   증명서, 증서   안전 증서 과정

allow + work → _____ you to _____ from home
허용하다   근무하다   당신이 재택 근무하도록 허용하다

as soon as + possible → _____ _____
~하자마자   가능한   가능한 한 빨리

subsequent + meeting → a _____ _____
차후의, 그다음의   회의   차후의 회의

valuable + experience → gain _____ _____
귀중한   경험   귀중한 경험을 얻다

raise + fund → _____ _____s
모으다   자금   자금을 마련하다

consent + form → the _____ _____
동의   양식   동의서

investment + opportunity → an _____ _____
투자   기회   투자 기회

look around + property → _____ a _____
둘러보다   부동산   부동산을 둘러보다

Exercise B 보기에서 적절한 단어를 찾아 문장을 완성하세요.

보기

stock   certificate   allow   possible   subsequent
valuable   fund   consent   investment   property

01. The purpose of this event is to raise _____s to help flood victims.
이 행사의 목적은 홍수 이재민을 돕기 위해 자금을 마련하는 것입니다.

02. KW's _____ price rose 15% yesterday despite the disappointing earnings report. 실망스러운 수익 보고서에도 불구하고 KW의 주가는 어제 15% 상승했다.

03. I gained _____ experience during my internship.
제 인턴 과정 동안 저는 귀중한 경험을 얻었습니다.

04. You can look around the _____ anytime you want.
원하실 때 언제라도 부동산을 둘러보실 수 있습니다.

05. Please come to the check-out desk as soon as _____.
가능한 한 빨리 체크아웃 데스크로 와주세요.

06. Workers must attend the safety _____ course.
작업자들은 반드시 안전 증서 과정에 참석해야 한다.

07. Did he _____ you to work from home? 그가 당신이 재택 근무하도록 허용했습니까?

08. The matter will be discussed at a _____ meeting.
그 문제는 차후의 회의에서 논의될 것입니다.

09. Where can I get the _____ form? 동의서는 어디서 얻을 수 있습니까?

10. Please refer to the enclosed documents which outline the _____ opportunity.
투자 기회에 대해 간략하게 서술한 동봉된 서류를 참조해주시기 바랍니다.

DAY 1
DAY 2
DAY 3
DAY 4
DAY 5
DAY 6
DAY 7
DAY 8
DAY 9
DAY 10
DAY 11
DAY 12
DAY 13
DAY 14
DAY 15
DAY 16
DAY 17
DAY 18
DAY 19
DAY 20
DAY 21
DAY 22
DAY 23
DAY 24
DAY 25
DAY 26
DAY 27
DAY 28
DAY 29
DAY 30

Exercise C 주어진 단어의 적절한 의미를 찾아 연결해 보세요.

01. stock   •   • a. 가능한, 있음직한

02. certificate   •   • b. 허락하다, 허용하다

03. allow   •   • c. 증명, 증서, 자격

04. possible   •   • d. 차후의, 그다음의

05. subsequent   •   • e. 재고, 주식; 들여놓다

06. valuable   •   • f. 투자, 투자 대상

07. fund   •   • g. 동의; 동의하다

08. consent   •   • h. 재산, 부동산, 특성

09. investment   •   • i. 소중한, 가치가 큰

10. property   •   • j. 자금; 자금을 지원하다

Exercise B 01. fund 02. stock 03. valuable 04. property 05. possible 06. certificate 07. allow 08. subsequent 09. consent 10. investment **Exercise C** 01. e 02. c 03. b 04. a 05. d 06. i 07. j 08. g 09. f 10. h

Exercise D 다음 문장을 올바르게 해석해 보세요.

They suggest that ⁰¹**property** is a better ⁰²**investment** than the ⁰³**stock** market.
그들은 ⁰¹_____이 ⁰³_____ 시장보다 더 나은 ⁰²_____라고 주장한다.

We request you to sign this ⁰⁴**consent** form which ⁰⁵**allows** us to share your protected health information with other health care providers.
저희는 다른 의료 서비스 제공업체들과 당신의 보호된 의료 정보를 공유할 수 있게 ⁰⁵_____ 이
⁰⁴_____서에 서명해주시기를 요청합니다.

Exercise E 다음 구문을 올바르게 해석해 보세요.

01. a safety **certificate** course
_____

02. as soon as **possible**
_____

03. gain **valuable** experience
_____

04. look around a **property**
_____

05. raise **funds**
_____

06. **stock** price
_____

07. a **subsequent** meeting
_____

08. the **consent** form
_____

09. **allow** you to work from home
_____

10. an **investment** opportunity
_____

Exercise D 01. 부동산 02. 투자 03. 주식 04. 동의 05. 허용해주는   Exercise E 01. 안전 증서 과정 02. 가능한 한 빨리 03. 귀중한 경험을 얻다 04. 부동산을 둘러보다 05. 자금을 마련하다 06. 주가 07. 차후의 회의 08. 동의서 09. 당신이 재택 근무하도록 허용하다 10. 투자 기회

DAY 14-3

executive	n. (회사) 간부, 중역, 임원 a. 경영의, 관리의	a company _____ 경영진 advertising _____s 광고 담당 임원
collect	v. 모으다, 수집하다 collection n. 수집품, 수집, 모금 collector n. 수집가, 채집자	_____ customer feedback 고객 의견을 모으다 _____ financial contributions 재정 기부금을 모으다
configuration	n. 배열, 형태, 환경설정, 구성 configure v. 환경을 설정하다	change the _____ of the system 시스템의 환경설정을 바꾸다 an appropriate _____ for your needs 당신의 필요에 따른 알맞은 배치
concern	n. 걱정, 문제, 관심사 v. ~을 걱정스럽게 하다, 영향을 미치다, 관련되다 concerned a. 염려하는, 관련된 concerning prep. ~에 관하여	express _____ 우려를 나타내다 considerable public _____ 대중의 지대한 관심
fulfill	v. (조건을) 만족하다, 충족하다, (약속·의무 등을) 지키다, 이행하다 fulfillment n. 이행, 실천, 완수	_____ the emotional needs 감정적인 필요를 충족하다 _____ a contract 계약을 이행하다
finance	n. 재정, 재원 v. 자금을 공급하다 financing n. 자금 조달 financial a. 재정의, 금전상의	degree in _____ 재무학 학위 the _____ department 재무 부서
delinquent	a. (세금 등이) 연체[체납]된, 직무태만의 delinquency n. 체납, 미불	_____ payments 연체된 납부 _____ taxpayers 세금 체납자
despite	prep. ~에도 불구하고	_____ the efforts 노력에도 불구하고 _____ a shortage of raw materials 원자재의 부족에도 불구하고
preferred	a. 선취권이 있는, 우선의, 바람직한 prefer v. 더 좋아하다, 선호하다 preference n. 선호, 기호	a _____ customer 우대 고객 the most _____ type 가장 선호되는 유형
value	n. 가치, 가격 v. 소중히 여기다 valuable a. 귀중한 invaluable a. 매우 귀중한	brand _____ 브랜드 가치 double in _____ 가치가 두 배로 증가하다

저절로 암기 Training

Exercise A 주어진 단어들을 결합하여 구문을 만드세요.

advertising + executive → _____ _____s
광고   중역, 임원   광고 담당 임원

collect + feedback → _____ customer _____
모으다   피드백, 의견   고객 의견을 모으다

change + configuration → _____ the _____ of the system
바꾸다   환경설정   시스템의 환경설정을 바꾸다

express + concern → _____ _____
나타내다   걱정   우려를 나타내다

fulfill + contract → _____ a _____
이행하다   계약   계약을 이행하다

finance + department → the _____ _____
재정, 재무   부서   재무 부서

delinquent + payment → _____ _____s
연체된   납부   연체된 납부

despite + effort → _____ the _____s
~에도 불구하고   노력   노력에도 불구하고

preferred + customer → a _____ _____
우선의   고객   우대 고객

brand + value → _____ _____
브랜드   가치   브랜드 가치

Exercise B 보기에서 적절한 단어를 찾아 문장을 완성하세요.

보기
_____

executive   collect   configuration   concern   fulfill
finance   delinquent   despite   preferred   value
_____

01. The supplier was sued for failing to _____ a contract.
그 공급업자는 계약을 이행하는 것에 실패하여 고소당했다.

02. The advertising _____s aren't willing to accept the art director's arguments.
광고 담당 임원들은 예술 감독의 주장을 받아들일 용의가 없다.

03. The new manager will work in the _____ department.
새 관리자는 재무 부서에서 일할 것입니다.

04. The tenant apologizes for his _____ rent payments.
세입자는 그의 연체된 임대료 납부에 대해 사과한다.

05. Many organizations _____ customer feedback using social media.
많은 기관은 소셜 미디어를 사용하여 고객 의견을 모은다.

06. Customer loyalty is closely related to the brand _____.
고객 충성도는 브랜드 가치에 밀접하게 연관되어 있다.

07. On occasion, you have to change the _____ of the system.
가끔, 당신은 시스템의 환경설정을 바꿔야 합니다.

08. The unemployment level went up even more _____ the efforts to create jobs.
일자리 창출 노력에도 불구하고 실업률은 더욱 상승했습니다.

09. Enroll as a VSN _____ customer and save 10% off the retail price.
VSN 우대 고객으로 등록하시고, 소매 가격의 10%를 절약하세요.

10. Some experts express _____ about the safety of the product.
전문가 몇몇은 제품의 안전성에 관해 우려를 나타낸다.

Exercise C 주어진 단어의 적절한 의미를 찾아 연결해 보세요.

01. executive	•	• a. 간부, 임원; 경영의
02. collect	•	• b. 걱정; 영향을 미치다
03. configuration	•	• c. 배열, 환경설정
04. concern	•	• d. 충족하다, 이행하다
05. fulfill	•	• e. 모으다, 수집하다
06. finance	•	• f. ~에도 불구하고
07. delinquent	•	• g. 선취권이 있는, 우선의
08. despite	•	• h. 재정; 자금을 공급하다
09. preferred	•	• i. 가치; 소중히 여기다
10. value	•	• j. 연체된, 직무태만의

Exercise B 01. fulfill 02. executive 03. finance 04. delinquent 05. collect 06. value 07. configuration 08. despite 09. preferred 10. concern **Exercise C** 01. a 02. e 03. c 04. b 05. d 06. h 07. j 08. f 09. g 10. i

Exercise D 다음 문장을 올바르게 해석해 보세요.

The city is still struggling to [01]**collect** [02]**delinquent** taxes.
시는 [02]_____ 세금을 [01]_____ 위해 여전히 애쓰고 있다.

[03]**Despite** the [04]**concerns** among senior [05]**executives**, the CEO decided to shut half of its branches in Japan. 고위 [05]_____ 사이의 [04]_____ [03]_____, 최고 경영자는 일본의 지점 중 절반을 폐쇄하기로 했습니다.

Exercise E 다음 구문을 올바르게 해석해 보세요.

01. express **concern**

_____

02. **fulfill** a contract

_____

03. collect customer **feedback**

_____

04. advertising **executives**

_____

05. change the **configuration** of the system

_____

06. **delinquent** payment

_____

07. a **preferred** customer

_____

08. the **finance** department

_____

09. **despite** the efforts

_____

10. brand **value**

_____

Exercise D 01. 모으기 02. 체납된 03. 에도 불구하고 04. 우려 05. 임원들   Exercise E 01. 우려를 나타내다 02. 계약을 이행하다 03. 고객 의견을 모으다 04. 광고 담당 임원 05. 시스템의 환경설정을 바꾸다 06. 연체된 납부 07. 우대 고객 08. 재무 부서 09. 노력에도 불구하고 10. 브랜드 가치

DAY 14-4

금융, 투자

loss	*n.* 손실, 손해 lose *v.* 잃어버리다, 지다	financial _____es 재정적 손실 recuperate the _____es 손실을 회복하다
loan	*n.* 대출, 대출금 *v.* 빌려주다	pay off _____s 대출을 갚다 all business _____ applicants 모든 사업 대출 신청자
lease	*n.* 임대차 (계약) *v.* 임대하다	a short-term _____ 단기 임대 renew the _____ 임대를 갱신하다
reliability	*n.* 신뢰도, 확실성 rely *v.* 의지하다 reliance *n.* 의존, 의지 reliable *a.* 믿을 수 있는	a reputation for _____ 신뢰도에 관한 명성 examine the _____ of the source 출처의 신뢰성을 검토하다
prepare	*v.* 준비하다, 채비를 갖추다 preparation *n.* 준비, 예습 preparatory *a.* 준비를 위한, 예비의	_____ the advertising campaign 광고 캠페인을 준비하다 _____ to present documents 서류를 제출할 수 있도록 준비하다
goal	*n.* 목표, 목적(=aim)	the financial _____ 재무 목표 _____-oriented 목표 지향적인
accommodate	*v.* 수용하다, 숙박시키다, (조건 등을) 만족하다 accommodation *n.* 숙박 시설	_____ a wide range of interests 광범위한 관심을 수용하다 _____ 200 students 학생 200명을 수용하다
investor	*n.* 투자자 investment *n.* 투자 invest *v.* 투자하다, 운용하다	potential _____s 잠재 투자자들 attract foreign _____s 외국인 투자자들을 유치하다
direction	*n.* 방향, 지시, 감독 director *n.* 책임자, 이사 direct *v.* 지휘하다, 총괄하다 in the direction of ~의 방향으로	under the _____ of the architect 건축가의 지시 하에 the opposite _____ 반대 방향
reduction	*n.* 감소 reduce *v.* 줄이다, 낮추다, 인하하다 reductive *a.* 감소하는	a special price _____ 특별 가격 인하 _____ in demand 수요 감소

저절로 암기 Training

Exercise A 주어진 단어들을 결합하여 구문을 만드세요.

recuperate + loss → _____ the _____es
회복하다　　　　손실　　　손실을 회복하다

pay off + loan → _____ _____s
갚다　　　　대출　　　대출을 갚다

short-term + lease → a _____ _____
단기　　　　임대　　　단기 임대

reputation + reliability → a _____ for _____
명성　　　　　신뢰도　　　　신뢰도에 관한 명성

prepare + campaign → _____ the advertising _____
준비하다　　　캠페인　　　광고 캠페인을 준비하다

financial + goal → the _____ _____
재정의　　　목표　　　재무 목표

accommodate + a wide range of → _____ _____ interests
수용하다　　　　　광범위한　　　　광범위한 관심을 수용하다

attract + investor → _____ foreign _____s
유치하다　　　투자자　　　외국인 투자자들을 유치하다

opposite + direction → the _____ _____
반대의　　　방향　　　반대 방향

price + reduction → a special _____ _____
가격　　　감소　　　특별 가격 인하

Exercise B 보기에서 적절한 단어를 찾아 문장을 완성하세요.

보기
_____

　loss　　loan　　lease　　reliability　　prepare
　goal　　accommodate　　investor　　direction　　reduction
_____

01. You know that we have to _____ the new advertising campaign for Mr.
Wilson. Mr. Wilson을 위해 새 광고 캠페인을 준비해야 하는 것 아시죠.

02. We have recuperated all our _____es and turned a profit.
우리는 우리의 모든 손실을 회복했고, 흑자로 돌아섰습니다.

03. Our training program is designed to _____ a wide range of interests and
backgrounds. 저희 훈련 과정은 광범위한 관심과 배경을 수용하도록 설계되었습니다.

04. We are excited to announce a special price _____ for all Power Road models. 저희는 기쁜 마음으로 전 Power Road 모델에 대한 특별 가격 인하를 알려드립니다.

05. We provide fully furnished housing for both short-term and long-term _____s.
저희는 장/단기 임대 둘 다를 위해 가구가 완비된 집을 제공합니다.

06. European companies appear to move in the opposite _____.
유럽 회사들은 반대 방향으로 움직이는 것처럼 보인다.

07. It is important to build a reputation for _____. 신뢰도에 관한 명성을 쌓는 것은 중요하다.

08. I am still paying off my student _____s. 저는 아직 학자금 대출을 갚고 있습니다.

09. It will focus its efforts on attracting foreign _____s.
그것은 외국인 투자자들을 유치하는 데 노력을 집중할 것이다.

10. Your financial _____s should be specific and realistic.
당신의 재무 목표는 구체적이고 현실적이어야 해요.

DAY 1
DAY 2
DAY 3
DAY 4
DAY 5
DAY 6
DAY 7
DAY 8
DAY 9
DAY 10
DAY 11
DAY 12
DAY 13
DAY 14
DAY 15
DAY 16
DAY 17
DAY 18
DAY 19
DAY 20
DAY 21
DAY 22
DAY 23
DAY 24
DAY 25
DAY 26
DAY 27
DAY 28
DAY 29
DAY 30

Exercise C 주어진 단어의 적절한 의미를 찾아 연결해 보세요.

01. loss   •   • a. 대출; 빌려주다

02. loan   •   • b. 손실, 손해

03. lease   •   • c. 신뢰도

04. reliability   •   • d. 준비하다

05. prepare   •   • e. 임대차; 임대하다

06. goal   •   • f. 수용하다, 숙박시키다

07. accommodate   •   • g. 감소

08. investor   •   • h. 방향, 지시, 감독

09. direction   •   • i. 목표, 목적

10. reduction   •   • j. 투자자

Exercise B 01. prepare 02. loss 03. accommodate 04. reduction 05. lease 06. direction 07. reliability 08. loan 09. investor 10. goal   **Exercise C** 01. b 02. a 03. e 04. c 05. d 06. i 07. f 08. j 09. h 10. g

Exercise D 다음 문장을 올바르게 해석해 보세요.

[01]**Investors** are [02]**prepared** to bear the risk of [03]**loss**.

[01] _____ 은 [03] _____ 위험을 감수할 [02] _____ .

Our [04]**goal** is to [05]**accommodate** all our guests to their greatest satisfaction.

우리의 [04] _____ 는 그들이 가장 만족하도록 모든 손님을 [05] _____ 것입니다.

Exercise E 다음 구문을 올바르게 해석해 보세요.

01. pay off **loans**

_____

02. a reputation for **reliability**

_____

03. a short-term **lease**

_____

04. attract foreign **investors**

_____

05. the financial **goal**

_____

06. the opposite **direction**

_____

07. a special price **reduction**

_____

08. recuperate the **losses**

_____

09. prepare the advertising **campaign**

_____

10. **accommodate** a wide range of interests

_____

Exercise D 01. 투자자들 02. 준비가 되어 있다 03. 손실 04. 목표 05. 수용하는   **Exercise E** 01. 대출을 갚다 02. 신뢰도에 관한 명성 03. 단기 임대 04. 외국인 투자자들을 유치하다 05. 재무 목표 06. 반대 방향 07. 특별 가격 인하 08. 손실을 회복하다 09. 광고 캠페인을 준비하다 10. 광범위한 관심을 수용하다

저절로 실전 Training

Grammar & Expressions 배운 단어로 Part 5 실전 문제 풀어보기

1. One of the sponsors of the competition helped him pay the ------- medical bill.

(A) exclusive
(B) overwhelmed
(C) overdue
(D) synthetic

2. We request you to sign this ------- form which allows us to share your protected health information with other health care providers.

(A) consent
(B) consents
(C) consenting
(D) consentingly

3. ------- the concerns among senior executives, the CEO decided to shut half of its branches in Japan.

(A) Despite
(B) Other than
(C) Thanks to
(D) Besides

4. Investors ------- to bear the risk of loss.

(A) preparing
(B) prepares
(C) preparation
(D) are prepared

Answers

1. (C)
  해석 대회 후원자들 중 한 명이 그가 기한이 지난 병원 청구서를 납부하도록 도와주었다.
  해설 [어휘] 문맥에 어울리는 형용사 명사구 the medical bill(병원 청구서)을 수식하는 말이 와야 하므로 '(C) 기한이 지난 병원 청구서'가 적절하다.
    (A) 독점적인 (B) 압도된 (C) 기한이 지난 (D) 인조의, 합성한

2. (A)
  해석 저희는 다른 의료 서비스 제공업체들과 당신의 보호된 의료 정보를 공유할 수 있게 허용해주는 이 동의서에 서명해주시기를 요청합니다.
  해설 [어법] 품사 명사 form과 결합하여 복합명사를 이룰 수 있는 명사 (A) consent가 적절하다.
    (A) 동의 (B) 동의하다 (C) 동의하는 (D) 동의하여

3. (A)
  해석 고위 임원들 사이의 우려에도 불구하고, 최고 경영자는 일본의 지점 중 절반을 폐쇄하기로 했습니다.
  해설 [어휘] 문맥에 어울리는 전치사구 문맥상 '고위 임원들 사이의 우려(A)에도 불구하고'라고 해야 적절하다.
    (A) ~에도 불구하고 (B) ~외에 (C) ~덕분에 (D) ~외에, 게다가

4. (D)
  해석 투자자들은 손실 위험을 감수할 준비가 되어 있다.
  해설 [어법] 동사 문장에 동사가 없고, 복수명사(Investors)가 주어이므로 복수동사 형태의 (D) are prepared가 적절하다.

DAY 14

Financing & Investment

저절로 실전 Training

Reading & Listening 배운 단어로 실전 지문 읽고 들어보기

다음 글을 읽고 올바른 해석을 고르세요.

MP3

Dear Mr. Paulson,
I received **the financial statements** of Tyson Motor Company as well as the investment

1. (A) 재무제표
(B) 금융 상담

recommendations you put together for me. As a real estate investor, however, I am not sure about the direction you're going with my investment. I invest in value stocks of companies with solid property holdings. Despite great outcome of the **funds**

2. (A) 훌륭한 모금 활동
(B) 펀드의 훌륭한 수익

you managed previously, I have concern about your picks this time. My goal is to get a steady rate of return. Thus, I am not very interested in taking too much of a risk that could cost me a significant loss. Please prepare other **possible** options.

3. (A) 가능한 선택지
(B) 여러 가지 선택지

Thank you.

Best regards,
Henry Friedman

- -

Answers

1. (A)   2. (B)   3. (A)

해석 Mr. Paulson 귀하

Tyson Motor Company의 [1] 재무제표와 함께 동봉해주신 투자 제안서를 받았습니다. 하지만, 부동산 투자자로서, 저의 투자와 관련하여 당신이 가고자 하는 방향에 대해 의문이 듭니다. 저는 탄탄한 자산을 소유한 기업의 가치주에 투자합니다. 당신이 이전에 관리해주셨던 [2] 펀드의 훌륭한 수익에도 불구하고, 이번에는 당신의 선택들이 염려됩니다. 저의 목표는 꾸준한 수익률을 얻는 것입니다. 따라서 저에게 엄청난 손실을 부담하게 할 수도 있는 너무 많은 위험을 감수하는 것에는 별로 관심이 없습니다. 다른 [3] 가능한 선택지를 준비해주시기 바랍니다.
감사합니다.

Henry Friedman

DAY 15-1

managerial	*a.* 관리의, 경영상의 manager *n.* 관리자, 부장	a _____ decision 경영상의 결정 a _____ position 관리직
employee	*n.* 직원, 피고용인 employment *n.* 고용, 채용 employ *v.* 고용하다, 채용하다	train a new _____ 새 직원을 교육하다 an _____ orientation 직원 오리엔테이션
recruit	*n.* 신입 사원 *v.* (사원을) 모집하다 recruiter *n.* 모집 담당자, 리쿠르트 업체 recruitment *n.* 신규 모집	_____ college graduates 대졸자들을 모집하다 try to _____ more engineers 기술직을 더 뽑기 위해 애쓰다
qualification	*n.* 자격 요건, 자질 qualify *v.* 자격을 얻다[주다] qualified *a.* 자격이 있는, 적격의	applicant _____s 지원자 자격 meet the basic _____s 기본적인 자격 요건을 충족하다
employment	*n.* 고용, 채용 employ *v.* 고용하다 employee *n.* 직원 unemployment *n.* 실업	an _____ agency 채용 대행사 an offer of _____ 채용 제안
advice	*n.* 조언, 충고 advise *v.* 조언하다	provide fundraising _____ 모금활동 조언을 하다 ask for _____ 조언을 요청하다
staff	*n.* (전체) 직원 *v.* 직원으로 근무하다, 직원을 두다	a technical support _____ 기술 지원팀 직원 train kitchen _____ 주방 직원을 훈련하다
ability	*n.* 능력 able *a.* 유능한, 할 수 있는 have an ability to do 〜할 능력이 있다	leadership _____ 지도력 the _____ to drive a motor vehicle 자동차를 운전할 수 있는 능력
associate	*n.* 동료, 종업원 *v.* 관련시키다, 제휴하다 association *n.* 제휴, 연합 be associated with 〜와 관련되다	a new _____ 새로운 동료 hire more _____s for the holiday season 휴가 시즌을 맞아 더 많은 종업원을 고용하다
candidate	*n.* 지원자, 후보자	interview a _____ 지원자를 면접하다 a job _____ 구직자

저절로 암기 Training

Exercise A 주어진 단어들을 결합하여 구문을 만드세요.

managerial + position → a _____ _____
관리의   직책, 지위   관리직

train + employee → _____ a new _____
교육하다   직원   새 직원을 교육하다

recruit + graduate → _____ college _____s
모집하다   졸업자   대졸자들을 모집하다

meet + qualification → _____ the basic _____s
충족하다   자격 요건   기본적인 자격 요건을 충족하다

employment + agency → an _____ _____
채용   대행사   채용 대행사

ask for + advice → _____ _____
요청하다   조언   조언을 요청하다

support + staff → a technical _____ _____
지원   직원   기술 지원팀 직원

ability + drive → the _____ to _____ a motor vehicle
능력   운전하다   자동차를 운전할 수 있는 능력

new + associate → a _____ _____
새로운   동료   새로운 동료

interview + candidate → _____ a _____
면접하다   지원자   지원자를 면접하다

Exercise B 보기에서 적절한 단어를 찾아 문장을 완성하세요.

보기

managerial   employee   recruit   qualification   employment
advice   staff   ability   associate   candidate

01. I got promoted to a _____ position! 제가 관리직으로 승진되었어요!

02. MG&P is _____ing college graduates for entry-level positions.
    MG&P는 신입 자리에 대졸자들을 모집하고 있습니다.

03. I'm here to ask for _____. 저는 조언을 요청하려고 왔어요.

04. The _____ to drive a motor vehicle is essential.
자동차를 운전할 수 있는 능력은 필수입니다.

05. Only those applicants who meet the basic _____s will be considered for an interview. 기본적인 자격 요건을 충족하는 지원자들만 면접 대상으로 고려될 것입니다.

06. The _____ agency told me that they ended up hiring internally.
그 채용 대행사는 저에게 그들이 결국 내부적으로 고용했다고 얘기해줬어요.

07. Jenna is our new _____. Jenna는 우리 새로운 동료입니다.

08. She's training a new _____. 그녀는 새 직원을 교육하고 있습니다.

09. The _____s we interviewed lacked the foreign language skills.
우리가 면접했던 지원자들은 외국어 능력이 모자랐어요.

10. Demand for highly skilled technical support _____ is increasing.
고도로 숙련된 기술 지원팀 직원에 관한 수요가 증가하고 있다.

Exercise C 주어진 단어에 적절한 내용을 찾아 연결해 보세요.

01. managerial   •
02. employee   •
03. recruit   •
04. qualification   •
05. employment   •
06. advice   •
07. staff   •
08. ability   •
09. associate   •
10. candidate   •

• a. 고용, 채용
• b. 자격 요건, 자질
• c. 신입 사원; 모집하다
• d. 관리의, 경영상의
• e. 직원, 피고용인
• f. 동료; 관련시키다
• g. 조언, 충고
• h. 지원자, 후보자
• i. (전체) 직원
• j. 능력

Exercise B 01. managerial 02. recruit 03. advice 04. ability 05. qualification 06. employment 07. associate 08. employee 09. candidate 10. staff **Exercise C** 01. d 02. e 03. c 04. b 05. a 06. g 07. i 08. j 09. f 10. h

Exercise D 다음 문장을 올바르게 해석해 보세요.

Do you have any [01]**advice** to share with the new [02]**associates**?
신입 [02] _____ 에게 나누어 줄 [01] _____ 이 있으신가요?

They are evaluating whether the [03]**candidates** have the right [04]**qualifications** for the [05]**managerial** position.
그들은 [03] _____ 이 [05] _____ 직에 적합한 [04] _____ 을 갖추고 있는지 평가하고 있습니다.

Exercise E 다음 구문을 올바르게 해석해 보세요.

01. meet the basic **qualifications**
_____

02. an **employment** agency
_____

03. train a new **employee**
_____

04. a technical support **staff**
_____

05. a **managerial** position
_____

06. the **ability** to drive a motor vehicle
_____

07. a new **associate**
_____

08. **recruit** college graduates
_____

09. interview a **candidate**
_____

10. ask for **advice**
_____

Exercise D 01. 조언 02. 동료[직원]들 03. 후보자들 04. 자질 05. 관리 Exercise E 01. 기본적인 자격 요건을 충족하다 02. 채용 대행사 03. 새 직원을 교육하다 04. 기술 지원팀 직원 05. 관리직 06. 자동차를 운전할 수 있는 능력 07. 새로운 동료 08. 대졸자들을 모집하다 09. 지원자를 면접하다 10. 조언을 요청하다

frequent	*a.* 빈번한, 잦은 frequency *n.* 빈도, 빈번함 frequently *ad.* 빈번하게, 자주	_____ travel 빈번한 출장 the _____ use 잦은 사용
attitude	*n.* 태도, 마음가짐	a positive _____ 긍정적인 태도 change the _____ 태도를 바꾸다
confidence	*n.* 신뢰, 자신(감), 확신 confident *a.* 자신 있는 confidence in ~에 대한 신뢰	go into the business world with _____ 자신감을 가지고 사업 세계에 뛰어들다 _____ in his ability 그의 능력에 대한 신뢰
adaptability	*n.* 적응력, 순응 adaptable *a.* 적응하는, 융통성 있는 adapt *v.* 적응하다, 적응시키다	_____ to new environments 새 환경에 대한 적응력 increase the _____ 적응력을 높이다
occupation	*n.* 직업, 점유, 거주 occupant *n.* 임차인, 점유자 occupational *a.* 직업의, 생업의 occupy *v.* 차지하다, 종사하다	computer-related _____s 컴퓨터 관련 직업 State your name, address, and _____. 당신의 이름, 주소, 직업을 기재하세요.
competent	*a.* 유능한, 능숙한(≠competitive 경쟁력 있는) competition *n.* 경쟁, 시합, 경쟁자 compete *v.* 경쟁하다, 겨루다(with)	highly _____ employees 매우 유능한 직원들 _____ in mechanical design 기계 설계에 뛰어난
requirement	*n.* 요구사항, 요건 require *v.* 필요하다, 요구하다	the technical _____s 기술적인 요구사항 a _____ of the position 그 자리의 요구 조건
diverse	*a.* 다양한 diversity *n.* 다양성	be _____ in terms of economic structures 경제 구조 측면에서 다양하다 a _____ range of duties 다양한 영역의 직무
opening	*n.* 공석, 결원, 개장, 개시 open *n.* 공터, 옥외 *v.* 열다, 시작하다 openly *ad.* 터놓고, 솔직하게	official _____ 공식 개관 an _____ in the sales department 영업부의 공석
career	*n.* 직업, 경력	change his _____ 그의 직업을 바꾸다 have a successful _____ 성공적인 경력을 가지다

저절로 암기 Training

Exercise A 주어진 단어들을 결합하여 구문을 만드세요.

frequent + travel → _____ _____
빈번한   출장   빈번한 출장

positive + attitude → a _____ _____
긍정적인   태도   긍정적인 태도

confidence + ability → _____ in his _____
신뢰   능력   그의 능력에 대한 신뢰

increase + adaptability → _____ the _____
높이다   적응력   적응력을 높이다

related + occupation → computer-_____ _____s
관련 있는   직업   컴퓨터 관련 직업

highly + competent → _____ _____ employees
매우   유능한   매우 유능한 직원들

technical + requirement → the _____ _____s
기술적인   요구사항   기술적인 요구사항

diverse + duty → a _____ range of _____ies
다양한   직무   다양한 영역의 직무

opening + department → an _____ in the sales _____
공석   부서   영업부의 공석

successful + career → have a _____ _____
성공적인   경력   성공적인 경력을 가지다

Exercise B 보기에서 적절한 단어를 찾아 문장을 완성하세요.

보기

frequent   attitude   confidence   adaptability   occupation
competent   requirement   diverse   opening   career

01. Having a positive _____ at work can help you succeed.
직장에서 긍정적인 태도를 갖는 것은 당신이 성공하도록 돕습니다.

02. The executives are willing to pay more to highly _____ employees.
경영진들은 매우 유능한 직원들에게 더 많은 급료를 지불할 용의가 있다.

03. I haven't lost _____ in his ability. 저는 그의 능력에 대한 신뢰를 잃지 않았어요.

04. This device meets the technical _____s. 이 장치는 기술적인 요구사항을 충족합니다.

05. He has a very successful _____ as a dancer.
그는 무용수로서 아주 성공적인 경력을 가지고 있다.

06. The position typically requires _____ travel. 이 직위는 잦은 출장을 요합니다.

07. The primary purpose is to increase the _____ of employees.
주된 목적은 직원들의 적응력을 높이는 것이다.

08. The research institute predicts an 18 percent job growth in computer-related
_____s by 2025. 연구소는 2025년까지 컴퓨터 관련 직업에서 18% 고용 성장을 예측한다.

09. We actually have an _____ in the sales department at the moment.
사실 우리는 현재 영업부에 공석이 있습니다.

10. I perform a _____ range of duties as a project manager.
저는 프로젝트 관리자로서 다양한 영역의 직무를 수행합니다.

Exercise C 주어진 단어의 적절한 의미를 찾아 연결해 보세요.

01. frequent   •   • a. 적응력, 순응

02. attitude   •   • b. 빈번한, 잦은

03. confidence   •   • c. 태도, 마음가짐

04. adaptability   •   • d. 직업, 점유, 거주

05. occupation   •   • e. 신뢰, 자신(감), 확신

06. competent   •   • f. 유능한, 능숙한

07. requirement   •   • g. 다양한

08. diverse   •   • h. 요구사항, 요건

09. opening   •   • i. 직업, 경력

10. career   •   • j. 공석, 결원, 개장, 개시

DAY 1
DAY 2
DAY 3
DAY 4
DAY 5
DAY 6
DAY 7
DAY 8
DAY 9
DAY 10
DAY 11
DAY 12
DAY 13
DAY 14
DAY 15
DAY 16
DAY 17
DAY 18
DAY 19
DAY 20
DAY 21
DAY 22
DAY 23
DAY 24
DAY 25
DAY 26
DAY 27
DAY 28
DAY 29
DAY 30

Exercise B 01. attitude 02. competent 03. confidence 04. requirement 05. career 06. frequent 07. adaptability 08. occupation 09. opening 10. diverse   **Exercise C** 01. b 02. c 03. e 04. a 05. d 06. f 07. h 08. g 09. j 10. i

Exercise D 다음 문장을 올바르게 해석해 보세요.

He has a negative [01]**attitude** towards candidates who made [02]**frequent** [03]**career** changes.

그는 [02]_____ [03]_____ 변경을 한 후보자들에 대해 부정적인 [01]_____ 를 갖고 있다.

[04]**Adaptability** is also a key [05]**requirement** in the work world.

[04]_____ 은 또한 직업 세계에서 주요한 [05]_____ 이다.

Exercise E 다음 구문을 올바르게 해석해 보세요.

01. highly **competent** employees

_____

02. **frequent** travel

_____

03. the technical **requirements**

_____

04. a positive **attitude**

_____

05. increase the **adaptability**

_____

06. computer-related **occupations**

_____

07. have a successful **career**

_____

08. **confidence** in his ability

_____

09. an **opening** in the sales department

_____

10. a **diverse** range of duties

_____

Exercise D 01. 태도 02. 빈번한 03. 직업 04. 적응력 05. 요구사항   **Exercise E** 01. 매우 유능한 직원들 02. 빈번한 출장 03. 기술적인 요구사항 04. 긍정적인 태도 05. 적응력을 높이다 06. 컴퓨터 관련 직업 07. 성공적인 경력을 가지다 08. 그의 능력에 대한 신뢰 09. 영업부의 공석 10. 다양한 영역의 직무

DAY 15-3

training	n. 교육, 훈련, 연수 train v. 훈련하다	_____ courses 교육 과정 a _____ session 연수 (기간)
identification	n. 신분 확인, 신분증 identity n. 신원, 정체 identify v. (신원 등을) 확인하다, 밝히다 identifiable a. 인식할 수 있는, 식별할 수 있는	a form of _____ 신분증 종류 a valid _____ card 유효한 신분증
retirement	n. 퇴직, 은퇴 retire v. 퇴직하다, 은퇴하다	a _____ party 은퇴 기념 파티 his _____ after 20 years with the company 회사와 20년을 함께한 그의 은퇴
payroll	n. 급여 지급 (명부)	a _____ supervisor 급여 지급 관리자 handle the _____ 급여 지급을 관리하다
seek	v. 구하다, 찾다 seeker n. 추구하는 사람	_____ employment 직장을 구하다 _____ some professional help 전문적인 도움을 구하다
résumé	n. 이력서	submit a _____ 이력서를 제출하다 the enclosed _____ 동봉한 이력서
referral	n. 소개, 보내기, 위탁, 추천 refer v. 위탁하다, 회부하다	an employee _____ program 직원 추천 프로그램 a _____ letter (진료) 소견서
salesperson	n. 판매원, 영업 사원 sale n. 판매, 매각 sales n. 판매량	the best _____ of the year 올해 최고의 판매원 ask a _____ for a discount 판매원에게 할인을 요청하다
submit	v. 제출하다, 제기하다 submission n. 제출(물)	_____ an application 신청서를 제출하다 _____ the employee's performance evaluation 직원의 업무 평가서를 제출하다
positive	a. 긍정적인(↔negative 부정적인), 호의적인 positiveness n. 명백함, 긍정적인 자세 positively ad. 긍정적으로, 확실히	a _____ response from the union leader 노조 지도부의 긍정적인 응답 receive several _____ reviews 몇몇 긍정적인 평가를 받다

저절로 암기 Training

Exercise A 주어진 단어들을 결합하여 구문을 만드세요.

training + course → _____ _____s
교육   과정   교육 과정

form + identification → a _____ of _____
형태   신분 확인, 신분증   신분증 종류

retirement + party → a _____ _____
은퇴   파티   은퇴 기념 파티

handle + payroll → _____ the _____
관리하다   급여 지급   급여 지급을 관리하다

seek + employment → _____ _____
구하다   직장   직장을 구하다

submit + résumé → _____ a _____
제출하다   이력서   이력서를 제출하다

employee + referral → an _____ _____ program
직원   추천   직원 추천 프로그램

salesperson + discount → ask a _____ for a _____
판매원   할인   판매원에게 할인을 요청하다

submit + application → _____ an _____
제출하다   신청서   신청서를 제출하다

receive + positive → _____ several _____ reviews
받다   긍정적인   몇몇 긍정적인 평가를 받다

Exercise B 보기에서 적절한 단어를 찾아 문장을 완성하세요.

보기
_____

    training   identification   retirement   payroll   seek
    résumé   referral   salesperson   submit   positive
_____

01. I need to find a place to hold Selena's _____ party.
    저는 Selena의 은퇴 기념 파티를 열기 위한 장소를 찾아야 해요.

02. Can I _____ off-campus employment with a student visa?
    학생 비자로 교외 직장을 구해도 되나요?

03. Chenery Academy offers free online _____ courses with certificates.
    Chenery Academy는 인증서를 발급해주는 무료 온라인 교육 과정을 제공합니다.

04. Did you ask the _____ for a discount? 판매원에게 할인을 요청하셨습니까?

05. Once you _____ your application, you may not make changes to it.
한 번 신청서를 제출하신 이후에는 변경하실 수 없습니다.

06. You can hire an outside company to handle the _____.
당신은 급여 지급을 관리하기 위해 외부 업체를 고용할 수 있습니다.

07. The book started to receive several _____ reviews from blogs.
그 책은 블로그에서 몇몇 긍정적인 평가를 받기 시작했다.

08. IFX Partners has a successful employee _____ program.
IFX Partners는 성공적인 직원 추천 프로그램을 갖고 있다.

09. This is not an acceptable form of _____. 이것은 인정되는 종류의 신분증이 아닙니다.

10. Before you submit your _____, please read the instructions below.
당신의 이력서를 제출하기 전에 아래 지시사항을 읽어주시기 바랍니다.

DAY 1
DAY 2
DAY 3
DAY 4
DAY 5
DAY 6
DAY 7
DAY 8
DAY 9
DAY 11
DAY 12
DAY 13
DAY 14
DAY 15
DAY 16
DAY 17
DAY 18
DAY 19
DAY 20
DAY 21
DAY 22
DAY 23
DAY 24
DAY 25
DAY 26
DAY 27
DAY 28
DAY 29
DAY 30

Exercise C 주어진 단어의 적절한 의미를 찾아 연결해 보세요.

01. training •   • a. 퇴직, 은퇴

02. identification •   • b. 급여 지급 (명부)

03. retirement •   • c. 교육, 훈련, 연수

04. payroll •   • d. 신분 확인, 신분증

05. seek •   • e. 구하다, 찾다

06. résumé •   • f. 제출하다, 제기하다

07. referral •   • g. 소개, 보내기, 위탁

08. salesperson •   • h. 판매원, 영업 사원

09. submit •   • i. 이력서

10. positive •   • j. 긍정적인, 호의적인

Exercise B 01. retirement 02. seek 03. training 04. salesperson 05. submit 06. payroll 07. positive 08. referral 09. identification 10. résumé **Exercise C** 01. c 02. d 03. a 04. b 05. e 06. i 07. g 08. h 09. f 10. j

Exercise D 다음 문장을 올바르게 해석해 보세요.

The [01]**salesperson** already [02]**submitted** his [03]**retirement** request.
그 [01]_____ 은 이미 그의 [03]_____ 요청서를 [02]_____.

The staff [04]**training** can also have considerable [05]**positive** effects on business.
또한 직원 [04]_____ 은 사업에 상당히 [05]_____ 영향을 미칠 수 있습니다.

Exercise E 다음 구문을 올바르게 해석해 보세요.

01. an employment **referral** program
_____

02. ask a **salesperson** for a discount
_____

03. **training** courses
_____

04. **submit** an application
_____

05. a **retirement** party
_____

06. receive several **positive** reviews
_____

07. a form of **identification**
_____

08. handle the **payroll**
_____

09. submit a **résumé**
_____

10. seek **employment**
_____

Exercise D 01. 판매원 02. 제출했다 03. 은퇴 04. 교육 05. 긍정적인   **Exercise E** 01. 직원 추천 프로그램 02. 판매원에게 할인을 요청하다 03. 교육 과정 04. 신청서를 제출하다 05. 은퇴 기념 파티 06. 몇몇 긍정적인 평가를 받다 07. 신분증 종류 08. 급여 지급을 관리하다 09. 이력서를 제출하다 10. 직장을 구하다

DAY 15-4

assistant	n. 조수, 비서, 보조원 a. 보조의 assistance n. 지원, 도움 assist v. 돕다, 보조하다	an administrative _____ 행정 보조원 a teaching _____ 조교
enrollment	n. 등록, 입학 enroll v. 등록하다	the _____ period 등록 기간 the _____ fee 등록비
position	n. 위치, 일자리, 직책 v. 두다, 자리를 잡다	take the _____ 직책을 받아들이다 the supervisor _____ 감독자 자리
hire	n. 고용, 고용된 사람 v. 고용하다, 채용하다	_____ new employees 새 직원들을 고용하다 _____ a replacement 후임자를 채용하다
applicant	n. 지원자, 신청자 application n. 신청(서) apply v. 지원하다(to, for), 적용하다	an interview with an _____ 지원자와의 면접 notify the _____s 지원자들에게 통보하다
opportunity	n. 기회 opportune a. 시기적절한, 행운의	a job _____ 일자리 기회 take this _____ to introduce a new member 이 기회를 빌려 새로운 회원을 소개하다
consultant	n. 컨설턴트, 자문가, 상담사 consultation n. 협의, 상의 consult v. 상담하다, 상의하다, 진찰받다	follow the _____'s advice 상담사의 조언에 따르다 a management _____ 경영 자문가
appeal	n. 매력, 항소, 호소 v. 관심을 끌다, 호소하다(to), 항소하다 appealing a. 매력적인, 마음을 끄는	_____ to a younger audience 젊은 청중의 관심을 끌다 make an _____ for help 도움을 간청하다
profile	n. 인물 소개, 프로필, 관심 v. 인물평을 쓰다, 개요를 작성하다 high profile 고자세, 명확한 태도	create a _____ 프로필을 만들다 _____s of prominent scientists 저명한 과학자들의 프로필
qualified	a. 자격이 있는, 면허받은, 적임의 qualification n. 자격 (증명서), 자질 qualify v. 자격을 얻다, 적격성을 보이다	even highly _____ authors 매우 자격 있는 저자들조차 the most _____ of all the candidates 모든 지원자들 중 가장 자격을 갖춘 사람

저절로 암기 Training

Exercise A 주어진 단어들을 결합하여 구문을 만드세요.

administrative + assistant → an _____ _____
행정의   보조원   행정 보조원

enrollment + fee → the _____ _____
등록   요금   등록비

take + position → _____ the _____
받다   직책   직책을 받아들이다

hire + employee → _____ new _____s
고용하다   직원   새 직원들을 고용하다

interview + applicant → an _____ with an _____
면접   지원자   지원자와의 면접

opportunity + introduce → take this _____ to _____ a new member
기회   소개하다   이 기회를 빌려 새로운 회원을 소개하다

management + consultant → a _____ _____
경영   자문가   경영 자문가

appeal + audience → _____ to a younger _____
관심을 끌다   청중   젊은 청중의 관심을 끌다

create + profile → _____ a _____
만들다   프로필   프로필을 만들다

qualified + candidate → the most _____ of all the _____s
자격이 있는   지원자, 후보자   모든 지원자들 중 가장 자격을 갖춘 사람

Exercise B 보기에서 적절한 단어를 찾아 문장을 완성하세요.

보기

assistant   enrollment   position   hire   applicant
opportunity   consultant   appeal   profile   qualified

01. Did she take the _____? 그녀는 그 직책을 받아들였습니까?

02. I have an interview with an _____ this afternoon.
오늘 오후에는 지원자와 면접이 있습니다.

03. I want to take this _____ to officially introduce a new member.
저는 이 기회를 빌려 정식으로 새로운 회원을 소개하고자 합니다.

04. Who recommended him as a management _____?

누가 그를 경영 자문가로 추천했습니까?

05. We selected the most _____ of all the candidates.

우리는 모든 지원자들 중 가장 자격을 갖춘 사람을 선택했습니다.

06. Have you worked as an administrative _____ before?

전에 행정 보조원으로 일해보신 적 있나요?

07. I hope we _____ new employees. 저는 우리가 새 직원들을 고용하면 좋겠어요.

08. You need to create a _____ in order to apply for any job vacancies.

일자리에 지원하기 위해서는 프로필을 만들어야 합니다.

09. His tone of voice _____s to a younger audience.

그의 목소리 어조는 젊은 청중들의 관심을 끕니다.

10. A non-refundable _____ fee is due at the time of enrollment.

환불 불가인 등록비는 등록 당시에 납부해야 합니다.

Exercise C 주어진 단어의 적절한 의미를 찾아 연결해 보세요.

01. assistant   •   • a. 등록, 입학

02. enrollment   •   • b. 일자리, 직책; 두다

03. position   •   • c. 조수, 비서; 보조의

04. hire   •   • d. 고용; 채용하다

05. applicant   •   • e. 지원자, 신청자

06. opportunity   •   • f. 자격이 있는, 적임의

07. consultant   •   • g. 기회

08. appeal   •   • h. 매력, 항소; 호소하다

09. profile   •   • i. 자문가, 상담가

10. qualified   •   • j. 인물 소개, 프로필; 인물평을 쓰다

Exercise B 01. position 02. applicant 03. opportunity 04. consultant 05. qualified 06. assistant 07. hire 08. profile 09. appeal 10. enrollment **Exercise C** 01. c 02. a 03. b 04. d 05. e 06. g 07. i 08. h 09. j 10. f

Exercise D 다음 문장을 올바르게 해석해 보세요.

We are seeking ^{01}**qualified** ^{02}**applicants** for the ^{03}**assistant** position.
저희는 ^{03} _____ 직위에 ^{01} _____ ^{02} _____을 구하고 있습니다.

Are you going to ^{04}**hire** him as a marketing ^{05}**consultant**?
당신은 그를 마케팅 ^{05} _____ 로 ^{04} _____ 건가요?

Exercise E 다음 구문을 올바르게 해석해 보세요.

01. an administrative **assistant**

_____

02. the **enrollment** fee

_____

03. **appeal** to a younger audience

_____

04. the most **qualified** of all the candidates

_____

05. take the **position**

_____

06. an interview with an **applicant**

_____

07. **hire** new employees

_____

08. create a **profile**

_____

09. a management **consultant**

_____

10. take this **opportunity** to introduce a new member

_____

Exercise D 01. 자격을 갖춘 02. 지원자들 03. 비서 04. 고용할 05. 자문가   Exercise E 01. 행정 보조원 02. 등록비 03. 젊은 청중의 관심을 끌다 04. 모든 지원자들 중 가장 자격을 갖춘 사람 05. 직책을 받아들이다 06. 지원자와의 면접 07. 새 직원들을 고용하다 08. 프로필을 만들다 09. 경영 자문가 10. 이 기회를 빌려 새로운 회원을 소개하다

저절로 실전 Training

실전 토익에는 이렇게 나옵니다.

Day 15에서 배운 단어,
실제 토익에는 이렇게 나옵니다.

Grammar & Expressions 배운 단어로 Part 5 실전 문제 풀어보기

1. Do you have any advice to share with the new -------?

(A) associates
(B) associating
(C) associable
(D) associated

2. ------- is also a key requirement in the work world.

(A) Adaptable
(B) Adaptably
(C) Adapt
(D) Adaptability

3. The salesperson already ------- his retirement request.

(A) submitted
(B) submits
(C) submitting
(D) submit

4. Are you going to ------- him as a marketing consultant?

(A) grant
(B) hire
(C) mail
(D) load

Answers

1. (A)

해석 신입 직원들에게 나누어 줄 조언이 있으신가요?

해설 **[어법] 품사** 전치사(with) 다음에는 (동)명사가 오는데, 빈칸 앞에는 관사와 형용사밖에 없으므로 명사 (A) associates가 적절하다.
(A) 직원들 (B) 연합하는 (C) 연합할 수 있는 (D) 관련된

2. (D)

해석 적응력은 또한 직업 세계에서 주요한 요구사항이다.

해설 **[어법] 품사** 문장의 주어가 될 수 있는 명사가 필요하므로, 명사 (D) Adaptability가 적절하다.
(A) 적응할 수 있는 (B) 적응할 수 있게 (C) 적응하다 (D) 적응력, 순응

3. (A)

해석 그 판매원은 이미 그의 은퇴 요청서를 제출했다.

해설 **[어법] 동사** 부사 already의 수식을 받는 동사의 시제는 현재완료형과 과거형이다. 따라서 빈칸에는 과거형 (A) submitted가 적절하다.

4. (B)

해석 당신은 그를 마케팅 자문가로 고용할 건가요?

해설 **[어휘] 문맥에 어울리는 동사** 문맥상 '그를 마케팅 자문가로 (B) 고용하다'가 적절하다.
(A) 주다, 허락하다 (B) 고용하다 (C) 전송하다, 보내다 (D) 싣다, 짐을 지우다

DAY 15 채용   287

저절로 실전 Training

Day 15에서 배운 단어,
실제 토익에는 이렇게 나옵니다.

Reading & Listening 배운 단어로 실전 지문 읽고 들어보기

다음 글을 읽고 올바른 해석을 고르세요.

MP3

We're looking to fill a junior **managerial position**. The title is the employee training

1. (A) 하급 관리업체
(B) 하급 관리직

assistant. He or she will be responsible for training our new employees, as well as processing payroll biweekly. Applicants must be able to start employment immediately. Please see below for the list of **qualifications**.

2. (A) 자격사항 목록
(B) 자격증 기재사항

We're also **recruiting** several summer **associates** andconsultants.

3. (A) 수 명의 하절기 사원을 교육하다
(B) 수 명의 하절기 사원을 채용하다

The summer associate candidate should be a recent college graduate or a current college senior. Qualified candidates should submit their resume and cover letters along with their transcripts. If you're applying for a consultant position, please note that the requirement is three years of consulting experience at a minimum. An MBA degree is a plus.

Answers

1. (B)   2. (A)   3. (B)

해석 우리는 ¹·하급 관리직을 충원하는 것을 고려하고 있습니다. 해당 직위는 사원 교육 보조입니다. 그 사람은 신입 사원 교육과 급여 처리를 격주로 책임질 것입니다. 지원자들은 즉시 일을 시작하실 수 있는 분이어야 합니다. 아래 ²·자격사항 목록을 읽어보시기 바랍니다.
또한 우리는 ³·수 명의 하절기 사원과 상담원을 채용할 예정입니다. 하절기 사원 지원자는 반드시 최근에 대학교를 졸업한 학생이거나 대학교 4학년 재학생이어야 합니다. 자격에 부합하는 지원자는 이력서와 커버레터를 성적표와 함께 제출하면 됩니다. 상담원 직무에 지원하신다면, 최소 3년의 상담 경력이 필수조건임을 유념하시기 바랍니다. MBA 학위는 우대사항입니다.

DAY 16-1

interest	*n.* 관심, 이해관계, 이자 interested *a.* 흥미 있어 하는, 이해관계 가 있는 interesting *a.* 재미있는	_____ in helping the homeless 노숙자를 돕는 일에 대한 관심 a conflict of _____ 이해 상충
ideal	*n.* 이상, 전형 *a.* 이상적인, 가장 알맞은 ideally *ad.* 이상적으로	_____ for small offices 소형 사무실에 알맞은 an _____ opportunity 이상적인 기회
advance	*n.* 전진(↔setback 퇴보, 실패), 발전, 승진 *v.* 전진하다, 진보하다, 승진하다 advanced *a.* 진보된, 향상된 advancement *n.* 진보 in advance 미리, 사전에	_____ in their careers 그들의 직장 생활에서 발전하다 know the result in _____ 미리 결과를 알다
outstanding	*a.* 두드러진, 우수한, (부채 등이) 미결제된	_____ job performance 우수한 업무 성과 all _____ payments 모든 미결제 대금
achievement	*n.* 성취, 달성 achievable *a.* 성취할 수 있는, 달성할 수 있는 achieve *v.* 달성하다, 성취하다	a remarkable _____ in economic development 경제 성장에 있어 주목할 만한 성과 based on their _____s 그들의 성취에 기반을 두어
prospective	*a.* 장래[미래]의, 유망한, 잠재적인 prospect *n.* 전망, 예상	interview a _____ employee 채용 후보자의 면접을 보다 a _____ client 잠재적인 의뢰인
join	*v.* ~에 합류하다, 가입하다 joint *a.* 공동의 *n.* 관절 jointly *ad.* 공동으로, 연합하여	_____ a company 입사하다 _____ the team 팀에 합류하다
duty	*n.* 직무, 의무, 관세, 세금 on duty 업무 중인	a main _____ 주 업무 assign _____ies 직무를 배정하다
compensation	*n.* 보상금, 보상 compensate *v.* 보상하다, 보상금을 주다 compensation for ~에 대한 보상	a _____ plan 보상 제도 _____ for the sales staff 영업 사원을 위한 보상
evaluation	*n.* 평가 evaluator *n.* 평가자 evaluate *v.* 평가하다	an _____ system 평가 체계 the employee's performance _____ 직원 업무 평가

저절로 암기 Training

Exercise A 주어진 단어들을 결합하여 구문을 만드세요.

interest + homeless → _____ in helping the _____
관심   노숙자   노숙자를 돕는 일에 대한 관심

ideal + opportunity → an _____ _____
이상적인   기회   이상적인 기회

advance + career → _____ in their _____s
발전하다   직장 생활   그들의 직장 생활에서 발전하다

outstanding + performance → _____ job _____
우수한   성과   우수한 업무 성과

based on + achievement → _____ their _____s
~에 기반을 두어   성취   그들의 성취에 기반을 두어

prospective + client → a _____ _____
잠재적인   의뢰인   잠재적인 의뢰인

join + team → _____ the _____
합류하다   팀   팀에 합류하다

main + duty → a _____ _____
주된   업무   주 업무

compensation + plan → a _____ _____
보상   제도   보상 제도

evaluation + system → an _____ _____
평가   체계   평가 체계

Exercise B 보기에서 적절한 단어를 찾아 문장을 완성하세요.

보기

interest   ideal   advance   outstanding   achievement
prospective   join   duty   compensation   evaluation

01. We offer incentives based on their _____s.
    우리는 그들의 성취에 기반을 두어 장려금을 제공합니다.

02. As of yesterday, Mr. Huong has _____ed our team.
    어제부로 Mr. Huong이 우리 팀에 합류하게 되었습니다.

03. Thank you for your _____ in helping the homeless.
    노숙자를 돕는 일에 대한 당신의 관심에 감사드립니다.

04. Murillo tends to get a little nervous before meetings with _____ clients.

Murillo는 잠재적인 의뢰인들과 만남 전에 약간 긴장하는 경향이 있습니다.

05. The board approved a new _____ plan for its teachers.

이사회는 소속 교사들을 위한 새로운 보상 제도를 승인했습니다.

06. The implementation of a new _____ system is costly and time consuming.

새로운 평가 체계의 도입은 비용이 많이 들고 시간도 많이 소비됩니다.

07. This training course is designed to enhance employees' ability to _____ in their careers.

이 훈련 프로그램은 직원들이 직장 생활에서 발전하게 하는 역량을 강화하기 위해 고안되었습니다.

08. Paul was overlooked for promotion despite his _____ job performance.

Paul은 그의 우수한 업무 성과에도 불구하고 승진에서 간과되었습니다.

09. It is an _____ opportunity to sell them new products.

이것은 그들에게 새 제품을 판매할 이상적인 기회입니다.

10. What were your main _____ies at your last job?

이전 직장에서 당신의 주 업무는 무엇이었습니까?

Exercise C 주어진 단어의 적절한 의미를 찾아 연결해 보세요.

01. interest	•	• a. 이상; 이상적인
02. ideal	•	• b. 우수한, 미결제된
03. advance	•	• c. 관심, 이해관계, 이자
04. outstanding	•	• d. 전진; 진보하다
05. achievement	•	• e. 성취, 달성
06. prospective	•	• f. 직무, 의무, 관세, 세금
07. join	•	• g. 장래의, 잠재적인
08. duty	•	• h. 보상금, 보상
09. compensation	•	• i. 평가
10. evaluation	•	• j. ～에 합류하다

Exercise B 01. achievement 02. join 03. interest 04. prospective 05. compensation 06. evaluation 07. advance 08. outstanding 09. ideal 10. dut **Exercise C** 01. c 02. a 03. d 04. b 05. e 06. g 07. j 08. f 09. h 10. i

Exercise D 다음 문장을 올바르게 해석해 보세요.

Please ^{01}**join** us in congratulating Catherine on her ^{02}**outstanding** ^{03}**achievement**!
그녀의 ^{02} _____ ^{03} _____ 에 대해 Catherine을 축하해주는 것에 우리와 ^{01} _____
주세요!

What is your idea of an ^{04}**ideal** ^{05}**compensation** plan?
^{04} _____ ^{05} _____ 계획에 관한 당신의 생각은 무엇입니까?

Exercise E 다음 구문을 올바르게 해석해 보세요.

01. **outstanding** job performance
_____

02. **interest** in helping the homeless
_____

03. **join** the team
_____

04. a main **duty**
_____

05. an **ideal** opportunity
_____

06. a **compensation** plan
_____

07. an **evaluation** system
_____

08. based on their **achievements**
_____

09. a **prospective** client
_____

10. **advance** in their careers
_____

Exercise D 01. 함께해 02. 우수한 03. 성취 04. 이상적인 05. 보상   Exercise E 01. 우수한 업무 성과 02. 노숙자를 돕는 일에 대한 관심
03. 팀에 합류하다 04. 주 업무 05. 이상적인 기회 06. 보상 제도 07. 평가 체계 08. 그들의 성취에 기반을 두어 09. 잠재적인 의뢰인 10. 그들의
직장 생활에서 발전하다

DAY 16-2

election	*n.* 선거, 선출, 당선 elect *v.* (선거로) 선출하다	the _____ of new board members 이사회 신임 위원 선출 win the _____ 선거에서 이기다[당선되다]
eligible	*a.* 자격이 있는, 적격의(↔ineligible 자격이 없는) eligibility *n.* 적임, 적격성 be eligible to do ~할 자격이 있다	_____ to participate 참여할 자격이 있는 _____ for free shipping 무료 배송 대상이 되는
policy	*n.* 규정, 방침, 정책, 보험 증권	a company _____ 회사 정책 in accordance with the employment _____ 채용 방침에 따라
honor	*n.* 명예, 영예, 명성 *v.* 존경하다, 명예를 주다 in honor of ~을 기념하여, ~에게 경의를 표하여	a new building _____ing the founder 설립자를 기리는 새 빌딩 my _____ and pleasure 나의 영예이자 기쁨
designate	*a.* 지명된 *v.* 지정하다, 지명하다 designation *n.* 지명, 지정	_____ a new art director 새로운 예술 감독을 지명하다 the _____d repair center 지정된 수리 센터
capability	*n.* 능력, 역량 capable *a.* ~을 할 수 있는, 유능한	a manufacturing _____ 제조 능력 the _____ to achieve a high level of productivity 높은 수준의 생산성을 달성하는 능력
expertise	*n.* 전문 지식, 전문 기술 expert *n.* 전문가 have expertise in ~에 전문성이 있다	a technical _____ 기술 전문 지식 the core area of _____ 핵심 전문 영역
exemplary	*a.* 모범적인, 본보기가 되는 exemplar *n.* 모범, 전형, 귀감	an _____ work ethic 모범적인 직업윤리 an _____ employee 모범 사원
impress	*v.* (~에게) 감명을 주다, 인상을 주다 impression *n.* 인상 impressive *a.* 인상적인	make heathy food to _____ guests 손님들을 감동시키는 건강식을 만들다 be _____ed by the presentation 발표에 감명받다
president	*n.* 사장, 회장, 대통령 preside *v.* 주도하다, 주재하다 presidential *a.* 대통령의, 지배적인	a vice _____ 부회장[부사장] a company _____ 회사 사장

DAY 1
DAY 2
DAY 3
DAY 4
DAY 5
DAY 6
DAY 7
DAY 8
DAY 9
DAY 10
DAY 11
DAY 12
DAY 13
DAY 14
DAY 15
DAY 16
DAY 17
DAY 18
DAY 19
DAY 20
DAY 21
DAY 22
DAY 23
DAY 24
DAY 25
DAY 26
DAY 27
DAY 28
DAY 29
DAY 30

저절로 암기 Training

Exercise A 주어진 단어들을 결합하여 구문을 만드세요.

election + member → the _____ of new board _____s
선출 / 위원 / 이사회 신임 위원 선출

eligible + shipping → _____ for free _____
자격이 있는 / 배송 / 무료 배송 대상이 되는

company + policy → a _____ _____
회사 / 정책 / 회사 정책

honor + pleasure → my _____ and _____
영예 / 기쁨 / 나의 영예와 기쁨

designate + director → _____ a new art _____
지명하다 / 감독 / 새로운 예술 감독을 지명하다

manufacturing + capability → a _____ _____
제조의 / 능력 / 제조 능력

technical + expertise → a _____ _____
기술적인 / 전문 지식 / 기술 전문 지식

exemplary + ethic → an _____ work _____
모범적인 / 윤리 / 모범적인 직업윤리

impress + presentation → be _____ed by the _____
감명을 주다 / 발표 / 발표에 감명받다

company + president → a _____ _____
회사 / 사장, 회장 / 회사 사장

Exercise B 보기에서 적절한 단어를 찾아 문장을 완성하세요.

보기
_____

election   eligible   policy   honor   designate
capability   expertise   exemplary   impress   president
_____

01. He has an _____ work ethic and positive attitude.
그는 모범적인 직업윤리와 긍정적인 태도를 갖고 있습니다.

02. Oscar & Henderson LLP is pleased to announce the _____ of new board
members. Oscar & Henderson LLP는 이사회 신임 위원 선출을 알리게 되어 기쁩니다.

03. She will _____ a new art director on Tuesday.
그녀는 화요일에 새로운 예술 감독을 지명할 것입니다.

04. It was his technical _____ that got him this job.

그가 이 일자리를 얻게 한 것은 그의 기술 전문 지식이었습니다.

05. We lowered the order limit _____ for free shipping from $99 to $69.

저희는 무료 배송 대상이 되는 주문 제한을 99달러에서 69달러로 낮췄습니다.

06. What's the company _____ for vacation requests?

휴가 요청에 관한 회사 정책은 무엇인가요?

07. The interview committee was very _____ed by your presentation yesterday.

면접 위원회는 당신의 어제 발표에 깊이 감명받았습니다.

08. The company _____ is insisting on not extending the implementation date.

회사 사장은 시행일을 연장하지 말 것을 주장하고 있다.

09. It is my great _____ and pleasure to introduce our next speaker.

다음 연사를 소개하는 것이 저의 엄청난 영예와 기쁨입니다.

10. Brook Corporation has made a strenuous effort to strengthen its manufacturing _____ over the last decade.

Brook Corporation은 지난 10년간 제조 능력을 강화하기 위해 엄청난 노력을 해왔다.

Exercise C 주어진 단어의 적절한 의미를 찾아 연결해 보세요.

01. election	a. 자격이 있는, 적격의
02. eligible	b. 규정, 방침, 정책
03. policy	c. 지명된; 지정하다
04. honor	d. 명예; 존경하다
05. designate	e. 선거, 선출, 당선
06. capability	f. 전문 지식, 전문 기술
07. expertise	g. 사장, 회장
08. exemplary	h. 능력, 역량
09. impress	i. 감명을 주다
10. president	j. 모범적인

Exercise B 01. exemplary 02. election 03. designate 04. expertise 05. eligible 06. policy 07. impress 08. president 09. honor 10. capability **Exercise C** 01. e 02. a 03. b 04. d 05. c 06. h 07. f 08. j 09. i 10. g

Exercise D 다음 문장을 올바르게 해석해 보세요.

The [01]**president** was clearly [02]**impressed** by her managerial [03]**expertise**.

[01]_____은 그녀의 경영 [03]_____에 명백하게 [02]_____.

Who is [04]**eligible** to vote in the board [05]**elections**?

누가 이사회 [05]_____에서 투표할 [04]_____?

Exercise E 다음 구문을 올바르게 해석해 보세요.

01. a company **policy**

_____

02. **designate** a new art director

_____

03. my **honor** and pleasure

_____

04. **eligible** for free shipping

_____

05. an **exemplary** work ethic

_____

06. a company **president**

_____

07. the **election** of new board members

_____

08. be **impressed** by the presentation

_____

09. a manufacturing **capability**

_____

10. a technical **expertise**

_____

Exercise D 01. 회장 02. 감명받았다 03. 전문 지식 04. 자격이 있습니까 05. 선거 **Exercise E** 01. 회사 정책 02. 새로운 예술 감독을 지명하다 03. 나의 영예와 기쁨 04. 무료 배송 대상이 되는 05. 모범적인 직업윤리 06. 회사 사장 07. 이사회 신임 위원 선출 08. 발표에 감명 받다 09. 제조 능력 10. 기술 전문 지식

DAY 16-3

search	*n.* 찾기, 수색, 검색 *v.* 찾다, 검색하다	a _____ committee 조사 위원회 the job _____ 구직
responsibility	*n.* 책임 responsible *a.* 책임이 있는	a _____ of the technician 기술자의 책임 take on a _____ 책임을 맡다
undergo	*v.* ~을 겪다, 경험하다, 견디다	_____ renovation 보수 공사에 들어가다 _____ some significant changes 몇몇 중요한 변화를 경험하다
solicit	*v.* 간청하다, 요청하다 solicitation *n.* 간청 solicitude *n.* 배려, 염려	_____ donations 기부를 부탁하다 _____ cooperation 협조를 요청하다
skilled	*a.* 숙련된, 노련한 skill *n.* 숙련, 기술 be skilled at ~에 노련하다, 능숙하다	_____ advisors 노련한 고문 employ a _____ staff 숙련된 직원을 고용하다
recognition	*n.* (공로 등에 대한) 인정, 표창, 인지도 recognize *v.* 인정하다, 알아보다 in recognition of ~을 인정하여	the company's _____ in the foreign markets 해외 시장에서 회사의 인지도 _____ for hard work 열심히 일한 것에 대한 인정
concerning	*prep.* ~에 관한, 관련된(=regarding) concern *n.* 우려, 문제, 일 *v.* ~을 걱정하게 하다, 영향을 미치다 concerned *a.* 염려하는, 관련된	an issue _____ co-worker's leave 동료 휴가에 관한 문제 negotiations _____ layoffs 해고에 관한 협상
accomplish-ment	*n.* 성과, 업적 accomplished *a.* 숙련된, 노련한 accomplish *v.* 성취하다, 완수하다	the biggest _____ 가장 큰 성과 celebrate the company's _____s 회사의 성과를 축하하다
reward	*n.* 포상, 보상 *v.* 보답하다, 보상하다 rewarding *a.* 가치가 있는, 보답 받는	financial _____ 재정적 보상 be _____ed for effort 노력에 대해 보상받다
fail	*n.* 낙제, 불합격 *v.* 실패하다, 실망시키다 failure *n.* 실패, 불이행 fail to do ~하지 못하다	_____ to lower the price 가격을 인하하지 못하다 _____ to get a promotion 승진하지 못하다

저절로 암기 Training

Exercise A 주어진 단어들을 결합하여 구문을 만드세요.

job   + search → the _____ _____
일자리   찾기   구직

take on + responsibility → _____ a _____
맡다   책임   책임을 맡다

undergo + significant → _____ some _____ changes
겪다   중요한   몇몇 중요한 변화를 경험하다

solicit + cooperation → _____ _____
요청하다   협조   협조를 요청하다

employ + skilled → _____ a _____ staff
고용하다   숙련된   숙련된 직원을 고용하다

recognition + work → _____ for hard _____
인정   노력   열심히 일한 것에 대한 인정

concerning + layoff → negotiations _____ _____s
~에 관한   해고   해고에 관한 협상

celebrate + accomplishment → _____ the company's _____s
축하하다   성과   회사의 성과를 축하하다

reward + effort → be _____ed for _____
보상하다   노력   노력에 대해 보상받다

fail   + promotion → _____ to get a _____
실패하다   승진   승진하지 못하다

Exercise B 보기에서 적절한 단어를 찾아 문장을 완성하세요.

보기
_____

     search   responsibility   undergo   solicit   skilled
     recognition   concerning   accomplishment   reward   fail
_____

01. They started negotiations _____ layoffs. 그들은 해고에 관한 협상을 시작했습니다.

02. The automotive industry is about to _____ some significant changes.
자동차 산업은 몇몇 중요한 변화를 경험할 것입니다.

03. It is increasingly difficult to employ a _____ staff.
숙련된 직원을 고용하는 것은 점점 더 어렵다.

04. And today, we gathered to celebrate the company's _____s.
그리고 오늘, 우리는 회사의 성취를 축하하기 위해 모였습니다.

05. Anna is mature enough to take on supervising _____ies.
Anna는 감독 책임을 맡기에 충분히 성숙합니다.

06. I deserve more _____ for my hard work.
저는 열심히 일한 것에 대해 더 많은 인정을 받을 자격이 있어요.

07. The researchers were _____ed for their efforts.
연구원들은 그들의 노력에 대해 보상받았다.

08. After I _____ed to get a promotion, I immediately began to look for another job. 승진하지 못한 후, 저는 즉시 다른 직장을 찾기 시작했습니다.

09. We appreciate your interest in our company and wish you success in your job _____. 우리 회사에 대한 당신의 관심에 감사드리며 당신의 구직 활동에서 성공을 기원합니다.

10. We _____ your cooperation in this matter. 이 문제에 관한 당신의 협조를 요청합니다.

DAY 1
DAY 2
DAY 3
DAY 4
DAY 5
DAY 6
DAY 7
DAY 8
DAY 9
DAY 10
DAY 11
DAY 12
DAY 13
DAY 14
DAY 15
DAY 16
DAY 17
DAY 18
DAY 19
DAY 20
DAY 21
DAY 22
DAY 23
DAY 24
DAY 25
DAY 26
DAY 27
DAY 28
DAY 29
DAY 30

Exercise C 주어진 단어의 적절한 의미를 찾아 연결해 보세요.

01. search •   • a. 숙련된, 노련한

02. responsibility •   • b. 찾기; 검색하다

03. undergo •   • c. ~을 겪다, 경험하다

04. solicit •   • d. 간청하다, 요청하다

05. skilled •   • e. 책임

06. recognition •   • f. 포상; 보상하다

07. concerning •   • g. 불합격; 실패하다

08. accomplishment •   • h. ~에 관한, 관련된

09. reward •   • i. 인정, 표창

10. fail •   • j. 성과, 업적

Exercise B 01. concerning 02. undergo 03. skilled 04. accomplishment 05. responsibilit 06. recognition 07. reward 08. fail 09. search 10. solicit **Exercise C** 01. b 02. e 03. c 04. d 05. a 06. i 07. h 08. j 09. f 10. g

Exercise D 다음 문장을 올바르게 해석해 보세요.

We're still [01]**searching** for [02]**skilled** managers to handle our store operations.
우리는 우리 점포 운영을 관리할 [02]_____ 관리인을 여전히 [01]_____ 있습니다.

As a supervisor, you have a [03]**responsibility** to recognize your team members' [04]**accomplishments**.
관리자로서, 당신은 팀원들의 [04]_____ 를 인정해줄 [03]_____ 이 있습니다.

The organization is [05]**soliciting** donations to help underprivileged children.
그 단체는 소외 계층 아이들을 돕기 위해 기부금을 [05]_____ 있습니다.

Exercise E 다음 구문을 올바르게 해석해 보세요.

01. **solicit** cooperation

_____

02. the job **search**

_____

03. **recognition** for hard work

_____

04. celebrate the company's **accomplishments**

_____

05. take on a **responsibility**

_____

06. be **rewarded** for effort

_____

07. **undergo** some significant changes

_____

08. employ a **skilled** staff

_____

09. negotiations **concerning** layoffs

_____

10. **fail** to get a promotion

_____

Exercise D 01. 찾고 02. 숙련된 03. 책임 04. 성과 05. 요청하고 **Exercise E** 01. 협조를 요청하다 02. 구직 03. 열심히 일한 것에 대한 인정 04. 회사의 성과를 축하하다 05. 책임을 맡다 06. 노력에 대해 보상받다 07. 몇몇 중요한 변화를 경험하다 08. 숙련된 직원을 고용하다 09. 해고에 관한 협상 10. 승진하지 못하다

DAY 16-4

apply	v. 지원하다(for), 신청하다, 적용하다(to) application n. 적용, 신청 applicant n. 지원자 apply A to B A를 B에 적용하다	_____ for an internal job vacancy (회사) 내부 공석에 지원하다 _____ for a loan 대출을 신청하다
recommenda- tion	n. 추천 사항, 추천 recommend v. 추천하다, 권하다	a _____ letter 추천서 _____ from the former employer 전 고용주의 추천
head	n. 머리(~의 맨 윗부분), 책임자 v. 향하다(for), 이끌다, 지휘하다	the _____ office 본사 the department _____ 부서장
consult	v. 상담하다, 상의하다, 찾다(=look for) consultant n. 자문가, 상담사 consultation n. 협의, 상의	_____ the sales representative 판매원과 상의하다 _____ the company website 회사 웹사이트를 찾아보다
encourage	v. 권장하다, 고무하다 encouragement n. 격려 encouraging a. 고무적인, 격려하는	_____ participation 참여를 권장하다 _____ employees to express their ideas 직원들이 그들의 생각을 표현하도록 권장하다
introduce	v. 소개하다, 도입하다 introduction n. 소개, 도입 introductory a. 소개의	_____ a new team member 새로운 팀원을 소개하다 _____ an identification system 신분 확인 시스템을 도입하다
explain	v. 설명하다 explanation n. 설명, 이유, 해명	_____ the situation 상황을 설명하다 _____ the task to the interns 인턴사원에게 업무를 설명하다
pursue	v. 추구하다, 추진하다, ~을 얻으려고 애쓰다 pursuit n. 추구, 추적	_____ a business relationship 사업 관계를 맺으려고 애쓰다 _____ a career in finance 재무 분야의 경력을 추구하다
require	v. 요구하다, 필요로 하다 requirement n. 요구, 필요 required a. 필수의 be required to do ~하도록 요구되다	_____ a bachelor's degree 학사 학위를 요구하다 _____ a signature upon receipt 수령 시에 서명을 필요로 하다
deadline	n. 마감일, 마감 시간	confirm a _____ 마감기한을 확정하다 a project _____ 프로젝트 마감일

저절로 암기 Training

Exercise A 주어진 단어들을 결합하여 구문을 만드세요.

apply + vacancy → _____ for an internal job _____
지원하다   공석   (회사) 내부 공석에 지원하다

recommendation + letter → a _____ _____
추천   편지   추천서

department + head → the _____ _____
부서의   책임자   부서장

consult + representative → _____ the sales _____
상의하다   대리인   판매원과 상의하다

encourage + express → _____ employees to _____ their ideas
권장하다   표현하다   직원들이 그들의 생각을 표현하도록 권장하다

introduce + team → _____ a new _____ member
소개하다   팀   새로운 팀원을 소개하다

explain + situation → _____ the _____
설명하다   상황   상황을 설명하다

pursue + finance → _____ a career in _____
추구하다   재정, 재무   재무 분야의 경력을 추구하다

require + degree → _____ a bachelor's _____
요구하다   학위   학사 학위를 요구하다

project + deadline → a _____ _____
프로젝트   마감일   프로젝트 마감일

Exercise B 보기에서 적절한 단어를 찾아 문장을 완성하세요.

보기

    apply   recommendation   head   consult   encourage
    introduce   explain   pursue   require   deadline

01. Most jobs on the list _____ a bachelor's degree.
목록에 나와 있는 대부분의 일자리는 학사 학위를 요구합니다.

02. I tried to _____ the situation to my boss. 저는 상사에게 상황을 설명하려고 노력해 봤어요.

03. She's _____ing a career in finance. 그녀는 재무 분야의 경력을 추구하고 있습니다.

04. Do you know when the project _____ is?
당신은 프로젝트 마감일이 언제인지 아시나요?

05. I can talk to the department _____ about your situation.
제가 당신의 상황에 관해 부서장에게 말해볼 수 있어요.

06. I decided to _____ for an internal job vacancy.
저는 회사 내부 공석에 지원하기로 했습니다.

07. I would like to _____ our new team member to you.
여러분께 새로운 팀원을 소개해주고 싶습니다.

08. I'm writing a _____ letter for my former colleague.
저는 전 동료를 위해 추천서를 쓰고 있습니다.

09. _____ your sales representative for more detailed information.
더 자세한 정보는 판매원과 상의해주세요.

10. Effective managers _____ employees to express their ideas.
효과적인 관리자들은 직원들이 그들의 생각을 표현하도록 권장합니다.

Exercise C 주어진 단어의 적절한 의미를 찾아 연결해 보세요.

01. apply   •   • a. 권장하다, 고무하다

02. recommendation   •   • b. 지원하다, 신청하다

03. head   •   • c. 상담하다, 상의하다

04. consult   •   • d. 책임자; 향하다

05. encourage   •   • e. 추천 사항, 추천

06. introduce   •   • f. 요구하다, 필요로 하다

07. explain   •   • g. 소개하다, 도입하다

08. pursue   •   • h. 설명하다

09. require   •   • i. 마감일, 마감 시간

10. deadline   •   • j. 추구하다, 추진하다

Exercise B 01. require 02. explain 03. pursu 04. deadline 05. head 06. apply 07. introduce 08. recommendation 09.
Consult 10. encourage   **Exercise C** 01. b 02. e 03. d 04. c 05. a 06. g 07. h 08. j 09. f 10. i

Exercise D 다음 문장을 올바르게 해석해 보세요.

We [01]**require** at least three letters of [02]**recommendation** written by someone who can attest to your professional ability.

우리는 귀하의 직업적인 능력을 입증할 수 있는 누군가가 작성한 최소한 세 통의 [02]_____서를 [01]_____.

Employees should [03]**consult** with the department [04]**head** if they are interested in [05]**applying** for a training program.

연수 프로그램에 [05]_____에 관심이 있다면 사원들은 부서 [04]_____과 [03]_____합니다.

Exercise E 다음 구문을 올바르게 해석해 보세요.

01. the departmental **head**

   _____

02. **explain** the situation

   _____

03. **apply** for an internal job vacancy

   _____

04. **require** a bachelor's degree

   _____

05. **introduce** our new team member

   _____

06. a project **deadline**

   _____

07. **consult** the sales representative

   _____

08. **pursue** a career in finance

   _____

09. a **recommendation** letter

   _____

10. **encourage** employees to express their ideas

   _____

Exercise D 01. 요구합니다 02. 추천 03. 상의해야 04. 장 05. 지원하는 것   Exercise E 01. 부서장 02. 상황을 설명하다 03. (회사) 내부 공석에 지원하다 04. 학사 학위를 요구하다 05. 새로운 팀원을 소개하다 06. 프로젝트 마감일 07. 판매원과 상의하다 08. 재무 분야의 경력을 추구하다 09. 추천서 10. 직원들이 그들의 생각을 표현하도록 권장하다

저절로 실전 Training

Day 16에서 배운 단어,
실제 토익에는 이렇게 나옵니다.

Grammar & Expressions 배운 단어로 Part 5 실전 문제 풀어보기

1. Please join us in congratulating Catherine on her ------- achievement!

(A) inferior
(B) redeemable
(C) outstanding
(D) attentive

2. Who is ------- to vote in the board elections?

(A) reliable
(B) eligible
(C) complicated
(D) promotional

3. The organization ------- donations to help underprivileged children.

(A) is soliciting
(B) solicit
(C) has been solicited
(D) be solicited

4. Employees should ------- with the department head if they are interested in applying for a training program.

(A) insult
(B) consult
(C) benefit
(D) compete

Answers

1. (C)

해석 그녀의 우수한 성취에 대해 Catherine을 축하해주는 것에 우리와 함께해 주세요!

해설 **[어휘] 문맥에 어울리는 형용사** Catherine의 성취에 대해 축하해주는 상황이므로 '그녀의 (C) 우수한 성취'라고 해야 적절하다.
(A) 열등한 (B) 교환할 수 있는 (C) 우수한, 뛰어난 (D) 주의를 기울이는

2. (B)

해석 누가 이사회 선거에서 투표할 자격이 있습니까?

해설 **[어휘] 문맥에 어울리는 형용사** 문맥상 '선거에서 투표할 (B) 자격이 있다'가 적절하다. 참고로 「be eligible to부정사」는 '~할 자격이 있다'이다.
(A) 의지할 수 있는 (B) 자격이 있는 (C) 복잡한 (D) 촉진하는, 판촉의

3. (A)

해석 그 단체는 소외 계층 아이들을 돕기 위해 기부금을 요청하고 있습니다.

해설 **[어법] 동사** 문장에 동사가 없으므로 주어인 단수명사(The organization)에 대한 단수동사가 필요하다. 또한 주어를 동사(solicit)의 주체로 해석하는 것이 자연스러우므로 능동태 현재진행형 (A) is soliciting이 적절하다.

4. (B)

해석 연수 프로그램에 지원하는 것에 관심이 있다면 사원들은 부서장과 상의해야 합니다.

해설 **[어휘] 문맥에 어울리는 동사** 연수 프로그램에 지원하는 것에 관심 있는 사원들이 해야 할 행동으로 적절한 것은 '부서장과 (B) 상의하는' 것이다.
(A) 모욕하다 (B) 상의하다 (C) 이익을 보다 (D) 경쟁하다

저절로 실전 Training

Day 16에서 배운 단어,
실제 토익에는 이렇게 나옵니다.

Reading & Listening 배운 단어로 실전 지문 읽고 들어보기

다음 글을 읽고 올바른 해석을 고르세요.

MP3

Please indicate your area of interest and expertise by filling out the form and sending it to us in **advance** of your arrival. The deadline for sending us the form is

1. (A) 도착과 동시에
(B) 도착 전에

this Friday since you'll be joining us next Monday. We require this form for all prospective employees to **encourage** open communication. Please consult Human

2. (A) 열린 의사소통을 장려하기 위해
(B) 열린 의사소통을 허가하기 위해

Resources if you have any questions concerning the process. When you come in on Monday, you'll meet with the head of Human Resources to sign the contract. Your **compensation** will be negotiated then. It is your responsibility to bring the

3. (A) 당신의 보상금
(B) 당신의 보수

required documents such as a government-issued ID and a bankbook. You'll also undergo a simple background check. You'll read the company policy code and sign the honor code on Monday.

- -

Answers

1. (B)   2. (A)   3. (B)

해석 이 양식에 당신의 관심 분야와 전문 분야를 표시하여 ¹· 도착 전에 저희에게 발송해서 알려주십시오. 귀하께서 다음 주 월요일에 합류하시게 되므로 양식을 보내주시는 기한은 이번 주 금요일입니다. 이 양식은 모든 예비 직원들에게 ²· 열린 의사소통을 장려하기 위해 필요합니다. 절차와 관련된 질문이 있으면 인사부와 상의해 주세요. 월요일에 오시면, 인사부장을 만나서 계약서에 서명하실 것입니다. ³· 당신의 보수는 그때 상의하게 됩니다. 정부 발행 신분증 및 통장과 같은 필수 서류를 지참하셔야 합니다. 또한 간단한 신원 조사를 받게 됩니다. 월요일에 회사 정책집을 읽고 나서 명예 규범에 서명하실 것입니다.

DAY 17-1

notify	v. 통지하다, 알리다 notification n. 통지	be _____ied of the results 결과를 통지받다 _____ her about a work situation 그녀에게 업무 상황에 대해 알리다
authorize	v. 인가하다, 권한을 부여하다 authorization n. 허가 authority n. 권한, (–ties) 당국, 승인	_____ the use 사용을 인가하다 an _____d service center 공인된 서비스 센터
approval	n. 승인, 인가(=permission) approve v. 승인하다	obtain _____ 승인을 얻다 request _____ for travel 출장 허가를 요청하다
effectively	ad. 효과적으로 effect n. 효력, 영향 effective a. 효과가 있는	market their services _____ 서비스를 효과적으로 시장에 내놓다 manage costs _____ 비용을 효과적으로 관리하다
except	prep. ～을 제외하고 conj. ～을 제외하면 exception n. 예외 exceptional a. 예외적인, 매우 뛰어난	_____ for stained carpet 얼룩진 카펫을 제외하고 every day _____ Friday 금요일을 제외하고 매일
permission	n. 허락, 허가(=approval) permit n. 허가증 v. 허가하다	get special _____ 특별 허가를 받다 complete a _____ form 허가서를 작성하다
state	n. 상태 v. 명시하다, 진술하다 statement n. 명세서, 성명서 state-of-the-art a. 최신식의	the _____-of-the-art exercise equipment 최신식 운동 장비 _____ his opinion 그의 의견을 진술하다
thoroughly	ad. 철저하게, 완전히, 대단히 thorough a. 철저한, 완전한	_____ review the report 철저하게 보고서를 검토하다 read the instruction manual _____ 사용 설명서를 꼼꼼하게 읽다
approach	n. 접근(법) v. 접근하다, 다가오다 approachable a. 친근한, 접근 가능한, 이해하기 쉬운	a decidedly fresh _____ 확실히 신선한 접근법 _____ the matter 문제에 접근하다
attire	n. 의복, 옷	wear inappropriate _____ 부적절한 옷을 입다 require business _____ 정장 차림을 요구하다

저절로 암기 Training

Exercise A 주어진 단어들을 결합하여 구문을 만드세요.

notify + result → be _____ied of the _____s
통지하다   결과   결과를 통지받다

authorize + use → _____ the _____
인가하다   사용   사용을 인가하다

obtain + approval → _____ _____
얻다   승인   승인을 얻다

manage + effectively → _____ costs _____
관리하다   효과적으로   비용을 효과적으로 관리하다

except + stained → _____ for _____ carpet
~을 제외하고   얼룩진   얼룩진 카펫을 제외하고

special + permission → get _____ _____
특별한   허가   특별 허가를 받다

state + opinion → _____ his _____
진술하다   의견   그의 의견을 진술하다

thoroughly + review → _____ _____ the report
철저하게   검토하다   철저하게 보고서를 검토하다

fresh + approach → a decidedly _____ _____
신선한   접근법   확실히 신선한 접근법

inappropriate + attire → wear _____ _____
부적절한   옷   부적절한 옷을 입다

Exercise B 보기에서 적절한 단어를 찾아 문장을 완성하세요.

보기

> notify   authorize   approval   effectively   except
> permission   state   thoroughly   approach   attire

01. He refused to _____ his opinion on this matter.
그는 이 문제에 관한 그의 의견을 진술하기를 거부했어요.

02. You will be denied entry to the building, if you are wearing inappropriate
_____. 당신의 복장이 부적절하다면, 건물 입장을 거부당할 것입니다.

03. All applicants will be _____ied of their application results by email.
모든 지원자는 그들의 지원 결과를 이메일로 통보받을 것입니다.

04. You need to get special _____ to look around the entire facility.
전체 시설을 둘러보시려면 특별 허가를 받아야 합니다.

05. How _____ did you review the report? 당신은 얼마나 철저하게 보고서를 검토했습니까?

06. It is absolutely necessary to obtain prior _____.
사전 승인을 얻는 것은 절대적으로 필수적입니다.

07. The overall room condition was good, _____ for stained carpet.
얼룩진 카펫을 제외하면, 전반적인 방 상태는 좋았습니다.

08. He came up with a decidedly fresh _____. 그는 확실히 신선한 접근법을 생각해냈다.

09. I hereby _____ the use of my personal data in my curriculum vitae.
이로써 이력서에 기재된 저의 개인 정보 사용을 인가합니다.   *curriculum vitae=résumé

10. We should manage our costs more _____. 우리는 비용을 더 효과적으로 관리해야 합니다.

Exercise C 주어진 단어의 적절한 의미를 찾아 연결해 보세요.

01. notify	•	• a. 통지하다
02. authorize	•	• b. 효과적으로
03. approval	•	• c. 인가하다
04. effectively	•	• d. 승인, 인가
05. except	•	• e. ~을 제외하고
06. permission	•	• f. 상태; 진술하다
07. state	•	• g. 접근법; 접근하다
08. thoroughly	•	• h. 허락, 허가
09. approach	•	• i. 철저하게, 완전히
10. attire	•	• j. 의복, 옷

Exercise B 01. state 02. attire 03. notif 04. permission/approval 05. thoroughly 06. approval/permission 07. except 08. approach 09. authorize 10. effectively **Exercise C** 01. a 02. c 03. d/h 04. b 05. e 06. d/h 07. f 08. i 09. g 10. j

Exercise D 다음 문장을 올바르게 해석해 보세요.

No one ^{01}**except** ^{02}**authorized** personnel is allowed in there.
거기에는 ^{02}_____ 직원 ^{01}_____ 아무도 들어갈 수 없습니다.

The organization ^{03}**thoroughly** educates new employees so that they can ^{04}**effectively** ^{05}**approach** target customers. 그 조직은 그들이 목표 고객에게 ^{04}_____ ^{05}_____ 수 있게 신입 사원들을 ^{03}_____ 교육한다.

Exercise E 다음 구문을 올바르게 해석해 보세요.

01. **thoroughly** review the report

_____

02. a decidedly fresh **approach**

_____

03. **authorize** the use

_____

04. **except** for stained carpet

_____

05. be **notified** of the results

_____

06. **state** his opinion

_____

07. wear inappropriate **attire**

_____

08. manage costs **effectively**

_____

09. get special **permission**

_____

10. obtain **approval**

_____

Exercise D 01. 외에는 02. 허가받은 03. 철저하게 04. 효과적으로 05. 접근할   Exercise E 01. 철저하게 보고서를 검토하다 02. 확실히 신선한 접근법 03. 사용을 인가하다 04. 얼룩진 카펫을 제외하고 05. 결과를 통지받다 06. 그의 의견을 진술하다 07. 부적절한 옷을 입다 08. 비용을 효과적으로 관리하다 09. 특별 허가를 받다 10. 승인을 얻다

DAY 17-2

avoid	v. 피하다, 방지하다 avoidable *a.* 방지할 수 있는, 막을 수 있는	_____ congestion 혼잡을 피하다 _____ delays in payment 연체를 피하다
contain	v. 포함하다, 담겨 있다, 억제하다 container *n.* 그릇, 용기 contain oneself 자제하다	_____ valuable items 귀중품을 담고 있다 _____ sensitive information 민감한 정보를 포함하다
confirm	v. 확인하다 confirmation *n.* 확인, 확증 confirmative *a.* 확인의	_____ a customer's request 고객의 요청을 확인하다 _____ an appointment 예약을 확인하다
leadership	n. 지도력, 통솔력, 대표직 lead *n.* 선두 *v.* 이끌다 leading *a.* 이끄는, 선두적인, 주요한	the _____ course 지도력 강좌 _____ experience 대표직 (수행) 경험
prohibit	v. 금지하다(from) prohibition *n.* 금지 prohibit A from -ing A가 ~하는 것을 금지하다	be _____ed throughout the museum 박물관 전 구역에서 금지되다 be strictly _____ed 엄격히 금지되다
regulation	n. (–s) 규정, 규칙, 규제 regulate *v.* 규제하다, 통제하다	discuss proposed _____s 제시된 규정에 대해 토론하다 government _____ 정부 규제
activate	v. 작동시키다, 활성화하다 activity *n.* 활동 actively *ad.* 활발히	_____ an account 계정을 활성화하다 _____ the system 시스템을 활성화하다
comply	v. 준수하다, 따르다(with) compliance *n.* 준수	_____ with rules 규칙을 따르다 _____ with the firm's new policy 회사의 새 정책을 따르다
appointment	n. 약속, 예약, 임명 appoint *v.* 약속하다, 임명하다	miss an _____ 예약을 지키지 못하다 the _____ of an ambassador 대사 임명
break	n. 휴식, 휴가 v. 고장 나다, 휴식하다, 어기다 broken *a.* 고장 난, 부서진	a five-minute _____ 5분간 휴식 _____ a hire-purchase contract 할부 구매 계약을 파기하다

저절로 암기 Training

Exercise A 주어진 단어들을 결합하여 구문을 만드세요.

avoid + congestion → _____ _____
피하다　　　혼잡　　　　　　　　혼잡을 피하다

contain + sensitive → _____ _____ information
포함하다　　　민감한　　　　　　민감한 정보를 포함하다

confirm + appointment → _____ an _____
확인하다　　　예약　　　　　　　　예약을 확인하다

leadership + course → the _____ _____
지도력　　　　　강좌　　　　지도력 강좌

prohibit + throughout → be _____ed _____ the museum
금지하다　　　도처에, 전부　　　　박물관 전 구역에서 금지되다

government + regulation → _____ _____
정부　　　　　규제　　　　　　정부 규제

activate + account → _____ an _____
활성화하다　　　계정　　　　계정을 활성화하다

comply + rule → _____ with _____s
따르다　　　규칙　　　규칙을 따르다

miss + appointment → _____ an _____
놓치다　　예약　　　　　　예약을 지키지 못하다

break + contract → _____ a hire-purchase _____
어기다　　계약　　　　　할부 구매 계약을 파기하다

Exercise B 보기에서 적절한 단어를 찾아 문장을 완성하세요.

보기
_____
　　avoid　　contain　　confirm　　leadership　　prohibit
　　regulation　　activate　　comply　　appointment　　break
_____

01. Photography is _____ed throughout the museum.
　　사진 촬영은 박물관 전 구역에서 금지됩니다.

02. These documents _____ sensitive information and should be disposed of properly. 이 문서들은 민감한 정보를 포함하고 있어 적절하게 폐기되어야 합니다.

03. If patients miss an _____, they will be charged $35.
　　만약 환자들이 예약을 지키지 못한다면, 그들에게 35달러의 비용이 청구될 것입니다.

04. I left early to _____ traffic congestion. 저는 교통 혼잡을 피하고자 일찍 떠났습니다.

05. Failure to _____ with these rules may result in disciplinary action.
이 규칙들을 따르지 않으면 징계 조치로 이어질 수 있습니다.

06. _____ing a hire-purchase contract usually involves penalties.
일반적으로 할부 구매 계약을 파기하는 것은 위약금을 수반합니다.

07. I am calling to _____ your 8 o'clock appointment.
당신의 8시 예약을 확인하려고 전화드렸습니다.

08. We will send a link to _____ your account to your email address.
저희는 당신의 계정을 활성화할 수 있는 링크를 당신의 이메일 주소로 보내드릴 겁니다.

09. Government _____ affects the biochemical industry in many ways.
정부 규제는 생화학 산업에 여러 측면으로 영향을 미칩니다.

10. Would you like to register for the _____ course?
지도력 강좌에 등록하고 싶으신가요?

DAY 1
DAY 2
DAY 3
DAY 4
DAY 5
DAY 6
DAY 7
DAY 8
DAY 9
DAY 10
DAY 11
DAY 12
DAY 13
DAY 14
DAY 15
DAY 16
DAY 17
DAY 18
DAY 19
DAY 20
DAY 21
DAY 22
DAY 23
DAY 24
DAY 25
DAY 26
DAY 27
DAY 28
DAY 29
DAY 30

Exercise C 주어진 단어의 적절한 의미를 찾아 연결해 보세요.

01. avoid   •   • a. 지도력, 통솔력

02. contain   •   • b. 금지하다

03. confirm   •   • c. 피하다, 방지하다

04. leadership   •   • d. 확인하다

05. prohibit   •   • e. 포함하다, 담겨 있다

06. regulation   •   • f. 휴식; 어기다

07. activate   •   • g. 준수하다, 따르다

08. comply   •   • h. 규정, 규칙, 규제

09. appointment   •   • i. 활성화하다

10. break   •   • j. 약속, 임명

Exercise B 01. prohibit 02. contain 03. appointment 04. avoid 05. comply 06. Break 07. confirm 08. activate 09. regulation 10. leadership   **Exercise C** 01. c 02. e 03. d 04. a 05. b 06. h 07. i 08. g 09. j 10. f

Exercise D 다음 문장을 올바르게 해석해 보세요.

All contractors performing work at research facilities are required to [01]**comply** with these [02]**regulations**.

연구 시설에서 업무를 수행하는 모든 도급업자는 이 [02]_____ 을 [01]_____ 것이 요구됩니다.

We found evidence [03]**confirming** that those products [04]**contain** [05]**prohibited** substances.

우리는 그 제품들이 [05]_____ 물질을 [04]_____ 고 [03]_____ 증거를 발견했습니다.

Exercise E 다음 구문을 올바르게 해석해 보세요.

01. **contain** sensitive information

_____

02. **avoid** congestion

_____

03. **comply** with rules

_____

04. **break** a hire-purchase contract

_____

05. **confirm** an appointment

_____

06. government **regulation**

_____

07. be **prohibited** throughout the museum

_____

08. **activate** an account

_____

09. miss an **appointment**

_____

10. the **leadership** course

_____

Exercise D 01. 준수할 02. 규정들 03. 확인해주는 04. 포함한다 05. 금지된   **Exercise E** 01. 민감한 정보를 포함하다 02. 혼잡을 피하다
03. 규칙을 따르다 04. 할부 구매 계약을 파기하다 05. 예약을 확인하다 06. 정부 규제 07. 박물관 전 구역에서 금지되다 08. 계정을 활성화하다
09. 예약을 지키지 못하다 10. 지도력 강좌

DAY 17-3

attend	v. (~에) 참석하다, 출석하다 attendance n. 참석	_____ the press conference 기자회견에 참석하다 _____ the time management workshop 시간 관리 워크숍에 참석하다
code	n. 규범, 관례, 암호 v. 코드화하다, 기호로 만들다	request a _____ 암호를 요청하다 a personal access _____ 개별 접근 암호
incorrectly	ad. 부정확하게(↔correctly 정확하게), 틀리게 incorrect a. 부정확한	be listed _____ 잘못 열거되다 be billed _____ 잘못 청구되다
enable	v. (~을) 가능하게 하다 able a. ~할 수 있는	_____ quick decision-making 빠른 의사 결정을 가능하게 하다 _____ us to make more profit 우리가 더 많은 이익을 내는 것을 가능하게 하다
permit	n. 허가(증) v. 허락하다 permission n. 허락 permissive a. 허가하는	a parking _____ 주차 허가증 revoke a _____ 허가를 취소하다
guideline	n. 지침, 가이드라인 guide n. 안내, 안내자 v. 안내하다, 설명하다	assignment _____s 업무 지침 the _____s for quality control 품질 관리에 대한 지침
delegate	n. 대표, 사절 v. (권한 등을) 위임하다 delegation n. 대표단, (권한의) 위임	the _____s to the United Nations UN의 파견 위원 _____ tasks 업무를 위임하다
legal	a. (합)법적인(↔illegal 불법의) legalize v. 합법화하다 legally ad. 합법적으로	take _____ action 법적인 조치를 취하다 the _____ affairs department 법무부
necessitate	v. 필요로 하다 necessity n. 필요성, 필수품 necessary a. 필요한	_____ replacement 대체를 필요로 하다 _____ temporary closing 일시적인 폐쇄를 필요로 하다
trial	n. 재판, 시험, 실험 a. 공판의, 시험의	a _____ issue of the magazine 잡지의 시험판 a free _____ membership 무료 체험 회원권

저절로 암기 Training

Exercise A 주어진 단어들을 결합하여 구문을 만드세요.

attend + workshop → _____ the time management _____
참석하다   워크숍   시간 관리 워크숍에 참석하다

access + code → a personal _____ _____
접근   암호   개별 접근 암호

bill   + incorrectly → be _____ ed _____
청구하다   부정확하게   잘못 청구되다

enable   + profit → _____ us to make more _____
가능하게 하다   이익   우리가 더 많은 이익을 내는 것을 가능하게 하다

parking + permit → a _____ _____
주차   허가증   주차 허가증

guideline + quality → the _____s for _____ control
지침   품질   품질 관리에 대한 지침

delegate + task → _____ _____ s
위임하다   업무   업무를 위임하다

legal + action → take _____ _____
법적인   조치   법적인 조치를 취하다

necessitate + temporary → _____ _____ closing
필요로 하다   일시적인   일시적인 폐쇄를 필요로 하다

trial + membership → a free _____ _____
시험의   회원권   무료 체험 회원권

Exercise B 보기에서 적절한 단어를 찾아 문장을 완성하세요.

보기

    attend   code   incorrectly   enable   permit
    guideline   delegate   legal   necessitate   trial

01. I want to start by giving you some general _____s for quality control.
    저는 여러분들에게 품질 관리에 대한 일반적인 지침을 제공하면서 시작하기를 원합니다.

02. I found that I was billed _____. 저는 제가 잘못 청구받았다는 것을 발견했습니다.

03. We're considering taking _____ action. 우리는 법적인 조치를 취하는 것을 고려하고 있어요.

04. Thank you for _____ing our time management workshop.
저희 시간 관리 워크숍에 참석해주셔서 감사합니다.

05. The structural change will _____ us to make more profit.
구조 변화는 우리가 더 많은 이익을 내는 것을 가능하게 할 것입니다.

06. The renovation work _____s temporary closing.
개조 공사는 일시적인 폐쇄를 필요로 합니다.

07. _____ing tasks to the right person is also part of your job.
적임자에게 업무를 위임하는 것도 당신 일의 일부예요.

08. You are eligible for a free _____ membership.
당신은 무료 체험 회원권을 받을 자격이 있습니다.

09. When you rent a storage unit, you will be given a personal access _____.
당신이 창고를 빌리면, 당신은 개별 접근 암호를 부여받을 것입니다.

10. We recommend that you renew your parking _____ at least ten days before it expires. 만료되기 최소한 10일 전에 당신의 주차 허가증을 갱신하시기를 권장합니다.

Exercise C 주어진 단어의 적절한 의미를 찾아 연결해 보세요.

01. attend   •   • a. 허가(증); 허락하다

02. code   •   • b. (~에) 참석하다, 출석하다

03. incorrectly   •   • c. 부정확하게

04. enable   •   • d. 가능하게 하다

05. permit   •   • e. 규범, 관례, 암호

06. guideline   •   • f. 법적인

07. delegate   •   • g. 필요로 하다

08. legal   •   • h. 재판, 실험; 시험의

09. necessitate   •   • i. 지침, 가이드라인

10. trial   •   • j. 대표; 위임하다

DAY 1
DAY 2
DAY 3
DAY 4
DAY 5
DAY 6
DAY 7
DAY 8
DAY 9
DAY 10
DAY 11
DAY 12
DAY 13
DAY 14
DAY 15
DAY 16
DAY 17
DAY 18
DAY 19
DAY 20
DAY 21
DAY 22
DAY 23
DAY 24
DAY 25
DAY 26
DAY 27
DAY 28
DAY 29
DAY 30

Exercise B 01. guideline 02. incorrectly 03. legal 04. attend 05. enable 06. necessitate 07. Delegat 08. trial 09. code 10. permit   **Exercise C** 01. b 02. e 03. c 04. d 05. a 06. i 07. j 08. f 09. g 10. h

Exercise D 다음 문장을 올바르게 해석해 보세요.

^{01}**Delegates** are obligated to ^{02}**attend** the 46th annual meeting of WDB.
^{01}_____ 은 제46회 WDB 연례 회의에 ^{02}_____ 의무가 있습니다.

Obtaining a work ^{03}**permit** is complex and usually ^{04}**necessitates** ^{05}**legal** expertise.
취업 ^{03}_____ 를 획득하는 것은 복잡하며 대개 ^{05}_____ 전문 지식을 ^{04}_____.

Exercise E 다음 구문을 올바르게 해석해 보세요.

01. a parking **permit**

_____

02. **delegate** tasks

_____

03. a personal access **code**

_____

04. take **legal** action

_____

05. the **guidelines** for quality control

_____

06. **attend** the time management workshop

_____

07. **necessitate** temporary closing

_____

08. a free **trial** membership

_____

09. be billed **incorrectly**

_____

10. **enable** us to make more profit

_____

Exercise D 01. 사절들 02. 참석할 03. 허가 04. 필요로 한다 05. 법률적인   Exercise E 01. 주차 허가증 02. 업무를 위임하다 03. 개별 접근 암호 04. 법적인 조치를 취하다 05. 품질 관리에 대한 지침 06. 시간 관리 워크숍에 참석하다 07. 일시적인 폐쇄를 필요로 하다 08. 무료 체험 회원권 09. 잘못 청구되다 10. 우리가 더 많은 이익을 내는 것을 가능하게 하다

DAY 17-4

valid	*a.* (법적으로) 유효한 validity *n.* 타당성, 정당함, 유효성	be considered _____ 유효하다고 간주되다 present a _____ card 유효한 카드를 제시하다
warn	*v.* 경고하다 warning *n.* 경고(문)	_____ staffs about ransomware 직원들에게 랜섬웨어를 경고하다 _____ repeatedly 반복적으로 경고하다
update	*n.* 갱신, 최신 정보, 업데이트 *v.* 갱신하다, 최신의 것으로 하다 updated *a.* 최신의	provide an _____ 최신 정보를 제공하다 _____ the hotel brochure 호텔 브로슈어를 갱신하다
quite	*ad.* 꽤, 상당히	handle it _____ well 그것을 상당히 잘 처리하다 not _____ enough 별로 충분하지 않은
access	*n.* 접근, 이용 *v.* 접근하다, 도달하다 accessible *a.* 접근할 수 있는 accessibility *n.* 접근 (가능성)	limited _____ 제한적인 접근 _____ online content 온라인 콘텐트에 접속하다
refer	*v.* 위탁하다, 언급하다, 참조하다(to)	_____ a client to his supervisor 고객을 그의 상사에게 보내다 _____ to the operating instructions 조작 설명서를 참조하다
unavailable	*a.* 이용할 수 없는(↔available 이용할 수 있는), 구할 수 없는	temporarily _____ 일시적으로 이용할 수 없는 be _____ due to system maintenance 시스템 유지 보수로 인해 이용할 수 없다
equally	*ad.* 동등하게, 똑같이 equality *n.* 평등 equal *a.* 동등한	be divided _____ 똑같이 나누어지다 contribute _____ to the company 똑같이 회사에 기여하다
object	*n.* 물건, 목적, 대상 *v.* 반대하다 objective *n.* 목적 *a.* 객관적인	retrieve a lost _____ 잃어버린 물건을 되찾다 _____ to the plan 계획에 반대하다
restrict	*v.* 한정하다, 제한하다 restriction *n.* 제한 restrictive *a.* 제한하는 restrict A to B A를 B로 한정하다	_____ the meeting 회의를 제한하다 _____ the use of electronic devices 전자 기기의 사용을 제한하다

저절로 암기 Training

Exercise A 주어진 단어들을 결합하여 구문을 만드세요.

consider + valid → be _____ed _____
간주하다　　유효한　　유효하다고 간주되다

warn + staff → _____ _____s about ransomware
경고하다　직원　　직원들에게 랜섬웨어를 경고하다

provide + update → _____ an _____
제공하다　최신 정보　　최신 정보를 제공하다

quite + well → handle it _____ _____
상당히　　잘　　그것을 상당히 잘 처리하다

access + content → _____ online _____
접근하다　　콘텐트　　온라인 콘텐트에 접속하다

refer + operating → _____ to the _____ instructions
참조하다　조작상의　　조작 설명서를 참조하다

unavailable + maintenance → be _____ due to system _____
이용할 수 없는　　유지 보수　　시스템 유지 보수로 인해 이용할 수 없다

contribute + equally → _____ _____ to the company
기여하다　　동등하게　　똑같이 회사에 기여하다

object + plan → _____ to the _____
반대하다　계획　　계획에 반대하다

restrict + electronic → _____ the use of _____ devices
제한하다　　전자의　　전자 기기의 사용을 제한하다

Exercise B 보기에서 적절한 단어를 찾아 문장을 완성하세요.

보기

valid　warn　update　quite　access
refer　unavailable　equally　object　restrict

01. I am writing to provide an _____ on the ongoing negotiations with the new supplier. 새로운 공급업자와 진행 중인 협상에 관한 최신 정보를 제공하려고 글을 씁니다.

02. Please _____ to the operating instructions for specific information.
구체적인 정보에 관해서는 조작 설명서를 참조해 주세요.

03. Both candidates have contributed _____ to the company.
두 후보자 모두 똑같이 회사에 기여했어요.

04. I think we're handling it _____ well. 제 생각에 우리는 그것을 상당히 잘 처리하고 있어요.

05. The use of electronic devices is strictly _____ed in the building.
건물 내 전자 기기의 사용은 엄격하게 제한됩니다.

06. No document will be considered _____ without the signature.
서명 없이는 어떤 서류도 유효하다고 간주되지 않을 것입니다.

07. Due to system maintenance, our services will be _____ from 9 A.M. to 11 A.M. on Friday, July 5th.
시스템 유지 보수로 인해 저희 서비스는 7월 5일 금요일 오전 9시에서 11시까지 이용할 수 없습니다.

08. I can't _____ any online content. 저는 어떤 온라인 콘텐트에도 접속할 수 없습니다.

09. She strongly _____ed to the expansion plan.
그녀는 확장 계획에 강하게 반대했습니다.

10. The IT department has already _____ed staffs about ransomware.
IT 부서는 이미 직원들에게 랜섬웨어를 경고했습니다.

Exercise C 주어진 단어의 적절한 의미를 찾아 연결해 보세요.

01. valid	•	• a. 접근; 접근하다
02. warn	•	• b. 최신 정보; 갱신하다
03. update	•	• c. 경고하다
04. quite	•	• d. 유효한
05. access	•	• e. 꽤, 상당히
06. refer	•	• f. 동등하게, 똑같이
07. unavailable	•	• g. 이용할 수 없는
08. equally	•	• h. 언급하다, 참조하다
09. object	•	• i. 한정하다, 제한하다
10. restrict	•	• j. 물건, 대상; 반대하다

Exercise B 01. update 02. refer 03. equally 04. quite 05. restrict 06. valid 07. unavailable 08. access 09. object 10. warn
Exercise C 01. d 02. c 03. b 04. e 05. a 06. h 07. g 08. f 09. j 10. i

Exercise D 다음 문장을 올바르게 해석해 보세요.

The fences were built to [01]**restrict** [02]**access** to the construction site.
공사장 [02] _____ 을 [01] _____ 위해 울타리들이 설치되었다.

Software [03]**update** is temporarily [04]**unavailable**.
소프트웨어 [03] _____ 는 일시적으로 [04] _____ .

We must take this problem [05]**quite** seriously.
우리는 이 문제를 [05] _____ 심각하게 받아들여야 합니다.

Exercise E 다음 구문을 올바르게 해석해 보세요.

01. **object** to the plan
_____

02. **restrict** the use of electronic devices
_____

03. be considered **valid**
_____

04. provide an **update**
_____

05. be **unavailable** due to system maintenance
_____

06. handle it **quite** well
_____

07. **access** online content
_____

08. **refer** to the operating instructions
_____

09. contribute **equally** to the company
_____

10. **warn** staffs about ransomware
_____

Exercise D 01. 제한하기 02. 접근 03. 업데이트 04. 이용할 수 없습니다 05. 상당히 **Exercise E** 01. 계획에 반대하다 02. 전자 기기의 사용을 제한하다 03. 유효하다고 간주되다 04. 최신 정보를 제공하다 05. 시스템 유지 보수로 인해 이용할 수 없다 06. 그것을 상당히 잘 처리하다 07. 온라인 콘텐트에 접속하다 08. 조작 설명서를 참조하다 09. 똑같이 회사에 기여하다 10. 직원들에게 랜섬웨어를 경고하다

저절로 실전 Training

Grammar & Expressions 배운 단어로 Part 5 실전 문제 풀어보기

1. No one ------- authorized personnel is allowed in there.

(A) throughout
(B) except
(C) between
(D) regarding

2. All contractors performing work at research facilities are required to comply with these -------.

(A) regulate
(B) regulates
(C) regulations
(D) regulated

3. Delegates are obligated to ------- the 46th annual meeting of WDB.

(A) attend
(B) intend
(C) contend
(D) extend

4. The fences were built to restrict ------- to the construction site.

(A) source
(B) interest
(C) worth
(D) access

DAY 17

Regulations

- -

Answers

1. (B)
   해석 거기에는 허가받은 직원 외에는 아무도 들어갈 수 없습니다.
   해설 [어휘] 문맥에 어울리는 전치사 문맥상 '허가받은 직원 (B) 외에는'이라고 해야 적절하다. except는 other than, but으로 바꾸어 쓸 수 있다.
   (A) ~를 통해서 (B) ~ 외에는 (C) ~ 사이에 (D) ~에 관한

2. (C)
   해석 연구 시설에서 업무를 수행하는 모든 도급업자는 이 규정들을 준수할 것이 요구됩니다.
   해설 [어법] 품사 these의 수식을 받을 수 있는 것은 복수명사 (C) regulations이다.

3. (A)
   해석 사절들은 제46회 WDB 연례 회의에 참석할 의무가 있습니다.
   해설 [어휘] 문맥에 어울리는 동사 문맥상 '연례 회의에 (A) 참석할 의무'라고 해야 적절하다.
   (A) 참석하다 (B) 의도하다 (C) 주장하다 (D) 확장하다

4. (D)
   해석 공사장 접근을 제한하기 위해 울타리들이 설치되었다.
   해설 [어휘] 문맥에 어울리는 명사 문맥상 '(D) 접근을 제한한다'고 하는 것이 적절하다.
   (A) 출처, 자료 (B) 흥미 (C) 가치 (D) 접근

저절로 실전 Training

Day 17에서 배운 단어,
실제 토익에는 이렇게 나옵니다.

DAY 17

Regulations

Reading & Listening 배운 단어로 실전 지문 읽고 들어보기

다음 글을 읽고 올바른 해석을 고르세요.

MP3

This email is to notify you that you're required to attend the new agent's seminar. Please bring a valid photo ID to be checked in and dress in business attire. We cannot permit you to have **access** to the company before you successfully

1. (A) 회사에 입사하다
(B) 회사에 접근하다

complete the seminar. Please be warned that due to security considerations, you're not **authorized** to bring a cellular phone. Once your security clearance comes in,

2. (A) 휴대폰을 소지하는 것이 허락되지 않은
(B) 휴대폰을 소지할 의향이 없는

you'll be given a code which will be activated at the completion of the seminar. Please **comply** with our **regulations** and **guidelines** to minimize unfortunate incidents.

3. (A) 규제와 지침을 의논하다
(B) 규제와 지침을 준수하다

Please also confirm the receipt of this email.

- -

Answers

1. (B)   2. (A)   3. (B)

해석 이 이메일은 귀하께서 신입 요원 세미나에 참석하셔야 함을 알려드리기 위한 것입니다. 확인을 위해 사진이 부착된 유효한 신분증을 지참하시고 비즈니스 복장을 하시기 바랍니다. 우리는 귀하께서 세미나를 성공적으로 완료하기 전에는 1. 회사에 접근하는 것을 허용할 수 없습니다. 보안 고려사항으로 인하여 2. 휴대폰을 소지하는 것이 허락되지 않으므로 주의하시기 바랍니다. 귀하의 보안 승인이 들어오면, 세미나 완료 시점에 활성화되는 코드를 부여 받게 됩니다. 불의의 사고를 최소화하기 위해 3. 규제와 지침을 준수하여 주십시오. 또한 이 이메일의 수신을 확인하여 주십시오.

KEY TOEIC VOCABULARY

DAY 18-1

Phrases & Expressions (3)

prior to	~에 앞서(=before), ~보다 전에, ~보다 먼저	_____ closing time 폐점 시간 전에 at least one month _____ the retirement party 은퇴 파티 최소 한 달 전에
apply for	~에 신청하다, ~에 지원하다	_____ the program 프로그램에 지원하다 _____ several new leadership positions 몇 개의 새 요직에 지원하다
close to	~에 가까운 (=approximately, around, about)	_____ 65% of investors 65%에 가까운 투자자들 _____ the construction site 공사장에 가까운
most likely	아마도, 필시 (=probably)	_____ by the end of April 아마 4월 말까지
pay for	~의 대가를 지불하다, 돈을 내다	_____ the repair 수리비를 지불하다 _____ travel costs 여행 경비를 지불하다
get in touch with	~와 연락하다 (=contact)	_____ the support team 지원팀에 연락하다 _____ the classmates 동창들과 연락하다
regardless of	~에 상관없이 (=nevertheless, nonetheless, yet)	_____ economic conditions 경제 상황에 상관없이 _____ how small (it is) 얼마나 작은지에 상관없이
be able to	~할 수 있다 (=have the ability to)	_____ buy a new laptop this year 올해 새 노트북을 살 수 있다 _____ complete the research 연구를 완료할 수 있다
be supposed to	~하기로 되어 있다, ~해야 한다 (=be scheduled to)	_____ rain this weekend 이번 주말에 비가 내릴 예정이다 _____ present the design proposals 디자인 제안서를 발표하기로 되어 있다
get to	~에 도착하다(=arrive at), ~을 시작하다	_____ a new job 새 일을 시작하다 _____ the destination 목적지에 도착하다

DAY 1
 DAY 2
 DAY 3
 DAY 4
 DAY 5
 DAY 6
 DAY 7
 DAY 8
 DAY 9
 DAY 10
 DAY 11
 DAY 12
 DAY 13
 DAY 14
 DAY 15
 DAY 16
 DAY 17
 DAY 18
 DAY 19
 DAY 20
 DAY 21
 DAY 22
 DAY 23
 DAY 24
 DAY 25
 DAY 26
 DAY 27
 DAY 28
 DAY 29
 DAY 30

DAY 18 Phrases & Expressions (3)   325

저절로 암기 Training

Exercise A 주어진 표현들을 결합하여 구문을 만드세요.

at least + prior to → _____ one month _____ the retirement party
최소한　　　　~보다 전에　　은퇴 파티 최소 한 달 전에

apply for + program → _____ the _____
~에 지원하다　　　프로그램　　프로그램에 지원하다

close to + investor → _____ 65% of _____s
~에 가까운　　투자자　　65%에 가까운 투자자들

most likely + April → _____ by the end of _____
아마도, 필시　　4월　　아마 4월 말까지

pay for + repair → _____ the _____
~의 대가를 지불하다　　수리　　수리비를 지불하다

get in touch with + support → _____ the _____ team
~와 연락하다　　지원　　지원팀에 연락하다

regardless of + condition → _____ economic _____s
~에 상관없이　　환경, 상황　　경제 상황에 상관없이

be able to + research → _____ complete the _____
~할 수 있다　　연구　　연구를 완료할 수 있다

be supposed to + present → _____ _____ the design proposals
~하기로 되어 있다　　발표하다　　디자인 제안서를 발표하기로 되어 있다

get to + destination → _____ the _____
~에 도착하다　　목적지　　목적지에 도착하다

Exercise B 보기에서 적절한 표현을 찾아 문장을 완성하세요.

보기

prior to　　apply for　　close to　　most likely　　pay for
get in touch with　　regardless of　　be able to　　be supposed to　　get to

01. Your order will _____ be shipped by the end of April.
당신의 주문은 아마 4월 말까지 배송될 것입니다.

02. His business continues to attract more customers _____ economic conditions. 경제 상황에 상관없이 그의 사업은 계속해서 더 많은 고객을 끌어모읍니다.

03. Why does the man have to _____ the repair? 왜 그 남자는 수리비를 지불해야 합니까?

04. I recommend you to book a venue at least one month _____ the retirement party. 은퇴 파티 최소 한 달 전에 장소 예약하시기를 권장합니다.

05. We _____ present our design proposals at 3 P.M.
우리는 오후 3시에 우리의 디자인 제안서를 발표하기로 되어 있어요.

06. Don't hesitate to _____ our support team!
주저하지 말고 저희 지원팀에 연락하세요!

07. Is there an age limit for _____ing _____ the program?
프로그램에 지원하는 데 나이 제한이 있습니까?

08. How did they _____ their destination? 어떻게 그들은 목적지에 도착했습니까?

09. _____ 65% of investors feel confident about their investment decisions.
65%에 가까운 투자자들이 그들의 투자 결정에 대해 자신합니다.

10. I know he _____ complete his research on time.
나는 그가 제시간에 연구를 완료할 수 있다는 것을 안다.

DAY 1
DAY 2
DAY 3
DAY 4
DAY 5
DAY 6
DAY 7
DAY 8
DAY 9
DAY 10
DAY 11
DAY 12
DAY 13
DAY 14
DAY 15
DAY 16
DAY 17
DAY 18
DAY 19
DAY 20
DAY 21
DAY 22
DAY 23
DAY 24
DAY 25
DAY 26
DAY 27
DAY 28
DAY 29
DAY 30

Exercise C 주어진 표현의 적절한 의미를 찾아 연결해 보세요.

01. prior to •   • a. ~에 신청하다, ~에 지원하다

02. apply for •   • b. ~의 대가를 지불하다

03. close to •   • c. ~에 앞서

04. most likely •   • d. ~에 가까운

05. pay for •   • e. 아마도, 필시

06. get in touch with •   • f. ~에 도착하다, ~을 시작하다

07. regardless of •   • g. ~와 연락하다

08. be able to •   • h. ~에 상관없이

09. be supposed to •   • i. ~할 수 있다

10. get to •   • j. ~하기로 되어 있다

Exercise B 01. most likely 02. regardless of 03. pay for 04. prior to 05. are supposed to 06. get in touch with 07. apply, for 08. get to 09. Close to 10. is able to   **Exercise C** 01. c 02. a 03. d 04. e 05. b 06. g 07. h 08. i 09. j 10. f

Exercise D 다음 문장을 올바르게 해석해 보세요.

You [01]**are able to** cancel the booking 12 days or more [02]**prior to** the departure date.
귀하는 출발일 12일 혹은 더 [02]_____ 예약을 취소 [01]_____.

Who [03]**is supposed to** [04]**pay for** the baby shower?
누가 출산 파티 [04]_____ [03]_____?

Our excursion will include Toledo, a great city [05]**close to** Madrid.
저희 여행은 마드리드 [05]_____ 멋진 도시, 톨레도를 포함할 것입니다.

Exercise E 다음 구문을 올바르게 해석해 보세요.

01. at least one month **prior to** the retirement party
_____

02. **pay for** the repair
_____

03. **regardless of** economic conditions
_____

04. **apply for** the program
_____

05. **be supposed to** present the design proposals
_____

06. **get in touch with** the support team
_____

07. **close to** 65% of investors
_____

08. **be able to** complete the research
_____

09. **get to** the destination
_____

10. **most likely** by the end of April
_____

Exercise D 01. 할 수 있습니다 02. 전에 03. 하기로 되어 있습니까 04. 비용을 지불 05. 에 가까운   **Exercise E** 01. 은퇴 파티 최소 한 달 전에 02. 수리비를 지불하다 03. 경제 상황에 상관없이 04. 프로그램에 지원하다 05. 디자인 제안서를 발표하기로 되어 있다 06. 지원팀에 연락하다 07. 65%에 가까운 투자자들 08. 연구를 완료할 수 있다 09. 목적지에 도착하다 10. 아마 4월 말까지

DAY 18-2

Phrases & Expressions (3)

---

except for | ~을 제외하고, ~이 없으면
(=except, but for, without) | _____ one small problem
한 가지 작은 문제를 제외하면
_____ the price 가격을 제외하면

---

such as | 예를 들어, ~와 같은 | raw materials _____ coal and
natural gas 석탄과 천연가스 같은 원자재

---

depend on | ~에 달려 있다, 의존하다
(=rely on) | _____ the travel class
좌석 등급에 따라 결정되다

---

access to | ~로의 접근[이용] | _____ the wider market in India
인도의 더 넓은 시장으로의 접근
_____ public transport
대중교통으로의 접근

---

in the field of | ~의 분야에서 | _____ sports medicine
스포츠 의학 분야에서
_____ journalism   언론 분야에서

---

be lined up | 즐비하다, 나란하다, 줄지어 놓여 있다
(=be in a row) | _____ on the shelves
선반 위에 줄지어 놓여 있다
_____ to enter a shop
매장에 들어가기 위해 줄을 서 있다

---

far from | 전혀[결코] ~이 아닌, ~에서 먼
(↔close to ~에 가까운) | be _____ the financial district
금융 지구에서 멀다
good but _____ excellent
괜찮긴 하지만 훌륭하지 않는

---

specialize in | ~을 전문으로 하다 | _____ seafood   해산물을 전문으로 하다
_____ performance management
성과 관리를 전문으로 하다

---

be accompanied by | ~을 동반하다 | _____ a legal guardian
법적 보호자를 동반하다
must _____ the original receipt
영수증 원본이 첨부되어야 한다

---

be nominated for | ~의 후보로 지명되다
(=be designated for) | _____ Album of the Year
올해의 앨범 후보에 오르다
_____ the prestigious award
권위 있는 상의 후보로 지명되다

DAY 1
DAY 2
DAY 3
DAY 4
DAY 5
DAY 6
DAY 7
DAY 8
DAY 9
DAY 10
DAY 11
DAY 12
DAY 13
DAY 14
DAY 15
DAY 16
DAY 17
DAY 18
DAY 19
DAY 20
DAY 21
DAY 22
DAY 23
DAY 24
DAY 25
DAY 26
DAY 27
DAY 28
DAY 29
DAY 30

DAY 18 Phrases & Expressions (3)   329

저절로 암기 Training

Exercise A 주어진 표현들을 결합하여 구문을 만드세요.

except for + problem → _____ one small _____
~을 제외하고   문제   한 가지 작은 문제를 제외하면

such as + coal → raw materials _____ _____ and natural gas
~와 같은   석탄   석탄과 천연가스 같은 원자재

depend on + class → _____ the travel _____
~에 달려 있다   등급   좌석 등급에 따라 결정되다

access to + transport → _____ public _____
~로의 접근   수송. 차량   대중교통으로의 접근

in the field of + journalism → _____ _____
~의 분야에서   언론   언론 분야에서

be lined up + shelf → _____ on the _____ves
줄지어 놓여 있다   선반   선반 위에 줄지어 놓여 있다

far from + district → be _____ the financial _____
~에서 먼   지구   금융 지구에서 멀다

specialize in + seafood → _____ _____
~을 전문으로 하다   해산물   해산물을 전문으로 하다

be accompanied by + receipt → must _____ the original _____
~을 동반하다   영수증   영수증 원본이 첨부되어야 한다

be nominated for + award → _____ the prestigious _____
~의 후보로 지명되다   상   권위 있는 상의 후보로 지명되다

Exercise B 보기에서 적절한 표현을 찾아 문장을 완성하세요.

보기

except for   such as   depend on   access to   in the field of
be lined up   far from   specialize in   be accompanied by   be nominated for

01. The apartment has good _____ public transport.
이 아파트는 대중교통으로의 접근이 용이합니다.

02. This camera works fine _____ one small problem.
한 가지 작은 문제를 제외하면 이 사진기는 잘 작동해요.

03. Clam House is a causal restaurant that _____ seafood.
Clam House는 해산물을 전문으로 하는 가벼운 분위기의 식당입니다.

04. I am delighted to _____ this prestigious award.
저는 이 권위 있는 상의 후보로 지명되어 기쁩니다.

05. Demand for raw materials _____ coal and natural gas is growing.
석탄과 천연가스 같은 원자재 수요가 증가하고 있습니다.

06. Fresh vegetables _____ on the shelves. 신선한 야채들이 선반 위에 줄지어 놓여 있다.

07. Requests for refund of merchandise must _____ the original receipt.
상품의 환불 요청은 영수증 원본이 첨부되어야 합니다.

08. Free baggage allowance _____ the travel class.
무료 수화물 허용량은 좌석 등급에 따라 결정됩니다.

09. She has some experience _____ journalism.
그녀는 언론 분야에서 약간의 경험이 있습니다.

10. That building is too _____ the financial district. 그 건물은 금융 지구에서 너무 멀어요.

Exercise C 주어진 표현의 적절한 의미를 찾아 연결해 보세요.

01. except for   •   • a. ~로의 접근[이용]

02. such as   •   • b. ~을 제외하고

03. depend on   •   • c. ~에 달려 있다

04. access to   •   • d. 예를 들어, ~와 같은

05. in the field of   •   • e. ~의 분야에서

06. be lined up   •   • f. ~을 동반하다

07. far from   •   • g. 즐비하다, 나란하다

08. specialize in   •   • h. ~에서 먼

09. be accompanied by   •   • i. ~의 후보로 지명되다

10. be nominated for   •   • j. ~을 전문으로 하다

DAY 1
DAY 2
DAY 3
DAY 4
DAY 5
DAY 6
DAY 7
DAY 8
DAY 9
DAY 10
DAY 11
DAY 12
DAY 13
DAY 14
DAY 15
DAY 16
DAY 17
DAY 18
DAY 19
DAY 20
DAY 21
DAY 22
DAY 23
DAY 24
DAY 25
DAY 26
DAY 27
DAY 28
DAY 29
DAY 30

Exercise B 01. access to 02. except for 03. specializes in 04. be nominated for 05. such as 06. are lined up 07. be accompanied by 08. depends on 09. in the field of 10. far from   **Exercise C** 01. b 02. d 03. c 04. a 05. e 06. g 07. h 08. j 09. f 10. i

Exercise D 다음 문장을 올바르게 해석해 보세요.

Our company's future [01]**depends on** the [02]**access to** the wider market in India.
우리 회사의 미래는 인도의 더 넓은 시장 [02]_____ 에 [01]_____.

He owns a restaurant [03]**specializing in** Spanish cuisine [04]**such as** paella and tapas.
그는 파에야와 타파스 [04]_____ 스페인 요리를 [03]_____ 식당을 갖고 있다.

The hotel is [05]**far from** the old town. 호텔은 구시가지 [05]_____ 있습니다.

Exercise E 다음 구문을 올바르게 해석해 보세요.

01. **access to** public transport

_____

02. **be lined up** on the shelves

_____

03. **specialize in** seafood

_____

04. **be nominated for** the prestigious award

_____

05. **except for** one small problem

_____

06. be **far from** the financial district

_____

07. raw materials **such as** coal and natural gas

_____

08. **in the field of** journalism

_____

09. must **be accompanied by** the original receipt

_____

10. **depend on** the travel class

_____

Exercise D 01. 달려 있다 02. 으로의 접근 03. 전문으로 하는 04. 같은 05. 에서 멀리   Exercise E 01. 대중교통으로의 접근 02. 선반 위에 줄지어 놓여 있다 03. 해산물을 전문으로 하다 04. 권위 있는 상의 후보로 지명되다 05. 한 가지 작은 문제를 제외하면 06. 금융 지구에서 멀다 07. 석탄과 천연가스 같은 원자재 08. 언론 분야에서 09. 영수증 원본이 첨부되어야 한다 10. 좌석 등급에 따라 결정되다

DAY 18-3

be proud of	~을 자랑스러워하다	_____ the achievement 성취를 자랑스러워하다
be recognized for	~로 인정받다 (=be acknowledged as)	_____ her dedication 그녀의 헌신으로 인정받다 _____ developing a computer program 컴퓨터 프로그램을 개발한 일로 인정받다
be suitable for	~에게 적당하다[적합하다] (=be fit for, be appropriate for)	_____ young children 어린 아이들에게 적당하다 _____ many different events 여러 다양한 행사에 적합하다
comply with	~에 따르다, ~을 준수하다 (=follow, conform to)	_____ regulatory requirements 규제 요건에 따르다 _____ the terms and conditions (계약) 조건에 따르다
go away	떠나다, 가버리다 (=leave)	_____ for the weekend 주말 동안 떠나다 _____ on business 사업차 떠나다
in recognition of	~을 인정하여	_____ associated risks 연관된 위험을 인정하여 _____ their contributions 그들의 기여를 인정하여
in spite of	~에도 불구하고 (=despite, notwithstanding)	_____ increased order volumes 늘어난 주문량에도 불구하고 _____ his repeated failures 그의 반복되는 실패에도 불구하고
just as	꼭 ~대로	_____ we discussed 꼭 우리가 논의했던 대로
on one's way	~로 가는 도중에	pick up muffins _____ my _____ to **work** (내가) 출근길에 머핀을 찾아가다 be _____ his _____ to the factory (그가) 공장으로 가는 중이다
be ready for	~할 준비가 되다 (=get ready for)	_____ shipping 배송 준비가 되다 _____ a banquet 연회 준비가 되다

저절로 암기 Training

Exercise A 주어진 표현들을 결합하여 구문을 만드세요.

be proud of + achievement → _____ the _____
~을 자랑스러워하다　　성취　　성취를 자랑스러워하다

be recognized for + dedication → _____ her _____
~로 인정받다　　헌신　　그녀의 헌신으로 인정받다

be suitable for + event → _____ many different _____s
~에게 적합하다　　행사　　여러 다양한 행사에 적합하다

comply with + regulatory → _____ _____ requirements
~에 따르다　　규제력을 지닌　　규제 요건에 따르다

go away + weekend → _____ for the _____
떠나다　　주말　　주말 동안 떠나다

in recognition of + contribution → _____ their _____s
~을 인정하여　　기여　　그들의 기여를 인정하여

in spite of + failure → _____ his repeated _____s
~에도 불구하고　　실패　　그의 반복되는 실패에도 불구하고

just as + discuss → _____ we _____ed
꼭 ~대로　　논의하다　　꼭 우리가 논의했던 대로

pick up + on one's way → _____ muffins _____ to work
찾아가다　　~로 가는 도중에　　(내가) 출근길에 머핀을 찾아가다

be ready for + shipping → _____ _____
~할 준비가 되다　　배송　　배송 준비가 되다

Exercise B 보기에서 적절한 표현을 찾아 문장을 완성하세요.

보기

be proud of　be recognized for　be suitable for　comply with　go away
in recognition of　in spite of　just as　on one's way　be ready for

01. The Rose Room _____ many different events.
Rose Room은 여러 다양한 행사에 적합합니다.

02. She invited us to _____ for the weekend. 그녀가 주말 동안에 떠나자고 우리를 초청했어요.

03. He didn't give up _____ his repeated failures.
그의 반복되는 실패에도 불구하고 그는 포기하지 않았다.

04. I can pick up muffins _____ to work. 제가 출근길에 머핀을 찾아갈 수 있어요.

05. When will the product _____ shipping? 제품이 언제 배송 준비가 되나요?

06. You deserve to _____ your achievement.
당신은 당신의 성취를 자랑스러워할 자격이 있어요.

07. The manager rewarded the team with extra time off _____ their contributions. 관리자는 그들의 기여를 인정하여 추가 휴가로 팀에게 보상을 주었다.

08. _____ we discussed, my start date will be June 7th.
꼭 우리가 논의했던 대로, 제 입사일은 6월 7일입니다.

09. Ms. Aiman Mukanova will _____ her dedication to fair trade practices.
Ms. Aiman Mukanova는 공정 무역 관행에 대한 그녀의 헌신으로 인정받을 것입니다.

10. All trainees have an obligation to _____ regulatory requirements.
모든 훈련생은 규제 요건에 따를 의무가 있습니다.

Exercise C 주어진 표현의 적절한 의미를 찾아 연결해 보세요.

01. be proud of ·	· a. ~을 자랑스러워하다
02. be recognized for ·	· b. ~에 따르다, ~을 준수하다
03. be suitable for ·	· c. ~에게 적당하다
04. comply with ·	· d. ~로 인정받다
05. go away ·	· e. 떠나다, 가버리다
06. in recognition of ·	· f. 꼭 ~대로
07. in spite of ·	· g. ~에도 불구하고
08. just as ·	· h. ~을 인정하여
09. on one's way ·	· i. ~할 준비가 되다
10. be ready for ·	· j. ~로 가는 도중에

Exercise B 01. is suitable for 02. go away 03. in spite of 04. on my way 05. be ready for 06. be proud of 07. in recognition of 08. Just as 09. be recognized for 10. comply with **Exercise C** 01. a 02. d 03. c 04. b 05. e 06. h 07. g 08. f 09. j 10. i

DAY 1
DAY 2
DAY 3
DAY 4
DAY 5
DAY 6
DAY 7
DAY 8
DAY 9
DAY 10
DAY 11
DAY 12
DAY 13
DAY 14
DAY 15
DAY 16
DAY 17
DAY 18
DAY 19
DAY 20
DAY 21
DAY 22
DAY 23
DAY 24
DAY 25
DAY 26
DAY 27
DAY 28
DAY 29
DAY 30

Exercise D 다음 문장을 올바르게 해석해 보세요.

01Just as we had predicted, he refused to **02comply with** Mr. Althaus's request.
꼭 우리가 예측했던 01_____ 그는 Mr. Althaus의 요청에 02_____를 거부했습니다.

03In spite of the fact that he **04is suitable for** the job, the manager decided not to hire him. 그가 그 일에 04_____ 사실에도 03_____, 관리자는 그를 채용하지 않기로 했습니다.

I'm **05on my way** to the grocery store. 저는 식료품점에 05_____.

Exercise E 다음 구문을 올바르게 해석해 보세요.

01. **in recognition of** their contributions
_____

02. **be proud of** the achievement
_____

03. **go away** for the weekend
_____

04. **in spite of** his repeated failures
_____

05. **be ready for** shipping
_____

06. **be recognized for** her dedication
_____

07. pick up muffins **on my way** to work
_____

08. **be suitable for** many different events
_____

09. **just as** we discussed
_____

10. **comply with** regulatory requirements
_____

Exercise D 01. 대로 02. 따르기 03. 불구하고 04. 적합하다는 05. 가는 중이에요 **Exercise E** 01. 그들의 기여를 인정하여 02. 성취를 자랑스러워하다 03. 주말 동안 떠나다 04. 그의 반복되는 실패에도 불구하고 05. 배송 준비가 되다 06. 그녀의 헌신으로 인정받다 07. (내가) 출근길에 머핀을 찾아가다 08. 여러 다양한 행사에 적합하다 09. 꼭 우리가 논의했던 대로 10. 규제 요건에 따르다

DAY 18-4

Phrases & Expressions (3)

be full of	~으로 가득 차다 (=be filled with)	_____ office supplies 사무용품으로 가득 차다
along with	~와 함께	_____ a resume 이력서와 함께 _____ other supporters 다른 후원자들과 함께
by the time	~할 때까지, ~할 때쯤	_____ we left the cafe 우리가 카페를 떠날 때쯤 _____ the manager was announced 관리자가 발표될 때쯤
aside from	~이외에, ~을 제외하고 (=except for, in addition to)	_____ the fact that he is unqualified 그가 자격 미달이라는 사실 이외에 _____ eating 먹는 것 외에
be willing to	기꺼이 ~하다, ~할 의향이 있다	_____ pay a higher price 기꺼이 더 높은 가격을 지불하다 _____ work the night shift 야간 교대 근무를 할 의향이 있다
be eager to	~을 열망하다 (=long for)	_____ explore coral reefs 산호초 탐험을 열망하다 _____ improve their English skills 그들의 영어 실력을 향상하기를 열망하다
be sure to	반드시 ~하다	_____ notify the waiter 종업원에게 반드시 알리다 _____ wear a business suit 반드시 정장 차림을 하다
work on	~에 착수하다, 몰두하다, 공들이다, 작업하다	_____ the side project 부차적인 프로젝트에 착수하다 _____ revising the proposal 연구계획서를 수정하는 일을 하다
be aware of	~을 알다 (=acknowledge, grasp, perceive, understand)	_____ many customer complaints 많은 고객의 불만을 알다 _____ your concern 당신의 염려를 알다
be responsible for	~에 대한 책임이 있다, ~을 담당하다(=be in charge of)	_____ preparing the financial statements 재무제표를 준비할 책임이 있다

DAY 1
DAY 2
DAY 3
DAY 4
DAY 5
DAY 6
DAY 7
DAY 8
DAY 9
DAY 10
DAY 11
DAY 12
DAY 13
DAY 14
DAY 15
DAY 16
DAY 17
DAY 18
DAY 19
DAY 20
DAY 21
DAY 22
DAY 23
DAY 24
DAY 25
DAY 26
DAY 27
DAY 28
DAY 29
DAY 30

DAY 18 Phrases & Expressions (3)   337

저절로 암기 Training

Exercise A 주어진 표현들을 결합하여 구문을 만드세요.

be full of + office supplies → _____ _____
~으로 가득 차다   사무용품   사무용품으로 가득 차다

along with + supporter → _____ other _____s
~와 함께   후원자   다른 후원자들과 함께

by the time + cafe → _____ we left the _____
~할 때쯤   카페   우리가 카페를 떠날 때쯤

aside from + eat → _____ _____ing
~이외에   먹다   먹는 것 외에

be willing to + shift → _____ work the night _____
기꺼이 ~하다   교대 근무   야간 교대 근무를 할 의향이 있다

be eager to + improve → _____ _____ their English skills
~을 열망하다   향상하다   그들의 영어 실력을 향상하기를 열망하다

be sure to + notify → _____ _____ the waiter
반드시 ~하다   알리다   종업원에게 반드시 알리다

work on + side → _____ the _____ project
~에 착수하다   부차적인   부차적인 프로젝트에 착수하다

be aware of + concern → _____ your _____
~을 알다   염려   당신의 염려를 알다

be responsible for + financial statements → _____ preparing the _____
~에 대한 책임이 있다   재무제표   재무제표를 준비할 책임이 있다

Exercise B 보기에서 적절한 표현을 찾아 문장을 완성하세요.

보기

be full of   along with   by the time   aside from   be willing to
be eager to   be sure to   work on   be aware of   be responsible for

01. I _____ your concern on this issue. 이 문제에 관한 당신의 염려를 알고 있습니다.

02. _____ eating, I spend my lunch hour socializing with colleagues.
먹는 것 외에, 저는 동료들과 어울리며 점심시간을 보냅니다.

03. The directors _____ preparing the financial statements.
이사들은 재무제표를 준비할 책임이 있다.

04. The drawer _____ office supplies. 서랍은 사무용품으로 가득 차 있다.

05. Please _____ notify the waiter of your food allergies.
종업원에게 당신의 음식 알러지에 대해 반드시 알려주세요.

06. Do you have time to _____ the side project?
당신은 부차적인 프로젝트에 착수할 시간이 있나요?

07. I'll drop by later _____ other supporters. 다른 후원자들과 함께 나중에 들를게요.

08. Only 8% of employees _____ work the night shift.
직원의 8%만이 야간 교대 근무를 할 의향이 있습니다.

09. _____ we left the cafe, nearly every seat was filled.
우리가 카페를 떠날 때쯤, 거의 모든 좌석이 채워졌다.

10. This book is very helpful for those who _____ improve their English skills.
이 책은 그들의 영어 실력을 향상하기를 열망하는 사람들에게 아주 유익합니다.

Exercise C 주어진 표현의 적절한 의미를 찾아 연결해 보세요.

01. be full of •   • a. ~할 때까지, 할 때쯤

02. along with •   • b. ~으로 가득 차다

03. by the time •   • c. 기꺼이 ~하다

04. aside from •   • d. ~와 함께

05. be willing to •   • e. ~이외에

06. be eager to •   • f. ~을 알다

07. be sure to •   • g. ~에 대한 책임이 있다

08. work on •   • h. 반드시 ~하다

09. be aware of •   • i. ~에 착수하다, 몰두하다

10. be responsible for •   • j. ~을 열망하다

Exercise D 다음 문장을 올바르게 해석해 보세요.

I ⁰¹**am willing to** ⁰²**work on** the Web development projects.
저는 웹 개발 프로젝트에 ⁰² _____ ⁰¹ _____.

⁰³**By the time** he joined the company, he ⁰⁴**was full of** energy and ⁰⁵**was eager to** learn.
그가 입사했을 ⁰³ _____, 그는 에너지로 ⁰⁴ _____, 배우기를 ⁰⁵ _____.

Exercise E 다음 구문을 올바르게 해석해 보세요.

01. **be aware of** your concern
_____

02. **by the time** we left the cafe
_____

03. **be eager to** improve their English skills
_____

04. **be responsible for** preparing the financial statements
_____

05. **work on** the side project
_____

06. **be full of** office supplies
_____

07. **aside from** eating
_____

08. **be sure to** notify the waiter
_____

09. **along with** other supporters
_____

10. **be willing to** work the night shift
_____

Exercise D 01. 의향이 있습니다 02. 착수할 03. 때쯤 04. 가득 찼고 05. 열망했다   Exercise E 01. 당신의 염려를 알다 02. 우리가 카페를 떠날 때쯤 03. 그들의 영어 실력을 향상하기를 열망하다 04. 재무제표를 준비할 책임이 있다 05. 부차적인 프로젝트에 착수하다 06. 사무용품으로 가득 차다 07. 먹는 것 외에 08. 종업원에게 반드시 알리다 09. 다른 후원자들과 함께 10. 야간 교대 근무를 할 의향이 있다

저절로 실전 Training

Reading & Listening 배운 단어로 실전 지문 읽고 들어보기

다음 글을 읽고 올바른 해석을 고르세요.

MP3

Except for the most extenuating circumstances, such as a medical emergency, you must comply with the regulations. **Aside from** emergency situations, any act

1. (A) 위급 상황을 제외하고는
(B) 위급 상황에서는

deviating from the regulations will be severely punished. If you have any questions regarding the regulations, please get in touch with our personnel department. Please **be sure to** memorize the basic rules for your own safety. And be aware of

2. (A) 기본 규칙을 확실히 암기하다
(B) 기본 규칙을 확정 짓다

engaging in activities not specified in the book of regulations, you might be held legally responsible for those actions. When you leave the base, please **be accompanied by** at least two other team members.

3. (A) 최소한 두 명의 다른 팀원을 동반하다
(B) 최소한 두 장의 허가증을 첨부하다

- -

Answers

1. (A) 2. (A) 3. (A)

해석 의료적 응급사태와 같은 정상 참작이 가능한 정황을 제외하고는, 규정을 반드시 준수하셔야 합니다. ¹·위급 상황을 제외하고는 규정을 벗어나는 어떤 행동도 엄격하게 처벌될 것입니다. 규정에 대해 질문이 있다면 저희 인사부서에 문의하시기 바랍니다. 당신의 안전을 위해 ²·기본 규칙을 확실히 암기하시기 바랍니다. 규정집에 기술되어 있지 않은 활동에 가담하는 것에 유의하십시오. 당신은 이러한 행동에 대해 법적 책임을 지게 될 수도 있습니다. 기지를 벗어날 때는 ³·최소한 두 명의 다른 팀원을 동반하시기 바랍니다.

CHAPTER

4

OFFICE &
FACILITIES

DAY 19-1

performance	n. 수행, 성과, 공연, 연주 performer n. 연주자, 공연자 perform v. 수행하다, 공연하다	_____ evaluation 성과 평가 product _____ 제품 성능
growth	n. 성장, 증가, 발달 grow v. 자라다, 성장하다	steady _____ 꾸준한 성장 market _____ across Europe 유럽 전역에서의 시장 성장
surpass	v. 능가하다, 넘어서다 surpassingly ad. 뛰어나게, 빼어나게	_____ last year's performance 작년의 실적을 능가하다 _____ 2 million downloads 2백만 다운로드를 넘어서다
deserve	v. ~을 받을 만하다, 마땅한 자격이 있다 deserved a. (상·벌 등이) 응당한	_____ more recognition 더 많은 인정을 받을 만하다 _____ to be protected 보호받을 만하다
praise	n. 칭찬 v. 칭찬하다(↔criticize 비판하다) praise A for B B에 관해 A를 칭찬하다	_____ all staff members 전 직원을 칭찬하다 _____ the excellent support 훌륭한 지원을 칭찬하다
beneficial	a. 유익한, 도움이 되는 benefit n. 혜택, 이익 v. 유익하다	_____ in several ways 여러 가지로 유익한 have a _____ effect 유익한 효과가 있다
branch	n. 지점, 나뭇가지 v. 갈라지다	_____ offices in different cities 다른 도시들에 있는 지사들 open a new _____ 새 지점을 열다
nomination	n. (후보자) 임명, 지명, 추천 nominate v. (후보자로) 추천하다, 임명하다	announce the _____ 임명을 발표하다 get a _____ 후보에 오르다
enthusiasm	n. 열의 enthusiastic a. 열렬한, 열심인	_____ for new technologies 새로운 기술에 대한 열의 lack of _____ 열의의 결여
reasonable	a. 적절한, (가격이) 합리적인 reason n. 근거, 이유 reasonably ad. 타당하게, 적절하게, 　　　　　　합리적으로	sound _____ 합리적으로 들리다 _____ rates 적절한 요금

DAY 1
DAY 2
DAY 3
DAY 4
DAY 5
DAY 6
DAY 7
DAY 8
DAY 9
DAY 10
DAY 11
DAY 12
DAY 13
DAY 14
DAY 15
DAY 16
DAY 17
DAY 18
DAY 19
DAY 20
DAY 21
DAY 22
DAY 23
DAY 24
DAY 25
DAY 26
DAY 27
DAY 28
DAY 29
DAY 30

DAY 19 성과, 보상　　　　343

저절로 암기 Training

Exercise A 주어진 단어들을 결합하여 구문을 만드세요.

performance + evaluation → _____ _____
성과   평가   성과 평가

steady + growth → _____ _____
꾸준한   성장   꾸준한 성장

surpass + million → _____ 2 _____ downloads
넘어서다   백만   2백만 다운로드를 넘어서다

deserve + recognition → _____ more _____
~을 받을 만하다   인정   더 많은 인정을 받을 만하다

praise + staff → _____ all _____ members
칭찬하다   직원   전 직원을 칭찬하다

beneficial + several → _____ in _____ ways
유익한   여러 가지의   여러 가지로 유익한

open + branch → _____ a new _____
열다   지점   새 지점을 열다

announce + nomination → _____ the _____
발표하다   임명   임명을 발표하다

enthusiasm + technology → _____ for new _____ies
열의   기술   새로운 기술에 대한 열의

sound + reasonable → _____ _____
들리다   합리적인   합리적으로 들리다

Exercise B 보기에서 적절한 단어를 찾아 문장을 완성하세요.

보기

performance   growth   surpass   deserve   praise
beneficial   branch   nomination   enthusiasm   reasonable

01. I'm not sure whether he has _____ for new technologies.
저는 그가 새로운 기술에 대한 열의가 있는지 잘 모르겠어요.

02. I don't agree with my _____ evaluation.
저는 제 성과 평가에 동의하지 않아요.

03. Also, I'd like to _____ all staff members for their hard work.
또한, 저는 그들의 노고에 관해 전 직원들을 칭찬하고 싶습니다.

04. We are pleased to announce the _____ of Ms. Godwin to be the deputy director of our R&D center. 저희는 Ms. Godwin의 연구개발 센터 부국장 임명을 발표하게 되어 기쁩니다.

05. The latest economic figures show steady _____.
최근 경제 지표는 꾸준한 성장을 보입니다.

06. His demand sounds _____. 그의 요구는 합리적으로 들립니다.

07. Exercise is _____ in several ways. 운동은 여러 가지로 유익합니다.

08. Are you considering opening a new _____?
당신은 새 지점을 여는 것을 고려하고 계시나요?

09. Our newest mobile game _____ed 2 million downloads on Google Play.
우리 최신 모바일 게임이 구글 플레이에서 2백만 다운로드를 넘어섰습니다.

10. He _____s more recognition than he gets.
그는 그가 지금 받는 것보다 더 많은 인정을 받을 만해요.

DAY 1
DAY 2
DAY 3
DAY 4
DAY 5
DAY 6
DAY 7
DAY 8
DAY 9
DAY 10
DAY 11
DAY 12
DAY 13
DAY 14
DAY 15
DAY 16
DAY 17
DAY 18
DAY 19
DAY 20
DAY 21
DAY 22
DAY 23
DAY 24
DAY 25
DAY 26
DAY 27
DAY 28
DAY 29
DAY 30

Exercise C 주어진 단어의 적절한 의미를 찾아 연결해 보세요.

01. performance •   • a. 성장, 증가

02. growth •   • b. 능가하다

03. surpass •   • c. 칭찬; 칭찬하다

04. deserve •   • d. 수행, 성과, 공연

05. praise •   • e. ~을 받을 만하다

06. beneficial •   • f. 열의

07. branch •   • g. 유익한, 도움이 되는

08. nomination •   • h. 적절한, (가격이) 합리적인

09. enthusiasm •   • i. 임명, 지명

10. reasonable •   • j. 지점, 나뭇가지

Exercise B 01. enthusiasm 02. performance 03. praise 04. nomination 05. growth 06. reasonable 07. beneficial 08. branch 09. surpass 10. deserve   **Exercise C** 01. d 02. a 03. b 04. e 05. c 06. g 07. j 08. i 09. f 10. h

Exercise D 다음 문장을 올바르게 해석해 보세요.

He ^{01}**deserves** ^{02}**praise** for his ^{03}**performance**.
그는 그의 ^{03}_____에 대해 ^{02}_____을 ^{01}_____.

Not only was the price ^{04}**reasonable** but the service ^{05}**surpassed** my expectations in every regard. 가격이 ^{04}_____ 뿐만 아니라 서비스도 역시 모든 면에서 제 기대를 ^{05}_____.

Exercise E 다음 구문을 올바르게 해석해 보세요.

01. open a new **branch**
_____

02. sound **reasonable**
_____

03. **performance** evaluation
_____

04. **praise** all staff members
_____

05. steady **growth**
_____

06. **enthusiasm** for new technologies
_____

07. announce the **nomination**
_____

08. **surpass** 2 million downloads
_____

09. **beneficial** in several ways
_____

10. **deserve** more recognition
_____

Exercise D 01. 받을 만하다 02. 칭찬 03. 성과 04. 비싸지 않았을[적절했을] 05. 능가했습니다   Exercise E 01. 새로운 지점을 열다 02. 합리적으로 들리다 03. 성과 평가 04. 전 직원을 칭찬하다 05. 꾸준한 성장 06. 새로운 기술에 대한 열의 07. 임명을 발표하다 08. 2백만 다운로드를 넘어서다 09. 여러 가지로 유익한 10. 더 많은 인정을 받을 만하다

DAY 19-2

commitment	*n.* 전념, 약속, 헌신, 책임 committed *a.* 전념하는(=devoted) commit *v.* 전념하다	deep _____ 깊은 헌신 _____ to providing quality service 품질 높은 서비스를 제공하기 위한 헌신
incentive	*n.* 장려(금), 자극, 동기, 인센티브	offer _____s 인센티브를 주다 a sales _____ plan 판매 인센티브 제도
project	*n.* 계획, 과제, 프로젝트 *v.* 계획하다, 예상하다, 투영하다 projection *n.* 예상(치), 계획, 영사 projected *a.* 예상된	vital for the success of the _____ 프로젝트의 성공에 중요한 a _____ proposal 프로젝트 제안서
particularly	*ad.* 특히 particular *a.* 특정한	_____ impressed by the reference letter 특히 추천서에 의해 감동 받은 a _____ distinguished career 특별히 눈에 띄는 경력
skillfully	*ad.* 솜씨 있게, 교묘하게, 능숙하게 skill *n.* 능력, 기량 skillful *a.* 능숙한, 솜씨 좋은 skilled *a.* 숙련된, 능숙한	_____ prepared by chefs 요리사들이 솜씨 있게 준비한 _____ negotiate the price 능숙하게 가격을 협상하다
acclaimed	*a.* 칭찬[호평]을 받은 acclaim *n.* 호평, 찬사 *v.* 격찬하다	highly _____ 크게 호평을 받은 an _____ jazz pianist 호평받는 재즈 피아노 연주자
task	*n.* 일, 과업 *v.* 과업을 주다 be tasked with -ing ～하는 임무를 맡다	work-related _____s 일과 관련된 업무 explain the _____ to the interns 인턴에게 업무를 설명하다
hold	*v.* 잡다, (회의 등을) 개최하다, 열다 hold back 억제하다, 제지하다 hold on to ～을 고수하다, ～에 매달리다	_____ a banquet 만찬을 열다 _____ interviews on May 3rd 5월 3일에 인터뷰를 잡다
administrative	*a.* 관리상의, 행정상의 administration *n.* 행정, 관리, 행정부 administer *v.* 관리하다, 집행하다 (=administrate)	a new _____ assistant 새 행정 보조원 provide _____ support 행정상의 지원을 제공하다
aid	*n.* 원조, 지원 *v.* 돕다 in aid of ～을 위해, ～을 도우러	financial _____ 재정 지원 first _____ kit 구급 상자

DAY 1
DAY 2
DAY 3
DAY 4
DAY 5
DAY 6
DAY 7
DAY 8
DAY 9
DAY 10
DAY 11
DAY 12
DAY 13
DAY 14
DAY 15
DAY 16
DAY 17
DAY 18
DAY 19
DAY 20
DAY 21
DAY 22
DAY 23
DAY 24
DAY 25
DAY 26
DAY 27
DAY 28
DAY 29
DAY 30

DAY 19 성과, 보상   347

저절로 암기 Training

Exercise A 주어진 단어들을 결합하여 구문을 만드세요.

commitment + provide → _____ to _____ing quality service
헌신　　　　　　　　제공하다　　품질 높은 서비스를 제공하기 위한 헌신

incentive + plan → a sales _____ _____
인센티브　　　　제도　　판매 인센티브 제도

project + proposal → a _____ _____
프로젝트　　　제안서　　　프로젝트 제안서

particularly + distinguished → a _____ _____ career
특히　　　　　눈에 띄는　　　　특별히 눈에 띄는 경력

skillfully + prepare → _____ _____d by chefs
솜씨 있게　　준비하다　　요리사들이 솜씨 있게 준비한

acclaimed + pianist → an _____ jazz _____
호평받은　　　피아노 연주자　　호평받는 재즈 피아노 연주자

related + task → work-_____ _____s
관련된　　업무　　일과 관련된 업무

hold + banquet → _____ a _____
열다　　만찬　　　만찬을 열다

administrative + support → provide _____ _____
행정상의　　　　　지원　　　행정상의 지원을 제공하다

financial + aid → _____ _____
재정적인　　지원　　재정 지원

Exercise B 보기에서 적절한 단어를 찾아 문장을 완성하세요.

보기
_____

　　commitment　incentive　project　particularly　skillfully
　　acclaimed　task　hold　administrative　aid
_____

01. At Le Delizie, you can enjoy authentic Italian cuisine, _____ prepared by our chefs. Le Delizie에서 당신은 저희 요리사가 솜씨 있게 준비한 정통 이탈리아 요리를 즐길 수 있습니다.

02. The company vehicles may only be used for work-related _____s. 회사 차량은 일과 관련된 업무에 한해 사용하실 수 있습니다.

03. When I first met him, he did not have a _____ distinguished career. 제가 그를 처음 만났을 때 그는 특별히 눈에 띄는 경력을 갖고 있지 않았습니다.

04. As a secretary, he provides _____ support efficiently.
그는 비서로서 행정상의 지원을 효율적으로 제공합니다.

05. These kinds of efforts demonstrate its _____ to providing quality service.
이런 종류의 노력들이 품질 높은 서비스를 제공하기 위한 그 회사의 헌신을 보여줍니다.

06. Tonight, we have an _____ jazz pianist Jonathan Auerbach, as our special guest. 오늘 저녁 우리는 특별 초대 손님으로 호평받는 재즈 피아노 연주자 Jonathan Auerbach를 모셨습니다.

07. Nearly one-fifth of undergraduate students qualify for financial _____.
대학생 중 약 1/50이 재정 지원을 받을 자격이 있습니다.

08. I hope this sales _____ plan motivates the sales team.
저는 이 판매 인센티브 제도가 영업팀에 동기 부여하기 바랍니다.

09. Gianna Graphics will _____ an annual award banquet on November 10th at Black Hill Hotel. Gianna Graphics는 11월 10일 Black Hill Hotel에서 연례 시상 만찬을 열 것입니다.

10. Thank you for your interest in submitting a _____ proposal.
프로젝트 제안서 제출에 대한 귀하의 관심에 감사드립니다.

Exercise C 주어진 단어의 적절한 의미를 찾아 연결해 보세요.

01. commitment   •
02. incentive   •
03. project   •
04. particularly   •
05. skillfully   •
06. acclaimed   •
07. task   •
08. hold   •
09. administrative   •
10. aid   •

• a. 특히
• b. 전념, 약속, 헌신
• c. 솜씨 있게, 능숙하게
• d. 프로젝트; 예상하다
• e. 장려금, 자극
• f. 일; 과업을 주다
• g. 잡다, 개최하다
• h. 칭찬[호평]을 받은
• i. 관리상의, 행정상의
• j. 원조, 지원; 돕다

DAY 1
DAY 2
DAY 3
DAY 4
DAY 5
DAY 6
DAY 7
DAY 8
DAY 9
DAY 10
DAY 11
DAY 12
DAY 13
DAY 14
DAY 15
DAY 16
DAY 17
DAY 18
DAY 19
DAY 20
DAY 21
DAY 22
DAY 23
DAY 24
DAY 25
DAY 26
DAY 27
DAY 28
DAY 29
DAY 30

Exercise B 01. skillfully 02. task 03. particularly 04. administrative 05. commitment 06. acclaimed 07. aid 08. incentive 09. hold 10. project   **Exercise C** 01. b 02. e 03. d 04. a 05. c 06. h 07. f 08. g 09. i 10. j

Exercise D 다음 문장을 올바르게 해석해 보세요.

I was [01]**particularly** impressed with her ability to [02]**skillfully** manage [03]**projects**.

저는 [03]_____ 를 [02]_____ 관리하는 그녀의 능력에 [01]_____ 깊은 인상을 받았습니다.

I am swamped with [04]**administrative** [05]**tasks**.

저는 [04]_____ [05]_____ 로 무척 바빠요.

Exercise E 다음 구문을 올바르게 해석해 보세요.

01. work-related **tasks**

_____

02. provide **administrative** support

_____

03. a **project** proposal

_____

04. **skillfully** prepared by chefs

_____

05. financial **aid**

_____

06. **commitment** to providing quality service

_____

07. **hold** a banquet

_____

08. an **acclaimed** jazz pianist

_____

09. a sales **incentive** plan

_____

10. a **particularly** distinguished career

_____

Exercise D 01. 특히 02. 능숙하게 03. 프로젝트 04. 행정 05. 업무   Exercise E 01. 일과 관련된 업무 02. 행정상의 지원을 제공하다 03. 프로젝트 제안서 04. 요리사들이 솜씨 있게 준비한 05. 재정 지원 06. 품질 높은 서비스를 제공하기 위한 헌신 07. 만찬을 열다 08. 호평받는 재즈 피아노 연주자 09. 판매 인센티브 제도 10. 특별히 눈에 띄는 경력

DAY 19-3

complimentary	*a.* 무료의, 칭찬하는 compliment *n.* 칭찬 *v.* 칭찬하다	serve _____ breakfast 무료 조식을 제공하다 be _____ about the result 결과를 칭찬하다
income	*n.* 소득, 수입(↔spending, expenditure, expense 지출)	earn extra _____ 부가 소득을 얻다 taxable _____ 과세 대상 소득
effort	*n.* 노력 in an effort to ~하기 위한 노력으로 make an effort 노력하다	a collaborative _____ 공동 노력 in an _____ to save the rainforest 열대 우림을 지키기 위한 노력으로
salary	*n.* 급여	increase the _____ levels 급여 수준을 높이다 _____ expectations 희망 급여
degree	*n.* 학위, (온도, 각도 따위의) 도, 정도 in some degree 어느 정도 a degree in ~분야의 학위	a _____ of uncertainty 불확실성 정도 complete a master's _____ 석사 학위 과정을 마치다
chief	*n.* 책임자, 우두머리 *a.* 주된, 최고의	the _____ Financial Officer 재무 담당 최고 책임자 a _____ designer 수석 디자이너
cooperative	*a.* 협조적인, 협력하는 cooperate *v.* 협동하다 cooperatively *ad.* 협력하여, 협조적으로	in a _____ manner 협조적인 태도로 be _____ with investigators 조사관에게 협조적이다
expansion	*n.* 확장, 확대 expand *v.* 확대하다	the _____ of a financial firm 금융 회사의 확장 an aggressive _____ plan 공격적인 확장 계획
confusion	*n.* 혼란 confuse *v.* 혼란을 주다. 혼동하다 confused *a.* 혼란스러운	cause _____ for employees 직원들에게 혼란을 야기하다 apologize for the _____ 혼란에 대해 사과하다
contributor	*n.* 공헌자, 기부자 contribution *n.* 기여, 공헌 contribute *v.* 기여하다, 공헌하다	become a regular _____ 정기 기부자가 되다 a regular _____ to the magazine 잡지의 정기 기고자

DAY 1
DAY 2
DAY 3
DAY 4
DAY 5
DAY 6
DAY 7
DAY 8
DAY 9
DAY 10
DAY 11
DAY 12
DAY 13
DAY 14
DAY 15
DAY 16
DAY 17
DAY 18
DAY 19
DAY 20
DAY 21
DAY 22
DAY 23
DAY 24
DAY 25
DAY 26
DAY 27
DAY 28
DAY 29
DAY 30

저절로 암기 Training

Exercise A 주어진 단어들을 결합하여 구문을 만드세요.

complimentary + breakfast → serve _____ _____
무료의   아침 식사   무료 조식을 제공하다

earn + income → _____ extra _____
얻다   소득   부가 소득을 얻다

effort + rainforest → in an _____ to save the _____
노력   열대 우림   열대 우림을 지키기 위한 노력으로

salary + expectation → _____ _____s
급여   예상, 기대   희망 급여

complete + degree → _____ a master's _____
마치다   학위   석사 학위 과정을 마치다

chief + designer → a _____ _____
최고의   디자이너   수석 디자이너

cooperative + manner → in a _____ _____
협조적인   태도   협조적인 태도로

aggressive + expansion → an _____ _____ plan
공격적인   확장   공격적인 확장 계획

apologize + confusion → _____ for the _____
사과하다   혼란   혼란에 대해 사과하다

become + contributor → _____ a regular _____
~이 되다   기부자   정기 기부자가 되다

Exercise B 보기에서 적절한 단어를 찾아 문장을 완성하세요.

보기

complimentary   income   effort   salary   degree
chief   cooperative   expansion   confusion   contributor

01. _____ breakfast is served in the lounge every day from 7:00am to 10:30am.
무료 조식이 매일 오전 7시부터 10시 30분까지 라운지에서 제공됩니다.

02. We tried to negotiate the issues in a _____ manner.
저희는 협조적인 태도로 그 문제들을 협상하려고 했어요.

03. Please become a regular _____ to keep our work for children going.
아이들을 향한 저희의 노력이 계속될 수 있도록 정기 기부자가 되어주세요.

04. He's renting out a spare room to earn extra _____ .

그는 부가 소득을 얻기 위해 남는 방을 빌려주고 있어요.

05. As a part of its aggressive _____ plan, the company will open 200 retail stores in India until the end of October.

공격적인 확장 계획의 일환으로 회사는 10월 말까지 인도에 200개의 소매점을 열 것입니다.

06. Local residents organize a fundraiser in an _____ to save the rainforest.

지역 주민들은 열대 우림을 지키기 위한 노력으로 기금 마련 행사를 조직합니다.

07. The _____ designer took responsibility of failure and resigned from the company. 수석 디자이너는 실패에 대한 책임을 지고 사퇴했습니다.

08. What are your _____ expectations? 당신의 희망 급여는 얼마입니까?

09. We apologize for any _____ this may have caused.

이것이 유발했을지 모르는 모든 혼란에 대해 사과드립니다.

10. After completing his master's _____ , he joined Pacific Media Group.

석사 학위 과정을 마친 후에 그는 Pacific Media Group에 입사했습니다.

Exercise C 주어진 단어의 적절한 의미를 찾아 연결해 보세요.

01. complimentary ·   · a. 학위, 도, 정도

02. income   ·   · b. 무료의, 칭찬하는

03. effort   ·   · c. 소득, 수입

04. salary   ·   · d. 노력

05. degree   ·   · e. 급여

06. chief   ·   · f. 협조적인

07. cooperative   ·   · g. 책임자; 최고의, 주된

08. expansion   ·   · h. 확장, 확대

09. confusion   ·   · i. 공헌자, 기부자

10. contributor   ·   · j. 혼란

DAY 1
DAY 2
DAY 3
DAY 4
DAY 5
DAY 6
DAY 7
DAY 8
DAY 9
DAY 10
DAY 11
DAY 12
DAY 13
DAY 14
DAY 15
DAY 16
DAY 17
DAY 18
DAY 19
DAY 20
DAY 21
DAY 22
DAY 23
DAY 24
DAY 25
DAY 26
DAY 27
DAY 28
DAY 29
DAY 30

Exercise B 01. Complimentary 02. cooperative 03. contributor 04. income 05. expansion 06. effort 07. chief 08. salary 09. confusion 10. degree **Exercise C** 01. b 02. c 03. d 04. e 05. a 06. g 07. f 08. h 09. j 10. i

Exercise D 다음 문장을 올바르게 해석해 보세요.

[01]**Salary** varies according to the applicant's experience and [02]**degree**.

[01]_____는 지원자의 경험과 [02]_____에 따라 달라집니다.

We've put a lot of [03]**effort** into establishing a [04]**cooperative** relationship with suppliers.

우리는 공급자들과 [04]_____ 관계를 맺는 것에 많은 [03]_____을 쏟았습니다.

[05]**Income** disparity between the world's rich and poor is ever widening.

세계의 부자들과 가난한 사람들 사이의 [05]_____ 격차는 계속해서 벌어지고 있습니다.

Exercise E 다음 구문을 올바르게 해석해 보세요.

01. in a **cooperative** manner

_____

02. an aggressive **expansion** plan

_____

03. in an **effort** to save the rainforest

_____

04. become a regular **contributor**

_____

05. **salary** expectations

_____

06. apologize for the **confusion**

_____

07. a **chief** designer

_____

08. serve **complimentary** breakfast

_____

09. complete a master's **degree**

_____

10. earn extra **income**

_____

Exercise D 01. 급여 02. 학위 03. 노력 04. 협조적인 05. 소득   Exercise E 01. 협조적인 태도로 02. 공격적인 확장 계획 03. 열대 우림을 지키기 위한 노력으로 04. 정기 기부자가 되다 05. 희망 급여 06. 혼란에 대해 사과하다 07. 수석 디자이너 08. 무료 조식을 제공하다 09. 석사 학위 과정을 마치다 10. 부가 소득을 얻다

DAY 19-4

border	*n.* 경계선, 국경선, 가장자리 *v.* 접하다, 경계를 이루다	be confiscated at the _____ 국경선에서 압수되다 near the _____ 국경 근처에
maximum	*n.* 최대(치) *a.* 최대의(↔minimum 최소의) maximize *v.* 최대화하다	a _____ of five minutes 최대 5분 _____ capacity 최대 용량
present	*n.* 선물, 현재 *a.* 현재의, 참석한, 있는 *v.* 증정하다, 제시하다, 발표하다 presentation *n.* 제출, 프레젠테이션	_____ the idea 의견을 제시하다 regardless of the _____ state 현 상황에 상관없이
award	*n.* 상, 수여 *v.* 수여하다 awardee *n.* 수상자 an award for ~에 대한 상	receive an _____ 상을 받다 publicize the _____ winner 수상자를 발표하다
highlight	*n.* 하이라이트, 중요 부분 *v.* 두드러지게 하다, 강조하다	_____ key trends 핵심 동향을 강조하다 _____ the company's accomplishments 회사 업적을 강조하다
offering	*n.* 제공된[내놓은] 것, 판매 상품, 공물 offer *n.* 제안 *v.* 제공하다, 제안하다	check out the new _____s 새 판매 상품을 살펴보다 update the menu _____s 제공하는 메뉴를 업데이트하다
congratulate	*v.* 축하하다 congratulation *n.* 축하	_____ you for purchasing our digital camera! 저희 디지털 카메라를 구입하신 것을 축하드립니다! _____ you on your promotion 당신의 승진을 축하하다
professional	*n.* 전문가 *a.* 전문적인, 직업의 profession *n.* 직업 professionally *ad.* 전문적으로, 직업적으로	a _____ attitude 전문적인 태도 serious damage to _____ reputation 직업적인 명성에 심각한 손상
stage	*n.* 무대, 단계 *v.* 상연하다	be still at the initial _____ 여전히 초기 단계에 있다 _____ at least four productions 최소 네 편의 작품을 상연하다
certification	*n.* 증명(서), 인증(서)	an application for _____ 인증서 신청 complete a _____ course 인증 과정을 마치다

저절로 암기 Training

Exercise A 주어진 단어들을 결합하여 구문을 만드세요.

near   + border → _____ the _____
~ 가까이에   국경   국경 근처에

maximum + minute → a _____ of five _____s
최대   분   최대 5분

present + idea → _____ the _____
제시하다   의견   의견을 제시하다

receive + award → _____ an _____
받다   상   상을 받다

highlight + trend → _____ key _____s
강조하다   경향   핵심 동향을 강조하다

check out + offering → _____ the new _____s
살펴보다   판매 상품   새 판매 상품을 살펴보다

congratulate + promotion → _____ you on your _____
축하하다   승진   당신의 승진을 축하하다

professional + attitude → a _____ _____
전문적인   태도   전문적인 태도

stage + production → _____ at least four _____s
상연하다   작품, 제작   최소 네 편의 작품을 상연하다

complete + certification → _____ a _____ course
완료하다   증명, 인증   인증 과정을 마치다

Exercise B 보기에서 적절한 단어를 찾아 문장을 완성하세요.

보기

border   maximum   present   award   highlight
offering   congratulate   professional   stage   certification

01. I'm calling to _____ you on your promotion.
당신의 승진을 축하하기 위해 전화했습니다.

02. The ideas he _____ed in the meeting were so new.
그가 회의에서 제시했던 의견들은 너무 새로운 것이었다.

03. As far as I know, he has _____d at least four productions.
제가 알기로 그는 최소 네 편의 작품을 상연했어요.

04. The lake is located near the _____. 호수는 국경 근처에 있습니다.

05. I really am both humbled and honored to receive this _____.
이 상을 받게 되어 정말 겸허한 마음도 들고 영광스럽기도 합니다.

06. How long does it take to complete the _____ course?
인증 과정을 마치는 데는 얼마나 걸립니까?

07. You did an excellent job of _____ing key trends in digital marketing.
당신은 디지털 마케팅의 핵심 동향을 강조하는 일을 아주 잘하셨습니다.

08. This survey will take a _____ of five minutes to complete.
이 설문조사는 작성하는 데 최대 5분이 소요될 것입니다.

09. Visit our store and check out our new _____s.
저희 가게에 방문하셔서 새 판매 상품들을 살펴보세요.

10. I am disappointed with his lack of _____ attitude.
나는 그의 전문적인 태도 결여에 실망했어요.

DAY 1
DAY 2
DAY 3
DAY 4
DAY 5
DAY 6
DAY 7
DAY 8
DAY 9
DAY 10
DAY 11
DAY 12
DAY 13
DAY 14
DAY 15
DAY 16
DAY 17
DAY 18
DAY 19
DAY 20
DAY 21
DAY 22
DAY 23
DAY 24
DAY 25
DAY 26
DAY 27
DAY 28
DAY 29
DAY 30

Exercise C 주어진 단어의 적절한 의미를 찾아 연결해 보세요.

01. border   •   • a. 국경선; 접하다

02. maximum   •   • b. 상; 수여하다

03. present   •   • c. 최대(치); 최대의

04. award   •   • d. 중요 부분; 강조하다

05. highlight   •   • e. 현재의; 발표하다

06. offering   •   • f. 전문가; 전문적인

07. congratulate   •   • g. 제공된 것, 판매 상품

08. professional   •   • h. 무대, 단계; 상연하다

09. stage   •   • i. 증명(서), 인증(서)

10. certification   •   • j. 축하하다

Exercise B 01. congratulate 02. present 03. stage 04. border 05. award 06. certification 07. highlight 08. maximum 09. offering 10. professional **Exercise C** 01. a 02. c 03. e 04. b 05. d 06. g 07. j 08. f 09. h 10. i

Exercise D 다음 문장을 올바르게 해석해 보세요.

Tracy Morgan will take the [01]**stage** to [02]**present** an [03]**award**.
Tracy Morgan은 [03] _____ 을 [02] _____ 위해 [01] _____ 에 오를 것입니다.

Earning [04]**professional** [05]**certification** can lead to a salary increase.
[04] _____ [05] _____ 을 획득하는 것은 급여 인상으로 이어질 수 있다.

Exercise E 다음 구문을 올바르게 해석해 보세요.

01. receive an **award**

_____

02. **stage** at least four productions

_____

03. near the **border**

_____

04. complete a **certification** course

_____

05. **highlight** key trends

_____

06. a **maximum** of five minutes

_____

07. a **professional** attitude

_____

08. check out the new **offerings**

_____

09. **congratulate** you on your promotion

_____

10. **present** the idea

_____

Exercise D 01. 무대 02. 수여하기 03. 상 04. 전문적인 05. 인증　　Exercise E 01. 상을 받다 02. 최소 네 편의 작품을 상연하다 03. 국경 근처에 04. 인증 과정을 마치다 05. 핵심 동향을 강조하다 06. 최대 5분 07. 전문적인 태도 08. 새 판매 상품을 살펴보다 09. 당신의 승진을 축하하다 10. 의견을 제시하다

저절로 실전 Training

Grammar & Expressions 배운 단어로 Part 5 실전 문제 풀어보기

1. Not only was the price ------- but the service surpassed my expectations in every regard.

(A) final
(B) reasonable
(C) comprehensive
(D) immediate

2. I was particularly impressed with her ability to ------- manage projects.

(A) skill
(B) skilled
(C) skillful
(D) skillfully

3. We've put a lot of effort into establishing a ------- relationship with suppliers.

(A) cooperative
(B) potential
(C) maximum
(D) personnel

4. Earning professional ------- can lead to a salary increase.

(A) certificating
(B) certificated
(C) certification
(D) certificatory

- -

Answers

1. (B)

해석 가격이 비싸지 않았을 뿐만 아니라 서비스도 역시 모든 면에서 제 기대를 능가했습니다.

해설 **[어휘] 문맥에 어울리는 형용사** 가격뿐만 아니라 서비스도 만족스러웠다는 내용의 문장이므로 '가격이 (B) 비싸지 않은'이라고 해야 적절하다.

(A) 최종적인 (B) 비싸지 않은, 적절한 (C) 포괄적인 (D) 즉각적인

2. (D)

해석 저는 프로젝트를 능숙하게 관리하는 그녀의 능력에 특히 깊은 인상을 받았습니다.

해설 **[어법] 품사** 빈칸에는 준동사인 to manage를 수식하도록 부사 (D) skillfully가 와야 한다.

(A) 기술 (B) 숙련된 (C) 솜씨 좋은 (D) 능숙하게

3. (A)

해석 우리는 공급자들과 협력적인 관계를 맺는 것에 많은 노력을 쏟았습니다.

해설 **[어휘] 문맥에 어울리는 형용사** 많은 노력을 들여 맺는 공급자들과의 관계를 수식하기에 어울리는 말은 '(A) 협력적인'이다.

(A) 협력적인 (B) 잠재력 있는 (C) 최대의 (D) 인사의

4. (C)

해석 전문적인 인증을 획득하는 것은 급여 인상으로 이어질 수 있다.

해설 **[어법] 품사** 빈칸에는 형용사 professional의 수식을 받는 동명사 earning의 목적어가 와야 한다. 그러므로 명사 (D) certification이 정답이다.

(A) 증명하는 (B) 인증된 (C) 인증 (D) 증명이 되는

저절로 실전 Training

Reading & Listening 배운 단어로 실전 지문 읽고 들어보기

다음 글을 읽고 올바른 해석을 고르세요.

MP3 🎧

It is my great pleasure to congratulate you on your superb performance. You have billed the maximum hours we allow our associates. Thank you for your commitment to and **enthusiasm** for work. Not only you put in the longest hours, but your work

1. (A) 업무에 대한 인내
   (B) 업무에 대한 열정

products **deserve praise**. Thus, it is only reasonable that we present you the Best

2. (A) 칭찬받을 만하다
   (B) 주목받을 만하다

Employee Award of the year. You far surpassed the expectation. You not only skillfully handled the biggest project we had this year but increased the firm's income by 15%. In recognition of your professional work, we'd like to offer you a 20% increase in **salary** effective immediately.

3. (A) 수수료 인상
   (B) 임금 인상

Sincerely yours,

Andy Thompson
CEO, Evergreen Motor Company

Answers

1. (B)   2. (A)   3. (B)

해석 당신의 뛰어난 성과를 축하할 수 있어 몹시 기쁩니다. 당신은 우리가 소속 직원들에게 허용한 최대 시간을 청구했습니다. [1,] 업무에 대한 당신의 헌신과 열정에 감사드립니다. 당신은 가장 긴 시간을 들였을 뿐만 아니라, 당신의 작업 결과물은 [2,] 칭찬받을 만합니다. 그러므로 당신에게 올해의 직원상을 수여하는 것이야말로 마땅한 일입니다. 당신은 기대를 훨씬 뛰어넘었습니다. 당신은 우리가 올해 맡았던 가장 큰 프로젝트를 능숙하게 관리했을 뿐만 아니라 회사의 수익을 15퍼센트나 증가시켰습니다. 당신의 전문적인 작업을 인정하여, 우리는 당신에게 즉시 유효한 20퍼센트 [3,] 임금 인상을 제공하고자 합니다.

Andy Thompson
CEO, Evergreen Motor Company

DAY 20-1

assignment	*n.* 임무, 과제, 할당 assign *v.* 배정하다, 할당하다 on (an) assignment 업무 차	an overdue _____ 기한이 지난 과제 accept additional _____s 추가 임무를 받아들이다
routine	*n.* (판에 박힌) 일과, 관례 *a.* 일상의, 틀에 박힌, 정기적인 routinely *ad.* 정기적으로, 주기적으로	a _____ inspection 정기 점검 change the _____ 일과를 바꾸다
colleague	*n.* (직업상의) 동료(=coworker)	collaborate with a _____ 동료와 협력하다 ask a _____ for advice 동료에게 조언을 구하다
connection	*n.* 연결, 접속, 관련성 connect *v.* 연결하다, 접속하다 in connection with ~과 관련하여	restore Internet _____ 인터넷 연결을 복구하다 a _____ between two branches 두 지점 사이의 연결
determine	*v.* 결정하다, 정하다 determination *n.* 결정 determined *a.* 단호한, 굳게 결심한	_____ the distribution channels 유통 경로를 결정하다
successful	*a.* 성공적인, 성공한 successfully *ad.* 성공적으로 success *n.* 성공	_____ completion of the project 성공적인 프로젝트 완료 a hugely _____ hotel manager 대단히 성공한 호텔 매니저
coordinate	*v.* 조정하다, 통합하다, 조직화하다 coordination *n.* 조정 coordinator *n.* 책임자, 진행자	_____ the efforts 활동을 조직화하다 _____ a meeting 회의를 조정하다
remedy	*n.* 처리 방안, 해결[개선]책, 치료(약) *v.* 바로잡다, 개선하다, 치료하다 beyond remedy 해결할 길이 없는	a _____ for the safety defects 안전 결함에 대한 해결책 _____ workplace harassment 직장 내 괴롭힘을 바로잡다
directly	*ad.* 직접, 곧바로, 곧장 direct *a.* 직접적인, 직행의 　　　 *v.* 지시하다, (길을) 가리키다, 지도하다	communicate _____ with customers 고객들과 직접 의사소통하다 report _____ to the manager 매니저에게 직접 보고하다
correspondence	*n.* 서신 (왕래), 편지, 일치 correspondent *n.* 통신원, 특파원 correspond *v.* 교신하다	include the account number on all _____ 모든 서신에 계좌 번호를 기입하다

DAY 1
DAY 2
DAY 3
DAY 4
DAY 5
DAY 6
DAY 7
DAY 8
DAY 9
DAY 10
DAY 11
DAY 12
DAY 13
DAY 14
DAY 15
DAY 16
DAY 17
DAY 18
DAY 19
DAY 20
DAY 21
DAY 22
DAY 23
DAY 24
DAY 25
DAY 26
DAY 27
DAY 28
DAY 29
DAY 30

저절로 암기 Training

Exercise A 주어진 단어들을 결합하여 구문을 만드세요.

accept + assignment → _____ additional _____s
받아들이다   임무   추가 임무를 받아들이다

routine + inspection → a _____ _____
정기적인   점검   정기 점검

collaborate + colleague → _____ with a _____
협력하다   동료   동료와 협력하다

restore + connection → _____ Internet _____
복구하다   연결   인터넷 연결을 복구하다

determine + distribution → _____ the _____ channels
결정하다   분배, 유통   유통 경로를 결정하다

successful + completion → _____ _____ of the project
성공적인   완료   성공적인 프로젝트 완료

coordinate + effort → _____ the _____s
조정하다   활동   활동을 조직화하다

remedy + harassment → _____ workplace _____
바로잡다   괴롭힘   직장 내 괴롭힘을 바로잡다

communicate + directly → _____ _____ with customers
의사소통하다   직접   고객들과 직접 의사소통하다

account + correspondence → include the _____ number on all _____
계좌   서신   모든 서신에 계좌 번호를 기입하다

Exercise B 보기에서 적절한 단어를 찾아 문장을 완성하세요.

보기
_____

assignment   routine   colleague   connection   determine
successful   coordinate   remedy   directly   correspondence
_____

01. What can be done to _____ workplace harassment?
직장 내 괴롭힘을 바로잡기 위해서 무엇을 할 수 있을까요?

02. The reason I called this meeting is to _____ the best distribution channels
for our product.   오늘 이 회의를 소집한 것은 우리 제품에 가장 좋은 유통 경로를 결정하기 위해서입니다.

03. I suggest we communicate _____ with customers.
저는 우리가 고객들과 직접 의사소통하는 것을 제안합니다.

04. He accepted additional _____s willingly.   그는 기꺼이 추가 임무를 받아들였다.

05. Please include your account number on all _____.
모든 서신에 당신의 계좌 번호를 기입해주세요.

06. The Green Bay Bridge will be closed for a _____ inspection from 7pm to 5am Friday.   Green Bay Bridge는 정기 점검으로 인해 금요일 오후 일곱 시에서 새벽 다섯 시까지 폐쇄될 것입니다.

07. Your commitment to the _____ completion of the project is greatly appreciated.   성공적인 프로젝트 완료에 대한 당신의 헌신에 매우 감사드립니다.

08. Ms. Blanchet collaborates with her _____s on the project.
Ms. Blanchet은 그 프로젝트에 대해 동료들과 협력합니다.

09. Given the situation, we have to _____ our efforts.
상황을 고려했을 때, 우리는 우리의 활동을 조직화해야 합니다.

10. If your Internet stops working after the update, follow this guide to restore your Internet _____.
업데이트 이후 인터넷이 작동하지 않는다면, 당신의 인터넷 연결을 복구하기 위해 이 안내를 따르십시오.

Exercise C 주어진 단어의 적절한 의미를 찾아 연결해 보세요.

01. assignment   •   • a. 동료

02. routine   •   • b. 일과; 정기적인

03. colleague   •   • c. 임무, 과제

04. connection   •   • d. 결정하다, 정하다

05. determine   •   • e. 연결, 접속, 관련성

06. successful   •   • f. 직접, 곧바로

07. coordinate   •   • g. 서신, 편지, 일치

08. remedy   •   • h. 성공적인, 성공한

09. directly   •   • i. 조정하다, 통합하다

10. correspondence   •   • j. 해결책; 바로잡다

Exercise B 01. remedy 02. determine 03. directly 04. assignment 05. correspondence 06. routine 07. successful 08. colleague 09. coordinate 10. connection   **Exercise C** 01. c 02. b 03. a 04. e 05. d 06. h 07. i 08. j 09. f 10. g

Exercise D 다음 문장을 올바르게 해석해 보세요.

Together with my ^{01}**colleagues**, I'm responsible for ^{02}**coordinating** alumni activities.
제 ^{01}_____ 과 함께, 저는 졸업생 활동을 ^{02}_____ 것을 책임지고 있습니다.

Your ^{03}**routine** ^{04}**assignments** include such duties as scheduling meetings and maintaining office records and ^{05}**correspondence**.
당신의 ^{03}_____ ^{04}_____는 회의 일정 관리와 사무실 기록 및 ^{05}_____ 을 보관하는 등의 업무를 포함합니다.

Exercise E 다음 구문을 올바르게 해석해 보세요.

01. collaborate with a **colleague**
_____

02. communicate **directly** with customers
_____

03. **successful** completion of the project
_____

04. restore Internet **connection**
_____

05. **remedy** workplace harassment
_____

06. include the account number on all **correspondence**
_____

07. accept additional **assignments**
_____

08. **coordinate** the efforts
_____

09. **determine** the distribution channels
_____

10. a **routine** inspection
_____

Exercise D 01. 동료들 02. 조정하는 03. 일상적인 04. 임무 05. 서신   **Exercise E** 01. 동료와 협력하다 02. 고객들과 직접 의사소통 하다
03. 성공적인 프로젝트 완료 04. 인터넷 연결을 복구하다 05. 직장 내 괴롭힘을 바로잡다 06. 모든 서신에 계좌 번호를 기입하다 07. 추가 임무를
받아들이다 08. 활동을 조직화하다 09. 유통 경로를 결정하다 10. 정기 점검

DAY 20-2

distinctive	*a.* 독특한, 특색 있는 distinct *a.* 뚜렷한, 별개의, 분명한 distinction *n.* 차이, 구분, 우수성 distinctively *ad.* 구별하여, 특이하게	maintain a _____ identity 독특한 정체성을 유지하다 _____ characteristics 독특한 특징
during	*prep.* ~동안 while *conj.* ~하는 동안	_____ normal business hours 정규 업무 시간 동안에
engage	*v.* 약속하다, 종사하다, 관여하다 engagement *n.* 약혼, 약속 · (=appointment)	be _____d to be married 약혼하다 _____ in work stoppage 조업 중단[파업]에 참여하다
fair	*n.* 박람회 *a.* 공정한(↔unfair 부당한, 불공평한), 상당한	a job _____ 취업 박람회 _____ business practices 공정한 사업 관행
transfer	*n.* 이체, 송금 *v.* 이동하다, 전달하다, (~로) 환승하다(to) transfer A to B A를 B로 보내다	an electronic _____ of funds 전자 자금 이체 _____ to another department 다른 부서로 이동하다
participation	*n.* 참여, 참가 participant *n.* 참가자 participate *v.* 참여하다	encourage class _____ 수업 참여를 독려하다 require active _____ 적극적인 참여를 요구하다
persuade	*v.* 설득하다, 납득시키다 persuasion *n.* 설득 persuasive *a.* 설득력 있는 persuasively *ad.* 설득력 있게	_____ her to consult with the managers 그녀에게 매니저들과 상의하라고 설득하다 _____ him to withdraw 그에게 철회하라고 설득하다
refuse	*v.* 거절하다, 거부하다(↔accept 수락하다, approve 승인하다) refusal *n.* 거절, 거부	_____ the request 요청을 거절하다 _____ to lend a money 대출을 거절하다
separately	*ad.* 개별적으로, 따로따로 separation *n.* 분리 separate *a.* 분리된 *v.* 분리하다	be billed _____ 개별적으로 청구되다 _____ from the collateral 담보물과는 별개로
along	*ad.* 같이, 동반하여 *prep.* ~을 따라, ~ 도중에 get along with ~와 잘 지내다	_____ the street 길을 따라 come _____ with us 우리와 함께 가다

DAY 1
DAY 2
DAY 3
DAY 4
DAY 5
DAY 6
DAY 7
DAY 8
DAY 9
DAY 10
DAY 11
DAY 12
DAY 13
DAY 14
DAY 15
DAY 16
DAY 17
DAY 18
DAY 19
DAY 20
DAY 21
DAY 22
DAY 23
DAY 24
DAY 25
DAY 26
DAY 27
DAY 28
DAY 29
DAY 30

DAY 20 협업　　　365

저절로 암기 Training

Exercise A 주어진 단어들을 결합하여 구문을 만드세요.

distinctive + identity → maintain a _____ _____
독특한   정체성   독특한 정체성을 유지하다

during + normal → _____ _____ business hours
～동안   정규의   정규 업무 시간 동안에

engage + stoppage → _____ in work _____
관여하다   중단   조업 중단[파업]에 참여하다

fair + practice → _____ business _____s
공정한   관행   공정한 사업 관행

transfer + department → _____ to another _____
이동하다   부서   다른 부서로 이동하다

active + participation → require _____ _____
적극적인   참여   적극적인 참여를 요구하다

persuade + withdraw → _____ him to _____
설득하다   철회하다   그에게 철회하라고 설득하다

refuse + request → _____ the _____
거절하다   요청   요청을 거절하다

bill + separately → be _____ed _____
청구하다   개별적으로   개별적으로 청구되다

along + street → _____ the _____
～을 따라   길   길을 따라

Exercise B 보기에서 적절한 단어를 찾아 문장을 완성하세요.

보기
_____

distinctive   during   engage   fair   transfer
participation   persuade   refuse   separately   along
_____

01. My boss doesn't understand the importance of maintaining a _____ brand
identity. 제 상사는 독특한 브랜드 정체성 유지의 중요성을 이해하지 못해요.

02. It will require active _____ of all involved parties.
이것은 관련 당사자들 모두의 적극적인 참여를 요구할 것입니다.

03. The senior manager _____d my request for annual leave.
상급 관리자는 제 연차 휴가 요청을 거절했어요.

04. To report a problem, please call 248-875-1464 _____ normal business hours. 문제를 신고하시려면, 정규 업무 시간 동안에 248–875–1464로 전화해 주세요.

05. You will be billed _____ for these services.
당신은 이 서비스들에 대해 개별적으로 청구받을 것입니다.

06. More than 40% of workers have _____d in work stoppage.
40% 이상의 작업자들이 조업 중단에 참여했습니다.

07. Perhaps you can _____ him to withdraw.
아마 당신이라면 그에게 철회하라고 설득할 수 있을 거예요.

08. Some cars are parked _____ the street. 몇몇 차들은 길을 따라 주차되어 있습니다.

09. The initiative aims to promote _____ business practices.
그 계획은 공정한 사업 관행을 촉진하는 것을 목표로 합니다.

10. I'd like to _____ to another department.
저는 다른 부서로 이동하고 싶습니다.

Exercise C 주어진 단어의 적절한 의미를 찾아 연결해 보세요.

01. distinctive •   • a. 관여하다, 종사하다

02. during •   • b. 독특한, 특색 있는

03. engage •   • c. ~동안

04. fair •   • d. 박람회; 공정한

05. transfer •   • e. 이체; 이동하다

06. participation •   • f. 거절하다, 거부하다

07. persuade •   • g. ~을 따라; 동반하여

08. refuse •   • h. 참여, 참가

09. separately •   • i. 개별적으로, 따로따로

10. along •   • j. 설득하다, 납득시키다

Exercise B 01. distinctive 02. participation 03. refuse 04. during 05. separately 06. engage 07. persuade 08. along 09. fair 10. transfer   Exercise C 01. b 02. c 03. a 04. d 05. e 06. h 07. j 08. f 09. i 10. g

Exercise D 다음 문장을 올바르게 해석해 보세요.

Please ⁰¹**transfer** your ⁰²**participation** fee to the following bank account:
당신의 ⁰²_____ 비를 다음 계좌로 ⁰¹_____ 주세요.

⁰³**During** the interview, he asked me who ⁰⁴**persuaded** me to ⁰⁵**refuse** the offer.
인터뷰 ⁰³_____, 그는 누가 나에게 그 제안을 ⁰⁵_____ ⁰⁴_____ 물어봤습니다.

Exercise E 다음 구문을 올바르게 해석해 보세요.

01. **fair** business practices
_____

02. **transfer** to another department
_____

03. **refuse** the request
_____

04. **persuade** him to withdraw
_____

05. maintain a **distinctive** identity
_____

06. be billed **separately**
_____

07. require active **participation**
_____

08. **during** normal business hours
_____

09. **along** the street
_____

10. **engage** in work stoppage
_____

Exercise D 01. 이체해 02. 참가 03. 동안 04. 설득했는지 05. 거절하라고 **Exercise E** 01. 공정한 사업 관행 02. 다른 부서로 이동하다 03. 요청을 거절하다 04. 그에게 철회하라고 설득하다 05. 독특한 정체성을 유지하다 06. 개별적으로 청구되다 07. 적극적인 참여를 요구하다 08. 정규 업무 시간 동안에 09. 길을 따라 10. 조업 중단[파업]에 참여하다

DAY 20-3

transaction	*n.* 거래, 업무 transact *v.* 거래하다, 처리하다	a commercial _____ 상업 거래 confirm the _____ 거래를 승인하다
preference	*n.* 선호, 편애, 우선권 preferential *a.* 우선의, 특혜의 preferentially *ad.* 우선적으로 in preference to ~보다 우선해서	personal _____ 개인적인 선호 indicate a _____ 선호를 나타내다
regarding	*prep.* ~에 관한 regard *n.* 관심, 배려 　　　　 *v.* 간주하다, 여기다(=view)	_____ personnel changes 인사이동에 관한 _____ the behavior of some passengers 몇몇 승객들의 행동에 관한
institution	*n.* 기관, 협회, 제도 institutional *a.* 기관의, 제도적인 institute *n.* 기관 *v.* 설립하다	a financial _____ 금융 기관 the fund-raising goals of an _____ 기관의 기금 마련 목표
shortly	*ad.* 곧, 금방	He will be here _____. 그는 곧 여기에 올 것이다. _____ after the wedding ceremony 결혼식 직후에
actually	*ad.* 실제로, 사실상, 정말로 actual *a.* 실제의, 사실상의	_____ enjoy 정말로 즐기다 be not _____ printed yet 아직 실제로 인쇄되지 않은
renewal	*n.* 재개, 갱신 renewable *a.* 재생[갱신] 가능한 renew *v.* 재개하다, 갱신하다	be due for _____ 갱신할 때가 되다 the _____ of the contract 계약서 갱신
whenever	*conj.* ~할 때마다, ~할 때는 언제든지	_____ you desire it 당신이 그것을 바랄 때마다 _____ you have time 당신이 시간 있을 때 언제든지
typical	*a.* 전형적인, 일반적인, 보통의 typically *ad.* 일반적으로, 전형적으로 type *n.* 유형, 종류	_____ tourist attractions 전형적인 관광 명소 _____ roles and responsibilities 전형적인 역할과 책임
communication	*n.* 의사소통, 통신(시스템), 연락 communicate *v.* 의사소통하다	_____ skills 의사소통 기술 further _____s 추후 연락

저절로 암기 Training

Exercise A 주어진 단어들을 결합하여 구문을 만드세요.

confirm + transaction → _____ the _____
승인하다　　거래　　　　　거래를 승인하다

personal + preference → _____ _____
개인적인　　선호　　　　　개인적인 선호

regarding + personnel → _____ _____ changes
~에 관한　　직원, 인사부　　인사이동에 관한

financial + institution → a _____ _____
금융의　　기관　　　　금융 기관

here + shortly → He will be _____ _____.
여기에　곧　　　　그는 곧 여기에 올 것이다.

actually + enjoy → _____ _____
정말로　즐기다　　정말로 즐기다

due + renewal → be _____ for _____
예정된　갱신　　갱신할 때가 되다

whenever + time → _____ you have _____
~할 때는 언제든지　시간　　당신이 시간 있을 때 언제든지

typical + attraction → _____ tourist _____s
전형적인　명소　　　전형적인 관광 명소

further + communication → _____ _____s
추가의　연락　　　　추후 연락

Exercise B 보기에서 적절한 단어를 찾아 문장을 완성하세요.

보기

transaction　preference　regarding　institution　shortly
actually　renewal　whenever　typical　communication

01. Further _____s will be sent only to candidates who are shortlisted.
추후 연락은 최종 명단에 오른 후보자들에게만 보내질 것입니다.

02. The caterers will be here _____. 음식 공급업자가 곧 여기에 올 거예요.

03. Once you have confirmed the _____, it cannot be cancelled.
한 번 거래를 승인하시면, 그것은 취소될 수 없습니다.

04. I'd like to discuss together the issue _____ you have time.
당신이 시간 있을 때 언제든지 그 문제에 관해 함께 의논하고 싶습니다.

05. I _____ enjoyed working here. 저는 이곳에서 일하는 것이 정말로 즐거웠습니다.

06. It's a matter of personal _____. 그것은 개인적인 선호의 문제예요.

07. I'm looking for places to visit that aren't the _____ tourist attractions.
저는 전형적인 관광 명소 말고 둘러볼 곳들을 찾고 있어요.

08. I have an important announcement to make _____ personnel changes.
인사이동에 관해 중요한 공지사항이 있습니다.

09. Your passport is due for _____. 당신 여권은 갱신할 때가 되었습니다.

10. Our team works closely with over 300 financial _____s.
저희 팀은 300개 이상의 금융 기관들과 긴밀하게 일합니다.

Exercise C 주어진 단어의 적절한 의미를 찾아 연결해 보세요.

01. transaction •   • a. 곧, 금방

02. preference •   • b. 기관, 협회

03. regarding •   • c. ~에 관한

04. institution •   • d. 선호, 편애, 우선권

05. shortly •   • e. 거래, 업무

06. actually •   • f. ~할 때마다

07. renewal •   • g. 의사소통

08. whenever •   • h. 전형적인

09. typical •   • i. 실제로, 사실상

10. communication •   • j. 재개, 갱신

DAY 1
DAY 2
DAY 3
DAY 4
DAY 5
DAY 6
DAY 7
DAY 8
DAY 9
DAY 10
DAY 11
DAY 12
DAY 13
DAY 14
DAY 15
DAY 16
DAY 17
DAY 18
DAY 19
DAY 20
DAY 21
DAY 22
DAY 23
DAY 24
DAY 25
DAY 26
DAY 27
DAY 28
DAY 29
DAY 30

Exercise B 01. communication 02. shortly 03. transaction 04. whenever 05. actually 06. preference 07. typical 08. regarding 09. renewal 10. institution   **Exercise C** 01. e 02. d 03. c 04. b 05. a 06. i 07. j 08. f 09. h 10. g

Exercise D 다음 문장을 올바르게 해석해 보세요.

You may indicate a [01]**preference** to stop receiving further [02]**communications** from us.
당신은 저희로부터 추가적인 [02]_____ 을 받는 것을 중단하기 위해 [01]_____ 를 표시할 수 있습니다.

The [03]**institution** didn't provide information [04]**regarding** the [05]**transaction**.
그 [03]_____ 은 [05]_____ [04]_____ 정보를 제공하지 않았습니다.

Exercise E 다음 구문을 올바르게 해석해 보세요.

01. personal **preference**
_____

02. **regarding** personnel changes
_____

03. confirm the **transaction**
_____

04. further **communications**
_____

05. **typical** tourist attractions
_____

06. a financial **institution**
_____

07. **actually** enjoy
_____

08. He will be here **shortly**.
_____

09. **whenever** you have time
_____

10. be due for **renewal**
_____

Exercise D   01. 선호   02. 연락   03. 기관   04. 에 관한   05. 거래   **Exercise E**   01. 개인적인 선호   02. 인사이동에 관한   03. 거래를 승인하다
04. 추후 연락   05. 전형적인 관광 명소   06. 금융 기관   07. 정말로 즐기다   08. 그는 곧 여기에 올 것이다.   09. 당신이 시간 있을 때 언제든지   10. 갱신할 때가 되다

DAY 20-4

complement	*n.* 보완물, 보충, 정원(수) *v.* 보완하다, 보충하다	double the staff _____ 직원 보충을 두 배로 하다 _____ the process 절차를 보완하다
extensive	*a.* 광범위한, 넓은 extension *n.* 연장, 확장 extend *v.* 넓히다, 연장하다 extensively *ad.* 널리	_____ improvements 광범위한 개선 _____ international experience 광범위한 국제 경험
move	*n.* 이동, 이사, 조치, 수단 *v.* 옮기다, 움직이다	_____ to the branch office 지점으로 이동하다 a smart business _____ 현명한 사업 조치
consequence	*n.* 결과, 중요성 consequent *a.* 결과로서 일어나는 consequently *ad.* 그 결과, 따라서 in consequence of ~의 결과로	a _____ of the merger 합병의 결과 the _____ of delaying 지연의 결과
implication	*n.* 영향, 암시, 밀접한 관계 imply *v.* 암시하다, 나타내다 implicate *v.* 연루시키다, 포함하다	have _____s for the region 지역에 영향을 미치다 the _____ of his co-worker 그의 동료의 연루
international	*a.* 국제적인(↔domestic 국내의)	_____ trade 국제 무역 an _____ art exhibition 국제 예술 전시회
contact	*n.* 연락, 접촉, 연줄 *v.* 연락하다(with) in contact with ~와 연락[접촉]하는	_____ the office 사무실에 연락하다 _____ a supervisor via email 이메일로 상사에게 연락하다
individual	*n.* 개인 *a.* 개인의, 별개의 individually *ad.* 개인적으로	meet _____ needs 개별적인 필요를 충족하다 _____ participants 개별 참여자
step	*n.* 발걸음, 조치, 단계, (–s) 계단 *v.* 밟다	the next _____ of installation 다음 설치 단계 a _____ ladder 발판 사다리
absence	*n.* 결석, 부재 absent *a.* 결석한	a brief _____ 짧은 부재 act as his deputy in his _____ 그의 부재 동안 대리인으로 일하다

저절로 암기 Training

Exercise A 주어진 단어들을 결합하여 구문을 만드세요.

complement + process → _____ the _____
보완하다   절차   절차를 보완하다

extensive + international → _____ _____ experience
광범위한   국제적인   광범위한 국제 경험

smart + move → a _____ business _____
현명한   조치   현명한 사업 조치

consequence + merger → a _____ of the _____
결과   합병   합병의 결과

implication + region → have _____s for the _____
영향   지역   지역에 영향을 미치다

international + exhibition → an _____ art _____
국제적인   전시회   국제 예술 전시회

contact + office → _____ the _____
연락하다   사무실   사무실에 연락하다

individual + need → meet _____ _____s
개별적인   필요   개별적인 필요를 충족하다

next + step → the _____ _____ of installation
다음의   단계   다음 설치 단계

deputy + absence → act as his _____ in his _____
대리인   부재   그의 부재 동안 대리인으로 일하다

Exercise B 보기에서 적절한 단어를 찾아 문장을 완성하세요.

보기

> complement   extensive   move   consequence   implication
> international   contact   individual   step   absence

01. This change would have serious _____s for the region.
이 변화는 지역에 심각한 영향을 미칠 수도 있습니다.

02. She has _____ international experience in the field of risk management.
그녀는 위기관리 분야에서 광범위한 국제 경험이 있습니다.

03. I received an invitation to participate in an _____ art exhibition.
저는 국제 예술 전시회에 참여하라는 초청을 받았어요.

04. We have a wide selection of products to meet _____ needs of our customers. 저희는 고객들의 개별적인 필요를 충족할 수 있는 다양한 제품들을 갖고 있습니다.

05. It looks like a smart business _____. 그것은 현명한 사업 조치로 보이네요.

06. Click the "Next" button to continue to the next _____ of installation. 다음 설치 단계로 진행하시려면 "다음" 버튼을 누르십시오.

07. Who acted as Mr. Bauetdinov's deputy in his _____? Mr. Bauetdinov의 부재 동안 누가 대리인으로 일했나요?

08. If you're interested in reserving that spot, please don't hesitate to _____ our office. 만약 그 자리를 예약하시는 데 관심이 있다면, 주저하지 말고 저희 사무실에 연락해주세요.

09. There will also be close collaboration with relevant organizations to _____ the process. 절차를 보완하기 위해서 유관 단체들과 밀접한 협업이 있을 것입니다.

10. Mass layoffs are expected as a _____ of the merger. 합병의 결과로 대량 해고가 예상됩니다.

Exercise C 주어진 단어의 적절한 의미를 찾아 연결해 보세요.

01. complement •	• a.	보완물; 보충하다
02. extensive •	• b.	결과, 중요성
03. move •	• c.	이동; 움직이다
04. consequence •	• d.	광범위한, 넓은
05. implication •	• e.	영향, 암시
06. international •	• f.	조치, 단계; 밟다
07. contact •	• g.	국제적인
08. individual •	• h.	접촉; 연락하다
09. step •	• i.	결석, 부재
10. absence •	• j.	개인; 개인의

Exercise B 01. implication 02. extensive 03. international 04. individual 05. move 06. step 07. absence 08. contact 09. complement 10. consequence **Exercise C** 01. a 02. d 03. c 04. b 05. e 06. g 07. h 08. j 09. f 10. i

Exercise D 다음 문장을 올바르게 해석해 보세요.

Such a ⁰¹**move** would have great ⁰²**implications** for ⁰³**international** trade policy.
그러한 ⁰¹_____ 는 ⁰³_____ 무역 정책에 엄청난 ⁰²_____ 을 미칠 것입니다.

He used his ⁰⁴**extensive** ⁰⁵**contacts** to get the deal.
그는 계약을 성사하기 위해 그의 ⁰⁴_____ ⁰⁵_____ 을 활용했다.

Exercise E 다음 구문을 올바르게 해석해 보세요.

01. an **international** art exhibition

_____

02. **complement** the process

_____

03. meet **individual** needs

_____

04. have **implications** for the region

_____

05. a smart business **move**

_____

06. act as his deputy in his **absence**

_____

07. **contact** the office

_____

08. **extensive** international experience

_____

09. the next **step** of installation

_____

10. a **consequence** of the merger

_____

Exercise D 01. 조치 02. 영향 03. 국제 04. 광범위한 05. 연줄[인맥] **Exercise E** 01. 국제 예술 전시회 02. 절차를 보완하다 03. 개별적인 필요를 충족하다 04. 지역에 영향을 미치다 05. 현명한 사업 조치 06. 그의 부재 동안 대리인으로 일하다 07. 사무실에 연락하다 08. 광범위한 국제 경험 09. 다음 설치 단계 10. 합병의 결과

저절로 실전 Training

Day 20에서 배운 단어,
실제 토익에는 이렇게 나옵니다.

Grammar & Expressions 배운 단어로 Part 5 실전 문제 풀어보기

1. Together with my colleagues, I'm responsible for ------- alumni activities.

(A) coordinate
(B) coordinating
(C) coordination
(D) coordinator

2. ------- the interview, he asked me who persuaded me to refuse the offer.

(A) Between
(B) During
(C) Inside
(D) As

3. You may indicate a ------- to stop receiving further communications from us.

(A) intensity
(B) assessment
(C) opportunity
(D) preference

4. Such a move would have great implications for ------- trade policy.

(A) international
(B) emotional
(C) promotional
(D) intentional

Answers

1. (B)

해석 제 동료들과 함께, 저는 졸업생 활동을 조정하는 것을 책임지고 있습니다.

해설 **[어법] 품사** 빈칸 앞에는 전치사가 나왔으므로 빈칸에는 명사나 동명사가 나와야 한다. 뒤에 나오는 alumni activities를 목적어로 취하려면 명사는 답이 될 수 없고 동명사 (B) coordinating이 정답이다.

(A) 조정하다 (B) 조정하는 것 (C) 조정 (D) 조정자, 코디네이터

2. (B)

해석 인터뷰 동안, 그는 누가 나에게 그 제안을 거절하라고 설득했는지 물어봤습니다.

해설 **[어휘] 문맥에 어울리는 전치사** 문맥상 '인터뷰 동안'이라는 의미가 되어야 한다. 따라서 '~ 동안'이란 뜻의 전치사인 (B) During이 정답이다.

(A) ~ 사이에 (B) ~ 동안 (C) ~ 안에 (D) ~로서

3. (D)

해석 당신은 저희로부터 추가적인 연락을 받는 것을 중단하기 위해 선호를 표시할 수 있습니다.

해설 **[어휘] 문맥에 어울리는 명사** 앞으로 연락을 받지 않겠다는 의사를 나타내는 어휘가 적절하므로 '(D) 선호를 표시하다'라고 해야 한다.

(A) 강도 (B) 평가 (C) 기회 (D) 선호

4. (A)

해석 그러한 조치는 국제 무역 정책에 엄청난 영향을 미칠 것입니다.

해설 **[어휘] 문맥에 어울리는 형용사** 보기 중 빈칸 뒤에 나오는 trade policy(무역 정책)를 수식하기에 가장 적합한 형용사는 '(A) 국제적인'이다.

(A) 국제적인 (B) 감정적인 (C) 홍보의 (D) 의도적인

저절로 실전 Training

Reading & Listening 배운 단어로 실전 지문 읽고 들어보기

다음 글을 읽고 올바른 해석을 고르세요.

MP3 🎧

I have a new assignment for you and your team. It is distinctive from the previous ones you worked on. You'll **engage** in the latest **transaction** with the Shoreline

1. (A) 당신은 가장 최근의 거래에 참여하게 됩니다
(B) 당신은 최근의 거래를 성사시켜야 합니다

Motor Company. The new client will complement our existing client pool of motor companies. During the preparation periods before **contacting** the client, please be

2. (A) 고객과 연락하기 전
(B) 고객과 계약하기 전

sure to conduct routine research. You must have **extensive** feasible options for the

3. (A) 넓은 범위의 실현 가능한 선택지들
(B) 창의적이면서 실현 가능한 선택지들

clients to choose from before that first meeting. Be warned that the client wishes to take the company international in the next few years. Please coordinate with our colleagues who won that account. Please do not hesitate to reach out to me whenever you have a question. I'll look forward to exchanging correspondence with you.

Answers

1. (A)   2. (A)   3. (A)

해석 당신과 당신 팀에게 드릴 새로운 업무가 있습니다. 이것은 전에 당신이 작업했던 것과는 다릅니다. 당신은 Shoreline Motor Company와의 ¹· 가장 최근의 거래에 참여하게 됩니다. 새로운 고객은 자동차 회사 기존 고객 풀을 보완해줄 겁니다. ²· 고객과 연락하기 전 준비 단계에서, 관례적인 조사를 꼭 해주시기 바랍니다. 첫 번째 미팅 전에 당신은 고객들이 고를 ³· 넓은 범위의 실현 가능한 선택지들을 갖고 있어야 합니다. 그 고객은 향후 몇 년 내로 회사를 국제적인 수준으로 발전시키기 원한다는 사실을 명심하세요. 그 계약을 따낸 동료들과 함께 조정하십시오. 또한 질문이 생기면 언제든 저에게 연락 주십시오. 연락을 주고받는 것을 기다리겠습니다.

DAY 21-1

attendance	*n.* 참석, 출석(↔absence 결석, 부재) attend *v.* 참석하다, 출석하다	a low rate of _____ 낮은 출석률 confirm _____ 참석을 확인하다
feedback	*n.* 피드백, 의견, 반응	provide _____ on a product 제품에 대한 피드백을 제공하다 welcome your _____ 당신의 의견을 환영하다
respond	*v.* 답장을 보내다, 대답[응답]하다 respondent *n.* 응답자 response *n.* 반응, 대답, 답장 responsive *a.* 반응하는, 대답하는	_____ to a telephone message 전화 메시지에 응답하다 _____ to your inquiry 당신의 문의에 답변하다
promptly	*ad.* 즉시, 정각에 prompt *a.* 신속한, 즉각적인 *v.* 촉발하다	refrigerate perishable food _____ 상하기 쉬운 음식을 즉시 냉장하다 inform you _____ 즉시 당신에게 알리다
assume	*v.* 추측하다, (책임·역할을) 맡다 assumption *n.* 가정, 추정, 인수	_____ several different roles 몇몇 다른 역할을 맡다 _____ the title of Managing Director 상무이사 직함을 맡다
expert	*n.* 전문가 *a.* 전문가의, 전문적인 expertise *n.* 전문 지식, 전문 기술	an economic _____ 경제 전문가 articles written by _____s 전문가들에 의해 작성된 기사
casual	*a.* 격식을 차리지 않는, 우연한, 가벼운 casually *ad.* 우연히, 뜻하지 않게, (복장이) 약식으로	a _____ walk 편안한 산책 a _____ meeting 가벼운 모임
council	*n.* 의회, 협의회, 자문 위원회	City _____ meetings 시의회 회의 the role of the _____ 위원회의 역할
outline	*n.* 개요, 윤곽 *v.* 개요를 말하다, 윤곽을 그리다	_____ a plan 계획의 윤곽을 그리다 a course _____ 과정 개요
compliance	*n.* (명령·법규에의) 준수(with) comply *v.* (규칙에) 따르다 compliant *a.* 순응하는, 따르는 in compliance with ~을 준수하여	_____ with the law 법 준수 _____ with safety standards 안전 기준 준수

DAY 1
DAY 2
DAY 3
DAY 4
DAY 5
DAY 6
DAY 7
DAY 8
DAY 9
DAY 10
DAY 11
DAY 12
DAY 13
DAY 14
DAY 15
DAY 16
DAY 17
DAY 18
DAY 19
DAY 20
DAY 21
DAY 22
DAY 23
DAY 24
DAY 25
DAY 26
DAY 27
DAY 28
DAY 29
DAY 30

저절로 암기 Training

Exercise A 주어진 단어들을 결합하여 구문을 만드세요.

confirm + attendance → _____ _____
확인하다　　　 참석　　　　　　　　　참석을 확인하다

welcome + feedback → _____ your _____
환영하다　　　 의견　　　　　　　 당신의 의견을 환영하다

respond + inquiry → _____ to your _____
답변하다　　　 문의　　　　　　 당신의 문의에 답변하다

inform + promptly → _____ you _____
알리다　　　 즉시　　　　　　 즉시 당신에게 알리다

assume + title → _____ the _____ of Managing Director
맡다　　　 직함　　　　　 상무이사 직함을 맡다

economic + expert → an _____ _____
경제의　　　　 전문가　　　　 경제 전문가

casual + meeting → a _____ _____
가벼운　　　 모임　　　　　 가벼운 모임

city + council → _____ _____ meetings
시　　　 의회　　　　 시의회 회의

outline + plan → _____ a _____
윤곽을 그리다　 계획　　　 계획의 윤곽을 그리다

compliance + standard → _____ with safety _____s
준수　　　　　　 기준　　　　　 안전 기준 준수

Exercise B 보기에서 적절한 단어를 찾아 문장을 완성하세요.

보기

attendance　feedback　respond　promptly　assume
expert　casual　council　outline　compliance

01. Staten Architects has _____d its ambitious expansion plans.
Staten Architects는 야심찬 확장 계획의 윤곽을 그렸습니다.

02. We will _____ to your inquiry within 24 hours.
저희는 당신의 문의에 24시간 이내로 답변 드리겠습니다.

03. The agency regularly inspects the facility to ensure _____ with safety
standards. 그 기관은 안전 기준 준수를 확실하게 하기 위해 정기적으로 시설을 검사합니다.

04. A group of economic _____s were engaged to review the results.

경제 전문가 한 무리가 결과를 검토하기 위해 참여했습니다.

05. For catering purposes, please confirm _____ of the event in advance.

음식 마련을 위하여 행사 참석을 미리 확인해주시기 바랍니다.

06. If the items are no longer available, we will inform you _____.

만약 그 제품들을 더 이상 구할 수 없다면, 즉시 당신에게 알려드리겠습니다.

07. City _____ meetings are regularly scheduled for Wednesdays.

시의회 회의는 매주 수요일에 정기적으로 예정되어 있습니다.

08. We welcome your _____ and look forward to hearing from you.

저희는 당신의 의견을 환영하며, 당신의 연락을 기다리고 있습니다.

09. Mr. Hamasu was asked to _____ the title of Managing Director.

Mr. Hamasu는 상무이사 직함을 맡아달라고 요청받았습니다.

10. Do you know a good place for a _____ lunch meeting?

가벼운 점심 모임 갖기 좋은 장소 아세요?

Exercise C 주어진 단어의 적절한 의미를 찾아 연결해 보세요.

01. attendance	•	• a. 피드백, 의견, 반응
02. feedback	•	• b. 대답하다, 응답하다
03. respond	•	• c. 추측하다, 맡다
04. promptly	•	• d. 즉시, 정각에
05. assume	•	• e. 참석, 출석
06. expert	•	• f. 격식을 차리지 않는
07. casual	•	• g. 개요; 윤곽을 그리다
08. council	•	• h. 전문가; 전문적인
09. outline	•	• i. 의회, 협의회
10. compliance	•	• j. 준수

DAY 1
DAY 2
DAY 3
DAY 4
DAY 5
DAY 6
DAY 7
DAY 8
DAY 9
DAY 10
DAY 11
DAY 12
DAY 13
DAY 14
DAY 15
DAY 16
DAY 17
DAY 18
DAY 19
DAY 20
DAY 21
DAY 22
DAY 23
DAY 24
DAY 25
DAY 26
DAY 27
DAY 28
DAY 29
DAY 30

Exercise B 01. outline 02. respond 03. compliance 04. expert 05. attendance 06. promptly 07. Council 08. feedback 09. assume 10. casual **Exercise C** 01. e 02. a 03. b 04. d 05. c 06. h 07. f 08. i 09. g 10. j

Exercise D 다음 문장을 올바르게 해석해 보세요.

They always ⁰¹**respond** ⁰²**promptly** to negative ⁰³**feedback**.
그들은 부정적인 ⁰³_____에 언제나 ⁰²_____ ⁰¹_____.

That's why I ⁰⁴**assume** he's an ⁰⁵**expert**.
그래서 저는 그가 ⁰⁵_____라고 ⁰⁴_____.

Exercise E 다음 구문을 올바르게 해석해 보세요.

01. **respond** to your inquiry
_____

02. **assume** the title of Managing Director
_____

03. a **casual** meeting
_____

04. **outline** a plan
_____

05. inform you **promptly**
_____

06. confirm **attendance**
_____

07. **compliance** with safety standards
_____

08. City **Council** meetings
_____

09. an economic **expert**
_____

10. welcome your **feedback**
_____

Exercise D 01. 응답한다 02. 즉시 03. 피드백 04. 추측합니다 05. 전문가 **Exercise E** 01. 당신의 문의에 답변하다 02. 상무이사 직함을 맡다 03. 가벼운 모임 04. 계획의 윤곽을 그리다 05. 즉시 당신에게 알리다 06. 참석을 확인하다 07. 안전 기준 준수 08. 시의회 회의 09. 경제 전문가 10. 당신의 의견을 환영하다

DAY 21-2

directory	*n.* 목록, 책자, 주소록	a company _____ 회사 목록 the employee telephone _____ 직원 전화번호 목록
demonstrate	*v.* (모형·실험 등으로) 설명하다, 증명하다 demonstration *n.* 설명, 시연, 입증	_____ a talent 재능을 증명하다 _____ a procedure 절차를 설명하다
duplicate	*n.* 사본 *a.* 똑같은, 사본의, 이중의 *v.* 복사하다, 반복하다 duplication *n.* 복제, 중복	the _____ files 사본 파일 a _____ payment 이중 납부
facilitate	*v.* 가능[용이]하게 하다, 촉진하다 facilitation *n.* 용이하게 함, 촉진	_____ cooperation 협업을 용이하게 하다 _____ the checkout process 체크아웃 과정을 용이하게 하다
timely	*a.* 시기적절한, 때를 맞춘, 적시의 time *n.* 시간, 때 *v.* 시간을 재다 timing *n.* 타이밍, 어떤 일의 적절한 때	the _____ support 시기적절한 지원 _____ advice 시기적절한 조언
shipping	*n.* 선박, 운송, 배송, 선적 ship *n.* 선박, 배 *v.* 운송하다, 수송하다	a _____ company 배송 업체 standard _____ 표준 배송
department	*n.* 부서	the accounting _____ 회계부 within the personnel _____ 인사부 내에
final	*n.* 결승전, 기말시험 *a.* 마지막의, 최종적인 finalize *v.* 마무리 짓다, 완결하다 finally *ad.* 결국, 마침내	the _____ phase of the project 프로젝트의 마지막 단계 a _____ decision 최종 결정
form	*n.* 형태, 양식, 종류 *v.* 형성하다 formation *n.* 형성, 구조 formal *a.* 공식적인, 형식적인	sign a consent _____ 동의서에 서명하다 _____ a task force 대책 위원회를 만들다
compile	*v.* (자료를) 모으다, 편집하다, 엮다, 작성하다 compilation *n.* 모음집, 편집, 편찬	_____ a list of mailing addresses 우편 주소 목록을 엮다 _____ a dictionary 사전을 편찬하다

저절로 암기 Training

Exercise A 주어진 단어들을 결합하여 구문을 만드세요.

employee + directory → the _____ telephone _____
직원   목록   직원 전화번호 목록

demonstrate + talent → _____ a _____
증명하다   재능   재능을 증명하다

duplicate + payment → a _____ _____
이중의   납부   이중 납부

facilitate + cooperation → _____ _____
용이하게 하다   협력   협업을 용이하게 하다

timely + support → the _____ _____
시기적절한   지원   시기적절한 지원

shipping + company → a _____ _____
배송   회사   배송 업체

accounting + department → the _____ _____
회계   부서   회계부

final + decision → a _____ _____
최종적인   결정   최종 결정

consent + form → sign a _____ _____
동의   양식   동의서에 서명하다

compile + list → _____ a _____ of mailing addresses
엮다   목록   우편 주소 목록을 엮다

Exercise B 보기에서 적절한 단어를 찾아 문장을 완성하세요.

보기

directory   demonstrate   duplicate   facilitate   timely
shipping   department   final   form   compile

01. I sent the invoice to the accounting _____. 저는 송장을 회계부로 보냈어요.

02. I can't find his number in the employee telephone _____.
그의 번호를 직원 전화번호 목록에서 찾을 수 없어요.

03. This platform is designed to _____ cooperation among the members.
이 플랫폼은 회원들 사이에 협업을 용이하게 하기 위해 고안되었습니다.

04. It's been more than 2 months and I am still waiting for the _____ decision.
두 달이 넘었는데 저는 여전히 최종 결정을 기다리고 있습니다.

05. This is your opportunity to _____ your talent. 이건 당신의 재능을 증명할 기회입니다.

06. Can you _____ a list of mailing addresses? 당신이 우편 주소 목록을 엮어줄 수 있나요?

07. You'll be asked to sign the consent _____.
당신은 동의서에 서명해달라고 요청받을 것입니다.

08. He stressed the importance of the _____ support.
그는 시기적절한 지원의 중요성을 강조했습니다.

09. In that case, the _____ company is not responsible for damage.
그 경우에는 배송 업체가 손상에 대해 책임이 없습니다.

10. I made a _____ payment and I haven't received a refund.
제가 이중 납부를 했는데 아직 환불을 받지 못했어요.

Exercise C 주어진 단어의 적절한 의미를 찾아 연결해 보세요.

01. directory •   • a. 사본; 이중의; 복사하다

02. demonstrate •   • b. 가능하게 하다

03. duplicate •   • c. 시기적절한, 적시의

04. facilitate •   • d. 목록, 책자, 주소록

05. timely •   • e. 설명하다, 증명하다

06. shipping •   • f. 결승전; 마지막의

07. department •   • g. 선박, 운송, 배송

08. final •   • h. 형태, 양식; 형성하다

09. form •   • i. 모으다, 작성하다

10. compile •   • j. 부서

Exercise B 01. department 02. directory 03. facilitate 04. final 05. demonstrate 06. compile 07. form 08. timely 09. shipping
10. duplicate   **Exercise C** 01. d 02. e 03. a 04. b 05. c 06. g 07. j 08. f 09. h 10. i

Exercise D 다음 문장을 올바르게 해석해 보세요.

We will do our best to [01]**facilitate** [02]**timely** delivery.
저희는 [02]_____ 배송을 [01]_____ 위해 최선을 다하겠습니다.

I'm [03]**compiling** the [04]**final** report to share it with other [05]**departments**.
저는 다른 [05]_____ 과 공유하기 위해 [04]_____ 보고서를 [03]_____ 있습니다.

Exercise E 다음 구문을 올바르게 해석해 보세요.

01. a **duplicate** payment

_____

02. a **shipping** company

_____

03. **compile** a list of mailing addresses

_____

04. a **final** decision

_____

05. **facilitate** cooperation

_____

06. the employee telephone **directory**

_____

07. the **timely** support

_____

08. the accounting **department**

_____

09. sign a consent **form**

_____

10. **demonstrate** a talent

_____

Exercise D 01. 촉진하기[가능하게 하기] 02. 적시 03. 작성하고 04. 최종 05. 부서들   Exercise E 01. 이중 납부 02. 배송 업체 03. 우편
주소 목록을 엮다 04. 최종 결정 05. 협업을 용이하게 하다 06. 직원 전화번호 목록 07. 시기적절한 지원 08. 회계부 09. 동의서에 서명하다 10.
재능을 증명하다

DAY 21-3

enlarge	v. 확장하다, 확대하다 (↔curtail, downsize 축소하다) enlargement n. 확대, 확장	_____ its facility 시설을 확장하다 _____ a team 팀을 확대하다
contrary	n. 반대 a. 반대의, 어긋나는 on the contrary 이에 반하여	a _____ opinion 상반되는 의견 _____ to the previous one 이전 것과 상반되는
control	n. 통제(권), 제어 v. 통제[지배]하다, 조정[조절]하다	turn a smartphone into a remote _____ 스마트폰을 리모컨으로 바꾸다 _____ the situation 상황을 통제하다
tentative	a. 잠정적인, 임시의, 주저하는 tentatively ad. 임시로, 잠정적으로	a _____ suggestion 잠정적인 제안 reach a _____ agreement 잠정적인 합의에 이르다
detailed	a. 자세한, 상세한 detail n. 세부(사항) v. 상세히 알리다	call for _____ notes 상세한 기록을 요구하다 a _____ analysis 자세한 분석
draft	n. 원고, 초안 v. (원고・초안을) 작성하다	a _____ of an advertisement 광고 초안 submit a _____ 초안을 제출하다
drawing	n. 그림, 도면 draw v. 그리다, 끌다, 이용하다	work on a _____ 그림 작업을 하다 a structural _____ 구조 설계도
hand	n. 손, 도움, 지배 v. 건네주다 handy a. 사용하기 편리한, 잘 다루는 on the other hand 다른 한편으로는	_____ over a clipboard 클립보드를 건네주다 _____ papers 서류를 건네주다
simplify	v. 간소화하다, 단순화하다 (↔complicate 복잡하게 하다) simply ad. 단지, 간단히	_____ the way 방법을 단순화하다 _____ the manufacturing process 제조 과정을 단순화하다
process	n. 과정 v. 처리하다 processing n. 가공 처리, 화학 처리	interrupt a _____ 과정을 방해하다 _____ the order 주문을 처리하다

DAY 1
DAY 2
DAY 3
DAY 4
DAY 5
DAY 6
DAY 7
DAY 8
DAY 9
DAY 10
DAY 11
DAY 12
DAY 13
DAY 14
DAY 15
DAY 16
DAY 17
DAY 18
DAY 19
DAY 20
DAY 21
DAY 22
DAY 23
DAY 24
DAY 25
DAY 26
DAY 27
DAY 28
DAY 29
DAY 30

DAY 21 행정 업무   387

저절로 암기 Training

Exercise A 주어진 단어들을 결합하여 구문을 만드세요.

enlarge + team → _____ a _____
확대하다　　　팀　　　　　팀을 확대하다

contrary + opinion → a _____ _____
상반되는　　　의견　　　　상반되는 의견

control + situation → _____ the _____
통제하다　　　상황　　　　　상황을 통제하다

tentative + agreement → reach a _____ _____
잠정적인　　　합의　　　　　　잠정적인 합의에 이르다

detailed + analysis → a _____ _____
자세한　　　분석　　　　　자세한 분석

submit + draft → _____ a _____
제출하다　　초안　　　　초안을 제출하다

structural + drawing → a _____ _____
구조의　　　　도면　　　　　구조 설계도

hand + clipboard → _____ over a _____
건네주다　　클립보드　　　클립보드를 건네주다

simplify + process → _____ the manufacturing _____
단순화하다　　과정　　　　제조 과정을 단순화하다

process + order → _____ the _____
처리하다　　주문　　　주문을 처리하다

Exercise B 보기에서 적절한 단어를 찾아 문장을 완성하세요.

보기

　enlarge　contrary　control　tentative　detailed
　draft　drawing　hand　simplify　process

01. As we grow, there is a need to _____ the manufacturing process.
우리가 성장함에 따라, 제조 과정을 단순화할 필요가 있습니다.

02. They lost their capacity to _____ the situation.
그들은 상황을 통제할 수 있는 능력을 상실했습니다.

03. Once we have confirmed your payment, we will _____ your order.
대금 납부를 확인하고 나면, 당신의 주문을 처리하겠습니다.

04. July 25 was the final day to submit a _____. 7월 25일이 초안 제출 마감일이었습니다.

05. The workers have reached a _____ agreement with the company.
근로자들은 회사와 잠정적인 합의에 이르렀습니다.

06. Could you _____ over the clipboard? 그 클립보드 좀 건네줄 수 있어요?

07. Do we have enough in the budget to _____ the team?
우리는 팀을 확대할 예산이 충분히 있나요?

08. This course covers the skills and knowledge required to produce structural
_____s. 이 과정은 구조 설계도를 작성하는 데 필요한 기술과 지식을 다룹니다.

09. Ms. Huang's report provides a _____ analysis of the relationship between
education level and income.
Ms. Huang의 보고서는 교육 수준과 소득 사이의 연관성에 대한 자세한 분석을 제공합니다.

10. No one voiced a _____ opinion at that time.
그 당시에는 아무도 상반되는 의견을 나타내지 않았습니다.

Exercise C 주어진 단어의 적절한 의미를 찾아 연결해 보세요.

01. enlarge   •   • a. 잠정적인, 임시의

02. contrary   •   • b. 반대; 반대의

03. control   •   • c. 통제; 조정하다

04. tentative   •   • d. 자세한, 상세한

05. detailed   •   • e. 확장하다, 확대하다

06. draft   •   • f. 손, 도움; 건네주다

07. drawing   •   • g. 초안; 작성하다

08. hand   •   • h. 과정; 처리하다

09. simplify   •   • i. 그림, 도면

10. process   •   • j. 단순화하다

Exercise B 01. simplify 02. control 03. process 04. draft 05. tentative 06. hand 07. enlarge 08. drawing 09. detailed 10. contrary **Exercise C** 01. e 02. b 03. c 04. a 05. d 06. g 07. i 08. f 09. j 10. h

Exercise D 다음 문장을 올바르게 해석해 보세요.

I'll personally [01]**control** the whole [02]**process**.
제가 직접 전 [02]_____ 을 [01]_____ 것입니다.

The attached [03]**draft** contains [04]**detailed** information.
첨부된 [03]_____ 은 [04]_____ 정보를 포함합니다.

Please note that this is a [05]**tentative** schedule.
이것은 [05]_____ 일정이라는 것을 유념해주세요.

Exercise E 다음 구문을 올바르게 해석해 보세요.

01. reach a **tentative** agreement
_____

02. submit a **draft**
_____

03. **hand** over a clipboard
_____

04. a **contrary** opinion
_____

05. **process** the order
_____

06. **simplify** the manufacturing process
_____

07. a **detailed** analysis
_____

08. **control** the situation
_____

09. a structural **drawing**
_____

10. **enlarge** a team
_____

Exercise D 01. 통제할 02. 과정 03. 초안 04. 상세한 05. 임시 　**Exercise E** 01. 잠정적인 합의에 이르다 02. 초안을 제출하다 03. 클립보드를 건네주다 04. 상반되는 의견 05. 주문을 처리하다 06. 제조 과정을 단순화하다 07. 자세한 분석 08. 상황을 통제하다 09. 구조 설계도 10. 팀을 확장하다

DAY 21-4

행정 업무

method	n. 방법, 방식	introduce a new _____ 새로운 방식을 도입하다 a different _____ of communication 의사소통의 다른 방법
unusual	a. 특이한, 드문 unusually ad. 대단히, 비정상적으로	_____ circumstances 드문 상황 an _____ opportunity 이례적인 기회
overtime	n. 초과 근무, 야근 a. 초과 근무의 ad. 규정 시간 외에	work _____ 초과 근무하다 excessive _____ 과도한 초과 근무
variety	n. 다양성, 여러 가지 various a. 다양한 vary v. 다르다, 바뀌다 a variety of 다양한 ~	a wide _____ of options 매우 다양한 선택권 add greater _____ to the menu 메뉴에 더 많은 다양성을 더하다
overlook	v. 내려다보다, 간과하다, 눈감아주다	_____ the river 강을 내려다보다 _____ the importance 중요성을 간과하다
copy	n. (복)사본, 한 부 v. 복사하다, 모방하다	a _____ of a handbook 한 부의 안내서 a _____ of the contract 계약서 사본
document	n. 서류, 문서 v. 기록하다, 문서를 작성하다 documentary n. 기록물, 다큐멘터리 documentation n. 문서화, 증거 자료	examine _____s 서류를 검토하다 print the _____s double sided 서류를 양면으로 출력하다
profession	n. 직업, 직종, (-s) 전문직 professional a. 직업의, 전문적인	enter the teaching _____ 교직에 들어가다 leave the _____ 직종을 떠나다
restore	v. 복구하다, 회복하다 restoration n. 복구 restorative a. 원기를 회복시키는 restore A to B A를 B로 복구하다	_____ a file 파일을 복구하다 _____ its former glory 이전의 영광을 회복하다
instruction	n. (-s) 설명(서), 지시, 명령 instruct v. 지시하다, 가르치다 instructor n. 강사, 지도자 instructional a. 교육적인, 교육상의	an _____ manual 취급 설명서 _____s from a security officer 보안 요원의 지시

저절로 암기 Training

Exercise A 주어진 단어들을 결합하여 구문을 만드세요.

introduce + method → _____ a new _____
도입하다   방식   새로운 방식을 도입하다

unusual + opportunity → an _____ _____
특이한, 드문   기회   이례적인 기회

work + overtime → _____ _____
일하다   초과 근무   초과 근무하다

variety + option → a wide _____ of _____ s
다양성   선택권   매우 다양한 선택권

overlook + importance → _____ the _____
간과하다   중요성   중요성을 간과하다

copy + handbook → a _____ of a _____
한 부   안내서   한 부의 안내서

examine + document → _____ _____ s
검토하다   서류   서류를 검토하다

enter + profession → _____ the teaching _____
들어가다   직업, 직종   교직에 들어가다

restore + file → _____ a _____
복구하다   파일   파일을 복구하다

instruction + security → _____ s from a _____ officer
지시   보안   보안 요원의 지시

Exercise B 보기에서 적절한 단어를 찾아 문장을 완성하세요.

보기

method   unusual   overtime   variety   overlook
copy   document   profession   restore   instruction

01. Can I get a _____ of a handbook? 안내서 한 부 받을 수 있을까요?

02. The Commission proposes to introduce a new _____ in this regard.
이것과 관련하여 위원회는 새로운 방식을 도입하자고 제안합니다.

03. My task was to examine legal _____ s. 제 임무는 법률 서류들을 검토하는 것이었습니다.

04. I entered the teaching _____ because I wanted to make a difference in the world. 저는 세상을 변화시키고 싶어서 교직에 들어왔습니다.

05. We see this as a very _____ opportunity. 우리는 이것을 아주 이례적인 기회로 봅니다.

06. Our software allows you to _____ a previous version of the file.
저희 소프트웨어는 이전 버전의 파일을 복구할 수 있게 해줍니다.

07. I am willing to work _____ if needed. 필요한 경우 저는 초과 근무할 의향이 있습니다.

08. Please wait for further _____s from a security officer.
보안 요원의 추가적인 지시를 기다려주세요.

09. Mystic Voyage provides a wide _____ of options at very affordable prices.
Mystic Voyage는 아주 저렴한 가격으로 매우 다양한 선택권을 제공합니다.

10. They made the mistake of _____ing the importance of partnership.
그들은 협력의 중요성을 간과하는 실수를 저질렀습니다.

Exercise C 주어진 단어의 적절한 의미를 찾아 연결해 보세요.

01. method •   • a. 초과 근무; 규정 시간 외에

02. unusual •   • b. 방법, 방식

03. overtime •   • c. 다양성, 여러 가지

04. variety •   • d. 내려다보다, 간과하다

05. overlook •   • e. 특이한, 드문

06. copy •   • f. 설명, 지시

07. document •   • g. 사본, 한 부; 복사하다

08. profession •   • h. 서류; 기록하다

09. restore •   • i. 복구하다, 회복하다

10. instruction •   • j. 직업, 전문직

Exercise B 01. copy 02. method 03. document 04. profession 05. unusual 06. restore 07. overtime 08. instruction 09. variety 10. overlook **Exercise C** 01. b 02. e 03. a 04. c 05. d 06. g 07. h 08. j 09. i 10. f

Exercise D 다음 문장을 올바르게 해석해 보세요.

They are considering employing ⁰¹**unusual** ⁰²**methods** to ⁰³**restore** medieval paintings.
그들은 중세 그림을 ⁰³_____ 위해 ⁰¹_____ ⁰²_____ 을 사용하는 것을 고려중입니다.

We'll send you a ⁰⁴**copy** of assembly ⁰⁵**instructions**.
저희가 조립 ⁰⁵_____ ⁰⁴_____ 를 보내드리겠습니다.

Exercise E 다음 구문을 올바르게 해석해 보세요.

01. enter the teaching **profession**
_____

02. a **copy** of a handbook
_____

03. a wide **variety** of options
_____

04. introduce a new **method**
_____

05. **instructions** from a security officer
_____

06. examine **documents**
_____

07. an **unusual** opportunity
_____

08. **restore** a file
_____

09. work **overtime**
_____

10. **overlook** the importance
_____

Exercise D　01. 특이한　02. 방식　03. 복구하기　04. 한 부　05. 설명서　**Exercise E**　01. 교직에 들어가다　02. 한 부의 안내서　03. 매우 다양한 선택권　04. 새로운 방식을 도입하다　05. 보안 요원의 지시　06. 서류를 검토하다　07. 이례적인 기회　08. 파일을 복구하다　09. 초과 근무하다 10. 중요성을 간과하다

저절로 실전 Training

Grammar & Expressions 배운 단어로 Part 5 실전 문제 풀어보기

1. They always ------- promptly to negative feedback.

(A) respond
(B) responds
(C) to respond
(D) responding

2. I ------- the final report to share it with other departments.

(A) compiling
(B) was compiled
(C) am compiling
(D) have been compiled

3. The attached ------- contains detailed information.

(A) draft
(B) space
(C) grant
(D) mural

4. They are considering employing unusual methods ------- medieval paintings.

(A) restore
(B) to restore
(C) restored
(D) will restore

Answers

1. (A)

해석 그들은 부정적인 피드백에 언제나 즉각적으로 응답한다.

해설 **[어법] 동사** 문장에 동사가 없으므로 빈칸에는 문장의 동사가 와야 한다. 또한 문장의 주어 they는 복수이므로 그에 적합하도록 복수동사를 써야 한다.

2. (C)

해석 저는 다른 부서들과 공유하기 위해 최종 보고서를 작성하고 있습니다.

해설 **[어법] 동사** 문장의 동사가 빈칸에 와야 한다. 주어가 compile이라는 동작의 주체이므로 능동태 현재진행형 (C) am compiling이 정답이다.

3. (A)

해석 첨부된 초안은 상세한 정보를 포함합니다.

해설 **[어휘] 문맥에 맞는 명사** 보기 중 첨부될(attached) 수 있으며, 정보를 담을(contains ~ information) 수 있는 명사는 '(A) 초안'이다.
(A) 초안 (B) 공간 (C) 보조금 (D) 벽화

4. (B)

해석 그들은 중세 그림을 복구하기 위해 특이한 방식을 사용하는 것을 고려하고 있습니다.

해설 **[어법] 준동사** 문맥상 빈칸 이후는 '중세 그림을 복구하기 위해'라는 의미가 되어야 한다. to부정사는 목적을 나타내는 부사 역할을 할 수 있으므로 빈칸에 올 수 있는 것은 (B) to restore이다.

저절로 실전 Training

Day 21에서 배운 단어, 실제 토익에는 이렇게 나옵니다.

Reading & Listening 배운 단어로 실전 지문 읽고 들어보기

다음 글을 읽고 올바른 해석을 고르세요.

MP3

Thank you for your attendance. We're here to **compile** the new school **directory**

1. (A) 새로운 학교 주소록을 작성하다
(B) 새로운 학교 주소록에 불평하다

and it is crucial that we get student feedback. A lot of students didn't **respond** to our emails promptly. So unfortunately, our current directory is very much incomplete.

2. (A) 우리 이메일에 응답하다
(B) 이메일 답신을 촉구하다

To update our directory in a timely manner, we'd like to ask for your opinions on ways to get this done. Please feel free to share your opinions on ways to **facilitate student participation**. Here is the form we sent out via email.

3. (A) 학생들이 공장 견학에 참여하다
(B) 학생들의 참여를 촉진하다

Could you tell us the ways we could simplify it to encourage more students to fill it out? We want to make the process as easy as possible.

- -

Answers

1. (A)   2. (A)   3. (B)

해석 참석해주셔서 감사합니다. ¹· 우리는 새로운 학교 주소록을 작성하기 위해 모였고, 학생들의 피드백을 받는 것이 중요합니다. 많은 학생들이 즉시 ²· 우리 이메일에 응답하지 않았습니다. 그래서 안타깝게도 우리의 현재 주소록은 매우 불완전합니다. 시기적절하게 우리 주소록을 업데이트하기 위해서, 우리는 이것을 완수하기 위한 방법에 대한 여러분들의 의견을 구하고 싶습니다. ³· 학생들의 참여를 촉진하는 방법에 대한 여러분들의 의견을 자유롭게 나눠주세요. 여기 우리가 이메일로 발송했던 양식이 있습니다. 더 많은 학생들이 이것을 작성하도록 독려하기 위해 이것을 간소화할 방법에 대해 말씀해주실 수 있을까요? 우리는 이 과정을 가능한 한 쉽게 만들고 싶습니다.

DAY 22-1

interior	n. 실내, 내부 a. 내부의 exterior n. 외부 a. 외부의	the _____ of the office 사무실 인테리어 an _____ designer 인테리어 디자이너
leak	n. 누출, 누설 v. (물·빛이) 새게 하다, 누출하다	be _____ed to the press 언론에 누출되다 repair the _____ 누수를 수리하다
transport	n. 수송, 이송 v. 수송하다, 운송하다 transportation n. 교통(수단), 운송 수단	_____ expenses 운송비용 _____ some equipment 일부 장비를 운송하다
provider	n. 공급자[공급업체, 납품업체], 제공자 provision n. 공급, 조항 provide v. 공급하다	a financial services _____ 금융 서비스 제공업체 a leading laptop _____ 선도적인 노트북 공급자
concerned	a. 염려하는, 걱정하는, 관련된 concern n. 걱정, 염려 v. 걱정하다	be _____ for the safety 안전을 걱정하다 be _____ about meeting the project deadline 프로젝트 마감 기한을 맞추는 것을 염려하다
formal	a. 격식을 갖춘, 공식적인(↔informal 비공식적인) formality n. 의례, 형식적인 절차 formally ad. 공식적으로, 정중하게	wear _____ clothing 정장을 입다 a _____ proposal 공식 제안서
load	n. 짐, 무게, 화물, 업무량 v. 싣다[실리다], 적재하다 load A into B A를 B에 싣다	spread the work _____ 업무량을 분담하다 _____ paper into the printer tray 프린터 용지함에 종이를 적재하다
fitness	n. 신체 단련, (신체적인) 건강 fit a. 건강한, 적합한 v. 맞다, 어울리다	demonstrate physical _____ 신체적 건강을 입증하다 a _____ center 피트니스 센터[헬스클럽]
replacement	n. 교체(품), 후임자, 대체 인력 replace v. 대신하다, 대체하다	train a _____ 후임자를 훈련하다 the _____ of damaged goods 파손된 상품 교체
disposal	n. 폐기, 처분 disposable a. 일회용의, 처분할 수 있는 dispose v. 처분하다, 배치하다	the _____ of industrial waste 산업 폐기물 처리 a document-_____ company 문서 폐기 회사

DAY 1
DAY 2
DAY 3
DAY 4
DAY 5
DAY 6
DAY 7
DAY 8
DAY 9
DAY 10
DAY 11
DAY 12
DAY 13
DAY 14
DAY 15
DAY 16
DAY 17
DAY 18
DAY 19
DAY 20
DAY 21
DAY 22
DAY 23
DAY 24
DAY 25
DAY 26
DAY 27
DAY 28
DAY 29
DAY 30

DAY 22 사무환경　　　　397

저절로 암기 Training

Exercise A 주어진 단어들을 결합하여 구문을 만드세요.

interior + office → the _____ of the _____
인테리어   사무실   사무실 인테리어

repair + leak → _____ the _____
수리하다   누수   누수를 수리하다

transport + expense → _____ _____s
수송   비용   운송비용

service + provider → a financial _____s _____
서비스   제공업체   금융 서비스 제공업체

concerned + meet → be _____ about _____ing the project deadline
염려하는   맞추다   프로젝트 마감 기한을 맞추는 것을 염려하다

formal + proposal → a _____ _____
공식적인   제안   공식 제안서

load + tray → _____ paper into the printer _____
적재하다   정리함   프린트 용지함에 종이를 적재하다

fitness + center → a _____ _____
신체 단련   센터   피트니스 센터

train + replacement → _____ a _____
훈련하다   후임자   후임자를 훈련하다

disposal + waste → the _____ of industrial _____
처분   폐기물   산업 폐기물 처리

Exercise B 보기에서 적절한 단어를 찾아 문장을 완성하세요.

보기

    interior   leak   transport   provider   concerned
    formal   load   fitness   replacement   disposal

01. The _____ proposal was presented to the executive committee at the end of the October. 공식 제안서는 10월 말에 집행 위원회에 제출되었습니다.

02. A rumor has it that Granada Savings Bank will take over a large Chinese financial services _____.
Granada Savings Bank가 대형 중국 금융 서비스 제공업체를 인수할 것이라는 소문이 있습니다.

03. I'm thinking of redoing the _____ of the office.
저는 사무실 인테리어를 다시 하는 것을 고려하고 있어요.

04. I'm _____ about meeting the project deadline.

저는 프로젝트 마감 기한을 맞추는 것을 염려하고 있어요.

05. You have _____ed too much paper into the printer tray.

당신은 프린트 용지함에 너무 많은 종이를 적재했어요.

06. A maintenance guy came to repair the _____. 관리 기사가 누수를 수리하러 왔어요.

07. I am also more than willing to assist in recruiting and training my _____.

저는 또한 제 후임자를 고용하고 훈련하는 것을 기꺼이 도와드리겠습니다.

08. The _____ of industrial waste costs a lot. 산업 폐기물 처리는 비용이 많이 듭니다.

09. The _____ center is located on the 7th floor of the main building.

피트니스 센터는 본관 7층에 있습니다.

10. _____ expenses are borne by the buyer. 운송비용은 구매자가 부담합니다.

Exercise C 주어진 단어의 적절한 의미를 찾아 연결해 보세요.

01. interior •   • a. 공급자, 제공자

02. leak •   • b. 실내; 내부의

03. transport •   • c. 누출; 새게 하다

04. provider •   • d. 염려하는, 관련된

05. concerned •   • e. 수송; 운송하다

06. formal •   • f. 업무량; 적재하다

07. load •   • g. 격식을 갖춘, 공식적인

08. fitness •   • h. 폐기, 처분

09. replacement •   • i. 교체, 후임자

10. disposal •   • j. 신체 단련, 건강

Exercise B 01. formal 02. provider 03. interior 04. concerned 05. load 06. leak 07. replacement 08. disposal 09. fitness 10. Transport **Exercise C** 01. b 02. c 03. e 04. a 05. d 06. g 07. f 08. j 09. i 10. h

Exercise D 다음 문장을 올바르게 해석해 보세요.

Fit Lab Design provides [01]**interior** design services to spas, [02]**fitness** centers and golf clubs.
Fit Lab Design은 스파, [02]_____ 센터, 골프 클럽을 위한 [01]_____ 디자인 서비스를 제공합니다.

I'm particularly [03]**concerned** about the safe [04]**transport** and [05]**disposal** of chemical waste. 저는 특히 화학 폐기물의 안전한 [04]_____ 과 [05]_____ 가 [03]_____.

Exercise E 다음 구문을 올바르게 해석해 보세요.

01. **transport** expenses
_____

02. a **formal** proposal
_____

03. be **concerned** about meeting the project deadline
_____

04. a **fitness** center
_____

05. the **interior** of the office
_____

06. train a **replacement**
_____

07. **load** paper into the printer tray
_____

08. the **disposal** of industrial waste
_____

09. repair the **leak**
_____

10. a financial services **provider**
_____

Exercise D 01. 인테리어 02. 피트니스 03. 걱정됩니다 04. 수송 05. 처리　**Exercise E** 01. 운송비용 02. 공식 제안서 03. 프로젝트 마감 기한을 맞추는 것을 염려하다 04. 피트니스 센터 05. 사무실 인테리어 06. 후임자를 훈련하다 07. 프린트 용지함에 종이를 적재하다 08. 산업 폐기물 처리 09. 누수를 수리하다 10. 금융 서비스 제공업체

DAY 22-2

shorten	v. 줄이다, 짧게 하다 short n. 짧은 것, 부족(=shortage) a. 짧은 ad. 짧게 shortly ad. 곧	_____ the distance 거리를 줄이다 _____ production time 생산 시간을 줄이다
power	n. 힘, 능력, 전기, 동력, 권한 v. 동력을 공급하다 powerful a. 유력한, 강력한 empower v. 권한을 부여하다	a _____ failure 정전 be _____ed by solar energy 태양 에너지로 전력을 공급받다
electronic	a. 전자의, 전자 활동에 의한 electronics n. 전자제품, 전자공학 electronically ad. 전자적으로	an _____ transfer 전자 이체 _____ devices 전자 기기
oversee	v. 감독하다(=supervise)	_____ the sales promotion 판촉 활동을 감독하다 _____ the New York office 뉴욕 사무실을 감독하다
atmosphere	n. 대기, 분위기, 환경 atmospheric a. 대기의, 분위기 있는	an inviting _____ 환영하는 분위기 the chemical composition of the _____ 대기 중의 화학 성분
cabinet	n. 캐비닛, 수납장, (정부의) 내각	a file _____ 문서 보관함 lock a _____ 수납장을 잠그다
file	n. 서류(철), 파일 v. (서류를) 보관하다, 철하다, (신청·고소 등을) 제기하다, 제출하다 file a claim (보험금 등을) 청구하다	confidential _____s 기밀 파일 _____ a tax return 납세 신고서를 제출하다
descend	v. 내려가다, 하강하다(↔ascend 오르다) descending a. 내려가는, 하향의 descendent a. 하강의, 세습의	_____ from the Andes Mountains 안데스 산맥에서 내려오다 _____ the stairs 계단을 내려오다
carton	n. 판지 상자, 한 곽	give the woman a _____ 여자에게 상자를 주다 point at a _____ 상자를 가리키다
circumstance	n. (주로 –s) 상황, 환경 circumstantial a. 상황과 관련된, 정황적인	unforeseen _____s 예측하지 못한 상황 in identical _____s 동일한 상황에서

저절로 암기 Training

Exercise A 주어진 단어들을 결합하여 구문을 만드세요.

shorten + distance → _____ the _____
짧게 하다　　　거리　　　　　　거리를 줄이다

power + failure → a _____ _____
전기　　　고장　　　　정전

electronic + device → _____ _____s
전자의　　　　장비　　　　전자 기기

oversee + promotion → _____ the sales _____
감독하다　　판촉　　　　　판촉 활동을 감독하다

inviting + atmosphere → an _____ _____
환영하는　　분위기　　　　　환영하는 분위기

lock + cabinet → _____ a _____
잠그다　수납장　　　　수납장을 잠그다

file + tax → _____ a _____ return
제출하다　세금　　납세 신고서를 제출하다

descend + stair → _____ the _____s
내려오다　　계단　　　　계단을 내려오다

point + carton → _____ at a _____
가리키다　상자　　　　상자를 가리키다

unforeseen + circumstance → _____ _____s
예측하지 못한　　상황　　　　　예측하지 못한 상황

Exercise B 보기에서 적절한 단어를 찾아 문장을 완성하세요.

보기

shorten　power　electronic　oversee　atmosphere
cabinet　file　descend　carton　circumstance

01. Technologies have _____ed the distance between producers and consumers. 기술은 생산자와 소비자 사이의 거리를 줄였습니다.

02. Quality hardwood furniture creates an inviting _____. 고급 원목 가구는 환영하는 분위기를 조성합니다.

03. I forgot to _____ my tax return. 납세 신고서 제출하는 것을 잊어버렸어요.

04. Is it possible to recover files lost due to _____ failure?
정전으로 인해 날린 파일들을 복구할 수 있을까요?

05. The implementation of the plan was delayed due to unforeseen _____s.
예측하지 못한 상황으로 인해 계획 실행이 지연되었습니다.

06. A man is pointing at some _____s stacked in the back yard.
한 남자가 뒷마당에 쌓여있는 상자들을 가리키고 있습니다.

07. No _____ devices of any kind are allowed for any purpose during the exam.
시험 도중 어떤 목적에서든지 관계없이 모든 종류의 전자 기기는 허용되지 않습니다.

08. Two men are _____ing the stairs. 남자 두 명이 계단을 내려오고 있습니다.

09. Did you lock the _____ before you leave? 떠나기 전에 수납장을 잠갔어요?

10. The headquarters will send someone to _____ the sales promotion.
본사에서 판촉 활동을 감독할 누군가를 보낼 거예요.

Exercise C 주어진 단어의 적절한 의미를 찾아 연결해 보세요.

01. shorten   •
02. power   •
03. electronic   •
04. oversee   •
05. atmosphere   •
06. cabinet   •
07. file   •
08. descend   •
09. carton   •
10. circumstance   •

• a. 감독하다
• b. 분위기, 환경
• c. 줄이다, 짧게 하다
• d. 전자의
• e. 전기, 권한; 동력을 공급하다
• f. 캐비닛, 수납장, 내각
• g. 내려가다, 하강하다
• h. 서류철; 제출하다
• i. 상황, 환경
• j. 판지 상자

DAY 1
DAY 2
DAY 3
DAY 4
DAY 5
DAY 6
DAY 7
DAY 8
DAY 9
DAY 10
DAY 11
DAY 12
DAY 13
DAY 14
DAY 15
DAY 16
DAY 17
DAY 18
DAY 19
DAY 20
DAY 21
DAY 22
DAY 23
DAY 24
DAY 25
DAY 26
DAY 27
DAY 28
DAY 29
DAY 30

Exercise B 01. shorten 02. atmosphere 03. file 04. power 05. circumstance 06. carton 07. electronic 08. descend 09. cabinet 10. oversee **Exercise C** 01. c 02. e 03. d 04. a 05. b 06. f 07. h 08. g 09. j 10. i

Exercise D 다음 문장을 올바르게 해석해 보세요.

The agency has been granted the [01]**power** to [02]**oversee** the mining operation.
그 기관은 채굴 작업을 [02]_____ [01]_____을 부여받았다.

Contents of [03]**file** [04]**cabinets** should be packed into [05]**cartons**.
[03]_____ [04]_____의 내용물들은 [05]_____ 안에 넣어야 합니다.

Exercise E 다음 구문을 올바르게 해석해 보세요.

01. an inviting **atmosphere**
_____

02. **shorten** the distance
_____

03. **descend** the stairs
_____

04. a **power** failure
_____

05. **file** a tax return
_____

06. **electronic** devices
_____

07. point at a **carton**
_____

08. lock a **cabinet**
_____

09. unforeseen **circumstances**
_____

10. **oversee** the sales promotion
_____

Exercise D 01. 권한 02. 감독할 03. 서류 04. 수납장 05. 상자   Exercise E 01. 환영하는 분위기 02. 거리를 줄이다 03. 계단을 내려오다
04. 정전 05. 납세 신고서를 제출하다 06. 전자 기기 07. 상자를 가리키다 08. 수납장을 잠그다 09. 예측하지 못한 상황 10. 판촉 활동을 감독하다

DAY 22-3

compartment	*n.* 구획, 구분, 칸 compart *v.* 구획하다, 칸막이하다, 설계하다	an overhead _____ 머리 위의 짐칸 a smoking _____ 흡연실
shelf	*n.* 선반, 책꽂이	an item on a _____ 선반 위에 있는 물건 be displayed on the _____ 선반에 진열되다
inside	*n.* 내부, 안쪽 *a.* 내부의 *ad.* 내부에 *prep.* ~의 내부에	_____ an auditorium 강당 안에서 cannot go _____ 안에 들어갈 수 없다
projector	*n.* 영사기 projection *n.* 예상, 계획, 영사 project *n.* 계획, 연구 과제, 프로젝트 *v.* 예상하다, 투영하다, 계획하다	a screen _____ 영사기 a digital _____ 디지털 프로젝터
generous	*a.* 후한, 관대한 generosity *n.* 관대함, 후함 generously *ad.* 인심 좋게, 풍부하게	a _____ offer 관대한 제안 a _____ donation 관대한 기부
retrieve	*v.* (정보를) 검색하다, 복구하다 retrieve A from B A를 B로부터 되찾다	_____ deleted emails 삭제된 이메일을 복구하다 automatically _____ the memory 메모리를 자동으로 검색하다
use	*n.* 사용, 이용 *v.* 사용하다 used *a.* 중고의, 익숙한 useful *a.* 쓸모 있는, 유용한	_____ the service 서비스를 이용하다 how to _____ the copy machine 복사기 사용 방법
resolve	*v.* (문제 등을) 해결하다, 결의하다 *n.* 결심, 의지 resolution *n.* 결정, 해결책	_____ the matter 문제를 해결하다 _____ to expand the sales network 판매망을 확장하기로 결의하다
shape	*n.* 모양, 형태 *v.* (~로) 만들다(into), 형성하다	_____ of the room 방의 모양 _____ the company strategy 회사 전략을 세우다
addition	*n.* 추가(분), 부가(물), 덧셈 additive *n.* 첨가물, 첨가제 add *v.* 추가하다, 더하다 in addition 게다가	_____s to existing buildings 기존 건물의 증축분 an _____ to the family 새 식구

저절로 암기 Training

Exercise A 주어진 단어들을 결합하여 구문을 만드세요.

overhead + compartment → an _____ _____
머리 위의   칸   머리 위의 짐칸

display + shelf → be _____ed on the _____
진열하다   선반   선반에 진열되다

inside + auditorium → _____ an _____
~의 내부에   강당   강당 안에서

digital + projector → a _____ _____
디지털   영사기   디지털 프로젝터

generous + offer → a _____ _____
관대한   제안   관대한 제안

retrieve + deleted → _____ _____ emails
복구하다   삭제된   삭제된 이메일을 복구하다

use + service → _____ the _____
이용하다 서비스   서비스를 이용하다

resolve + matter → _____ the _____
해결하다   문제   문제를 해결하다

shape + room → _____ of the _____
모양   방   방의 모양

addition + family → an _____ to the _____
추가   가족   새 식구

Exercise B 보기에서 적절한 단어를 찾아 문장을 완성하세요.

보기

compartment   shelf   inside   projector   generous
retrieve   use   resolve   shape   addition

01. I would be grateful if you could _____ this matter quickly.
이 문제를 빨리 해결해주시면 감사하겠습니다.

02. I'm sorry but the digital _____ is not in stock.
죄송하지만 디지털 프로젝터는 재고가 없네요.

03. The books are displayed on the top _____. 책은 맨 위 선반에 진열되어 있습니다.

04. Congratulations on the newest _____ to your family!
당신 가족에 최근 새 식구가 생긴 것을 축하해요!

05. That's a very _____ offer, but I can't accept it.
그것은 정말 관대한 제안이지만 받아들일 수 없어요.

06. Have you _____d our service before? 전에 저희 서비스를 이용해보신 적이 있나요?

07. The size and _____ of the room should be considered, too.
방의 크기와 모양도 고려되어야 해요.

08. All carry-on baggage must fit in the overhead _____.
모든 휴대 수화물은 머리 위의 짐칸에 들어맞아야 합니다.

09. Is there any way to _____ deleted emails?
삭제된 이메일을 복구할 방법이 있을까요?

10. Final preparations are underway _____ the auditorium.
강당 안에서 최종 준비가 진행 중입니다.

DAY 1
DAY 2
DAY 3
DAY 4
DAY 5
DAY 6
DAY 7
DAY 8
DAY 9
DAY 10
DAY 11
DAY 12
DAY 13
DAY 14
DAY 15
DAY 16
DAY 17
DAY 18
DAY 19
DAY 20
DAY 21
DAY 22
DAY 23
DAY 24
DAY 25
DAY 26
DAY 27
DAY 28
DAY 29
DAY 30

Exercise C 주어진 단어의 적절한 의미를 찾아 연결해 보세요.

01. compartment •   • a. 구획, 구분, 칸

02. shelf •   • b. 영사기

03. inside •   • c. 후한, 관대한

04. projector •   • d. 안쪽; ~의 내부에

05. generous •   • e. 선반, 책꽂이

06. retrieve •   • f. 추가분, 부가물

07. use •   • g. 해결하다

08. resolve •   • h. 검색하다, 복구하다

09. shape •   • i. 이용; 사용하다

10. addition •   • j. 모양; 형성하다

Exercise B 01. resolve 02. projector 03. shelf 04. addition 05. generous 06. use 07. shape 08. compartment 09. retrieve 10. inside   **Exercise C** 01. a 02. e 03. d 04. b 05. c 06. h 07. i 08. g 09. j 10. f

Exercise D 다음 문장을 올바르게 해석해 보세요.

The [01]**projector** must have been sitting on a [02]**shelf** for months.
이 [01]_____ 는 [02]_____ 에 몇 달간 놓여 있었던 것이 분명해요.

Your [03]**generous** donation will be [04]**used** to support the new clinic.
당신의 [03]_____ 기부금은 새로운 치료소를 지원하는 데 [04]_____ 것입니다.

It is important to [05]**resolve** the remaining issues quickly.
남은 사안들을 빨리 [05]_____ 것이 중요합니다.

Exercise E 다음 구문을 올바르게 해석해 보세요.

01. an **addition** to the family

   _____

02. **resolve** the matter

   _____

03. a digital **projector**

   _____

04. an overhead **compartment**

   _____

05. **use** the service

   _____

06. a **generous** offer

   _____

07. **shape** of the room

   _____

08. be displayed on the **shelf**

   _____

09. **retrieve** deleted emails

   _____

10. **inside** an auditorium

   _____

Exercise D 01. 프로젝터 02. 선반 03. 관대한 04. 사용될 05. 해결하는 Exercise E 01. 새 식구 02. 문제를 해결하다 03. 디지털 프로젝터 04. 머리 위의 짐칸 05. 서비스를 이용하다 06. 관대한 제안 07. 방의 모양 08. 선반에 진열되다 09. 삭제된 이메일을 복구하다 10. 강당 안에서

DAY 22-4

broad	*a.* (폭이) 넓은, 광대한 broadly *ad.* 폭넓게, 광범위하게 broaden *v.* 넓히다(=widen, expand)	a _____ range of household services 폭넓은 가정용 서비스 _____ categories 넓은 범주
operation	*n.* 운영, 사업체(=business, company) operate *v.* 작동하다, 영업하다, 수술하다 operational *a.* 작동 중인	a director of _____s 사업 관리자 hours of _____ 운영 시간
possess	*v.* 소유[소지]하다 possession *n.* 소유, 소지 possessive *a.* 소유의, 소유욕이 강한	_____ a driver's license 운전면허증을 소지하다 _____ the skills for the job 일에 대한 기술을 보유하다
incline	*n.* 경사(면) *v.* 기울다(to, toward) inclination *n.* 성향, 애호, 경사(도)	sharp _____s and rough terrain 급격한 경사와 거친 지형 be _____d to participate 참여하는 쪽으로 (마음이) 기울다
properly	*ad.* 제대로, 적절히 (↔improperly 부적절하게) proper *a.* 적절한	function _____ 적절하게 작동하다 seem to be heating _____ 적절하게 데워지는 것 같다
description	*n.* (제품 등의) 설명, 서술, 묘사 describe *v.* 설명하다, 묘사하다	a job _____ 직무 설명서 the short _____ of the problem 문제에 대한 간단한 설명
equipment	*n.* 장비, 설비 equip *v.* 갖추다, 설비하다	move some _____ 장비를 옮기다 lease _____ 장비를 대여하다
resource	*n.* 자원, 재료, 물자, 수단 resourceful *a.* 자원이 풍부한	a human _____s manager 인적 자원 관리자[인사 부장] the use of company _____s 회사 자원 사용
pack	*n.* 짐, 무리, 꾸러미(=package) *v.* 짐을 꾸리다, 포장하다	_____ a suitcase 여행 가방을 싸다 _____ into plastic bags 비닐봉지에 넣다
refreshment	*n.* (–s) 다과, 간식, 휴양, 휴식 refresh *v.* 상쾌하게 하다, 되살리다, 다시 채우다	_____ stands 매점 a _____ break 다과 휴식

저절로 암기 Training

Exercise A 주어진 단어들을 결합하여 구문을 만드세요.

broad + category → _____ _____ies
넓은   범주   넓은 범주

hour + operation → _____s of _____
시간   운영   운영 시간

possess + license → _____ a driver's _____
소지하다   면허   운전면허증을 소지하다

incline + participate → be _____d to _____
기울다   참여하다   참여하는 쪽으로 (마음이) 기울다

heat + properly → seem to be _____ing _____
뜨거워지다   적절하게   적절하게 데워지는 것 같다

job + description → a _____ _____
직무   설명   직무 설명서

lease + equipment → _____ _____
대여하다   장비   장비를 대여하다

use + resource → the _____ of company _____s
사용   자원   회사 자원 사용

pack + suitcase → _____ a _____
짐을 꾸리다 여행 가방 여행 가방을 싸다

refreshment + break → a _____ _____
다과   휴식   다과 휴식

Exercise B 보기에서 적절한 단어를 찾아 문장을 완성하세요.

보기

broad   operation   possess   incline   properly
description   equipment   resource   pack   refreshment

01. I barely had time to _____ my suitcase. 저는 여행 가방을 쌀 시간도 빠듯했어요.

02. The main disputes may be divided into three _____ categories.
주된 논쟁은 세 가지 넓은 범주로 나뉠 수 있습니다.

03. My oven doesn't seem to be heating _____. 제 오븐이 적절하게 데워지는 것 같지 않아요.

04. The hours of _____ are posted on the website. 운영 시간은 웹사이트에 게시되어 있습니다.

05. Why not consider leasing _____ instead of buying it?
장비를 사는 대신에 대여하는 것을 고려해보는 것이 어때요?

06. The conference will run from 2 pm to 6 pm with a _____ break between 3 pm and 4 pm. 학회는 오후 2시에서 6시까지 진행될 것이며 다과 휴식이 오후 3시에서 4시 사이에 있습니다.

07. She goes beyond her job _____.
그녀는 직무 설명서를 넘어서서 일합니다.

08. You must _____ a valid driver's license and credit card in your name at the time of rental. 대여 시 반드시 유효한 운전면허증과 귀하 명의의 신용카드를 소지하고 계셔야 합니다.

09. The guidelines on the use of company _____s will be distributed to all employees. 회사 자원 사용에 관한 지침이 모든 직원들에게 배포될 것입니다.

10. I'm _____d to participate in the exhibition. 저는 전시회에 참여하는 쪽으로 마음이 기울었어요.

DAY 1
DAY 2
DAY 3
DAY 4
DAY 5
DAY 6
DAY 7
DAY 8
DAY 9
DAY 10
DAY 11
DAY 12
DAY 13
DAY 14
DAY 15
DAY 16
DAY 17
DAY 18
DAY 19
DAY 20
DAY 21
DAY 22
DAY 23
DAY 24
DAY 25
DAY 26
DAY 27
DAY 28
DAY 29
DAY 30

Exercise C 주어진 단어의 적절한 의미를 찾아 연결해 보세요.

01. broad •	• a. 운영, 사업체
02. operation •	• b. 소유하다
03. possess •	• c. 넓은, 광대한
04. incline •	• d. 경사; 기울다
05. properly •	• e. 제대로, 적절히
06. description •	• f. 장비, 설비
07. equipment •	• g. 설명, 묘사
08. resource •	• h. 다과, 간식, 휴식
09. pack •	• i. 짐; 짐을 꾸리다
10. refreshment •	• j. 자원, 재료, 물자

Exercise B 01. pack 02. broad 03. properly 04. operation 05. equipment 06. refreshment 07. description 08. possess 09. resource 10. incline **Exercise C** 01. c 02. a 03. b 04. d 05. e 06. g 07. f 08. j 09. i 10. h

Exercise D 다음 문장을 올바르게 해석해 보세요.

We have access to a [01]**broad** range of [02]**resources**.

우리는 [01]_____ 범위의 [02]_____ 에 접근권을 가지고 있습니다.

It is your responsibility to ensure your [03]**equipment** is [04]**packed** [05]**properly**.

당신의 [03]_____ 가 [05]_____ [04]_____ 는지 확인하는 것은 당신의 책임입니다.

Exercise E 다음 구문을 올바르게 해석해 보세요.

01. **broad** categories

_____

02. hours of **operation**

_____

03. seem to be heating **properly**

_____

04. a job **description**

_____

05. **possess** a driver's license

_____

06. the use of company **resources**

_____

07. a **refreshment** break

_____

08. be **inclined** to participate

_____

09. lease **equipment**

_____

10. **pack** a suitcase

_____

Exercise D 01. 넓은 02. 자원 03. 장비 04. 포장되었 05. 적절하게 **Exercise E** 01. 넓은 범주 02. 운영 시간 03. 적절하게 데워지는 것 같다 04. 직무 설명서 05. 운전면허증을 소지하다 06. 회사 자원 사용 07. 다과 휴식 08. 참여하는 쪽으로 (마음이) 기울다 09. 장비를 대여하다 10. 여행 가방을 싸다

저절로 실전 Training

Day 22에서 배운 단어,
실제 토익에는 이렇게 나옵니다.

Grammar & Expressions 배운 단어로 Part 5 실전 문제 풀어보기

1. I'm particularly ------- about the safe transport and disposal of chemical waste.

(A) concern
(B) concerns
(C) concerned
(D) concernment

2. The agency has been granted the power ------- the mining operation.

(A) oversee
(B) overseen
(C) to oversee
(D) overseeing

3. Your ------- donation will be used to support the new clinic.

(A) generous
(B) restricted
(C) effective
(D) comparable

4. It is your responsibility to ensure your equipment is packed -------.

(A) highly
(B) properly
(C) significantly
(D) increasingly

- -

Answers

1. (C)
   해석 저는 특히 화학 폐기물의 안전한 수송과 처리가 걱정됩니다.
   해설 [어법] 품사 빈칸은 be동사의 보어이며 부사 particularly의 수식을 받는 자리이므로 형용사 (C) concerned가 오는 것이 적절하다.
   (A) 걱정하다 (B) 걱정, 염려 (C) 걱정하는, 염려하는 (D) 중요성, 걱정

2. (C)
   해석 그 기관은 채굴 작업을 감독할 권한을 부여받았다.
   해설 [어법] 준동사 빈칸과 그 이후 부분은 the power를 수식하는 부분이므로 명사를 수식할 수 있는 to부정사 (C) to oversee가 빈칸에 와야 한다.

3. (A)
   해석 당신의 관대한 기부금은 새로운 치료소를 지원하는 데 사용될 것입니다.
   해설 [어휘] 문맥에 어울리는 형용사 donation(기부)을 수식하기 위해 일반적으로 사용되며 문맥에 잘 어울리는 단어는 보기 중 '(A) 관대한'이다.
   (A) 관대한 (B) 제한된 (C) 효과적인 (D) 비슷한, 비교할 만한

4. (B)
   해석 당신의 장비가 적절하게 포장되었는지 확인하는 것은 당신의 책임입니다.
   해설 [어휘] 문맥에 어울리는 부사 동사구 be packed(짐이 꾸려지다)를 수식하기 알맞은 의미의 부사는 '(B) 적절하게'이다.
   (A) 몹시 (B) 적절하게 (C) 상당히 (D) 점점 더

저절로 실전 Training

Reading & Listening 배운 단어로 실전 지문 읽고 들어보기

다음 글을 읽고 올바른 해석을 고르세요.

MP3 🎧

Hello, Mr. Hanson. This is Jonathan from the Capital One Building. I'm sorry to bother you on a weekend but we **have a leak** in our office building as well as a

1. (A) 도둑이 들다
(B) 누수가 발생하다

power outage. It seems to have started inside of the men's bathroom but as of now, the entire second floor is completely wet. Could you please send someone to fix this problem? Our business requires that we access our **electronic** items.

2. (A) 인터넷 자료
(B) 전자 기기

Our employees are currently packing and transporting the file cabinets, shelves, projectors, and computer equipment to the first floor lobby. Please call me back and send someone over to fix the leakage and **power** outage. Thank you.

3. (A) 정전
(B) 외부 동력

Answers

1. (B)   2. (B)   3. (A)

해석 안녕하세요, Mr. Hanson. 저는 Capital One Building의 Jonathan입니다. 주말에 귀찮게 해드려 죄송하지만 우리 사무실 건물에 ¹· 누수와 정전이 발생했어요. 남자 화장실 내부에서 시작했던 것으로 보이는데 지금은 이층 전체가 다 젖었습니다. 이 문제를 수리하기 위해 사람을 보내주실 수 있나요? 저희 사업은 ²· 전자 기기에 접근할 수 있어야 합니다. 저희 직원들은 현재 서류 보관함, 선반, 프로젝터와 컴퓨터 장비들을 싸서 1층 로비로 운반하고 있어요. 제게 회답 전화를 주시고 누수와 ³· 정전을 고칠 사람을 보내주세요. 감사합니다.

DAY 23-1

contribution	n. 기부(금), 기여, 원인 제공 contribute v. 기여하다(=donate), 공헌하다	a charitable _____ 자선 기부금 _____ to the firm 회사에 대한 기여
host	n. 진행자, 주최자 v. 진행하다, 주최하다	_____ a Thanksgiving dinner 추수감사절 만찬을 주최하다 _____ a private function 비공식 행사를 개최하다
highly	ad. 매우, 대단히 high a. 높은, 많은 ad. 높이, 많이	_____ qualified 대단히 뛰어난[자격이 충분한] _____ regarded in the industry 업계에서 아주 인정받는
coworker	n. 동료, 협력자	speak with a _____ 동료에게 말하다 invite a _____ 동료를 초대하다
collaborative	a. 협력적인, 공동의 collaborate v. 협력하다, 공동으로 일하다 collaboration n. 협동	a _____ effort 공동 노력 the _____ work 협력 작업
support	n. 후원, 지지 v. 지원하다 supporter n. 지지자, 후원자 supportive a. 지원하는, 도와주는	technical _____ 기술 지원 express the unanimous _____ 만장일치의 지지를 표시하다
donate	v. 기부하다, 기증하다 donation n. 기증, 기부 donor n. 기증자, 증여자	_____ money to a community project 지역 사회 프로젝트에 돈을 기부하다 _____ to the relief fund 구호 기금에 기부하다
rearrange	v. 재배치하다 rearrangement n. 재조정, 재배치	_____ the files 파일을 재정리하다 _____ the schedule 일정을 재조정하다
match	n. 짝, 어울리는 것, 경기, 시합 v. 일치하다, 맞추다, 어울리다	_____ the pants 바지에 어울리다 _____ the price 가격을 맞추다
relate	v. 관계[관련]시키다 relation n. 관련, 관계 relative n. 친척 a. 상대적인, 비례하는	a food-_____d publication 음식과 관련된 출판물 be _____d to productivity 생산성과 관련 있다

DAY 1
DAY 2
DAY 3
DAY 4
DAY 5
DAY 6
DAY 7
DAY 8
DAY 9
DAY 10
DAY 11
DAY 12
DAY 13
DAY 14
DAY 15
DAY 16
DAY 17
DAY 18
DAY 19
DAY 20
DAY 21
DAY 22
DAY 23
DAY 24
DAY 25
DAY 26
DAY 27
DAY 28
DAY 29
DAY 30

DAY 23 행사, 직원 교육   415

저절로 암기 Training

Exercise A 주어진 단어들을 결합하여 구문을 만드세요.

charitable + contribution → a _____ _____
자선의   기부   자선 기부금

host + Thanksgiving → _____ a _____ dinner
주최하다   추수감사절   추수감사절 만찬을 주최하다

highly + qualified → _____ _____
대단히   뛰어난   대단히 뛰어난

invite + coworker → _____ a _____
초대하다   동료   동료를 초대하다

collaborative + effort → a _____ _____
공동의   노력   공동 노력

unanimous + support → express the _____ _____
만장일치의   지지   만장일치의 지지를 표시하다

donate + fund → _____ to the relief _____
기부하다   기금   구호 기금에 기부하다

rearrange + schedule → _____ the _____
재배치하다   일정   일정을 재조정하다

match + price → _____ the _____
맞추다   가격   가격을 맞추다

relate + productivity → be _____d to _____
관련시키다   생산성   생산성과 관련 있다

Exercise B 보기에서 적절한 단어를 찾아 문장을 완성하세요.

보기

contribution   host   highly   coworker   collaborative
support   donate   rearrange   match   relate

01. Tell me when you're available and I'll _____ my schedule accordingly.
언제 시간이 나는지 알려주시면 그에 따라 제 일정을 재조정할게요.

02. You were chosen out of 35 _____ qualified candidates we interviewed for the position. 당신은 우리가 해당 직위에 면접 본 35명의 대단히 뛰어난 지원자들 중에서 선발되었습니다.

03. CND Auto Parts will _____ the price of any identical product available at any competitor's store. CND Auto Parts는 경쟁 점포에서 살 수 있는 어떤 동일한 제품의 가격도 맞춰드리겠습니다.

04. They expressed their unanimous _____ for the proposal.
그들은 그 제안에 대한 만장일치의 지지를 표시했습니다.

05. Job satisfaction is _____d to productivity. 직업 만족도는 생산성과 관련 있습니다.

06. My husband invited his _____s over for dinner.
제 남편이 그의 동료들을 저녁 식사에 초대했어요.

07. Your charitable _____ is used to support basic humanitarian needs.
당신의 자선 기부금은 기본적인 인도주의적 요구를 지원하기 위해 사용됩니다.

08. Please _____ to the children's relief fund to help refugee children.
난민 어린이들을 돕기 위해 아동 구호 기금에 기부해주세요.

09. My sister is going to _____ a Thanksgiving dinner this year.
올해는 제 여동생이 추수감사절 만찬을 주최할 거예요.

10. This seemingly impossible task can only be achieved through _____ efforts
with the community. 이 불가능해 보이는 과제는 지역 사회와의 공동 노력으로만 성취될 수 있습니다.

Exercise C 주어진 단어의 적절한 의미를 찾아 연결해 보세요.

01. contribution •   • a. 매우, 대단히

02. host •   • b. 기부, 기여

03. highly •   • c. 동료, 협력자

04. coworker •   • d. 진행자; 주최하다

05. collaborative •   • e. 협력적인, 공동의

06. support •   • f. 기부하다, 기증하다

07. donate •   • g. 관계시키다

08. rearrange •   • h. 후원; 지원하다

09. match •   • i. 재배치하다

10. relate •   • j. 짝; 일치하다, 어울리다

Exercise B 01. rearrange 02. highly 03. match 04. support 05. relate 06. coworker 07. contribution 08. donate 09. host
10. collaborative **Exercise C** 01. b 02. d 03. a 04. c 05. e 06. h 07. f 08. i 09. j 10. g

Exercise D 다음 문장을 올바르게 해석해 보세요.

Over the years, we have built ⁰¹**highly** ⁰²**collaborative** relationships with leading universities across the world.

지난 몇 년간, 우리는 세계의 우수한 대학들과 ⁰¹_____ ⁰²_____ 관계를 맺어왔습니다.

Our activities are ⁰³**supported** through ⁰⁴**contributions** from individuals.

우리 활동들은 개인들의 ⁰⁴_____ 를 통해 ⁰³_____.

I'm planning a farewell party for my ⁰⁵**coworker**.

저는 ⁰⁵_____ 를 위한 작별 파티를 준비하고 있어요.

Exercise E 다음 구문을 올바르게 해석해 보세요.

01. invite a **coworker**

_____

02. express the unanimous **support**

_____

03. **match** the price

_____

04. a charitable **contribution**

_____

05. **donate** to the relief fund

_____

06. **host** a Thanksgiving dinner

_____

07. be **related** to productivity

_____

08. **highly** qualified

_____

09. a **collaborative** effort

_____

10. **rearrange** the schedule

_____

Exercise D 01. 대단히 02. 협력적인 03. 지원 받습니다 04. 기부 05. 동료   **Exercise E** 01. 동료를 초대하다 02. 만장일치의 지지를 표시하다 03. 가격을 맞추다 04. 자선 기부금 05. 구호 기금에 기부하다 06. 추수감사절 만찬을 주최하다 07. 생산성과 관련 있다 08. 대단히 뛰어난 09. 공동 노력 10. 일정을 재조정하다

DAY 23-2

motivation	n. 자극, 동기 부여 motivate *v.* 동기를 부여하다, 원인이 되다 motivated *a.* 자극받은, 동기가 부여된	increase the _____ 동기를 높이다 need a strong _____ to succeed 성공하려는 강력한 동기가 필요하다
coordinator	n. 조정자, 책임자, 코디네이터 coordination *n.* 조정 coordinate *v.* 조정하다	a sales _____ in a trading company 무역 회사의 영업 책임자 a membership _____ 회원 코디네이터[담당자]
friendly	*a.* 친절한, 우호적인 *ad.* 친절하게 be friendly with ～와 친하다	a family-_____ accommodation 가족 친화적인 숙소 user-_____ 사용자 친화적인[사용하기 쉬운]
involve	*v.* 포함하다, 참여시키다 involvement *n.* 관여, 연루, 몰두	be _____d in an event 행사에 참여하다 be _____d in the job search process 구직 과정에 몰두하다
foundation	*n.* 재단, 협회, (건물의) 토대, 기초 founder *n.* 설립자 found *v.* 설립하다	an art _____ 예술 재단 create a solid _____ 견고한 토대를 만들다
depend	*v.* (～에) 달려 있다, 의존하다, 　신뢰하다(on, upon) dependence *n.* 의존 dependent *a.* 의존하는	_____ on the price 가격에 달려 있다 _____ on the traffic 교통량에 달려 있다
former	*a.* 이전의 formerly *ad.* 이전에	a _____ graphic artist 전임 그래픽 아티스트 a _____ residential area 이전의 주택 지구
individually	*ad.* 개별적으로, 각각, 따로 individual *n.* 개인, 사람 　　　　*a.* 각각의, 개인의	be sold _____ 개별적으로 판매되다 meet with employees _____ 직원들과 개별적으로 만나다
strict	*a.* 엄격한 strictly *ad.* 엄격하게(=severely, sternly) be strict with ～에게 엄하게 하다	the industry's _____est guidelines 업계에서 가장 엄격한 지침 _____ observance 엄격한 준수
improve	*v.* 향상하다, 개선하다 improvement *n.* 개선, 향상 improved *a.* 개선된, 나아진	_____ quality 품질을 향상하다 _____ communication 의사소통을 개선하다

DAY 1
DAY 2
DAY 3
DAY 4
DAY 5
DAY 6
DAY 7
DAY 8
DAY 9
DAY 10
DAY 11
DAY 12
DAY 13
DAY 14
DAY 15
DAY 16
DAY 17
DAY 18
DAY 19
DAY 20
DAY 21
DAY 22
DAY 23
DAY 24
DAY 25
DAY 26
DAY 27
DAY 28
DAY 29
DAY 30

저절로 암기 Training

Exercise A 주어진 단어들을 결합하여 구문을 만드세요.

increase + motivation → _____ the _____
높이다　　　동기　　　　　　동기를 높이다

membership + coordinator → a _____ _____
회원　　　　　코디네이터　　　회원 코디네이터

friendly + accommodation → a family-_____ _____
우호적인　　　숙소　　　　　　가족 친화적인 숙소

involve + event → be _____d in an _____
참여시키다　행사　　행사에 참여하다

art + foundation → an _____ _____
예술　　재단　　　　예술 재단

depend + price → _____ on the _____
달려 있다　　가격　　가격에 달려 있다

former + residential → a _____ _____ area
이전의　　　주거의　　　이전의 주택 지구

meet + individually → _____ with employees _____
만나다　　개별적으로　　　직원들과 개별적으로 만나다

strict + guideline → the industry's _____est _____s
엄격한　　지침　　　업계에서 가장 엄격한 지침

improve + quality → _____ _____
향상하다　　품질　　　품질을 향상하다

Exercise B 보기에서 적절한 단어를 찾아 문장을 완성하세요.

보기

motivation　coordinator　friendly　involve　foundation
depend　former　individually　strict　improve

01. Furthermore, all procedures follow the industry's _____est guidelines.
뿐만 아니라 모든 절차는 업계에서 가장 엄격한 지침을 따릅니다.

02. My wife and I are looking for family-_____ accommodations.
제 아내와 저는 가족 친화적인 숙소를 찾고 있어요.

03. A company retreat is an effective means to increase the _____ of employees. 회사 야유회는 직원들의 동기를 높일 수 있는 효과적인 수단입니다.

04. Well, it _____s on the price. 음, 그건 가격에 달려 있어요.

05. He established an art _____ that bears his name.
그는 자기 이름을 딴 예술 재단을 설립했습니다.

06. I'll take time to meet with employees _____ to discuss their work.
저는 직원들과 그들의 업무에 대해 의논하기 위해 개별적으로 만날 시간을 가지겠습니다.

07. Our membership _____ will return your call within next 48 hours.
저희 회원 코디네이터가 48시간 이내로 다시 전화할 것입니다.

08. The new techniques have been gradually introduced to _____ quality.
품질을 향상하기 위해 새로운 기법들이 점차 도입되었습니다.

09. The research facilities will be located in the _____ residential area.
연구 시설은 이전의 주택 지구에 자리하게 될 것입니다.

10. The first event you will be _____d in as a trainee is a fashion show.
당신이 연수생으로서 참여할 첫 번째 행사는 패션쇼입니다.

Exercise C 주어진 단어의 적절한 의미를 찾아 연결해 보세요.

01. motivation •   • a. 조정자, 코디네이터

02. coordinator •   • b. 포함하다, 참여시키다

03. friendly •   • c. 자극, 동기 부여

04. involve •   • d. 재단, 협회, 토대

05. foundation •   • e. 친절한, 우호적인; 친절하게

06. depend •   • f. 이전의

07. former •   • g. 개별적으로, 따로

08. individually •   • h. 엄격한

09. strict •   • i. 달려 있다

10. improve •   • j. 향상하다, 개선하다

DAY 1
DAY 2
DAY 3
DAY 4
DAY 5
DAY 6
DAY 7
DAY 8
DAY 9
DAY 10
DAY 11
DAY 12
DAY 13
DAY 14
DAY 15
DAY 16
DAY 17
DAY 18
DAY 19
DAY 20
DAY 21
DAY 22
DAY 23
DAY 24
DAY 25
DAY 26
DAY 27
DAY 28
DAY 29
DAY 30

Exercise B 01. strict 02. friendly 03. motivation 04. depend 05. foundation 06. individually 07. coordinator 08. improve 09. former 10. involve   **Exercise C** 01. c 02. a 03. e 04. b 05. d 06. i 07. f 08. g 09. h 10. j

Exercise D 다음 문장을 올바르게 해석해 보세요.

His [01]**foundation** is committed to [02]**improving** the quality of life for people with disabilities. 그의 [01]_____ 은 장애가 있는 사람들의 삶의 질을 [02]_____ 데 전념합니다.

The [03]**former** [04]**coordinator** was very [05]**strict** about punctuality.
[03]_____ [04]_____ 는 시간 엄수에 대해 몹시 [05]_____ .

Exercise E 다음 구문을 올바르게 해석해 보세요.

01. a family-**friendly** accommodation
_____

02. be **involved** in an event
_____

03. an art **foundation**
_____

04. increase the **motivation**
_____

05. the industry's **strictest** guidelines
_____

06. **improve** quality
_____

07. a **former** residential area
_____

08. meet with employees **individually**
_____

09. a membership **coordinator**
_____

10. **depend** on the price
_____

Exercise D 01. 재단 02. 향상하는 03. 이전 04. 코디네이터 05. 엄격했다 **Exercise E** 01. 가족 친화적인 숙소 02. 행사에 참여하다 03. 예술 재단 04. 동기를 높이다 05. 업계에서 가장 엄격한 지침 06. 품질을 향상하다 07. 이전의 주택 지구 08. 직원들과 개별적으로 만나다 09. 회원 코디네이터 10. 가격에 달려 있다

DAY 23-3

---

browse

v. 훑어보다, 둘러보다

_____ a store 가게를 둘러보다
_____ inside the convention center 컨벤션 센터 안을 훑어보다

---

lecture

n. 강의, 강연 *v.* 강의[강연]하다
lecturer *n.* 강연자, 연사
give a lecture 강연하다

host a _____ 강의를 주최하다
a university _____ 대학 강연

---

authentic

a. 진짜의, 진정한, 확실한
authenticity *n.* 진품, 진정성
authenticate *v.* 증명하다, 확인하다
authentically *ad.* 확실히, 진정으로

_____ pottery and textiles
진품 도자기와 직물
_____ Vietnamese cuisine
정통 베트남 요리

---

supervisor

n. 상사, 관리자
supervision *n.* 감독
supervisory *a.* 감독의, 관리의
supervise *v.* 감독하다, 지도하다

an excellent _____ 훌륭한 관리자
a building _____ 건물 관리자

---

network

n. 네트워크, 연결망
v. 방송하다, 망을 형성하다
networking *n.* 인적 네트워크

a global _____ 세계적인 네트워크
via an extensive _____ of dealers
넓은 대리점 연결망을 통해

---

express

n. 급행, 빠른우편
a. 급행의, 신속한
v. 표현하다, 나타내다
ad. 빠른우편으로

_____ great interest 큰 관심을 보이다
operate _____ airport buses
고속 공항버스를 운행하다

---

convention

n. 대회, 컨벤션, 관례
by convention 관례상

an annual _____ 연례[연차] 총회
a _____ center 컨벤션 센터

---

anniversary

n. 기념일

celebrate an _____ 기념일을 축하하다
a company's seven-year _____
회사의 7주년 창립 기념일

---

celebrate

v. 축하하다, 기념하다
celebration *n.* 축하, 기념행사, 의식

_____ the occasion 행사를 기념하다
_____ her milestone accomplishment 그녀의 중대한 업적을 기념하다

---

gather

v. 모으다(=collect), 모이다
gathering *n.* 모임, 수집

_____ comments 의견을 모으다
_____ near a statue 조각상 근처에 모이다

저절로 암기 Training

Exercise A 주어진 단어들을 결합하여 구문을 만드세요.

browse + store → _____ a _____
둘러보다   가게   가게를 둘러보다

host + lecture → _____ a _____
주최하다   강연   강연을 주최하다

authentic + cuisine → _____ Vietnamese _____
진짜의   요리   정통 베트남 요리

excellent + supervisor → an _____ _____
훌륭한   관리자   훌륭한 관리자

global + network → a _____ _____
세계적인   네트워크   세계적인 네트워크

express + interest → _____ great _____
표현하다   관심   큰 관심을 보이다

annual + convention → an _____ _____
연례의   대회의   연례 총회

company + anniversary → a _____'s seven-year _____
회사   기념일   회사의 7주년 창립 기념일

celebrate + occasion → _____ the _____
기념하다   행사, 때   행사를 기념하다

gather + comment → _____ _____s
모으다   의견   의견을 모으다

Exercise B 보기에서 적절한 단어를 찾아 문장을 완성하세요.

보기
_____

　　browse　lecture　authentic　supervisor　network
　　express　convention　anniversary　celebrate　gather
_____

01. We have a well-established global _____. 우리는 안정된 세계적 네트워크를 갖고 있습니다.

02. On Wednesday, September 28th, at 3:30 PM, Jacksonville Contemporary Art Center
will host a special _____ by the eminent scholar Dr. Andrew Kim.
9월 28일 수요일 오후 3시 30분에 Jacksonville Contemporary Art Center는 저명한 학자인 Dr. Andrew Kim의 특
강을 주최합니다.

03. I think he will make an excellent _____. 제 생각에 그는 훌륭한 관리자가 될 거예요.

04. Join us for our 47th annual _____ in Seoul, Korea.
대한민국 서울에서 열리는 저희 47회 연례 총회에 참석해주세요.

05. We welcome you to come in and _____ our store.
들어오셔서 저희 가게를 둘러보시는 것을 환영합니다.

06. The launch of the new product coincides with the company's seven-year
_____. 신제품 출시는 회사의 7주년 창립 기념일과 일치합니다.

07. We interviewed current and prospective customers to _____ comments on
our product. 우리 제품에 관한 의견을 모으기 위해 현재 고객들과 잠재 고객들을 인터뷰했습니다.

08. I want to find a perfect place to _____ the occasion.
이 행사를 기념할 만한 완벽한 장소를 찾고 싶어요.

09. I visited an old town in Hanoi and tasted _____ Vietnamese cuisine.
저는 Hanoi 구시가지를 방문해서 정통 베트남 요리를 먹었어요.

10. The client _____ed great interest in our suggestion.
고객은 우리의 제안에 큰 관심을 보였어요.

Exercise C 주어진 단어의 적절한 의미를 찾아 연결해 보세요.

01. browse   •   • a. 상사, 관리자

02. lecture   •   • b. 훑어보다, 둘러보다

03. authentic   •   • c. 진짜의, 진정한

04. supervisor   •   • d. 강의, 강연

05. network   •   • e. 네트워크; 방송하다

06. express   •   • f. 축하하다, 기념하다

07. convention   •   • g. 모이다, 모으다

08. anniversary   •   • h. 급행의; 표현하다

09. celebrate   •   • i. 기념일; 해마다의

10. gather   •   • j. 대회, 컨벤션, 관례

Exercise B 01. network 02. lecture 03. supervisor 04. convention 05. browse 06. anniversary 07. gather 08. celebrate 09. authentic 10. express **Exercise C** 01. b 02. d 03. c 04. a 05. e 06. h 07. j 08. i 09. f 10. g

Exercise D 다음 문장을 올바르게 해석해 보세요.

We ^{01}**gather** to ^{02}**celebrate** my parents' 50th ^{03}**anniversary**.
우리는 부모님의 50주년 결혼 ^{03}_____ 을 ^{02}_____ 위해 ^{01}_____.

This ^{04}**convention** center consists of 4 meeting rooms, 7 ^{05}**lecture** halls, and a 10,000 m^2 exhibition space.
이 ^{04}_____ 센터는 회의실 4개, ^{05}_____ 실 7개, 일만 제곱미터 규모의 전시실로 이루어져 있습니다.

Exercise E 다음 구문을 올바르게 해석해 보세요.

01. **celebrate** the occasion
_____

02. an excellent **supervisor**
_____

03. **browse** a store
_____

04. **express** great interest
_____

05. a global **network**
_____

06. host a **lecture**
_____

07. **gather** comments
_____

08. a company's seven-year **anniversary**
_____

09. **authentic** Vietnamese cuisine
_____

10. an annual **convention**
_____

Exercise D 01. 모입니다 02. 축하하기 03. 기념일 04. 컨벤션 05. 강의 **Exercise E** 01. 행사를 기념하다 02. 훌륭한 관리자 03. 가게를 둘러보다 04. 큰 관심을 보이다 05. 세계적인 네트워크 06. 강연을 주최하다 07. 의견을 모으다 08. 회사의 7주년 창립 기념일 09. 정통 베트남 요리 10. 연례 총회

DAY 23-4

행사, 직원 교육

contest	*n.* 대회, 다툼 *v.* 경쟁을 벌이다, 다투다 contestant *n.* 경쟁자, 참가자	sign up for a _____ 대회에 등록하다 determine the _____ winner 대회 우승자를 결정하다
event	*n.* 행사, 경기, 사건 eventful *a.* 다사다난한 in the event of ~할 경우에는	cancel the _____ 행사를 취소하다 prepare an _____ calendar 행사 일정표를 준비하다
acquisition	*n.* 습득, 인수, 구입한 것 acquire *v.* 습득하다, 획득하다, 체득하다 make an acquisition 획득하다	_____ targets 인수 대상 mergers and _____s (M&A) 인수 합병
course	*n.* 강의, 과정, 항로, 방침 in the course of ~중에, ~ 사이에 in due course 적절한 때에	a training _____ 훈련 과정 decide on a _____ of action 행동 방침을 정하다
invitation	*n.* 초대(장), 요청 invite *v.* 초대하다, 요청하다	an _____ to speak at a conference 콘퍼런스 연설 요청 send out _____s 초대장을 보내다
ceremony	*n.* 의식, 예식 ceremonial *a.* 의식의, 예식의	an award _____ 시상식 a graduation _____ 졸업식
audience	*n.* 관중(=spectator), 청중	_____ participation 청중 참여 the target _____ 목표 관객
educational	*a.* 교육의, 교육적인 education *n.* 교육 educator *n.* 교육자 educate *v.* 가르치다	an _____ program 교육 프로그램 for _____ purposes only 교육용으로만
practice	*n.* 실행, 연습, 관행 practical *a.* 현실적인, 실용적인 practically *ad.* 거의, 현실적으로	environmentally friendly _____s 친환경적 관행 a new hiring _____ 새 고용 관행
alert	*n.* 경보 *a.* 방심하지 않는, 경계하는 *v.* (위험을) 알리다	get an _____ 경보를 받다 stay _____ for 24 hours 24시간 경계 상태를 유지하다

저절로 암기 Training

Exercise A 주어진 단어들을 결합하여 구문을 만드세요.

sign up + contest → _____ for a _____
등록하다　　대회　　　　　대회에 등록하다

cancel + event → _____ the _____
취소하다　　행사　　　　행사를 취소하다

acquisition + target → _____ _____s
인수　　　　　대상　　　　인수 대상

training + course → a _____ _____
훈련　　　　과정　　　　훈련 과정

send out + invitation → _____ _____s
~을 보내다　　　초대장　　　　초대장을 보내다

award + ceremony → an _____ _____
상　　　　의식　　　　시상식

audience + participation → _____ _____
청중　　　참여　　　　　청중 참여

educational + program → an _____ _____
교육적인　　　　프로그램　　　　교육 프로그램

friendly + practice → environmentally _____ _____s
우호적인　　　관행　　　　친환경적 관행

get + alert → _____ an _____
받다　　경보　　　경보를 받다

Exercise B 보기에서 적절한 단어를 찾아 문장을 완성하세요.

보기
_____

　　contest　　event　　acquisition　　course　　invitation
　　ceremony　　audience　　educational　　practice　　alert
_____

01. How far in advance should I send out my wedding _____s?
　　얼마나 미리 제가 청첩장을 보내야 할까요?

02. I got an _____ saying that suspicious activity is detected on my account.
　　저는 제 계정에서 수상한 활동이 감지되었다는 경보를 받았습니다.

03. Have you signed up for the photo _____? 당신은 사진 대회에 등록하셨나요?

04. More and more businesses adopt environmentally friendly _____s.
점점 더 많은 기업들이 친환경적 관행을 채택합니다.

05. Can I have a word with you about the award _____?
시상식에 관해 잠시 얘기 나눌 수 있을까요?

06. The _____ was canceled because of security concerns.
행사는 안전 문제로 인해 취소되었습니다.

07. These _____ programs have been developed by international experts.
이 교육 프로그램들은 세계적인 전문가들에 의해 개발되었습니다.

08. The duration of the training _____s is 4 to 6 weeks.
훈련 과정 기간은 4주에서 6주입니다.

09. I heard that they are looking for _____ targets.
저는 그들이 인수 대상을 찾고 있다고 들었어요.

10. The instructors use interactive teaching methods to promote _____ participation. 강사들은 청중 참여를 촉진하기 위해 상호적 교수법을 사용합니다.

Exercise C 주어진 단어의 적절한 의미를 찾아 연결해 보세요.

01. contest	• a. 대회; 경쟁을 벌이다
02. event	• b. 강의, 과정
03. acquisition	• c. 행사, 경기
04. course	• d. 인수, 구입한 것
05. invitation	• e. 초대(장), 요청
06. ceremony	• f. 청중, 관중
07. audience	• g. 경보; 경계하는; 알리다
08. educational	• h. 실행, 연습, 관행
09. practice	• i. 의식, 예식
10. alert	• j. 교육의, 교육적인

Exercise B 01. invitation 02. alert 03. contest 04. practice 05. ceremony 06. event 07. educational 08. course 09. acquisition 10. audience   **Exercise C** 01. a 02. c 03. d 04. b 05. e 06. i 07. f 08. j 09. h 10. g

Exercise D 다음 문장을 올바르게 해석해 보세요.

The time and location of the [01]**ceremony** is indicated in the [02]**invitation**.
[01] _____ 시간과 장소는 [02] _____ 에 나와 있습니다.

During the [03]**event**, members exchanged their ideas for reforming [04]**educational** [05]**practices**.
[03] _____ 동안, 회원들은 [04] _____ [05] _____ 개혁에 관한 의견을 교환했습니다.

Exercise E 다음 구문을 올바르게 해석해 보세요.

01. send out **invitations**
_____

02. sign up for a **contest**
_____

03. an **educational** program
_____

04. **audience** participation
_____

05. cancel the **event**
_____

06. environmentally **friendly** practices
_____

07. get an **alert**
_____

08. **acquisition** targets
_____

09. a training **course**
_____

10. an award **ceremony**
_____

Exercise D 01. 예식 02. 초대장 03. 행사 04. 교육 05. 관행   **Exercise E** 01. 초대장을 보내다 02. 대회에 등록하다 03. 교육 프로그램 04. 청중 참여 05. 행사를 취소하다 06. 친환경적 관행 07. 경보를 받다 08. 인수 대상 09. 훈련 과정 10. 시상식

저절로 실전 Training

Grammar & Expressions 배운 단어로 Part 5 실전 문제 풀어보기

1. Over the years, we have built highly collaborative ------- with leading universities across the world.

(A) relationships
(B) indications
(C) expectations
(D) submissions

2. His foundation is committed to ------- the quality of life for people with disabilities.

(A) improve
(B) improved
(C) improving
(D) improvable

3. We gather to ------- my parents' 50th anniversary.

(A) cancel
(B) celebrate
(C) evaluate
(D) convince

4. The time and location of the ceremony is indicated in the -------.

(A) accommodation
(B) consideration
(C) reservation
(D) invitation

DAY 23

Event & Staff Training

- -

Answers

1. (A)
해석 지난 몇 년간, 우리는 세계의 우수한 대학들과 대단히 협력적인 관계를 맺어왔습니다.
해설 [어휘] **문맥에 어울리는 명사** 대학들과 쌓거나 지을 수 있는 것으로는 '(A) 관계'가 보기 중 가장 자연스럽다.
(A) 관계 (B) 징후 (C) 기대 (D) 제출

2. (C)
해석 그의 재단은 장애가 있는 사람들의 삶의 질을 향상하는 데 전념합니다.
해설 [어법] **품사** be committed to에서 to는 전치사이다. 그러므로 to 바로 뒤의 빈칸에는 동명사 (C) improving이 와야 한다.

3. (B)
해석 우리는 부모님의 50주년 결혼기념일을 축하하기 위해 모입니다.
해설 [어휘] **문맥에 어울리는 동사** 부모님의 결혼기념일을 '(B) 축하하기' 위해 모였다고 하는 것이 자연스럽다.
(A) 취소하다 (B) 축하하다 (C) 평가하다 (D) 납득하게 하다

4. (D)
해석 예식 시간과 장소는 초대장에 나와 있습니다.
해설 [어휘] **문맥에 어울리는 명사** 시간과 장소에 관한 정보를 나타낼 수 있는 것은 '(D) 초대장'이다.
(A) 숙박시설 (B) 고려 사항 (C) 예약 (D) 초대장

저절로 실전 Training

Reading & Listening 배운 단어로 실전 지문 읽고 들어보기

다음 글을 읽고 올바른 해석을 고르세요.

MP3

Good afternoon, ladies and gentlemen. My name is Mike and I'll be the host of today's Christmas event. Thank you for your continued **support** and contribution to

1. (A) 지속적인 후원
(B) 관심 어린 질책

the city orphanage and for providing positive **motivation** for the children. This

2. (A) 더 나은 곳으로 이사시키다
(B) 긍정적인 동기를 제공하다

Christmas event wouldn't have been possible without your generous donations through the **foundation**. This year we matched a volunteer to a child. You'd be his

3. (A) 기반을 다진
(B) 재단을 통한

or her secret Santa for today. I'd like to hand over the mic to my friendly co-worker, who will be the coordinator for today's event. She will walk you through the process. Please gather around. We have two hours to practice before the children arrive.

- -

Answers

1. (A) 2. (B) 3. (B)

해석 안녕하세요, 여러분. 저는 Mike이고 오늘 성탄절 행사의 진행자입니다. 시립 보육원에 대한 여러분들의 ¹· 지속적인 후원과 기부, 그리고 아이들에게 ²· 긍정적인 동기를 제공해 주심에 감사드립니다. 이번 성탄절 행사는 ³· 재단을 통한 여러분들의 관대한 기부가 없었더라면 불가능했을 것입니다. 올해 우리는 한 명의 아동에 자원봉사자 한 명을 짝지었습니다. 여러분들은 오늘 아이들의 비밀 산타가 될 겁니다. 저는 이제 마이크를 오늘 행사의 조정자 역할을 맡을 제 친절한 동료에게 넘기겠습니다. 그녀가 여러분들에게 과정을 설명해 줄 겁니다. 모두 모여주세요. 아이들이 도착하기 전에 연습할 시간이 두 시간 있습니다.

DAY 24-1

Phrases & Expressions (4)

set up	~을 세우다, 준비하다, (기계·장비를) 설치하다 (=install, establish)	_____ a system 시스템을 설치하다 _____ a concrete frame work 구체적인 체계를 준비하다
ask for	~을 청하다, ~을 찾다 (=require, request)	_____ advice 조언을 구하다 There is someone at the meeting room _____ing _____ Ms. Phan. 회의실에 Ms. Phan을 찾아온 사람이 있어요.
meet with	~와 만나다, ~의 결과를 얻다	find time to _____ colleagues 동료들과 만날 시간을 내다 _____ investors 투자자와 만나다
on a business trip	출장 중인 (=away on business)	go _____ 출장 가다 be _____ until May 9th 5월 9일까지 출장 중이다
be held	(행사가) 열리다 (=take place, open)	_____ for engineering students 공대생들을 위해 개최되다 be due to _____ next year 다음 해에 열릴 예정이다
look up	~을 쳐다보다, 찾아보다(=look for)	Let me _____ it _____. 제가 찾아볼게요. _____ an itinerary 여행 일정표를 찾아보다
in accordance with	~에 따라서(=according to, in compliance with), ~과 일치하여	_____ the policies 방침에 따라서 be determined _____ the criteria 기준에 따라서 결정되다
a copy of	(책·서류) 한 부의 ~, ~의 사본	_____ the agenda 의제 한 부 present _____ notarized _____ the certificate 공증 받은 증명서 사본을 제출하다
throw away	~을 버리다 (=dispose of, get rid of, do away)	_____ the damaged items 손상된 물건을 버리다 _____ money 돈을 버리다
apologize for	~에 대해 사과하다 (=make an apology for)	_____ an error 실수에 대해 사과하다 _____ canceling the appointment 약속을 취소한 것에 대해 사과하다

저절로 암기 Training

Exercise A 주어진 표현들을 결합하여 구문을 만드세요.

set up + system → _____ a _____
설치하다   시스템   시스템을 설치하다

ask for + advice → _____ _____
~을 청하다   조언   조언을 구하다

meet with + investor → _____ _____s
~와 만나다   투자자   투자자와 만나다

on a business trip + until → be _____ _____ May 9th
출장 중인   ~까지   5월 9일까지 출장 중이다

be held + engineering → _____ for _____ students
열리다   공학   공대생들을 위해 개최되다

look up + itinerary → _____ an _____
찾아보다   여행 일정표   여행 일정표를 찾아보다

in accordance with + policy → _____ the _____ies
~에 따라서   방침   방침에 따라서

a copy of + agenda → _____ the _____
한 부의 ~   의제   의제 한 부

throw away + money → _____ _____
~을 버리다   돈   돈을 버리다

apologize for + cancel → _____ _____ing the appointment
~에 대해 사과하다   취소하다   약속을 취소한 것에 대해 사과하다

Exercise B 보기에서 적절한 표현을 찾아 문장을 완성하세요.

보기
───
set up   ask for   meet with   on a business trip   be held
look up   in accordance with   a copy of   throw away   apologize for
───

01. I am _____ to Paris until May 9th. 저는 5월 9일까지 파리 출장 중이에요.

02. Those financial statements have not been prepared _____ the accounting policies. 그 재무제표들은 회계 방침에 따라서 준비되지 않았습니다.

03. You're just _____ing _____ your money. 당신은 그냥 돈을 내다 버리고 있는 거예요.

04. The new system is now all _____ and running.
새로운 시스템이 이제 모두 설치되어 실행되고 있습니다.

05. I sincerely _____ canceling the appointment.
약속을 취소한 것에 대해 진심으로 사과드립니다.

06. You'll also receive _____ the agenda prior to the meeting.
당신은 또한 회의 전에 의제 한 부를 받을 것입니다.

07. I should've _____ed _____ your advice on this contract.
저는 이 계약에 대해 당신의 조언을 구했어야 했어요.

08. Can you _____ an itinerary and send it to me via email?
여행 일정표를 찾아서 제게 이메일로 보내주실 수 있나요?

09. The job fair _____ specially for engineering students.
직업 박람회는 특별히 공대생들을 위해 개최됩니다.

10. Where do you _____ investors? 당신은 어디에서 투자자와 만나나요?

DAY 1
DAY 2
DAY 3
DAY 4
DAY 5
DAY 6
DAY 7
DAY 8
DAY 9
DAY 10
DAY 11
DAY 12
DAY 13
DAY 14
DAY 15
DAY 16
DAY 17
DAY 18
DAY 19
DAY 20
DAY 21
DAY 22
DAY 23
DAY 24
DAY 25
DAY 26
DAY 27
DAY 28
DAY 29
DAY 30

Exercise C 주어진 표현의 적절한 의미를 찾아 연결해 보세요.

01. set up   •   • a. ~와 만나다

02. ask for   •   • b. ~을 설치하다, 준비하다

03. meet with   •   • c. 열리다

04. on a business trip •   • d. 출장 중인

05. be held   •   • e. ~을 청하다, ~을 찾다

06. look up   •   • f. ~에 따라서

07. in accordance with •   • g. ~을 쳐다보다, 찾아보다

08. a copy of   •   • h. ~을 버리다

09. throw away   •   • i. 한 부의 ~, ~의 사본

10. apologize for   •   • j. ~에 대해 사과하다

Exercise B 01. on a business trip 02. in accordance with 03. throw, away 04. set up 05. apologize for 06. a copy of 07. ask, for 08. look up 09. is held 10. meet with   **Exercise C** 01. b 02. e 03. a 04. d 05. c 06. g 07. f 08. i 09. h 10. j

Exercise D 다음 문장을 올바르게 해석해 보세요.

I [01]**set up** an appointment to [02]**meet with** the senior technician next Thursday.
저는 다음 주 목요일에 상급 기술자 [02]_____ 위해 약속을 [01]_____.

I accidentally [03]**threw away** a receipt. Can I get [04]**a copy of** it?
저는 실수로 영수증을 [03]_____. 그것의 [04]_____ 을 받을 수 있을까요?

Of course, I can [05]**look up** your purchase information with your membership number.
물론입니다. 제가 당신의 회원 번호로 구매 정보를 [05]_____ 수 있어요.

Exercise E 다음 구문을 올바르게 해석해 보세요.

01. **look up** an itinerary
_____

02. **set up** a system
_____

03. be **on a business trip** until May 9th
_____

04. **in accordance with** the policies
_____

05. **ask for** advice
_____

06. **apologize for** canceling the appointment
_____

07. **throw away** money
_____

08. **a copy of** the agenda
_____

09. **meet with** investors
_____

10. **be held** for engineering students
_____

Exercise D 01. 정했습니다 02. 와 만나기 03. 버렸어요 04. 사본 05. 찾아볼   **Exercise E** 01. 여행 일정표를 찾아보다 02. 시스템을 설치하다 03. 5월 9일까지 출장 중이다 04. 방침에 따라서 05. 조언을 구하다 06. 약속을 취소한 것에 대해 사과하다 07. 돈을 버리다 08. 의제 한 부 09. 투자자와 만나다 10. 공대생들을 위해 개최되다

DAY 24-2

Phrases & Expressions (4)

look through	~을 조사하다, 검토하다, 자세히 살펴보다 (=examine, investigate)	_____ a file cabinet 서류 보관함을 조사하다 _____ the list 목록을 자세히 살펴보다
be equipped with	~가 설치되다, ~가 구비되다 (=be furnished with)	_____ a fire detection system 화재 감지 시스템이 설치되다 _____ energy-efficient lights 에너지 효율이 좋은 조명이 설치되다
assist with	~을 돕다 (=help, support)	_____ the preparation 준비를 돕다 _____ moving boxes 박스 옮기는 것을 돕다
be known for	~로 알려지다, ~로 유명하다	_____ its unique textile designs 독특한 섬유 디자인으로 알려지다 _____ best _____ 'Harry Potter' Harry Potter로 가장 잘 알려지다
take a break	휴식을 갖다	_____ from the work 일을 잠시 쉬다 need to _____ 휴식을 갖는 것이 필요하다
sign up	등록하다, 참가하다 (=register, enroll)	_____ at the front desk 프런트 데스크에서 등록하다 _____ for a service 서비스를 신청하다
load A into B	A를 B에 싣다	_____ luggage _____ a vehicle 수하물을 차에 싣다 Some tools are _____ed _____ a trailer. 일부 연장들이 트레일러에 실려 있다.
collaborate with	~와 합작하다, 협력하다	_____ a colleague 동료와 협력하다 _____ each other 서로 협력하다
set out	시작하다, 착수하다 (=initiate, start, launch)	_____ to investigate 조사하기 시작하다 _____ to make a list 목록을 작성하기 시작하다
be pleased to do	~하게 되어 기쁘다	_____ inform you 당신에게 알려줄 수 있어 기쁘다 _____ take part in it 그 일에 참여하게 되어 기쁘다

DAY 1
DAY 2
DAY 3
DAY 4
DAY 5
DAY 6
DAY 7
DAY 8
DAY 9
DAY 10
DAY 11
DAY 12
DAY 13
DAY 14
DAY 15
DAY 16
DAY 17
DAY 18
DAY 19
DAY 20
DAY 21
DAY 22
DAY 23
DAY 24
DAY 25
DAY 26
DAY 27
DAY 28
DAY 29
DAY 30

DAY 24 Phrases & Expressions (4)

437

저절로 암기 Training

Exercise A 주어진 표현들을 결합하여 구문을 만드세요.

look through + list → _____ the _____
~을 자세히 살펴보다   목록   목록을 자세히 살펴보다

be equipped with + system → _____ a fire detection _____
~가 설치되다   시스템   화재 감지 시스템이 설치되다

assist with + preparation → _____ the _____
~을 돕다   준비   준비를 돕다

be known for + unique → _____ its _____ textile designs
~로 알려지다   독특한   독특한 섬유 디자인으로 알려지다

need + take a break → _____ to _____
필요하다   휴식을 갖다   휴식을 갖는 것이 필요하다

sign up + service → _____ for a _____
등록하다   서비스   서비스를 신청하다

load A into B + luggage → _____ _____ _____ a vehicle
A를 B에 싣다   짐, 수하물   수하물을 차에 싣다

collaborate with + each other → _____ _____
협력하다   서로   서로 협력하다

set out + investigate → _____ to _____
시작하다   조사하다   조사하기 시작하다

be pleased to V + inform → _____ _____ you
~하게 되어 기쁘다   알리다   당신에게 알려줄 수 있어 기쁘다

Exercise B 보기에서 적절한 표현을 찾아 문장을 완성하세요.

보기
____

look through   be equipped with   assist with   be known for   take a break
sign up   load A into B   collaborate with   set out   be pleased to V

____

01. Should you wish to use this service, please _____ for it on the registration
form. 이 서비스를 이용하기 원하신다면, 등록 양식에 신청해주시기 바랍니다.

02. I'll _____ the list but I don't think there is anything useful.
제가 목록을 자세히 살펴보겠지만 유용한 것이 있을 거라고 생각하지 않아요.

03. They _____ to investigate the situation. 그들은 상황을 조사하기 시작했습니다.

04. They are expected to _____ each other. 그들은 서로 협력할 것으로 기대된다.

05. The office _____ a fire detection system.
사무실에는 화재 감지 시스템이 설치되어 있습니다.

06. We _____ inform you that your paper has been accepted by the committee.
우리는 당신의 논문이 위원회에 의해 받아들여졌다는 것을 당신에게 알려줄 수 있어 기쁩니다.

07. He was appointed to _____ the preparation of the press releases.
그는 언론 보도 준비를 돕는 것에 임명되었습니다.

08. Two men are _____ing luggage _____ a vehicle.
두 남자가 수하물을 차에 싣고 있습니다.

09. Do you need to _____? 휴식을 갖는 것이 필요하신가요?

10. Cache Design _____ its unique textile designs.
Cache Design은 독특한 섬유 디자인으로 알려져 있다.

DAY 1
DAY 2
DAY 3
DAY 4
DAY 5
DAY 6
DAY 7
DAY 8
DAY 9
DAY 10
DAY 11
DAY 12
DAY 13
DAY 14
DAY 15
DAY 16
DAY 17
DAY 18
DAY 19
DAY 20
DAY 21
DAY 22
DAY 23
DAY 24
DAY 25
DAY 26
DAY 27
DAY 28
DAY 29
DAY 30

Exercise C 주어진 표현의 적절한 의미를 찾아 연결해 보세요.

01. look through •	• a. 휴식을 갖다
02. be equipped with •	• b. ~을 조사하다, 검토하다
03. assist with •	• c. ~가 설치되다
04. be known for •	• d. ~을 돕다
05. take a break •	• e. ~로 알려지다
06. sign up •	• f. ~와 협력하다
07. load A into B •	• g. 시작하다, 착수하다
08. collaborate with •	• h. 등록하다, 참가하다
09. set out •	• i. ~하게 되어 기쁘다
10. be pleased to do •	• j. A를 B에 싣다

Exercise B 01. sign up 02. look through 03. set out 04. collaborate with 05. is equipped with 06. are pleased to 07. assist with 08. load, into 09. take a break 10. is known for **Exercise C** 01. b 02. c 03. d 04. e 05. a 06. h 07. j 08. f 09. g 10. i

Exercise D 다음 문장을 올바르게 해석해 보세요.

We [01]**are pleased to** [02]**collaborate with** your organization.
우리는 당신의 기관 [02]_____ 되어 [01]_____.

His team [03]**is known for** accomplishing what they [04]**set out** to do in the most effective manner. 그의 팀은 그들이 하려고 [04]_____ 일을 가장 효과적인 방식으로 완수하기로 [03]_____.

It took a lot of time to [05]**look through** multiple files.
여러 파일들을 [05]_____ 것에 많은 시간이 걸렸습니다.

Exercise E 다음 구문을 올바르게 해석해 보세요.

01. **be equipped with** a fire detection system
_____

02. **assist with** the preparation
_____

03. need to **take a break**
_____

04. **set out** to investigate
_____

05. **load** luggage **into** a vehicle
_____

06. **be pleased to** inform you
_____

07. **be known for** its unique textile designs
_____

08. **collaborate with** each other
_____

09. **sign up** for a service
_____

10. **look through** the list
_____

Exercise D 01. 기쁩니다 02. 과 협력하게 03. 유명하다 04. 착수한 05. 조사하는   **Exercise E** 01. 화재 감지 시스템이 설치되다 02. 준비를 돕다 03. 휴식을 갖는 것이 필요하다 04. 조사하기 시작하다 05. 수하물을 차에 싣다 06. 당신에게 알려줄 수 있어 기쁘다 07. 독특한 섬유 디자인으로 알려지다 08. 서로 협력하다 09. 서비스를 신청하다 10. 목록을 자세히 살펴보다

DAY 24-3

Phrases & Expressions (4)

under construction	건설 중인	the water tower _____ 건설 중인 급수탑 still _____ 여전히 건설 중인
set aside	~을 떼어놓다, 따로 챙겨두다	_____ an item 물건을 따로 챙겨놓다 _____ a portion of assets 자산 일부를 떼어놓다
in a pile	수북이, 무더기로 (=in a heap[stack])	be placed _____ 수북이 쌓이다 be raked _____ 수북이 긁어모아지다
lean against	~에 기대다, 반대하다	_____ a column 기둥에 기대다 _____ the fence 담에 기대다
carry out	~을 수행하다 (=perform, implement)	_____ the annual inspection 연례 점검을 하다 competent to _____ 수행할 능력이 있는
be encouraged to do	~하라고 독려받다[권장되다]	_____ explore new ideas 새로운 생각들을 탐험하도록 독려받다 _____ donate 기부하도록 장려되다
invite A to do	A에게 ~하라고 요청하다, 초청하다	_____ you _____ leave suggestions 당신에게 제안을 남겨달라고 요청하다 _____ Mr. Masuda _____ participate in the meeting Mr. Masuda에게 회의에 참여해달라고 요청하다
offer A to B	A를 B에게 제공하다 (=provide B for A, give A to B)	_____ financial support _____ start-ups 신생 사업체에 재정 지원을 제공하다 _____ free delivery _____ customers 고객들에게 무료 배송을 제공하다
rely on	~에 의존하다, ~에 의지하다 (=depend on)	_____ domestic sales 국내 판매에 의존하다 _____ financial help 재정 지원에 의존하다
be committed to	~에 헌신하다, 전념하다 (=be devoted to)	_____ preserving original features 본래의 특징을 보존하는 것에 전념하다 _____ the well-being of farmers 농부들의 복지에 헌신하다

DAY 1
DAY 2
DAY 3
DAY 4
DAY 5
DAY 6
DAY 7
DAY 8
DAY 9
DAY 10
DAY 11
DAY 12
DAY 13
DAY 14
DAY 15
DAY 16
DAY 17
DAY 18
DAY 19
DAY 20
DAY 21
DAY 22
DAY 23
DAY 24
DAY 25
DAY 26
DAY 27
DAY 28
DAY 29
DAY 30

DAY 24 Phrases & Expressions (4)　　　　441

저절로 암기 Training

Exercise A 주어진 표현들을 결합하여 구문을 만드세요.

still + under construction → _____ _____
여전히   건설 중인   여전히 건설 중인

set aside + asset → _____ a portion of _____s
~을 떼어놓다   자산   자산 일부를 떼어놓다

place + in a pile → be _____d _____
두다   수북이   수북이 쌓이다

lean against + column → _____ a _____
~에 기대다   기둥   기둥에 기대다

competent + carry out → _____ to _____
유능한   ~을 수행하다   수행할 능력이 있는

be encouraged to V + explore → _____ _____ new ideas
~하라고 독려받다   탐험하다   새로운 생각들을 탐험하도록 독려받다

invite A to V + leave → _____ you _____ suggestions
A에게 ~하라고 요청하다   남기다   당신에게 제안을 남겨달라고 요청하다

offer A to B + support → _____ financial _____ start-ups
A를 B에게 제공하다   지원   신생 사업체에 재정 지원을 제공하다

rely on + financial → _____ _____ help
~에 의존하다   재정의   재정 지원에 의존하다

be committed to + well-being → _____ the _____ of farmers
~에 헌신하다   복지   농부들의 복지에 헌신하다

Exercise B 보기에서 적절한 표현을 찾아 문장을 완성하세요.

보기

under construction   set aside   in a pile   lean against   carry out
be encouraged to V   invite A to V   offer A to B   rely on   be committed to

---

01. Students should _____ explore new ideas.
학생들은 새로운 생각들을 탐험하도록 독려받아야 합니다.

02. We _____ you _____ leave suggestions. 우리는 당신에게 제안을 남겨달라고 요청합니다.

03. The children center is still _____ and is scheduled to be inaugurated next year. 어린이 센터는 여전히 건설 중이고 내년에 개관할 예정입니다.

04. I recommend that my clients _____ a portion of assets for a special purpose. 저는 고객들에게 특별한 목적을 위해 자산 일부를 떼어놓으라고 권합니다.

05. Do not _____ the columns. 기둥에 기대지 마시오.

06. Nearly a quarter of young adults _____ financial help from their parents. 사분의 일에 가까운 청년들이 부모님으로부터의 재정 지원에 의존합니다.

07. Likewise, they _____ the well-being of farmers. 마찬가지로, 그들은 농부들의 복지에 헌신합니다.

08. The state government _____s financial support _____ start-ups. 주 정부는 신생 사업체에 재정 지원을 제공합니다.

09. You are considered competent to _____ the related tasks. 당신은 연관된 업무를 수행할 능력이 있다고 간주됩니다.

10. Remaining pieces are placed _____. 남은 조각들은 수북이 쌓여 있다.

DAY 1
DAY 2
DAY 3
DAY 4
DAY 5
DAY 6
DAY 7
DAY 8
DAY 9
DAY 10
DAY 11
DAY 12
DAY 13
DAY 14
DAY 15
DAY 16
DAY 17
DAY 18
DAY 19
DAY 20
DAY 21
DAY 22
DAY 23
DAY 24
DAY 25
DAY 26
DAY 27
DAY 28
DAY 29
DAY 30

Exercise C 주어진 표현의 적절한 의미를 찾아 연결해 보세요.

01. under construction •
02. set aside •
03. in a pile •
04. lean against •
05. carry out •
06. be encouraged to do •
07. invite A to do •
08. offer A to B •
09. rely on •
10. be committed to •

• a. ~에 기대다, 반대하다
• b. 건설 중인
• c. ~을 수행하다
• d. 수북이, 무더기로
• e. ~을 떼어놓다, 따로 챙겨두다
• f. A에게 ~하라고 요청하다
• g. ~에 의존하다
• h. ~하라고 독려받다
• i. ~에 헌신하다
• j. A를 B에게 제공하다

Exercise B 01. be encouraged to 02. invite, to 03. under construction 04. set aside 05. lean against 06. rely on 07. are committed to 08. offer, to 09. carry out 10. in a pile **Exercise C** 01. b 02. e 03. d 04. a 05. c 06. h 07. f 08. j 09. g 10. i

Exercise D 다음 문장을 올바르게 해석해 보세요.

Outstanding employees [01]**are encouraged to** [02]**carry out** more challenging tasks.
뛰어난 직원들은 더 도전적인 과제를 [02]_____ [01]_____.

You can always [03]**rely on** us. We [04]**are committed to** [05]**offering** the highest quality service **to** you.
당신은 언제나 저희에게 [03]_____ 수 있습니다. 저희는 당신에게 최고급 서비스를 [05]_____ 데 [04]_____.

Exercise E 다음 구문을 올바르게 해석해 보세요.

01. be placed **in a pile**
_____

02. **invite** you **to** leave suggestions
_____

03. **rely on** financial help
_____

04. still **under construction**
_____

05. competent to **carry out**
_____

06. **be encouraged to** explore new ideas
_____

07. **be committed to** the well-being of farmers
_____

08. **set aside** a portion of assets
_____

09. **lean against** a column
_____

10. **offer** financial support **to** start-ups
_____

Exercise D 01. 독려받습니다 02. 수행하도록 03. 의지할 04. 헌신합니다 05. 제공하는　Exercise E 01. 수북이 쌓이다 02. 당신에게 제안을 남겨달라고 요청하다 03. 재정 지원에 의존하다 04. 여전히 건설 중인 05. 수행할 능력이 있는 06. 새로운 생각들을 탐험하도록 독려받다 07. 농부들의 복지에 헌신하다 08. 자산 일부를 떼어놓다 09. 기둥에 기대다 10. 신생 사업체에 재정 지원을 제공하다

DAY 24-4

Phrases & Expressions (4)

be concerned about	~에 대해 걱정[근심]하다 (=be anxious[worried] about)	_____ submitting work late 작업물을 늦게 제출하는 것에 대해 걱정하다 _____ the safety 안전에 대해 걱정하다
those who	~하는 사람들	_____ are in the local area 현지에 있는 사람들 _____ manage medical offices 진료소를 운영하는 사람들
in addition to	~에 더하여, ~뿐만 아니라 (=on top of)	_____ attending an orientation session 오리엔테이션 시간에 참석하는 것뿐만 아니라 _____ maintaining a customer base 고객층을 유지하는 것뿐만 아니라
in charge of	~을 담당하고 있는, ~을 책임지고 있는 (=responsible for)	_____ monitoring cash flow 현금 흐름 감독을 담당하고 있는 _____ the recruitment 채용을 담당하고 있는
if possible	가능하면	I would rather meet earlier, _____. 가능하면 더 일찍 만나는 게 낫겠어요. _____, reserve a table. 가능하면 자리를 예약하세요.
no matter how	~에도 상관없이, 아무리 ~해도 (=however)	_____ trivial 아무리 사소해도 _____ successful he is 아무리 그가 성공했어도
no later than	늦어도 ~까지	_____ July 2nd 늦어도 7월 2일까지 _____ this Saturday 늦어도 이번 토요일까지
provide A with B	A에게 B를 제공하다 (=provide B for[to] A)	_____ us _____ a better explanation 우리에게 더 자세한 설명을 제공하다 _____ the customers _____ excellent service 고객들에게 훌륭한 서비스를 제공하다
in transit	운송 중에 (=on passage)	get lost _____ 운송 중에 분실되다 be damaged _____ 운송 중에 손상되다
more than	~ 이상의	_____ 10 years 10년 이상 _____ I expected 내가 예상했던 것 이상

저절로 암기 Training

Exercise A 주어진 표현들을 결합하여 구문을 만드세요.

be concerned about + safety → ＿＿＿＿＿＿ the ＿＿＿＿＿
~에 대해 걱정하다　　　　안전　　　　안전에 대해 걱정하다

those who + manage → ＿＿＿＿＿ ＿＿＿＿＿ medical offices
~하는 사람들　　운영하다　　　진료소를 운영하는 사람들

in addition to + attend → ＿＿＿＿＿ ＿＿＿＿＿ing an orientation session
~뿐만 아니라　　　참석하다　　오리엔테이션 시간에 참석하는 것뿐만 아니라

in charge of + monitor → ＿＿＿＿＿ ＿＿＿＿＿ing cash flow
~을 담당하고 있는　　감시하다　　현금 흐름 감독을 담당하고 있는

if possible + reserve → ＿＿＿＿＿, ＿＿＿＿＿ a table.
가능하면　　　　예약하다　　가능하면 자리를 예약하세요.

no matter how + trivial → ＿＿＿＿＿ ＿＿＿＿＿
아무리 ~해도　　　사소한　　아무리 사소해도

no later than + July → ＿＿＿＿＿ ＿＿＿＿＿ 2nd
늦어도 ~까지　　7월　　늦어도 7월 2일까지

provide A with B + explanation → ＿＿＿＿＿ us ＿＿ a better ＿＿＿＿＿
A에게 B를 제공하다　　　설명　　우리에게 더 자세한 설명을 제공하다

damage + in transit → be ＿＿＿＿＿d ＿＿＿＿＿
손상을 주다　　운송 중에　　운송 중에 손상되다

more than + year → ＿＿＿＿＿ 10 ＿＿＿＿＿s
~ 이상의　　해, 연　　10년 이상

Exercise B 보기에서 적절한 표현을 찾아 문장을 완성하세요.

보기

> be concerned about　those who　in addition to　in charge of　if possible
> no matter how　no later than　provide A with B　in transit　more than

01. You will receive notification ＿＿＿＿＿ July 2nd.
당신은 늦어도 7월 2일까지 통지를 받을 것입니다.

02. My family and I have lived in this town for ＿＿＿＿＿ 10 years.
우리 가족과 저는 이 마을에서 10년 이상 살아오고 있어요.

03. Perhaps you can ＿＿＿＿＿ us ＿＿ a better explanation.
아마 당신은 저희에게 더 자세한 설명을 제공해주실 수 있을 거예요.

04. I'm _____ monitoring cash flow. 저는 현금 흐름 감독을 담당하고 있습니다.

05. This seminar is especially for _____ manage medical offices.
이 세미나는 특히 진료소를 운영하는 사람들을 위한 것입니다.

06. I _____ your safety. 저는 당신의 안전이 걱정되어요.

07. _____ attending an orientation session, students may schedule an
appointment with their advisor to select their classes.
오리엔테이션 시간에 참석하는 것뿐만 아니라, 학생들은 수업을 선택하기 위해 지도교수와 약속을 잡을 수 있습니다.

08. _____, I'd like to reserve a table by the window.
가능하면 창가 자리를 예약하고 싶습니다.

09. You shouldn't ignore their inquiries _____ trivial they are.
아무리 그것들이 사소해도 당신은 그들의 문의를 무시해서는 안 돼요.

10. The items weren't damaged _____. 상품이 운송 중에 손상되지 않았습니다.

Exercise C 주어진 표현의 적절한 의미를 찾아 연결해 보세요.

01. be concerned about •   • a. ~에 더하여

02. those who   •   • b. ~하는 사람들

03. in addition to   •   • c. 가능하면

04. in charge of   •   • d. ~에 대해 걱정하다

05. if possible   •   • e. ~을 담당하고 있는

06. no matter how   •   • f. ~ 이상의

07. no later than   •   • g. 아무리 ~해도

08. provide A with B   •   • h. A에게 B를 제공하다

09. in transit   •   • i. 늦어도 ~까지

10. more than   •   • j. 운송 중에

Exercise B 01. no later than 02. more than 03. provide, with 04. in charge of 05. those who 06. am concerned about 07. In addition to 08. If possible 09. no matter how 10. in transit **Exercise C** 01. d 02. b 03. a 04. e 05. c 06. g 07. i 08. h 09. j 10. f

Exercise D 다음 문장을 올바르게 해석해 보세요.

[01]**If possible**, I would like to have them delivered [02]**no later than** 5 pm on Monday.

[01]_____, 저는 그것들이 [02]_____ 월요일 오후 다섯 시까지 배달되었으면 좋겠어요.

[03]**More than** half of managers [04]**are concerned about** the fact that Joyce is no longer [05]**in charge of** marketing.

절반 [03]_____ 관리자들이 Joyce가 더 이상 마케팅을 [05]_____ 않는다는 사실에 대해

[04]_____.

Exercise E 다음 구문을 올바르게 해석해 보세요.

01. **in addition to** attending an orientation session

_____

02. **provide** us **with** a better explanation

_____

03. **be concerned about** the safety

_____

04. **no later than** July 2nd

_____

05. **more than** 10 years

_____

06. **no matter how** trivial

_____

07. be damaged **in transit**

_____

08. **those who** manage medical offices

_____

09. **If possible**, reserve a table.

_____

10. **in charge of** monitoring cash flow

_____

Exercise D 01. 가능하면 02. 늦어도 03. 이상의 04. 걱정합니다 05. 담당하지 **Exercise E** 01. 오리엔테이션 시간에 참석하는 것뿐만 아니라 02. 우리에게 더 자세한 설명을 제공하다 03. 안전에 대해 걱정하다 04. 늦어도 7월 2일까지 05. 10년 이상 06. 아무리 사소해도 07. 운송 중에 손상되다 08. 진료소를 운영하는 사람들 09. 가능하면 자리를 예약하세요. 10. 현금 흐름 감독을 담당하고 있는

저절로 실전 Training

Day 24에서 배운 단어,
실제 토익에는 이렇게 나옵니다.

Reading & Listening 배운 단어로 실전 지문 읽고 들어보기

다음 글을 읽고 올바른 해석을 고르세요.

MP3 🎧

Setting aside our differences, I applaud your creativity in the work you **carried out**

1. (A) 당신이 운반한 짐
   (B) 당신이 수행했던 작업

last month. I looked up a copy of your architectural design while **on a business trip**.

2. (A) 출장 중에
   (B) 여행 사업 중에

It was more detailed and innovative than my proposal. It is no wonder you're **in charge of** the biggest architectural project in the city. If possible, I'd like to set up a

3. (A) 가장 비싼 건축 프로젝트 비용을 청구한
   (B) 가장 큰 건축 프로젝트의 책임을 맡은

meeting with you so that you can look through my blueprints. We might have our differences but my architects are some of the best in the business. I want them to have a chance to meet with you and collaborate with you if possible. They are committed to the project since its first phase. You can rely on them.

- -

Answers

1. (B) 2. (A) 3. (B)

해석 우리 사이의 차이점은 차치해두고, 저는 지난달 ¹· 당신이 수행했던 작업에 담긴 당신의 창의력에 갈채를 보냅니다. 저는 ²· 출장 중에 당신의 건축 디자인 한 부를 찾아보았습니다. 그것은 제 제안서보다 더 상세하고 혁신적이더군요. 당신이 시에서 ³· 가장 큰 건축 프로젝트의 책임을 맡고 있다는 것이 놀랍지 않습니다. 만약 가능하다면, 당신이 제 청사진을 살펴보실 수 있게 미팅을 잡고 싶습니다. 우리에게 차이가 있을 수 있겠지만 제 건축가들은 업계 최고입니다. 저는 가능하다면 그들이 당신과 만나서 협업할 기회를 가졌으면 좋겠습니다. 그들은 맨 첫 단계에서부터 프로젝트에 헌신했습니다. 당신은 그들을 의지할 수 있을 겁니다.

CHAPTER

LIFE & EVENTS

DAY 25-1

industry	n. 산업 industrial a. 산업의 industrious a. 근면한	the travel _____ 여행 산업 the residential _____ 주거 산업
favor	n. 친절, 호의 v. 호의를 보이다, 찬성하다 favorable a. 호의적인 favorite n. (특히) 좋아하는 것[사람] 　　　　　a. 가장 좋아하는	ask a _____ 부탁을 하다 in our _____ 우리에게 유리하게
aware	a. 알고 있는, 인식하고 있는 awareness n. 관심, 인식, 의식 be aware of / that ~을 알고 있다	be _____ of the problem 문제를 인식하고 있다 as we are all _____ 우리가 모두 알고 있듯이
kneel	v. 무릎을 꿇다 knee n. 무릎	_____ to fix the tire 타이어를 수리하려고 무릎을 꿇다 _____ on the yoga mat 요가 매트 위에 무릎을 꿇다
fasten	v. 매다, 잠그다, 고정하다 fasten A with[to] B A와 B를[A를 B에] 단단히 묶다, 고정하다	_____ the seatbelt 안전벨트를 매다 _____ to the poles 기둥에 고정하다
remainder	n. 나머지, 잔액 remains n. 남은 것, 유적, 유해 remain v. 남다, 여전히 ~이다	the _____ of the budget 예산 잔액 the _____ of the trip 나머지 여행 기간
entrance	n. 입구, 현관, 문, 입장 entry n. (경기 등의) 참가자, 출품물 enter v. 들어가다, 참가하다	a main _____ 정문 an _____ fee 입장료
alternate	a. 교체의, 교대의 v. 번갈아 나오게 하다 alternative n. 대안 a. 대체 가능한 alternation n. 교대, 변경	an _____ route 대체 경로 the _____ parking 대체 주차장
grasp	n. 통제, 이해 v. 붙잡다, 이해하다	a _____ of global food markets 세계 식품 시장에 대한 이해 _____ a pillow with one hand 베개를 한 손으로 잡다
spread	n. 확산, 범위, 스프레드(빵에 발라먹는 식품) v. 퍼뜨리다, 퍼지다	_____ out a tablecloth 식탁보를 펼치다 be _____ on the desk 책상에 펼쳐지다

저절로 암기 Training

Exercise A 주어진 단어들을 결합하여 구문을 만드세요.

travel + industry → the _____ _____
여행   산업   여행 산업

ask + favor → _____ a _____
요청하다 호의   부탁을 하다

aware + problem → be _____ of the _____
인식하고 있는 문제   문제를 인식하고 있다

kneel + mat → _____ on the yoga _____
무릎을 꿇다 매트   요가 매트 위에 무릎을 꿇다

fasten + seatbelt → _____ the _____
매다   안전벨트   안전벨트를 매다

remainder + trip → the _____ of the _____
나머지   여행   나머지 여행 기간

entrance + fee → an _____ _____
입장   요금   입장료

alternate + route → an _____ _____
교체의   경로   대체 경로

grasp + global → a _____ of _____ food markets
이해   세계적인   세계 식품 시장에 대한 이해

spread + desk → be _____ on the _____
퍼뜨리다 책상   책상에 펼쳐지다

Exercise B 보기에서 적절한 단어를 찾아 문장을 완성하세요.

보기

industry favor aware kneel fasten
remainder entrance alternate grasp spread

01. Drivers are advised to take _____ routes.
    운전자들은 대체 경로를 택하는 것이 현명합니다.

02. A woman is _____ing on the yoga mat. 한 여자가 요가 매트 위에 무릎을 꿇고 있다.

03. The recent economic crisis has impacted the worldwide travel _____.
    최근의 경제 위기는 전 세계 여행 산업에 영향을 미쳤습니다.

04. I spent the _____ of the trip relaxing on the beach.
저는 나머지 여행 기간을 해변에서 휴식을 취하면서 보냈어요.

05. Clearly, he has a good _____ of global food markets.
분명히 그는 세계 식품 시장을 잘 이해하고 있어요.

06. Can I ask you a _____? 부탁 하나 해도 될까요?

07. Some photos are _____ on the desk. 사진 몇 장이 책상 위에 펼쳐져 있습니다.

08. The _____ fee is yet to be determined. 입장료는 아직 결정되지 않았습니다.

09. Go back to your seats and _____ your seatbelts. 자리로 돌아가셔서 안전벨트를 매세요.

10. We are well _____ of this problem and will endeavor to resolve it.
우리는 이 문제를 잘 인식하고 있으며, 이것을 해결하기 위해 노력할 것입니다.

Exercise C 주어진 단어의 적절한 의미를 찾아 연결해 보세요.

01. industry	•	• a. 매다, 고정하다
02. favor	•	• b. 호의; 호의를 보이다
03. aware	•	• c. 산업
04. kneel	•	• d. 무릎을 꿇다
05. fasten	•	• e. 인식하고 있는
06. remainder	•	• f. 이해; 붙잡다
07. entrance	•	• g. 교체의; 번갈아 나오게 하다
08. alternate	•	• h. 나머지, 잔액
09. grasp	•	• i. 입구, 현관, 입장
10. spread	•	• j. 확산; 퍼뜨리다

Exercise B 01. alternate 02. kneel 03. industry 04. remainder 05. grasp 06. favor 07. spread 08. entrance 09. fasten 10. aware   **Exercise C** 01. c 02. b 03. e 04. d 05. a 06. h 07. i 08. g 09. f 10. j

Exercise D 다음 문장을 올바르게 해석해 보세요.

It is necessary to alleviate supply shortages in the manufacturing [01]**industry** for the [02]**remainder** of the year.

올해 [02]_____ 동안 제조 [01]_____의 공급 부족을 완화하는 것이 필수적입니다.

A man is [03]**kneeling** at the [04]**entrance** [05]**fastening** his shoelace.

한 남자가 [04]_____ 에서 [03]_____ 그의 신발 끈을 [05]_____.

Exercise E 다음 구문을 올바르게 해석해 보세요.

01. an **alternate** route

_____

02. the **travel** industry

_____

03. **kneel** on the yoga mat

_____

04. the **remainder** of the trip

_____

05. ask a **favor**

_____

06. an **entrance** fee

_____

07. be **spread** on the desk

_____

08. be **aware** of the problem

_____

09. **fasten** the seatbelt

_____

10. a **grasp** of global food markets

_____

Exercise D 01. 산업 02. 나머지[남은 기간] 03. 무릎 꿇고 04. 입구 05. 매고 있다   **Exercise E** 01. 대체 경로 02. 여행 산업 03. 요가 매트 위에 무릎을 꿇다 04. 나머지 여행 기간 05. 부탁을 하다 06. 입장료 07. 책상 위에 펼쳐지다 08. 문제를 인식하고 있다 09. 안전벨트를 매다 10. 세계 식품 시장에 대한 이해

DAY 25-2

space	*n.* 공간, 우주 spacious *a.* 넓은 spaciously *ad.* 넓게	storage _____ 보관 장소 plenty of _____ 충분한 공간
entry	*n.* 입장, (경기 등의) 참가자, 출품물 entrance *n.* 입구, 입장 enter *v.* 참가하다, 들어가다, 입력하다	data _____ 데이터 입력 _____-level 입문 단계의
district	*n.* 지역, 지구	a financial _____ 금융 지구 a historic _____ 역사적인 지역
lack	*n.* 부족, 부족한 것, 결핍 *v.* ~이 없다, 결핍되다, 모자라다	the _____ of transportation 교통수단의 부족 the _____ of natural predators 천적의 부족
renovation	*n.* 수리, 보수 공사, 혁신, 쇄신 renovate *v.* 개조하다, 보수하다(=renew, remodel, refurbish) renovator *n.* 수선[수리]자, 혁신자	undergo a _____ 보수 공사를 하다 a company-wide _____ 회사 전체에 걸친 보수 공사
charity	*n.* 자선 (단체), 자선 기금 charitable *a.* 자선 (단체)의, 자비로운 charitably *ad.* 관대하게	a _____ drive 자선 모금 운동 a _____ auction 자선 경매
conclude	*v.* 결론을 내리다, 끝마치다, 끝나다 conclusion *n.* 결론, 판단, 결말 conclusive *a.* 결정적인, 확실한	_____ with a few remarks 몇 마디 논평으로 끝마치다 _____ with a delicious meal 맛있는 식사로 끝나다
auditorium	*n.* 강당, 대강의실, 객석	tear down the _____ 강당을 철거하다 move to an _____ 강당으로 옮기다
founder	*n.* 창업자, 설립자 foundation *n.* 토대, 기초, 근거 found *v.* 설립하다, 세우다	a company _____ 회사 창업자 a joint _____ 공동 설립자
locate	*v.* (~의 위치를) 찾아내다, 두다 location *n.* 위치 local *a.* 지역의	_____ the main entrance 정문을 찾아내다 _____ the distribution center near the airport 공항 근처에 물류 센터를 두다

저절로 암기 Training

Exercise A 주어진 단어들을 결합하여 구문을 만드세요.

plenty of + space → _____ _____
충분한   공간   충분한 공간

entry + level → _____-_____
입장   단계   입문 단계의

historic + district → a _____ _____
역사적인   지역   역사적인 지역

lack + transportation → the _____ of _____
부족   교통수단   교통수단의 부족

company-wide + renovation → a _____ _____
회사 전체에 걸친   보수 공사   회사 전체에 걸친 보수 공사

charity + auction → a _____ _____
자선   경매   자선 경매

conclude + remark → _____ with a few _____s
끝마치다   논평   몇 마디 논평으로 끝마치다

move + auditorium → _____ to an _____
옮기다   강당   강당으로 옮기다

company + founder → a _____ _____
회사   창업자   회사 창업자

locate + entrance → _____ the main _____
찾아내다   입구   정문을 찾아내다

Exercise B 보기에서 적절한 단어를 찾아 문장을 완성하세요.

보기

space   entry   district   lack   renovation
charity   conclude   auditorium   founder   locate

01. The shopping mall is located two blocks away from the historic _____ of the city. 쇼핑몰은 도시의 역사적인 지역에서 두 구역 떨어진 곳에 위치해 있습니다.

02. I would like to _____ with a few remarks on recent events.
저는 최근의 사태에 관한 몇 마디 논평으로 끝마치려고 합니다.

03. There is a conflict between the company _____ and the CEO.
회사 창업자와 CEO 사이에 갈등이 있습니다.

04. A company-wide _____ will start next Monday.
다음 주 월요일에 회사 전체에 걸친 보수 공사가 시작됩니다.

05. The living room area provides plenty of _____ for relaxing.
거실 공간은 휴식을 취할 수 있는 충분한 공간을 제공합니다.

06. The _____ of transportation is a typical problem in rural areas.
교통수단의 부족은 농촌 지역의 전형적인 문제입니다.

07. We met at a _____ auction about three years ago.
우리는 3년 전쯤에 어느 자선 경매에서 만났어요.

08. It was difficult to _____ the main entrance. 정문을 찾기 힘들었습니다.

09. Needless to say, the meeting had to be moved to a larger _____.
말할 필요도 없이, 회의는 더 큰 강당으로 옮겨야 했어요.

10. You haven't previously completed an _____-level course.
당신은 이전에 입문 단계 과정을 완료하지 않았네요.

DAY 1
DAY 2
DAY 3
DAY 4
DAY 5
DAY 6
DAY 7
DAY 8
DAY 9
DAY 10
DAY 11
DAY 12
DAY 13
DAY 14
DAY 15
DAY 16
DAY 17
DAY 18
DAY 19
DAY 20
DAY 21
DAY 22
DAY 23
DAY 24
DAY 25
DAY 26
DAY 27
DAY 28
DAY 29
DAY 30

Exercise C 주어진 단어의 적절한 의미를 찾아 연결해 보세요.

01. space   •   • a. 지역, 지구

02. entry   •   • b. 입장, 참가자

03. district   •   • c. 부족; ~이 없다

04. lack   •   • d. 수리, 보수 공사, 혁신

05. renovation   •   • e. 공간, 우주

06. charity   •   • f. 창업자, 설립자

07. conclude   •   • g. 강당, 대강의실, 객석

08. auditorium   •   • h. 자선, 자선 기금

09. founder   •   • i. 찾아내다, 두다

10. locate   •   • j. 결론을 내리다, 끝마치다

Exercise B 01. district 02. conclude 03. founder 04. renovation 05. space 06. lack 07. charity 08. locate 09. auditorium
10. entry   **Exercise C** 01. e 02. b 03. a 04. c 05. d 06. h 07. j 08. g 09. f 10. i

Exercise D 다음 문장을 올바르게 해석해 보세요.

The [01]**auditorium** has enough [02]**space** but it's hard to [03]**locate**.

[01]_____은 충분한 [02]_____을 가지고 있지만 [03]_____ 어렵습니다.

The [04]**renovation** of the annex building is scheduled to [05]**conclude** in August.

별관 [04]_____는 8월에 [05]_____ 예정입니다.

Exercise E 다음 구문을 올바르게 해석해 보세요.

01. move to an **auditorium**

_____

02. a **historic** district

_____

03. a company-wide **renovation**

_____

04. the **lack** of transportation

_____

05. a **charity** auction

_____

06. a company **founder**

_____

07. **locate** the main entrance

_____

08. plenty of **space**

_____

09. **conclude** with a few remarks

_____

10. **entry**-level

_____

Exercise D 01. 강당 02. 공간 03. (위치를) 찾기 04. 보수 공사 05. 끝날   Exercise E 01. 강당으로 옮기다 02. 역사적인 지역 03. 회사 전체에 걸친 보수 공사 04. 교통수단의 부족 05. 자선 경매 06. 회사 창업자 07. 정문을 찾아내다 08. 충분한 공간 09. 몇 마디 논평으로 끝마치다 10. 입문 단계의

DAY 25-3

surround	v. 둘러싸다, 에워싸다 surroundings *n.* 환경 surrounding *a.* 근처의	_____ a pond 연못을 둘러싸다 flower beds _____ing the complex 단지를 둘러싼 화단
volunteer	*n.* 자원봉사(자) *v.* 자원(봉사)하다, 자진하다 voluntary *a.* 자발적인 voluntarily *ad.* 자발적으로	promote _____ jobs 자원봉사 일을 촉진하다 enjoy _____ work 자원봉사 활동을 즐기다
cast	*v.* 던지다, (빛을) 발하다 *n.* 출연자 casting *n.* 배역 선정	_____ a shadow over proceedings 일의 진행에 그림자를 던지다 _____ for the show 공연 출연자
rental	*n.* 임대(료), 임차, 임대 물건 rent *n.* 집세 *v.* 빌리다, 임대하다	purchase of a _____ property 임대 부동산 구매 a _____ agreement 임대 계약서
architect	*n.* 건축가 architecture *n.* 건축학, 건축 양식 architectural *a.* 건축의, 건축학의 architecturally *ad.* 건축학적으로	the _____'s blueprint 건축가의 청사진 in consultation with the _____ 건축가와 협의하여
construction	*n.* 건설, 건축 construct *n.* 구조물 *v.* 건설하다 (↔demolish 파괴하다) constructive *a.* 건설적인	the preliminary stages of a _____ project 건설 프로젝트의 초기 단계 complete the _____ 건설을 완료하다
cleaning	*n.* 청소 clean *a.* 깨끗한 *v.* 청소하다	_____ supplies 청소 용품 _____ service 청소 서비스
insurance	*n.* 보험 insure *v.* 보험을 들다, 보험에 가입시키다	health _____ benefits 건강 보험 혜택 an annual travel _____ 연간 여행 보험
relocation	*n.* 재배치, 이전 relocate *v.* 이전하다, 이전시키다, 재배치하다	trigger _____ 이전을 촉발하다 the _____ of a company's headquarters 본사의 이전
misplace	*v.* ～의 위치를 잊어버리다, 잘못 두다	_____ the key 열쇠 둔 곳을 잊어버리다 _____ some boxes 몇 개의 상자를 잘못 두다

DAY 1
DAY 2
DAY 3
DAY 4
DAY 5
DAY 6
DAY 7
DAY 8
DAY 9
DAY 10
DAY 11
DAY 12
DAY 13
DAY 14
DAY 15
DAY 16
DAY 17
DAY 18
DAY 19
DAY 20
DAY 21
DAY 22
DAY 23
DAY 24
DAY 25
DAY 26
DAY 27
DAY 28
DAY 29
DAY 30

DAY 25 복지, 일상생활   459

저절로 암기 Training

Exercise A 주어진 단어들을 결합하여 구문을 만드세요.

surround + pond → _____ a _____
둘러싸다   연못   연못을 둘러싸다

enjoy + volunteer → _____ _____ work
즐기다   자원봉사   자원봉사 활동을 즐기다

cast + show → _____ for the _____
출연자   공연   공연 출연자

rental + agreement → a _____ _____
임대   계약서   임대 계약서

consultation + architect → in _____ with the _____
협의   건축가   건축가와 협의하여

complete + construction → _____ the _____
완료하다   건설   건설을 완료하다

cleaning + service → _____ _____
청소   서비스   청소 서비스

travel + insurance → an annual _____ _____
여행   보험   연간 여행 보험

trigger + relocation → _____ _____
촉발하다   이전   이전을 촉발하다

misplace + key → _____ the _____
~의 위치를 잊어버리다   열쇠   열쇠 둔 곳을 잊어버리다

Exercise B 보기에서 적절한 단어를 찾아 문장을 완성하세요.

보기

surround   volunteer   cast   rental   architect
construction   cleaning   insurance   relocation   misplace

01. Did you fill out the _____ agreement when you moved in?
당신은 입주할 때 임대 계약서를 작성했나요?

02. _____ service will be provided once a week.
청소 서비스는 일주일에 한 번 제공될 것입니다.

03. Rising labor costs triggers _____ of labor-intensive industries.
임금 상승은 노동집약적 산업체의 이전을 촉발합니다.

04. Flowering shrubs _____ the pond. 꽃이 피는 관목들이 연못을 둘러싸고 있습니다.

05. The plan was revised in consultation with the _____.
설계는 건축가와 협의하여 변경되었습니다.

06. Since you plan to make multiple trips in the coming year, I recommend you an annual travel _____.
당신은 내년에 여러 차례 여행을 계획하고 있으니, 연간 여행 보험을 추천해드립니다.

07. I really enjoyed _____ work at the public library.
저는 공립 도서관에서의 자원봉사 활동을 정말 즐겼어요.

08. I _____d my key again! 저는 또 열쇠를 둔 곳을 잊어버렸어요!

09. It is inevitable to hire subcontractors in order to complete the _____ within the term set in the contract.
계약서에서 명시된 기간 내에 건설을 완료하려면 하도급업자를 고용하는 것이 불가피합니다.

10. Full _____ for the show has been revealed. 공연의 전체 출연진이 드러났습니다.

DAY 1
DAY 2
DAY 3
DAY 4
DAY 5
DAY 6
DAY 7
DAY 8
DAY 9
DAY 10
DAY 11
DAY 12
DAY 13
DAY 14
DAY 15
DAY 16
DAY 17
DAY 18
DAY 19
DAY 20
DAY 21
DAY 22
DAY 23
DAY 24
DAY 25
DAY 26
DAY 27
DAY 28
DAY 29
DAY 30

Exercise C 주어진 단어의 적절한 의미를 찾아 연결해 보세요.

01. surround   •   • **a.** 출연자; 던지다, 발하다

02. volunteer   •   • **b.** 둘러싸다, 에워싸다

03. cast   •   • **c.** 임대, 임차

04. rental   •   • **d.** 건축가

05. architect   •   • **e.** 자원봉사; 자원하다

06. construction   •   • **f.** 보험

07. cleaning   •   • **g.** 재배치, 이전

08. insurance   •   • **h.** ~의 위치를 잊어버리다

09. relocation   •   • **i.** 건설, 건축

10. misplace   •   • **j.** 청소

Exercise B 01. rental 02. Cleaning 03. relocation 04. surround 05. architect 06. insurance 07. volunteer 08. misplace 09. construction 10. cast **Exercise C** 01. b 02. e 03. a 04. c 05. d 06. i 07. j 08. f 09. g 10. h

Exercise D 다음 문장을 올바르게 해석해 보세요.

The [01]**construction** site is [02]**surrounded** by commercial buildings.
[01]_____ 현장은 상가 건물들로 [02]_____ 있습니다.

This [03]**relocation** [04]**insurance** covers your costs to move tenants to a different location if your [05]**rental** property becomes uninhabitable.
이 [03]_____ [04]_____ 은 당신의 [05]_____ 부동산이 살기에 부적합하게 되었을 때 세입자를 다른 장소로 옮기는 데 드는 비용을 보상합니다.

Exercise E 다음 구문을 올바르게 해석해 보세요.

01. **cast** for the show
_____

02. a **rental** agreement
_____

03. complete the **construction**
_____

04. trigger **relocation**
_____

05. an annual travel **insurance**
_____

06. **surround** a pond
_____

07. **cleaning** service
_____

08. **misplace** the key
_____

09. enjoy **volunteer** work
_____

10. in consultation with the **architect**
_____

Exercise D 01. 건설 02. 둘러싸여 03. 이전 04. 보험 05. 임대 **Exercise E** 01. 공연 출연자 02. 임대 계약서 03. 건설을 완료하다 04. 이전을 촉발하다 05. 연간 여행 보험 06. 연못을 둘러싸다 07. 청소 서비스 08. 열쇠 둔 곳을 잊어버리다 09. 자원봉사 활동을 즐기다 10. 건축가와 협의하여

DAY 25-4

occupied	a. 점유된, 사용 중인, 바쁜 occupancy n. 점유(≠occupation 직업, 거주) occupy v. 차지하다, 사용하다	_____ workstations 사용 중인 작업 장소 be _____ with more urgent matters 더 긴급한 문제로 바쁘다
blueprint	n. 계획, 설계도, 청사진	request some _____s 청사진을 요청하다 unveil the _____ 청사진을 공개하다
bottom	n. 맨 아랫부분, 바닥, 기저 a. 맨 아래쪽의, 바닥의	the _____ of the page 페이지 하단 get to the _____ of the case 사건의 원인을 알아내다
design	n. 디자인, 설계(법) v. 디자인하다, 설계하다 designer n. 디자이너 　　　　 a. 유명 디자이너가 만든, 고급의	pitch a _____ idea 디자인 의견을 제시하다 _____ the promotional posters 홍보 포스터를 디자인하다
maintenance	n. 유지, 보존, 보수, 주장 maintain v. 유지[관리]하다	undergo _____ 보수 (공사)에 들어가다 network interruption due to _____ work 보수[정비] 작업으로 인한 네트워크 중단
panel	n. 판, 위원단 panelist n. 토론자	solar _____s 태양 전지판 be given by a _____ 위원단에 의해 정해지다
assess	v. 평가하다, (세금·벌금 등을) 부과하다(on) assessment n. 평가 assessable a. 평가 가능한 assessed a. 감정된, 평가된	_____ the suitability 적합성을 평가하다 _____ the performance 실적을 평가하다
inspiration	n. 영감, 고무, 격려 inspire v. 격려하다, 고무하다, 영감을 주다 inspirational a. 영감을 주는	a source of _____ 영감의 원천 draw _____ from nature 자연에서 영감을 받다
erect	a. 똑바로 선, 일어선 v. 세우다, 건립하다 erection n. 건립, 설치	_____ a fence 울타리를 세우다 be _____ed near some trees 나무 근처에 세워지다
graduate	n. 졸업생 v. 졸업하다 graduation n. 졸업, 졸업식	recent _____s 최근 졸업생들 satisfy the requirements to _____ 졸업하기 위해 필요조건을 충족하다

DAY 1
DAY 2
DAY 3
DAY 4
DAY 5
DAY 6
DAY 7
DAY 8
DAY 9
DAY 10
DAY 11
DAY 12
DAY 13
DAY 14
DAY 15
DAY 16
DAY 17
DAY 18
DAY 19
DAY 20
DAY 21
DAY 22
DAY 23
DAY 24
DAY 25
DAY 26
DAY 27
DAY 28
DAY 29
DAY 30

DAY 25 복지, 일상생활　　　463

저절로 암기 Training

Exercise A 주어진 단어들을 결합하여 구문을 만드세요.

occupied + urgent → be _____ with more _____ matters
바쁜   긴급한   더 긴급한 문제로 바쁘다

unveil + blueprint → _____ the _____
공개하다   청사진   청사진을 공개하다

bottom + case → get to the _____ of the _____
기저   사건   사건의 원인을 알아내다

pitch + design → _____ a _____ idea
던지다   디자인   디자인 의견을 제시하다

undergo + maintenance → _____ _____
겪다. 받다   보수   보수 (공사)에 들어가다

solar + panel → _____ _____s
태양의   판   태양 전지판

assess + suitability → _____ the _____
평가하다   적합성   적합성을 평가하다

source + inspiration → a _____ of _____
원천   영감   영감의 원천

erect + fence → _____ a _____
세우다   울타리   울타리를 세우다

satisfy + graduate → _____ the requirements to _____
충족하다   졸업하다   졸업하기 위해 필요조건을 충족하다

Exercise B 보기에서 적절한 단어를 찾아 문장을 완성하세요.

보기

occupied   blueprint   bottom   design   maintenance
panel   assess   inspiration   erect   graduate

01. All students must satisfy the requirements to _____.
졸업하기 위해서는 모든 학생이 필요조건을 충족해야 합니다.

02. The air conditioner is currently undergoing _____. 에어컨은 현재 보수 중입니다.

03. I'm sure he's _____ with more urgent matters.
저는 분명 그가 더 긴급한 문제로 바쁠 거라고 생각해요.

04. We'll keep investigating this case until we get to the _____ of it.
우리는 이것의 원인을 알아낼 때까지 이 사건을 계속 조사할 것입니다.

05. As part of this effort, we're also going to install solar _____s.
이러한 노력의 일환으로, 우리는 또한 태양 전지판을 설치할 것입니다.

06. What is your source of _____? 당신 영감의 원천은 무엇입니까?

07. I have no choice but to _____ a fence to protect livestock.
저는 가축을 보호하기 위해 울타리를 세울 수밖에 없어요.

08. Experts from different fields gathered to _____ the suitability of alternatives.
다른 분야의 전문가들이 대안들의 적합성을 평가하기 위해 모였습니다.

09. The leadership unveiled the economic _____ for the next year.
지도부는 내년을 위한 경제 청사진을 공개했습니다.

10. I'm eager to pitch my _____ ideas to you.
어서 당신에게 제 디자인 의견을 제시하고 싶어요.

Exercise C 주어진 단어의 적절한 의미를 찾아 연결해 보세요.

01. occupied	•	• a.	계획, 청사진
02. blueprint	•	• b.	맨 아랫부분; 바닥의
03. bottom	•	• c.	점유된, 바쁜
04. design	•	• d.	디자인; 디자인하다
05. maintenance	•	• e.	유지, 보존, 보수, 주장
06. panel	•	• f.	똑바로 선; 건립하다
07. assess	•	• g.	판, 위원단
08. inspiration	•	• h.	졸업생; 졸업하다
09. erect	•	• i.	영감, 고무, 격려
10. graduate	•	• j.	평가하다, 부과하다

DAY 1
DAY 2
DAY 3
DAY 4
DAY 5
DAY 6
DAY 7
DAY 8
DAY 9
DAY 10
DAY 11
DAY 12
DAY 13
DAY 14
DAY 15
DAY 16
DAY 17
DAY 18
DAY 19
DAY 20
DAY 21
DAY 22
DAY 23
DAY 24
DAY 25
DAY 26
DAY 27
DAY 28
DAY 29
DAY 30

Exercise B 01. graduate 02. maintenance 03. occupied 04. bottom 05. panel 06. inspiration 07. erect 08. assess 09. blueprint 10. design **Exercise C** 01. c 02. a 03. b 04. d 05. e 06. g 07. j 08. i 09. f 10. h

Exercise D 다음 문장을 올바르게 해석해 보세요.

New expert [01]**panel** will [02]**assess** the [03]**design**.
새 전문가 [01]_____이 [03]_____을 [02]_____ 것입니다.

I called the property [04]**maintenance** company to [05]**erect** a gate.
저는 문을 [05]_____ 위해 부동산 [04]_____ 업체에 전화했어요.

Exercise E 다음 구문을 올바르게 해석해 보세요.

01. unveil the **blueprint**

_____

02. undergo **maintenance**

_____

03. **assess** the suitability

_____

04. satisfy the requirements to **graduate**

_____

05. a source of **inspiration**

_____

06. get to the **bottom** of the case

_____

07. solar **panels**

_____

08. be **occupied** with more urgent matters

_____

09. **erect** a fence

_____

10. pitch a **design** idea

_____

Exercise D 01. 위원단 02. 평가할 03. 디자인 04. 보수 05. 세우기   **Exercise E** 01. 청사진을 공개하다 02. 보수에 들어가다 03. 적합성을 평가하다 04. 졸업하기 위해 필요조건을 충족하다 05. 영감의 원천 06. 사건의 원인을 알아내다 07. 태양 전지판 08. 더 긴급한 문제로 바쁘다 09. 울타리를 세우다 10. 디자인 의견을 제시하다

저절로 실전 Training

Grammar & Expressions 배운 단어로 Part 5 실전 문제 풀어보기

1. It is necessary to alleviate supply shortages in the manufacturing industry for the ------- of the year.

(A) commander
(B) remainder
(C) spectator
(D) indicator

2. The renovation of the annex building is scheduled ------- in August.

(A) to conclude
(B) be conclude
(C) has concluded
(D) concludes

3. The construction site ------- by commercial buildings.

(A) to surround
(B) surrounded
(C) will surround
(D) is surrounded

4. New expert ------- will assess the design.

(A) raise
(B) space
(C) panel
(D) query

- -

Answers

1. **(B)**
   해석 올해 나머지 동안 제조 산업의 공급 부족을 완화하는 것이 필수적입니다.
   해설 [어휘] 문맥에 어울리는 명사 문맥상 빈칸 부분은 기간을 나타내는 전치사구를 이루는 것이 적절하다. 따라서 '올해 (B) 나머지 동안'이라고 해야 한다.
   (A) 지휘관 (B) 나머지, 남아 있는 것 (C) 구경꾼 (D) 지표

2. **(A)**
   해석 별관 보수 공사는 8월에 끝날 예정입니다.
   해설 [어법] 준동사 주어와 동사가 갖추어져 있으므로 to부정사로 의미를 추가하는 것이 적절하다. 따라서 (A) to conclude가 와야 한다.

3. **(D)**
   해석 건설 현장은 상가 건물들로 둘러싸여 있습니다.
   해설 [어법] 동사 문장의 동사가 빈칸에 와야 한다. 주어(The construction site)가 상업 건물들에 둘러싸인 것이므로 수동형 (D) is surrounded가 적절하다.

4. **(C)**
   해석 새 전문가 위원단이 디자인을 평가할 것입니다.
   해설 [어휘] 문맥에 어울리는 명사 동사(will assess)의 주어로 적절한 것은 '새 전문가 (C) 위원단'이다.
   (A) 인상 (B) 공간 (C) 위원단, 자문단 (D) 문의, 의문

저절로 실전 Training

Reading & Listening 배운 단어로 실전 지문 읽고 들어보기

다음 글을 읽고 올바른 해석을 고르세요.

MP3 🎧

Attention, all employees.
As you know, our main office space will be undergoing extensive **renovation** over

1. (A) 확장 보수 공사
(B) 대규모 보수 공사

the next two weeks. The panel of judges selected the architect based on the blueprint and design concept submitted to us. Ms. Jenna Song's proposal was a pure inspiration. The building cannot be occupied during that time. The relocation of the workspace during the **remainder** of the month is therefore necessary. We're

2. (A) 이번 달 나머지 기간 동안
(B) 이번 달 마지막 주 동안

lucky to secure a rental space right next door. When you come in for work next week, please take the Northside **entrance** next to the ground floor auditorium.

3. (A) 북쪽 회의실을 이용하다
(B) 북쪽 출입문을 이용하다

You can locate the temporary office on the other side of the hallway. Please spread the word to the colleagues who are not present at the moment. Thank you.

- -

Answers

1. (B) 2. (A) 3. (B)

해석 전 직원은 주목해 주세요.
아시다시피, 우리 회사의 주사무실 공간은 다음 2주간에 걸쳐 ¹·**대규모 보수 공사**에 돌입할 예정입니다. 평가 위원단이 우리에게 제출된 청사진과 디자인 콘셉트에 근거하여 건축가를 선정하였습니다. Ms. Jenna Song의 제안서는 순수한 영감이었습니다. 해당 건물은 그 기간 동안 점유될 수 없습니다. 따라서 ²·**이번 달 나머지 기간 동안** 사무실 이전이 필수적입니다. 우리는 다행히 바로 옆 임대 공간을 확보하였습니다. 다음 주 출근 시에는 1층 강당 옆에 있는 ³·**북쪽 출입문을 이용해주시기** 바랍니다. 임시 사무실은 복도 반대쪽에 있습니다. 지금 자리하지 않은 동료분들에게도 말씀 전해주시기 바랍니다. 감사합니다.

DAY 26-1

deem	*v.* 간주하다, (~라고) 여기다, 판단하다 (=consider) deem A as B A를 B라고 여기다	_____ data statistically sound 데이터가 통계적으로 타당하다고 판단하다 be _____ed illegal 불법으로 간주되다
enter	*v.* 들어가다, 입력하다 entrance *n.* 입구, 입장 entry *n.* 입장, 출품작 enter into ~를 시작하다, ~에 참가하다	_____ a shop 매장에 들어가다 _____ the meeting room 회의실에 들어가다
retain	*v.* 유지하다, 보유하다 retention *n.* 유지, 보유 retainable *a.* 보유할 수 있는	_____ a copy of the permit 허가증 사본을 보유하다 _____ existing customers 기존 고객을 유지하다
container	*n.* 그릇, 용기, (운송용) 컨테이너 contain *v.* 담다	a glass _____ 유리 용기 a _____ ship 컨테이너 선박
flavor	*n.* 맛, 향, 정취, 조미료 *v.* (~한) 맛이 나다, 맛을 내다 add[give] flavor to ~에 맛을 더하다	artificial _____s 인공 조미료 a distinctive 18th century _____s 18세기의 독특한 정취
clear	*a.* 맑게 갠, 명확한 *v.* (장소를) 치우다 clearly *ad.* 명확히, 분명하게	a _____ question 명확한 질문 _____ the table 탁자를 정리하다
convenient	*a.* 편리한, 가까운, 접근이 용이한 convenience *n.* 편리함, 편의, 편의시설 conveniently *ad.* 편리하게	_____ location 편리한 위치 _____ shopping experiences 편리한 쇼핑 경험
decorated	*a.* 훌륭하게 꾸민, 장식된 decoration *n.* 장식, 장식품 decorate *v.* 장식하다	a tastefully _____ room 우아하게 장식된 방 be _____ with flowers 꽃으로 장식되다
nearby	*a.* 근처에 있는 *ad.* 근처에	a _____ department store 근처에 있는 백화점 take her to a _____ hospital 인근 병원으로 그녀를 옮기다
open	*n.* 옥외 *a.* 공개의 *v.* 열다, 개업하다 opening *n.* 공석, 개장, 개시 openly *ad.* 터놓고, 솔직하게 in the open (air) 야외에서	an _____ house 오픈 하우스[집 공개] a newly _____ed restaurant 새로 문을 연 식당

저절로 암기 Training

Exercise A 주어진 단어들을 결합하여 구문을 만드세요.

deem + illegal → be _____ ed _____
간주하다　　불법의　　　불법으로 간주되다

enter + shop → _____ a _____
들어가다　　매장　　　매장에 들어가다

retain + customer → _____ existing _____ s
유지하다　　고객　　　　기존 고객을 유지하다

container + ship → a _____ _____
컨테이너　　　선박　　　컨테이너 선박

artificial + flavor → _____ _____ s
인공적인　　　조미료　　　인공 조미료

clear + question → a _____ _____
명확한　　질문　　　명확한 질문

convenient + experience → _____ shopping _____ s
편리한　　　　경험　　　　편리한 쇼핑 경험

decorated + flower → be _____ with _____ s
장식된　　　꽃　　　꽃으로 장식되다

nearby + department store → a _____ _____
근처에 있는　　백화점　　　　근처에 있는 백화점

newly + open → a _____ _____ ed restaurant
새로　　열다　　　새로 문을 연 식당

Exercise B 보기에서 적절한 단어를 찾아 문장을 완성하세요.

보기
_____

　　deem　　enter　　retain　　container　　flavor
　　clear　　convenient　　decorated　　nearby　　open
_____

01. For almost 3 years, I have worked as a deckhand on a _____ ship.
거의 3년 동안, 저는 컨테이너 선박에서 선원으로 일해왔습니다.

02. Most artificial _____ s have both taste and smell components.
대부분의 인공 조미료는 맛과 향의 성분을 모두 가지고 있다.

03. New consumers showed strong preferences for more _____ shopping experiences.　새로운 고객은 더 편리한 쇼핑 경험에 대한 강한 선호를 보였다.

04. The front door has been _____ with her favorite flowers.
현관은 그녀가 가장 좋아하는 꽃들로 장식되었다.

05. To ask a _____ question, avoid using complex language.
명확한 질문을 하려면, 복잡한 단어의 사용을 피하세요.

06. Every bike we've seen in a _____ department store is sold out.
우리가 근처 백화점에서 봤던 모든 자전거가 매진되었어요.

07. The contract can be _____ed illegal.   그 계약은 불법으로 간주될 수 있다.

08. The boutique was replaced by a newly _____ed restaurant.
양품점은 새로 문을 연 식당으로 바뀌었다.

09. The minimum age to _____ our shop is 12.
저희 매장에 들어올 수 있는 최소 나이는 12세입니다.

10. It costs more to acquire new customers than _____ existing customers.
새 고객을 얻는 것이 기존 고객을 유지하는 것보다 비용이 더 많이 든다.

Exercise C 주어진 단어의 적절한 의미를 찾아 연결해 보세요.

01. nearby   •   • a. 근처에 있는; 근처에

02. container   •   • b. 공개의; 열다

03. open   •   • c. 편리한

04. retain   •   • d. 그릇, 용기, 컨테이너

05. convenient   •   • e. 유지하다, 보유하다

06. flavor   •   • f. 들어가다

07. clear   •   • g. 맛, 조미료; 맛을 내다

08. deem   •   • h. 명확한; 치우다

09. enter   •   • i. 장식된

10. decorated   •   • j. 간주하다, 여기다

Exercise B 01. container 02. flavor 03. convenient 04. decorated 05. clear 06. nearby 07. deem 08. open 09. enter 10. retain **Exercise C** 01. a 02. d 03. b 04. e 05. c 06. g 07. h 08. j 09. f 10. i

Exercise D 다음 문장을 올바르게 해석해 보세요.

I bought two plastic [01]**containers** and strawberry-[02]**flavored** ice cream at the [03]**nearby** store.

나는 [03]_____ 가게에서 플라스틱 [01]_____ 두 개와 딸기 [02]_____ 아이스크림을 샀다.

I think we should [04]**clear** the garage to make the door fully [05]**opened**.

문이 활짝 [05]_____ 하려면 우리가 차고를 [04]_____ 할 것 같아.

Exercise E 다음 구문을 올바르게 해석해 보세요.

01. a **clear** question

_____

02. be **decorated** with flowers

_____

03. be **deemed** illegal

_____

04. **convenient** shopping experiences

_____

05. a newly **opened** restaurant

_____

06. **enter** a shop

_____

07. **retain** existing customers

_____

08. a **container** ship

_____

09. a **nearby** department store

_____

10. artificial **flavors**

_____

Exercise D 01. 용기 02. 맛(을 낸) 03. 근처에 있는 04. 열리게 05. 치워야 　Exercise E 01. 명확한 질문 02. 꽃으로 장식되다 03. 불법으로 간주되다 04. 편리한 쇼핑 경험 05. 새로 문을 연 식당 06. 매장에 들어가다 07. 기존 고객을 유지하다 08. 컨테이너 선박 09. 근처에 있는 백화점 10. 인공 조미료

DAY 26-2

rack	*n.* 받침대[선반], 걸이, 고문 be on the rack (어려운 상황에) 몰려 있다	a magazine _____ 잡지용 선반 put up a suitcase on the _____ 짐 가방을 선반 위에 올리다
recipe	*n.* 조리법, 요리법	a quick and easy _____ 빠르고 쉬운 조리법 an Asian _____ collection 아시아 요리법 모음
remodeling	*n.* 주택 개조, 리모델링 remodel *v.* 개조하다, 리모델링하다	a _____ business 주택 개조 업체 encourage green _____ 환경친화적인 리모델링을 장려하다
seat	*n.* 자리, 좌석, 의석 *v.* 앉히다, 착석시키다 seating *n.* 좌석, 좌석 배열	_____ availability 좌석 이용 현황 be _____ed side by side 나란히 앉다
stir	*n.* 젓기, 동요 *v.* 젓다, 살짝 움직이다 stirring *a.* 강한 인상을 주는 stir A in(to) B A를 B에 섞다	_____ the soup 수프를 젓다 _____ the paint 페인트를 섞다
voucher	*n.* 할인권, 상품권	a hotel gift _____ 호텔 상품권 a £5,000 travel _____ 5,000 파운드 상당의 여행 상품권
ingredient	*n.* 성분, (요리) 재료, 요소	essential _____s for a healthy diet 건강한 식단을 위한 필수 요소 use fresh _____s 신선한 재료를 사용하다
furniture	*n.* 가구 furnished *a.* 가구가 비치된 furnish *v.* (가구를) 비치하다	a _____ store 가구점 a large stock of antique _____ 대량의 골동품 가구[고가구]
otherwise	*ad.* 그렇지 않으면, 다르게, 달리	think _____ 다르게 생각하다 Go now, _____ you'll miss the train. 지금 가지 않으면 기차를 놓칠 거야.
meal	*n.* 식사	in-flight _____ services 기내식 서비스 collect firewood to prepare the _____ 식사를 준비하기 위해 땔감을 모으다

저절로 암기 Training

Exercise A 주어진 단어들을 결합하여 구문을 만드세요.

put up + rack → _____ a suitcase on the _____
올리다　　　선반　　　짐 가방을 선반 위에 올리다

quick + recipe → a _____ and easy _____
빠른　　　조리법　　　빠르고 쉬운 조리법

remodeling + business → a _____ _____
주택 개조　　　사업(체)　　　주택 개조 업체

seat + availability → _____ _____
좌석　　가용성　　　좌석 이용 현황

stir + soup → _____ the _____
젓다　　수프　　　수프를 젓다

gift + voucher → a hotel _____ _____
증정품　　상품권　　　호텔 상품권

fresh + ingredient → use _____ _____s
신선한　　재료　　　신선한 재료를 사용하다

antique + furniture → a large stock of _____ _____
골동품　　가구　　　대량의 골동품 가구[고가구]

think + otherwise → _____ _____
생각하다　　다르게　　　다르게 생각하다

in-flight + meal → _____ _____ services
기내의　　　식사　　　기내식 서비스

Exercise B 보기에서 적절한 단어를 찾아 문장을 완성하세요.

보기

rack　recipe　remodeling　seat　stir
voucher　ingredient　furniture　otherwise　meal

01. The Fraser Hotel gift _____s are stylishly presented in cream envelopes.
Fraser 호텔 상품권은 크림색 봉투에 멋스럽게 제공됩니다.

02. _____ the soup slowly and constantly until it thickens.
걸쭉해질 때까지 수프를 천천히 계속해서 저어주세요.

03. You may have a point, but I think _____.
당신 말도 일리 있지만, 저는 다르게 생각합니다.

04. The TA Airlines provides passengers with high-quality in-flight _____ services. TA 항공은 승객 여러분에게 고품질의 기내식 서비스를 제공합니다.

05. Here's a quick and easy _____ for home-style Chinese dumplings.
가정식 중국 만두를 위한 빠르고 쉬운 조리법이 여기 있습니다.

06. They serve the top quality sushi using fresh _____s.
그곳은 신선한 재료를 사용하여 최고 품질의 초밥을 제공한다.

07. We have a large stock of antique _____ for sale.
저희는 판매용 골동품 가구를 대량 보유하고 있습니다.

08. He did not put up his suitcase on the _____ above the seats.
그는 좌석 위 선반에 그의 짐 가방을 올리지 않았다.

09. I have an acquaintance who works for a _____ business.
나는 주택 개조 업체에서 일하는 사람을 알고 있다.

10. You can check _____ availability of a train just by entering a date and time.
날짜와 시간을 입력하기만 하면 기차의 좌석 이용 현황을 확인할 수 있습니다.

Exercise C 주어진 단어의 적절한 의미를 찾아 연결해 보세요.

01. furniture • • a. 좌석; 앉히다

02. meal • • b. 가구

03. rack • • c. 식사

04. remodeling • • d. 주택 개조, 리모델링

05. seat • • e. 받침대, 선반

06. stir • • f. 요리법

07. recipe • • g. 젓기; 젓다, 살짝 움직이다

08. voucher • • h. 그렇지 않으면, 다르게

09. otherwise • • i. 성분, (요리) 재료

10. ingredient • • j. 할인권, 상품권

Exercise B 01. voucher 02. Stir 03. otherwise 04. meal 05. recipe 06. ingredient 07. furniture 08. rack 09. remodeling 10. seat   **Exercise C** 01. b 02. c 03. e 04. d 05. a 06. g 07. f 08. j 09. h 10. i

Exercise D 다음 문장을 올바르게 해석해 보세요.

I bought dining ⁰¹**furniture** and a wooden wine ⁰²**rack** as a set.
나는 주방 ⁰¹_____와 나무로 된 와인 ⁰²_____을 세트로 구입했다.

You will receive your ⁰³**meal** ⁰⁴**vouchers** when you check in at your hotel.
호텔에서 체크인하실 때 ⁰³_____ ⁰⁴_____을 받으실 수 있습니다.

Allergenic ⁰⁵**ingredients** need to be clearly emphasized within the list.
알레르기를 일으키는 ⁰⁵_____은 목록에서 명확하게 강조되어야 한다.

Exercise E 다음 구문을 올바르게 해석해 보세요.

01. a hotel gift **voucher**
_____

02. use fresh **ingredients**
_____

03. a large stock of antique **furniture**
_____

04. in-flight **meal** services
_____

05. a **remodeling** business
_____

06. **seat** availability
_____

07. **stir** the soup
_____

08. put up a suitcase on the **rack**
_____

09. a quick and easy **recipe**
_____

10. think **otherwise**
_____

Exercise D 01. 가구 02. 선반 03. 식사 04. 상품권 05. 성분 **Exercise E** 01. 호텔 상품권 02. 신선한 재료를 사용하다 03. 대량의 골동품 가구[고가구] 04. 기내식 서비스 05. 주택 개조 업체 06. 좌석 이용 현황 07. 수프를 젓다 08. 짐 가방을 선반 위에 올리다 09. 빠르고 쉬운 조리법 10. 다르게 생각하다

DAY 26-3

taste	*n.* 맛, 기호, 취향 *v.* ~의 맛을 보다, ~의 맛이 나다 tasteful *a.* 고상한, 우아한	have similar _____s 비슷한 취향을 가지다 host a wine _____ing event 와인 시음 행사를 주최하다
bucket	*n.* 양동이, (–s) 많은 양	a _____ of water 물 한 양동이 offer a _____ of chicken 치킨 한 통을 제공하다
fill	*v.* 채우다, (주문대로) 이행하다, 충족시키다 be filled with ~으로 가득 채워지다 fill in[out] ~을 작성하다, 기입하다	_____ up a car 차에 연료를 (가득) 채우다 _____ in the blank 빈칸을 채우다
status	*n.* 상태, 상황, 지위 keep the status quo 현상을 유지하다	the order _____ 주문 상태 the legal _____ of the institution 협회의 법적인 지위
appearance	*n.* 외관, 외모, 등장 appear *v.* 나타나다, ~인 것 같다	the first _____ on the stage 첫 무대 등장 the _____ of the building 건물의 외관
beverage	*n.* 음료	provide free food and _____s 무료 식음료를 제공하다 non-alcoholic _____s 무알콜 음료
commute	*n.* 통근 *v.* 통근하다 commuter *n.* 통근자	spend six hours _____ing 출퇴근하는 데 6시간이 걸리다 _____ to Seoul every day 매일 서울로 출퇴근하다
laundry	*n.* 세탁(물)	do the _____ 빨래를 하다 search the _____ room 세탁실을 찾아보다
lean	*v.* 기대다, 의지하다 leaning *n.* 성향	Do not _____ against the wall. 벽에 기대지 마시오. _____ on others 다른 사람들에게 의지하다
live	*a.* 살아있는, 생방송의 *v.* 살다, 거주하다 living *n.* 생계 *a.* 살아있는, 현존하는 lively *a.* 활기 넘치는	a _____ radio show 생방송 라디오 쇼 find a place to _____ 거주할 장소를 찾다

저절로 암기 Training

Exercise A 주어진 단어들을 결합하여 구문을 만드세요.

similar + taste → have _____ _____ s
비슷한   취향   비슷한 취향을 가지다

bucket + water → a _____ of _____
양동이   물   물 한 양동이

fill + car → _____ up a _____
채우다   차   차에 연료를 (가득) 채우다

order + status → the _____ _____
주문   상태   주문 상태

appearance + building → the _____ of the _____
외관   건물   건물의 외관

non-alcoholic + beverage → _____ _____ s
무알콜의   음료   무알콜 음료

commute + every day → _____ to Seoul _____
출퇴근하다   매일   매일 서울로 출퇴근하다

do + laundry → _____ the _____
하다   세탁물   빨래를 하다

lean + other → _____ on _____ s
의지하다 다른 사람   다른 사람들에게 의지하다

place + live → find a _____ to _____
장소   거주하다   거주할 장소를 찾다

Exercise B 보기에서 적절한 단어를 찾아 문장을 완성하세요.

보기

taste   bucket   fill   status   appearance
beverage   commute   laundry   lean   live

01. When you move to London, you will need to find a place to _____ first.
런던으로 이사한다면 거주할 장소부터 먼저 찾아야 할 것이다.

02. It's okay to allow yourself to _____ on others.
자기 자신을 다른 사람들에게 의지하도록 허락해도 괜찮다.

03. Take a _____ of water and drop paint onto the surface.
물 한 양동이를 가져다 놓고, 페인트를 표면에 떨어트리세요.

04. I'd love to find people who have similar book _____s to mine.

나와 비슷한 독서 취향을 가진 사람들을 찾고 싶어요.

05. You should _____ up the car before returning it.

차를 반환하기 전에 연료를 채우셔야 합니다.

06. Be sure to include non-alcoholic _____s on your list.

목록에 무알콜 음료를 반드시 포함하세요.

07. It takes more than one hour to _____ to Seoul every day.

매일 서울로 출퇴근하는 데 한 시간 이상이 소요된다.

08. The sculpture may spoil the whole _____ of the building.

그 조각상이 건물의 전체 외관을 망칠 수도 있다.

09. Fabric softener can be used when doing the _____.

세탁 시 섬유유연제를 사용하셔도 됩니다.

10. Enter your order number or your email address to see your order _____.

주문 상태를 보려면 주문 번호나 이메일 주소를 입력하세요.

DAY 1
DAY 2
DAY 3
DAY 4
DAY 5
DAY 6
DAY 7
DAY 8
DAY 9
DAY 10
DAY 11
DAY 12
DAY 13
DAY 14
DAY 15
DAY 16
DAY 17
DAY 18
DAY 19
DAY 20
DAY 21
DAY 22
DAY 23
DAY 24
DAY 25
DAY 26
DAY 27
DAY 28
DAY 29
DAY 30

Exercise C 주어진 단어의 적절한 의미를 찾아 연결해 보세요.

01. fill • • a. 맛, 취향; ~의 맛을 보다

02. status • • b. 외관, 외모, 등장

03. lean • • c. 채우다

04. taste • • d. 상태, 상황, 지위

05. appearance • • e. 기대다, 의지하다

06. beverage • • f. 살아있는; 살다, 거주하다

07. live • • g. 음료

08. commute • • h. 양동이, 많은 양

09. laundry • • i. 통근; 통근하다

10. bucket • • j. 세탁물

Exercise B 01. live 02. lean 03. bucket 04. taste 05. fill 06. beverage 07. commute 08. appearance 09. laundry 10. status **Exercise C** 01. c 02. d 03. e 04. a 05. b 06. g 07. f 08. i 09. j 10. h

Exercise D 다음 문장을 올바르게 해석해 보세요.

[01]**Fill** the [02]**bucket** with either cold or hot water depending on the type of [03]**laundry**.
[03]_____ 종류에 따라 찬물 또는 뜨거운 물로 [02]_____ 를 [01]_____.

Preservatives are used to protect freshness and [04]**taste** in [05]**beverages**.
보존제는 [05]_____의 신선함과 [04]_____을 보호하는 데 사용된다.

Exercise E 다음 구문을 올바르게 해석해 보세요.

01. **fill** up a car

_____

02. the order **status**

_____

03. the **appearance** of the building

_____

04. non-alcoholic **beverages**

_____

05. do the **laundry**

_____

06. **lean** on others

_____

07. find a place to **live**

_____

08. have similar **tastes**

_____

09. a **bucket** of water

_____

10. **commute** to Seoul every day

_____

Exercise D 01. 채우세요 02. 양동이 03. 세탁물 04. 맛 05. 음료   **Exercise E** 01. 차에 연료를 (가득) 채우다 02. 주문 상태 03. 건물의 외관 04. 무알콜 음료 05. 빨래를 하다 06. 다른 사람들에게 의지하다 07. 거주할 장소를 찾다 08. 비슷한 취향을 가지다 09. 물 한 양동이 10. 매일 서울로 출퇴근하다

DAY 26-4

name	*n.* 이름, 명성 *v.* 명명[지명]하다, 이름을 붙이다 namely *ad.* 즉	a user _____ 사용자 이름 _____ a new planet 새로운 행성에 이름을 붙이다
proof	*n.* 증명, 증거 *a.* (~에) 견디는, 견딜 수 있는 *v.* 방수 처리하다, 교정하다	_____ of payment 지불 증명(서) safety gear _____ed against water 방수 처리된 안전 장비
wear	*n.* 복장, 착용, 마모 *v.* 입다, 착용하다, 닳다, 낡다	_____ a suit 정장을 입다 _____ seat belts 안전띠를 착용하다
daily	*a.* 매일의, 일상적인 *ad.* 날마다, 매일	a _____ newspaper 일간 신문 a balanced _____ diet 균형 잡힌 일일 식단
downstairs	*n.* 아래층 *a.* 아래층의 *ad.* 아래층으로, 아래층에서 　(↔upstairs 위층으로, 위층에서)	the _____ ceiling 아래층 천장 walk _____ 아래층으로 내려가다
dress	*n.* 의복, 드레스 *v.* 입다, 입히다 dressed *a.* 옷을 입은, 복장을 갖춘	alter a _____ 옷을 수선하다[고치다] a _____ code 복장 규정
residential	*a.* 주택의, 주거의 resident *n.* 거주자 residence *n.* 거주지, 주택 reside *v.* 거주하다	a _____ area 주거 지역 offer both _____ and commercial equipment 가정용과 상업용 장비를 모두 제공하다
serve	*v.* 일하다, 제공하다 server *n.* (컴퓨터의) 서버, (식당) 종업원 service *n.* 봉사, 서비스 *v.* 제공하다 serve as ~로서 일하다	_____ as the association's president 협회장을 역임하다 _____ pancakes with butter 팬케이크를 버터와 함께 제공하다
cater	*v.* (연회 등에) 음식을 공급하다 catering *n.* 음식 공급, 출장 뷔페[연회] 　(서비스)	_____ for weddings 결혼식에 음식을 공급하다 a _____ed dinner party 출장요리로 차려진 저녁 파티
near	*a.* 가까운 *ad.* 가까이에 *prep.* ~와 가까운 nearly *ad.* 거의, 대략	a seat _____ the stage 무대와 가까운 좌석 be located _____ the park 공원 근처에 위치하다

저절로 암기 Training

Exercise A 주어진 단어들을 결합하여 구문을 만드세요.

name   + planet → _____ a new _____
이름을 붙이다   행성   새로운 행성에 이름을 붙이다

proof + payment → _____ of _____
증명   지불   지불 증명(서)

wear + suit → _____ a _____
입다   정장   정장을 입다

daily + diet → a balanced _____ _____
매일의   식단   균형 잡힌 일일 식단

downstairs + ceiling → the _____ _____
아래층의   천장   아래층 천장

alter + dress → _____ a _____
고치다   옷   옷을 수선하다[고치다]

residential + area → a _____ _____
주거의   지역   주거 지역

serve + pancake → _____ _____s with butter
제공하다   팬케이크   팬케이크를 버터와 함께 제공하다

cater   + wedding → _____ for _____s
음식을 공급하다   결혼(식)   결혼식에 음식을 공급하다

near   + stage → a seat _____ the _____
~와 가까운   무대   무대와 가까운 좌석

Exercise B 보기에서 적절한 단어를 찾아 문장을 완성하세요.

보기

name   proof   wear   daily   downstairs
dress   residential   serve   cater   near

01. We recommend the seats _____ the stage on the first floor.
무대와 가까운 1층 좌석을 추천해 드립니다.

02. The scientists _____d a new planet they've found.
과학자들은 그들이 찾아낸 새로운 행성에 이름을 붙였다.

03. I altered a _____ that was too long. 나는 너무 긴 드레스를 수선했다.

04. The speed limit in _____ areas differs from state to state.

주거 지역의 제한 속도는 주마다 다르다.

05. American-style pancakes are _____d with butter and maple syrup.

미국식 팬케이크에는 버터와 메이플 시럽이 함께 제공됩니다.

06. We have a lot of experience with _____ing for weddings.

저희는 결혼식 케이터링[음식 공급]에 많은 경험이 있습니다.

07. All passengers must carry a boarding pass and _____ of payment.

모든 승객은 탑승권과 지불 증명서를 소지해야 합니다.

08. _____ing a suit encourages people to use formal language.

정장을 입는 것은 사람들로 하여금 격식 있는 언어를 사용하게 한다.

09. A balanced _____ diet that includes fiber may reduce the risk of developing diabetes. 섬유질을 포함한 균형 잡힌 일일 식단은 당뇨병에 걸릴 위험을 낮출 수 있다.

10. The stains on the _____ ceiling are due to water leakage.

아래층 천장에 난 얼룩은 누수로 인한 것이다.

Exercise C 주어진 단어의 적절한 의미를 찾아 연결해 보세요.

01. cater   •   • a. 아래층의; 아래층에서

02. near   •   • b. 가까운; 가까이에

03. name   •   • c. 이름; 이름을 붙이다

04. downstairs   •   • d. 증명, 증거; 견디는

05. proof   •   • e. 음식을 공급하다

06. wear   •   • f. 주택의, 주거의

07. daily   •   • g. 복장; 입다, 착용하다

08. dress   •   • h. 의복, 드레스; 입다

09. serve   •   • i. 일하다, 제공하다

10. residential   •   • j. 매일의; 날마다

DAY 1
DAY 2
DAY 3
DAY 4
DAY 5
DAY 6
DAY 7
DAY 8
DAY 9
DAY 10
DAY 11
DAY 12
DAY 13
DAY 14
DAY 15
DAY 16
DAY 17
DAY 18
DAY 19
DAY 20
DAY 21
DAY 22
DAY 23
DAY 24
DAY 25
DAY 26
DAY 27
DAY 28
DAY 29
DAY 30

Exercise B 01. near 02. name 03. dress 04. residential 05. serve 06. cater 07. proof 08. Wear 09. daily 10. downstairs
Exercise C 01. e 02. b 03. c 04. a 05. d 06. g 07. j 08. h 09. i 10. f

Exercise D 다음 문장을 올바르게 해석해 보세요.

All servers at the restaurant [01]**named** Orchid Garden [02]**wore** formal [03]**dresses** and heels.

Orchid Garden이라는 [01]_____ 식당의 모든 종업원들은 격식을 차린 [03]_____과 구두를
[02]_____.

Bach Elementary School is located [04]**near** the [05]**residential** area.

Bach 초등학교는 [05]_____ 지역 [04]_____ 위치해 있다.

Exercise E 다음 구문을 올바르게 해석해 보세요.

01. the **downstairs** ceiling

_____

02. alter a **dress**

_____

03. a **residential** area

_____

04. **serve** pancakes with butter

_____

05. **proof** of payment

_____

06. **wear** a suit

_____

07. a balanced **daily** diet

_____

08. **cater** for weddings

_____

09. a **seat** near the stage

_____

10. **name** a new planet

_____

Exercise D 01. 이름이 붙은 02. 착용했다 03. 복장 04. 가까이 05. 주거 **Exercise E** 01. 아래층 천장 02. 옷을 수선하다[고치다] 03. 주거 지역 04. 팬케이크를 버터와 함께 제공하다 05. 지불 증명(서) 06. 정장을 입다 07. 균형 잡힌 일일 식단 08. 결혼식에 음식을 공급하다 09. 무대와 가까운 좌석 10. 새로운 행성에 이름을 붙이다

저절로 실전 Training

DAY 26

Shopping & Eating Out

Grammar & Expressions 배운 단어로 Part 5 실전 문제 풀어보기

1. I bought two plastic ------- and strawberry-flavored ice cream at the nearby store.

(A) contained
(B) containers
(C) contain
(D) contains

2. Allergenic ------- need to be clearly emphasized within the list.

(A) vouchers
(B) ingredients
(C) conventions
(D) remains

3. Preservatives ------- to protect freshness and taste in beverages.

(A) used
(B) will use
(C) using
(D) are used

4. Bach Elementary School is located near the ------- area.

(A) confidential
(B) residential
(C) superficial
(D) accidental

Answers

1. (B)

해석 나는 근처 가게에서 플라스틱 용기 두 개와 딸기 맛 아이스크림을 구입했다.

해설 **[어법] 품사** 문장에 동사가 이미 있으므로 two plastic의 수식을 받는 복수명사 (B) containers가 적절하다.

2. (B)

해석 알레르기를 일으키는 성분은 목록에서 명확하게 강조되어야 한다.

해설 **[어휘] 문맥에 어울리는 명사** 문맥상 '알레르기를 일으키는 (B) 성분'이라고 해야 적절하다.
　　(A) 상품권 (B) 성분 (C) 관습 (D) 나머지, 잔량

3. (D)

해석 보존제는 음료의 신선함과 맛을 보호하는 데 사용된다.

해설 **[어법] 동사** 문장의 동사가 빈칸에 와야 한다. 주어(Preservatives)는 사용되는 대상이므로 수동태 (D) are used가 적절하다.

4. (B)

해석 Bach 초등학교는 주거 지역 근처에 위치해 있다.

해설 **[어휘] 문맥에 어울리는 형용사** 문맥상 초등학교가 위치할 지역으로 '(B) 주거 지역'이 적절하다.
　　(A) 기밀의 (B) 주거의 (C) 피상적인 (D) 우연의

저절로 실전 Training

Reading & Listening 배운 단어로 실전 지문 읽고 들어보기

다음 글을 읽고 올바른 해석을 고르세요.

MP3 🎧

Today is your lucky day. You will not only be able to **taste** our chef's new desert after

1. (A) 주방장의 새로운 디저트를 맛보다
    (B) 주방장의 새로운 디저트에 집중하다

the meal, but you'll be bringing home the recipe for his award-winning lemon tart which is bursting with flavors. Please find your nametag on the table and have a seat. We will shortly serve the appetizer and beverage of your choice. At the end of our open dining night, we ask that you **fill out our questionnaire** to help us improve

2. (A) 설문지를 가져오다
    (B) 설문지를 작성하다

the quality of our food and service. Afterwards, we'll move downstairs to the café and have a fun quiz. Whoever guesses the highest number of ingredients used in the chef's new desert, will **get a voucher** for a free entrée you can redeem on your next visit.

3. (A) 요리법을 받다
    (B) 상품권을 받다

- -

Answers

1. (A)   2. (B)   3. (B)

해석 오늘은 여러분의 행운의 날입니다. 식사 후 ¹· 주방장의 새로운 디저트를 맛보실 수 있을 뿐만 아니라 주방장의 수상작인 풍부한 맛의 레몬 타르트 요리법을 집에 가져가실 수 있습니다. 식탁에 놓인 이름표를 찾아서 앉아주시기 바랍니다. 곧 선택하신 전채 요리와 음료를 내어드리겠습니다. 공개 식사의 밤 막바지에는 저희 음식과 서비스 품질 향상을 위한 ²· 설문지 작성을 요청할 것입니다. 그다음에는, 아래층 카페로 이동하여 재미있는 퀴즈 시간을 갖겠습니다. 주방장의 새로운 디저트에 사용된 재료를 가장 많이 맞추시는 분은 다음 방문 때 교환하실 수 있는 무료 전채 요리(앙트레) ³· 상품권을 받으실 수 있습니다.

DAY 27-1

protect	v. 보호하다, 지키다 protection n. 보호, 방어 protective a. 보호하는, 방어적인	_____ from the UV radiation 자외선으로부터 보호하다 _____ the intellectual property 지적 재산을 보호하다
health	n. 건강, 보건 healthy a. 건강[건전]한, 건강에 좋은 healthful a. 건강에 좋은	be in excellent _____ 아주 건강하다 maintain _____ 건강을 유지하다
nutrition	n. 영양 nutritionist n. 영양사 nutritional a. 영양상의, 영양에 관한 nutritious a. 영양분이 많은	the importance of balanced _____ 균형 잡힌 영양의 중요성 get proper _____ 적절한 영양을 섭취하다
persistence	n. 고집, 인내, 지속 persist v. 계속하다, 지속되다 persistent a. 끊임없는, 계속되는, 집요한 persistently ad. 집요하게, 지속적으로	dedication and _____ 헌신과 인내 _____ of slow economic growth 느린 경제 성장세의 지속
athletic	a. 체육의, (몸이) 탄탄한, 육상(경기)의 athlete n. 운동선수	_____ ability 운동 능력 _____ equipment 운동 기구
increase	n. 인상, 증가 v. 증가하다, 증가시키다(↔decrease 감소 하다, 감소시키다) increasing a. 증가하는 increasingly ad. 더욱더	oil price _____ 석유 가격 상승 _____ the chance 확률을 높이다
refill	n. 다시 채움, 교체품 v. 다시 채우다, 리필하다	_____ the prescription 처방 약을 다시 채우다 _____ the cup with water 컵에 물을 다시 채우다
occasion	n. 때, 경우, 행사 occasional a. 가끔의, 간헐적인 occasionally ad. 가끔, 이따금	mark the special _____ 특별한 행사를 기념하다 on an _____ like this 이와 같은 때에
medicine	n. 약, 의학 medication n. 약, 약물 (치료)	sports _____ 스포츠 의학 prescribe _____ 약을 처방하다
treatment	n. 치료(법), 대우, 취급 treat v. (특정한 태도로) 대하다, 처리하다, 논의하다	facial _____s 얼굴 관리 _____ for an injury 부상에 대한 치료

DAY 1
DAY 2
DAY 3
DAY 4
DAY 5
DAY 6
DAY 7
DAY 8
DAY 9
DAY 11
DAY 12
DAY 13
DAY 14
DAY 15
DAY 16
DAY 17
DAY 18
DAY 19
DAY 20
DAY 21
DAY 22
DAY 23
DAY 24
DAY 25
DAY 26
DAY 27
DAY 28
DAY 29
DAY 30

DAY 27 건강, 여행 487

저절로 암기 Training

Exercise A 주어진 단어들을 결합하여 구문을 만드세요.

protect + intellectual → _____ the _____ property
보호하다　　지적인　　　　　지적 재산을 보호하다

excellent + health → be in _____ _____
훌륭한, 탁월한　건강　　　아주 건강하다

balanced + nutrition → the importance of _____ _____
균형 잡힌　　영양　　　　균형 잡힌 영양의 중요성

persistence + growth → _____ of slow economic _____
지속　　　　　성장　　　　느린 경제 성장세의 지속

athletic + ability → _____ _____
체육의　　　능력　　　운동 능력

increase + chance → _____ the _____
증가시키다　　확률　　　확률을 높이다

refill + prescription → _____ the _____
다시 채우다　처방 약　　　처방 약을 다시 채우다

mark + occasion → _____ the special _____
기념하다　　행사　　　특별한 행사를 기념하다

prescribe + medicine → _____ _____
처방하다　　약　　　약을 처방하다

treatment + injury → _____ for an _____
치료　　　　부상　　　부상에 대한 치료

Exercise B 보기에서 적절한 단어를 찾아 문장을 완성하세요.

보기

protect　health　nutrition　persistence　athletic
increase　refill　occasion　medicine　treatment

01. What's remarkable is the _____ of slow economic growth.
주목할 만한 것은 느린 경제 성장세의 지속입니다.

02. I'll drop by the pharmacy to _____ my prescription.
저는 처방 약을 다시 채우기 위해 약국에 들를 거예요.

03. Your doctor may prescribe _____ to relieve the symptom.
당신의 의사가 증상을 완화할 약을 처방해줄 수도 있습니다.

04. You have to start _____ for the ankle injury right away.
당신은 바로 발목 부상에 대한 치료를 시작해야 해요.

05. The guest speaker underlined the importance of balanced _____.
초청 연사는 균형 잡힌 영양의 중요성을 강조했습니다.

06. We will take all necessary measures to _____ our intellectual property.
우리는 우리의 지적 재산을 보호하기 위한 모든 필요한 조치들을 취할 것입니다.

07. A financial aid will be offered to those students who demonstrated exceptional
_____ ability.   뛰어난 운동 능력을 보여주었던 학생들에게 재정 지원이 제공될 것입니다.

08. We'll set off fireworks to mark the special _____.
특별한 행사를 기념하기 위해 우리는 불꽃놀이를 할 거예요.

09. He is seemingly in excellent _____.   그는 겉보기에 아주 건강합니다.

10. Extreme stress _____s the chance of illness.   극심한 스트레스는 질병의 확률을 높입니다.

Exercise C 주어진 단어의 적절한 의미를 찾아 연결해 보세요.

01. protect   •   • a. 고집, 인내

02. health   •   • b. 보호하다, 지키다

03. nutrition   •   • c. 건강, 보건

04. persistence   •   • d. 체육의, 육상의

05. athletic   •   • e. 영양

06. increase   •   • f. 행사, 때, 경우

07. refill   •   • g. 다시 채우다, 리필하다

08. occasion   •   • h. 약, 의학

09. medicine   •   • i. 치료, 대우, 취급

10. treatment   •   • j. 인상; 증가하다

Exercise B 01. persistence 02. refill 03. medicine 04. treatment 05. nutrition 06. protect 07. athletic 08. occasion 09. health
10. increase   Exercise C 01. b 02. c 03. e 04. a 05. d 06. j 07. g 08. f 09. h 10. i

Exercise D 다음 문장을 올바르게 해석해 보세요.

He is committed to [01]**increasing** awareness of the relationship between [02]**nutrition** and [03]**health**.

그는 [02]_____ 과 [03]_____ 사이의 관계에 대한 인식을 [01]_____ 에 전념합니다.

Her research team conducts research on the effects of herbal [04]**medicine** in the [05]**treatment** of depression.

그녀의 연구팀은 우울증 [05]_____ 에서 약초 [04]_____ 의 효과에 대한 연구를 수행합니다.

Exercise E 다음 구문을 올바르게 해석해 보세요.

01. the importance of balanced **nutrition**
_____

02. mark the special **occasion**
_____

03. **protect** the intellectual property
_____

04. **prescribe** medicine
_____

05. **increase** the chance
_____

06. **persistence** of slow economic growth
_____

07. **treatment** for an injury
_____

08. **refill** the prescription
_____

09. be in excellent **health**
_____

10. **athletic** ability
_____

Exercise D 01. 높이는 것 02. 영양 03. 건강 04. 의학 05. 치료   Exercise E 01. 균형 잡힌 영양의 중요성 02. 특별한 행사를 기념하다 03. 지적 재산을 보호하다 04. 약을 처방하다 05. 확률을 높이다 06. 느린 경제 성장세의 지속 07. 부상에 대한 치료 08. 처방 약을 다시 채우다 09. 아주 건강하다 10. 운동 능력

DAY 27-2

patient	*n.* 환자 *a.* 참을성 있는, 인내심 있는 patience *n.* 참을성, 인내심 patiently *ad.* 끈기 있게	a _____'s medical history 환자의 병력 examine a _____ 환자를 검사하다
eliminate	*v.* 제거하다 elimination *n.* 제거	_____ an unnecessary delay 불필요한 지연을 없애다 _____ risk factors 위험 요소들을 제거하다
specific	*a.* 구체적인, 특정한 specify *v.* 명시하다, 지정하다 specified *a.* 명시된 specifically *ad.* 특별히, 명확하게	a wine that complements _____ dishes 특정한 음식을 보완해주는 와인 a _____ model 특정한 모델
equip	*v.* 갖추다, 설비하다 equipment *n.* 장비, 기기 equip A with B A에게 B를 갖추어 주다 be equipped with ~이 갖추어져 있다	be fully _____ped (장비가) 완전히 갖춰져 있다 _____ a kitchen 부엌에 장비를 갖추다
itinerary	*n.* 여행 일정표	a cruise ship _____ 크루즈 선박 여행 일정표 create an _____ 여행 일정표를 만들다
passenger	*n.* 승객, 탑승객 pass *v.* 지나가다, 통과하다	arriving _____s 도착하는 승객들 _____ transportation services 승객 운송 서비스
attraction	*n.* 매력, 명소 attractive *a.* 매력적인 attract *v.* 끌다, 유인하다, 매혹하다	nearby _____s 근처 명소들 local tourist _____s 지역 관광 명소들
cancellation	*n.* 취소, 무효화 cancel *v.* 취소하다	penalties for service _____ 서비스 취소로 인한 불이익 a _____ fee 취소 수수료
medical	*a.* 의료의, 의학의 medicine *n.* 약, 의술, 의학 medically *ad.* 의학적으로	the _____ conference 의학 회의 a _____ journal 의학 학술지
luggage	*n.* 수하물, 짐	load and unload _____ 수하물을 싣고 내리다 store the _____ 짐을 보관하다

저절로 암기 Training

Exercise A 주어진 단어들을 결합하여 구문을 만드세요.

patient + medical → a _____'s _____ history
환자   의학의   환자의 병력

eliminate + factor → _____ risk _____ s
제거하다   요소   위험 요소들을 제거하다

specific + model → a _____ _____
특정한   모델   특정한 모델

equip + kitchen → _____ a _____
갖추다   부엌   부엌에 장비를 갖추다

create + itinerary → _____ an _____
만들다   여행 일정표   여행 일정표를 만들다

arriving + passenger → _____ _____ s
도착하는   승객   도착하는 승객들

nearby + attraction → _____ s
근처의   명소   근처 명소들

cancellation + fee → a _____ _____
취소   수수료   취소 수수료

medical + journal → a _____ _____
의학의   학술지   의학 학술지

store + luggage → _____ the _____
보관하다   짐   짐을 보관하다

Exercise B 보기에서 적절한 단어를 찾아 문장을 완성하세요.

보기

patient   eliminate   specific   equip   itinerary
passenger   attraction   cancellation   medical   luggage

01. She is an editorial board member of a prestigious _____ journal.
그녀는 명성 있는 의학 학술지의 편집 위원입니다.

02. All arriving _____s go through passport control.
모든 도착하는 승객은 여권 심사대를 거칩니다.

03. We are more than happy to create a specialized _____ that suits your needs.
저희는 기꺼이 당신의 필요에 맞는 특화된 여행 일정표를 만들어 드리겠습니다.

04. It's important to obtain a _____'s medical history.
환자의 병력을 입수하는 것은 중요합니다.

05. Notification of any cancellation is required at least 24 hours prior to arrival to avoid a _____ fee being charged to your credit card.
취소 수수료가 당신의 신용카드에 청구되는 것을 피하시려면 최소한 도착 24시간 전에 취소 통지를 하셔야 합니다.

06. Can I store my _____ after check out? 퇴실 이후에 제 짐을 보관할 수 있나요?

07. Do you have a _____ model in mind or would you like me to show you a few of our products? 염두에 두신 특정한 모델이 있으신가요 아니면 저희 제품 중 몇 가지를 보여 드릴까요?

08. We've put together a list of nearby _____s.
우리는 근처 명소들의 목록을 정리해두었습니다.

09. Our goal is to _____ risk factors in advance.
우리 목표는 위험 요소들을 사전에 제거하는 것입니다.

10. I didn't know how expensive it is to _____ a kitchen.
부엌에 장비를 갖추는 것이 얼마나 비싼지 몰랐어요.

Exercise C 주어진 단어의 적절한 의미를 찾아 연결해 보세요.

01. patient	•	• a. 제거하다
02. eliminate	•	• b. 구체적인, 특정한
03. specific	•	• c. 여행 일정표
04. equip	•	• d. 환자; 참을성 있는
05. itinerary	•	• e. 갖추다, 설비하다
06. passenger	•	• f. 매력, 명소
07. attraction	•	• g. 취소, 무효화
08. cancellation	•	• h. 수하물, 짐
09. medical	•	• i. 승객, 탑승객
10. luggage	•	• j. 의료의, 의학의

DAY 1
DAY 2
DAY 3
DAY 4
DAY 5
DAY 6
DAY 7
DAY 8
DAY 9
DAY 10
DAY 11
DAY 12
DAY 13
DAY 14
DAY 15
DAY 16
DAY 17
DAY 18
DAY 19
DAY 20
DAY 21
DAY 22
DAY 23
DAY 24
DAY 25
DAY 26
DAY 27
DAY 28
DAY 29
DAY 30

Exercise B 01. medical 02. passenger 03. itinerary 04. patient 05. cancellation 06. luggage 07. specific 08. attraction 09. eliminate 10. equip **Exercise C** 01. d 02 a. 03. b 04. e 05. c 06. i 07. f 08. g 09. j 10. h

Exercise D 다음 문장을 올바르게 해석해 보세요.

When a deposit is received, a ⁰¹**specific** ⁰²**itinerary** will be sent to ⁰³**passenger**'s email address.

예약금이 접수되면, ⁰¹_____ ⁰²_____ 가 ⁰³_____ 의 이메일 주소로 발송될 것입니다.

Our focus is on providing each ⁰⁴**patient** with the best ⁰⁵**medical** care.

우리의 초점은 각각의 ⁰⁴_____ 에게 최고의 ⁰⁵_____ 서비스를 제공하는 것에 있습니다.

Exercise E 다음 구문을 올바르게 해석해 보세요.

01. a **specific** model

_____

02. arriving **passengers**

_____

03. nearby **attractions**

_____

04. store the **luggage**

_____

05. **equip** a kitchen

_____

06. a **medical** journal

_____

07. a **patient**'s medical history

_____

08. a **cancellation** fee

_____

09. create an **itinerary**

_____

10. **eliminate** risk factors

_____

Exercise D 01. 구체적인 02. 여행 일정표 03. 승객 04. 환자 05. 의료   **Exercise E** 01. 특정한 모델 02. 도착하는 승객들 03. 근처 명소들 04. 짐을 보관하다 05. 부엌에 장비를 갖추다 06. 의학 학술지 07. 환자의 병력 08. 취소 수수료 09. 여행 일정표를 만들다 10. 위험 요소들을 제거하다

DAY 27-3

gratitude	n. 감사, 고마움 grateful a. 감사하는	a token of _____ 감사의 표시 show _____ 감사를 표하다
resident	n. 거주자, 주민, (병원) 레지던트 a. 거주하는, 상주하는 residence n. 거처, 거주 residential a. 주택의, 주거의	a medical _____ 수련의 a previous _____ 이전 거주자
suitcase	n. 여행 가방	pack a _____ 여행 가방을 싸다 leave a _____ unattended 여행 가방을 내버려두다
tour	n. (공장·시설 등의) 견학, 짧은 여행 v. 여행하다, 둘러보다 tourist n. 관광객	a guided _____ 가이드가 인솔하는 관광 a museum _____ 박물관 견학
guide	n. 안내(서), 안내인[가이드], 지침 v. 안내하다, 인도하다 guidance n. 안내, 지도, 조언	an investment _____ for beginners 초보를 위한 투자 안내 the audio _____ 음성 안내
historic	a. 역사적으로 중요한, 역사에 남을 만한 historical a. 역사의, 역사상의 historically ad. 역사상, 역사적으로	a _____ shopping district 유서 깊은 쇼핑 지구 a _____ moment 역사에 남을 만한 순간
arrival	n. 도착 arrive v. 도착하다, 도달하다 arrival at / in ~에 도착	the international _____ gate 국제선 도착 게이트 in advance of your _____ 당신의 도착에 앞서
carrier	n. 항공사, 운송업자, 배달원 carriage n. 마차 carry v. 나르다, 취급하다	a mail _____ 우편 배달부 a freight _____ 화물 운송업자
collection	n. 소장품, 수집물, 수거 collect v. 수집하다 collectable n. 수집 대상품 a. 수집할 가치가 있는	a private _____ 개인 소장품 garbage _____ 쓰레기 수거
display	n. 전시, 진열, 화면 v. 전시하다	a _____ stand 진열대 _____ new sweaters 새 스웨터를 선보이다

DAY 1
DAY 2
DAY 3
DAY 4
DAY 5
DAY 6
DAY 7
DAY 8
DAY 9
DAY 10
DAY 11
DAY 12
DAY 13
DAY 14
DAY 15
DAY 16
DAY 17
DAY 18
DAY 19
DAY 20
DAY 21
DAY 22
DAY 23
DAY 24
DAY 25
DAY 26
DAY 27
DAY 28
DAY 29
DAY 30

저절로 암기 Training

Exercise A 주어진 단어들을 결합하여 구문을 만드세요.

show + gratitude → _____ _____
표하다   감사   감사를 표하다

previous + resident → a _____ _____
이전의   거주자   이전 거주자

suitcase + unattended → leave a _____ _____
여행 가방   내버려둔   여행 가방을 내버려두다

guided   + tour → a _____ _____
가이드가 인솔하는   짧은 여행   가이드가 인솔하는 관광

audio + guide → the _____ _____
음성의   안내   음성 안내

historic   + moment → a _____ _____
역사에 남을 만한   순간   역사에 남을 만한 순간

in advance of + arrival → _____ your _____
~에 앞서   도착   당신의 도착에 앞서

mail + carrier → a _____ _____
우편   배달원   우편 배달부

private + collection → a _____ _____
개인 소유의   소장품   개인 소장품

display + stand → a _____ _____
진열   대. 좌판   진열대

Exercise B 보기에서 적절한 단어를 찾아 문장을 완성하세요.

보기

gratitude   resident   suitcase   tour   guide
historic   arrival   carrier   collection   display

01. Maybe the previous _____ hasn't submitted a change of address.
어쩌면 이전 거주자가 주소 변경서를 제출하지 않았나 봐요.

02. Your guided _____ today will be focused on our exhibitions of the prehistoric
period. 오늘 여러분의 가이드가 인솔하는 관광은 선사시대 전시에 초점이 맞춰질 것입니다.

03. Indeed, this is a _____ moment for all of us.
정말로 이건 우리 모두에게 역사에 남을 만한 순간입니다.

04. He left most of his private _____ to the museum.
그는 자기의 개인 소장품 대부분을 미술관에 남겼습니다.

05. This _____ stand looks perfect for holding our samples.
이 진열대는 우리 샘플들을 담아두기에 완벽해 보이네요.

06. I am contacting you to share some important information you need in advance of your _____. 도착에 앞서 당신에게 필요한 몇 가지 중요한 정보를 공유하기 위해 당신에게 연락합니다.

07. The audio _____ is available in five languages: English, French, Spanish, German, and Chinese. 음성 안내는 다섯 가지 언어로 제공됩니다: 영어, 프랑스어, 스페인어, 독일어, 중국어.

08. The mail _____ will attempt to deliver the parcel three times before returning it. 우편 배달부는 소포를 반송하기 전에 세 번 배달하려고 시도할 것입니다.

09. In order to show our _____, we're having our annual year-end sale.
우리의 감사를 표하기 위해, 우리는 연말 세일을 진행하고 있습니다.

10. We strongly advise you not to leave your _____ unattended.
당신의 여행 가방을 내버려두지 않으시기를 강력하게 권고드립니다.

Exercise C 주어진 단어의 적절한 의미를 찾아 연결해 보세요.

01. gratitude   •   • a. 여행 가방

02. resident   •   • b. 감사, 고마움

03. suitcase   •   • c. 안내, 지침; 인도하다

04. tour   •   • d. 견학, 짧은 여행; 여행하다

05. guide   •   • e. 거주자; 거주하는

06. historic   •   • f. 전시, 진열; 전시하다

07. arrival   •   • g. 도착

08. carrier   •   • h. 운송업자, 배달원

09. collection   •   • i. 역사적으로 중요한

10. display   •   • j. 소장품, 수집물

Exercise B 01. resident 02. tour 03. historic 04. collection 05. display 06. arrival 07. guide 08. carrier 09. gratitude 10. suitcase   **Exercise C** 01. b 02. e 03. a 04. d 05. c 06. i 07. g 08. h 09. j 10. f

Exercise D 다음 문장을 올바르게 해석해 보세요.

The [01]**tour** [02]**guide** will show you the [03]**historic** buildings of the city.

[01] _____ [02] _____ 은 여러분에게 도시의 [03] _____ 건물들을 보여줄 것입니다.

I am writing to express my sincere [04]**gratitude** for your help in finding my lost [05]**suitcase**.

저는 제 잃어버린 [05] _____ 찾는 것을 도와주신 것에 대해 진심 어린 [04] _____ 를 표하기 위해 글을 씁니다.

Exercise E 다음 구문을 올바르게 해석해 보세요.

01. a private **collection**

_____

02. a previous **resident**

_____

03. a guided **tour**

_____

04. a **historic** moment

_____

05. a **display** stand

_____

06. in advance of your **arrival**

_____

07. show **gratitude**

_____

08. the audio **guide**

_____

09. a mail **carrier**

_____

10. leave a **suitcase** unattended

_____

Exercise D 01. 여행[관광] 02. 안내인[가이드] 03. 역사적으로 중요한 04. 감사 05. 여행 가방   **Exercise E** 01. 개인 소장품 02. 이전 거주자 03. 가이드가 인솔하는 관광 04. 역사에 남을 만한 순간 05. 진열대 06. 당신의 도착에 앞서 07. 감사를 표하다 08. 음성 안내 09. 우편 배달부 10. 여행 가방을 내버려두다

DAY 27-4

seasonal	*a.* 계절의, 주기적인 season *n.* 계절, 주기, 공연 기간 *v.* 양념을 넣다 seasonally *ad.* 계절에 따라	_____ fluctuations 계절적 변동 _____ merchandise 계절상품
aboard	*ad.* 탑승[승선]하여 *a.* 탑승한 *prep.* ~을 타고	be _____ the aircraft 비행기에 탑승하다 come _____ 탑승하다[참여하다]
abroad	*a.* 해외의, 외국의 *ad.* 해외로, 외국으로	a trip _____ 해외여행 wildlife organizations _____ 해외 야생동물 협회
register	*n.* 기록(부), 명부 *v.* 등록하다, 기록하다 registration *n.* 등록 register for ~에 등록하다	_____ for a camp 캠프에 등록하다 a cash _____ 금전 출납기
checkout	*n.* 체크아웃, 계산대 check in 체크인하다, 숙박 수속을 하다	a late _____ 늦은 체크아웃 pick up at the _____ counter 계산대에서 찾아가다
customs	*n.* 세관, 관세	the airport _____ desk 공항 세관 데스크 complete a _____ declaration form 세관 신고서를 작성하다
vacant	*a.* 비어 있는, 공석의 vacancy *n.* 공석(=opening), 빈방, 빈 객실 vacate *v.* 사임하다, 비우다	remain _____ 계속 비어 있다 acquire a _____ building 비어 있는 건물을 취득하다
missing	*a.* 잃어버린, 없어진, 없는 missed *a.* 놓친, 손실된 miss *v.* 놓치다	a _____ passport 잃어버린 여권 locate a _____ item 잃어버린 물건을 찾다
banquet	*n.* 연회, 만찬	a festive _____ 축하 만찬 a _____ hall for 200 people 200명 규모의 연회장
accompany	*v.* 동행하다, 동반하다 company *n.* 일행, 단체, 회사 accompanying *a.* 수반하는, 동봉한	_____ a child 아이와 동행하다 be _____ied by a copy 복사본이 첨부되다

저절로 암기 Training

Exercise A 주어진 단어들을 결합하여 구문을 만드세요.

seasonal + fluctuation → _____ _____s
계절의   변동   계절적 변동

come + aboard → _____ _____
오다   탑승하여   탑승하다[참여하다]

trip + abroad → a _____ _____
여행   해외의   해외여행

register + camp → _____ for a _____
등록하다   캠프   캠프에 등록하다

late + checkout → a _____ _____
늦은   체크아웃   늦은 체크아웃

customs + declaration → complete a _____ _____ form
세관   진술   세관 신고서를 작성하다

remain + vacant → _____ _____
남아 있다   비어 있는   계속 비어 있다

missing + passport → a _____ _____
잃어버린   여권   잃어버린 여권

festive + banquet → a _____ _____
축하하는   만찬   축하 만찬

accompany + child → _____ a _____
동행하다   아이   아이와 동행하다

Exercise B 보기에서 적절한 단어를 찾아 문장을 완성하세요.

보기

seasonal   aboard   abroad   register   checkout

customs   vacant   missing   banquet   accompany

01. You should report a _____ passport as soon as possible to protect yourself from identity theft.
신원 도용으로부터 자신을 보호하기 위해서 당신은 가능한 한 빨리 잃어버린 여권을 신고해야 합니다.

02. I'm gonna go and _____ my son for the soccer camp.
저는 가서 제 아들을 축구 캠프에 등록시킬 거예요.

03. My mistake was that I didn't take _____ fluctuations into account.
제 실수는 계절적 변동을 고려하지 않았던 것이에요.

04. The annual meeting ended with a festive _____. 연례 회의는 축하 만찬으로 끝났습니다.

05. The house still remains _____. 그 집은 아직도 계속 비어 있습니다.

06. A parent or guardian must _____ the child to the gate.
부모나 보호자가 게이트까지 아이와 동행해야 합니다.

07. Passengers must complete a _____ declaration form prior to arrival.
승객들은 도착 전에 세관 신고서를 작성해야 합니다.

08. I'm glad you could come _____. 당신이 참여할 수 있어서 기쁩니다.

09. Late _____ is available upon request. 요청하시면 늦은 체크아웃을 이용하실 수 있습니다.

10. This is my first trip _____. 이것이 제 첫 번째 해외여행이에요.

Exercise C 주어진 단어의 적절한 의미를 찾아 연결해 보세요.

01. seasonal	•	• a.	탑승하여; ~을 타고
02. aboard	•	• b.	체크아웃, 계산대
03. abroad	•	• c.	해외의; 외국으로
04. register	•	• d.	계절의, 주기적인
05. checkout	•	• e.	기록; 등록하다
06. customs	•	• f.	잃어버린, 없어진
07. vacant	•	• g.	동행하다, 동반하다
08. missing	•	• h.	연회, 만찬
09. banquet	•	• i.	비어 있는, 공석의
10. accompany	•	• j.	세관, 관세

DAY 1
DAY 2
DAY 3
DAY 4
DAY 5
DAY 6
DAY 7
DAY 8
DAY 9
DAY 10
DAY 11
DAY 12
DAY 13
DAY 14
DAY 15
DAY 16
DAY 17
DAY 18
DAY 19
DAY 20
DAY 21
DAY 22
DAY 23
DAY 24
DAY 25
DAY 26
DAY 27
DAY 28
DAY 29
DAY 30

Exercise B 01. missing 02. register 03. seasonal 04. banquet 05. vacant 06. accompany 07. customs 08. aboard 09. checkout 10. abroad **Exercise C** 01. d 02. a 03. c 04. e 05. b 06. j 07. i 08. f 09. h 10. g

Exercise D 다음 문장을 올바르게 해석해 보세요.

The [01]**banquet** room is [02]**vacant** now, but soon it will be beautifully decorated with [03]**seasonal** flowers.

[01] _____ 장은 지금 [02] _____, 곧 [03] _____ 꽃들로 아름답게 장식될 것입니다.

My luggage went [04]**missing** [05]**abroad**. 제 짐 가방이 [05] _____ [04] _____.

Exercise E 다음 구문을 올바르게 해석해 보세요.

01. a festive **banquet**

_____

02. **register** for a camp

_____

03. remain **vacant**

_____

04. a trip **abroad**

_____

05. **seasonal** fluctuations

_____

06. a late **checkout**

_____

07. **accompany** a child

_____

08. come **aboard**

_____

09. a **missing** passport

_____

10. complete a **customs** declaration from

_____

Exercise D 01. 연회 02. 비어 있지만 03. 계절 04. 없어졌습니다 05. 해외에서   Exercise E 01. 축하 만찬 02. 캠프에 등록하다 03. 계속 비어 있다 04. 해외여행 05. 계절적 변동 06. 늦은 체크아웃 07. 아이와 동행하다 08. 탑승하다[참여하다] 09. 잃어버린 여권 10. 세관 신고서를 작성하다

저절로 실전 Training

Grammar & Expressions 배운 단어로 Part 5 실전 문제 풀어보기

1. Her research team conducts research on the effects of herbal medicine in the ------- of depression.

(A) treat
(B) treatable
(C) treatment
(D) treats

2. When a deposit is received, a specific ------- will be sent to passenger's email address.

(A) tenant
(B) cutback
(C) itinerary
(D) rupture

3. I am writing to express my sincere ------- for your help in finding my lost suitcase.

(A) gratitude
(B) latitude
(C) greatness
(D) rationale

4. The banquet room is ------- now, but soon it will be beautifully decorated with seasonal flowers.

(A) vacant
(B) cautious
(C) senile
(D) fanatic

- -

Answers

1. (C)

해석 그녀의 연구팀은 우울증 치료에서 약초 의학의 효과에 대한 연구를 수행합니다.

해설 [어법] 품사 전치사 뒤에서 명사구를 이루려면 빈칸에 명사가 와야 한다. 문맥상 '우울증 (C) 치료'라고 해야 적절하다. 참고로 treat(s)가 명사로 쓰이면 '대접, 선물'이란 뜻이 있다.

2. (C)

해석 예약금이 접수되면, 구체적인 여행 일정표가 승객의 이메일 주소로 발송될 것입니다.

해설 [어휘] 문맥에 어울리는 명사 예약금 접수 후 승객에게 발송될 것으로 적절한 것은 '구체적인 (C) 여행 일정표'이다.
(A) 세입자 (B) 축소, 삭감 (C) 일정(표) (D) 파열

3. (A)

해석 저는 제 잃어버린 여행 가방 찾는 것을 도와주신 것에 대해 진심 어린 감사를 표하기 위해 글을 씁니다.

해설 [어휘] 문맥에 어울리는 명사 여행 가방을 찾는 것을 도와준 것에 대해 '진심 어린 (A) 감사'를 표한다고 해야 적절하다.
(A) 감사 (B) 위도, 지역 (C) 위엄, 위업 (D) 이유, 근거

4. (A)

해석 연회장은 지금 비어 있지만, 곧 계절 꽃들로 아름답게 장식될 것입니다.

해설 [어휘] 문맥에 어울리는 형용사 연회장의 장식되기 전 상태로 적절한 것은 '(A) 비어 있는'이다.
(A) 비어 있는 (B) 신중한 (C) 노인성의 (D) 광적인

저절로 실전 Training

Reading & Listening 배운 단어로 실전 지문 읽고 들어보기

다음 글을 읽고 올바른 해석을 고르세요.

MP3

> Our number one priority is to see our patients getting better from the athletic injuries they suffered. As a medical professional specializing in sports medicine and rehabilitation, my main concern for the patients is their anxiousness to return to the level of their activity before the injury when they're not ready. We see high level of **cancellation** for **treatments** before they're fully healed. Some even take a training
>
> **1.** (A) 계약 취소
> (B) 치료 취소
>
> tour abroad. In order to protect yourself from getting injured again, it is vital that you **eliminate** the possibility of straining the injured area. It is important to take care of
>
> **2.** (A) 가능성을 높이다
> (B) 가능성을 제거하다
>
> your health to have a long and fulfilling athletic career. That means getting the right amount of **nutrition** and taking breaks when your body needs them.
>
> **3.** (A) 적당한 양의 영양 섭취
> (B) 적당한 양의 휴식 취하기

- -

Answers

1. (B) 2. (B) 3. (A)

해석 우리의 최우선 사항은 환자들이 겪었던 운동 부상에서 호전되는 것을 보는 것입니다. 스포츠 의학과 재활에 특화된 의료 전문인으로서, 환자들에 대한 주된 걱정은 그들이 준비되지 않았을 때 부상 전의 활동 수준으로 돌아가려는 그들의 초조함입니다. 우리는 환자들이 완전히 낫기 전에 1. 치료를 취소하는 경우를 많이 봤습니다. 심지어 일부 사람들은 해외에서 순회 훈련을 받기도 합니다. 부상의 재발을 방지하려면, 부상 부위에 무리가 갈 2. 가능성을 제거하는 것이 필수입니다. 건강을 돌보는 것은 길고 성취감 있는 선수 경력을 가지는 데 중요합니다. 이것은 3. 적당한 양의 영양분을 섭취하는 것과 신체가 원할 때 휴식을 취해주는 것을 의미합니다.

DAY 28-1

activity	*n.* 활동, 활기 active *a.* 적극적인, 활발한 actively *ad.* 활동적으로	expand a field of _____ 활동 영역을 넓히다 outside _____ies 실외 활동
specifically	*ad.* 특별히, 구체적으로 specific *a.* 구체적인, 특수한 *n.* 자세한 사항, 특징 specify *v.* 자세히 말하다[쓰다]	_____ speaking 구체적으로 말하자면 _____ made for children 특별히 어린이들을 위해 제작된
credit	*n.* 신용, 융자(금), 인정, 학점 *v.* 믿다, (공을) 돌리다 creditable *a.* 칭찬할 만한, 신용할 만한	a _____ card 신용카드 take a 3-_____ course 3학점짜리 과정을 수강하다
couple	*n.* 둘, 두세 개, 한 쌍 *v.* 연결하다 couple A with B A와 B를 연결하다	a _____ of days 2~3일 a married _____ 부부
craft	*n.* 공예(품), 기술[기교], 술책, 항공기 *v.* 공예품을 만들다, 공들여 만들다	traditional _____s 전통 기술 analyze the writer's _____ 작가의 기교를 분석하다
normal	*n.* 보통, 평균 *a.* 정상의(↔abnormal 비정상의), 보통의 normality *n.* 정상 상태	be carried out under _____ conditions 정상적인 조건에서 수행되다 _____ business hours 정상 근무 시간
stroll	*n.* 거닐기, 산책 *v.* 거닐다, 산책하다 stroller *n.* 유모차, 산책하는 사람	go for a _____ 산책하러 나가다 _____ across the field 들판을 가로질러 거닐다
experience	*n.* 경험, 체험 *v.* 체험하다, 경험하다 experienced *a.* 경험이 있는, 능숙한, 경력이 있는	ten years of teaching _____ 10년의 강의 경력 _____ American culture 미국 문화를 체험하다
comfort	*n.* 편안함, 위안 *v.* 편하게 하다, 위안하다 comfortable *a.* 편안한	sit in _____ 편안하게 앉다 _____ing words 편안함을 주는 말들
empty	*a.* 텅 빈(↔full 가득한), 공허한 *v.* 비우다 emptiness *n.* 공허함, 비어 있음	an _____ basket 빈 바구니 _____ the dirty water 더러운 물을 비워버리다

DAY 1
DAY 2
DAY 3
DAY 4
DAY 5
DAY 6
DAY 7
DAY 8
DAY 9
DAY 10
DAY 11
DAY 12
DAY 13
DAY 14
DAY 15
DAY 16
DAY 17
DAY 18
DAY 19
DAY 20
DAY 21
DAY 22
DAY 23
DAY 24
DAY 25
DAY 26
DAY 27
DAY 28
DAY 29
DAY 30

저절로 암기 Training

Exercise A 주어진 단어들을 결합하여 구문을 만드세요.

outside + activity → _____ _____ies
실외의   활동   실외 활동

specifically + children → _____ made for _____
특별히   어린이들   특별히 어린이들을 위해 제작된

credit + card → a _____ _____
신용   카드   신용카드

couple + day → a _____ of _____s
두세 개   날   2~3일

traditional + craft → _____ _____s
전통적인   기술   전통 기술

normal + business → _____ _____ hours
정상적인   근무, 영업   정상 근무 시간

stroll + field → _____ across the _____
거닐다   들판   들판을 가로질러 거닐다

experience + culture → _____ American _____
체험하다   문화   미국 문화를 체험하다

sit + comfort → _____ in _____
앉다   편안함   편안하게 앉다

empty + basket → an _____ _____
텅 빈   바구니   빈 바구니

Exercise B 보기에서 적절한 단어를 찾아 문장을 완성하세요.

보기

| activity | specifically | credit | couple | craft |
| normal | stroll | experience | comfort | empty |

01. I'd like to check the status of my _____ card application.
제 신용카드 신청 상태를 확인하고 싶습니다.

02. Leftovers should be eaten up within a _____ of days.
남은 음식은 2~3일 내로 다 먹어야 한다.

03. There are plenty of outside _____ies you can do for free.
당신이 무료로 할 수 있는 실외 활동이 많이 있습니다.

04. This video channel was _____ made for children.
이 동영상 채널은 특별히 어린이들을 위해 제작되었다.

05. Two people are _____ing across the field. 두 사람이 들판을 가로질러 거닐고 있다.

06. You can put the _____ basket on the floor. 빈 바구니는 바닥에 두시면 됩니다.

07. Egyptian traditional _____s are in danger of disappearing.
이집트 전통 기술들이 사라질 위기에 처해 있다.

08. The _____ business hours are from 8:00 to 16:00.
정상 근무 시간은 8시부터 16시까지이다.

09. With EPIC America Tours, you can _____ real American culture.
EPIC America Tours와 함께하시면 진정한 미국 문화를 경험할 수 있습니다.

10. This new chair allows you to sit in _____.
이 새 의자는 당신이 편안하게 앉을 수 있게 해준다.

Exercise C 주어진 단어의 적절한 의미를 찾아 연결해 보세요.

01. stroll •   • a. 활동, 활기

02. activity •   • b. 산책; 거닐다

03. empty •   • c. 텅 빈; 비우다

04. couple •   • d. 둘, 두세 개, 한 쌍

05. craft •   • e. 공예, 기술

06. experience •   • f. 경험, 체험

07. comfort •   • g. 정상의, 보통의

08. normal •   • h. 특별히, 구체적으로

09. specifically •   • i. 편안함, 위안; 편하게 하다

10. credit •   • j. 신용, 학점

DAY 1
DAY 2
DAY 3
DAY 4
DAY 5
DAY 6
DAY 7
DAY 8
DAY 9
DAY 10
DAY 11
DAY 12
DAY 13
DAY 14
DAY 15
DAY 16
DAY 17
DAY 18
DAY 19
DAY 20
DAY 21
DAY 22
DAY 23
DAY 24
DAY 25
DAY 26
DAY 27
DAY 28
DAY 29
DAY 30

Exercise B 01. credit 02. couple 03. activit 04. specifically 05. stroll 06. empty 07. craft 08. normal 09. experience 10. comfort **Exercise C** 01. b 02. a 03. c 04. d 05. e 06. f 07. i 08. g 09. h 10. j

Exercise D 다음 문장을 올바르게 해석해 보세요.

I'm [01]**specifically** concerned about [02]**credit**-related personal information.
저는 [01]_____ [02]_____ 관련 개인 정보가 신경이 쓰입니다.

This month, we are exhibiting at the [03]**Craft** and Design [04]**Experience** Fair.
이번 달에 우리는 [03]_____ 및 디자인 [04]_____ 박람회에서 전시합니다.

Food immediately works to [05]**comfort** and soothe you.
음식은 즉각적으로 당신을 [05]_____ 안정시키는 효과가 있다.

Exercise E 다음 구문을 올바르게 해석해 보세요.

01. traditional **crafts**
_____

02. an **empty** basket
_____

03. outside **activities**
_____

04. **normal** business hours
_____

05. **stroll** across the field
_____

06. **experience** American culture
_____

07. sit in **comfort**
_____

08. **specifically** made for children
_____

09. a **credit** card
_____

10. a **couple** of days
_____

Exercise D 01. 특별히 02. 신용 03. 공예 04. 체험 05. 편안하게 해주고   Exercise E 01. 전통 기술 02. 빈 바구니 03. 실외 활동 04. 정상 근무 시간 05. 들판을 가로질러 거닐다 06. 미국 문화를 체험하다 07. 편안하게 앉다 08. 특별히 어린이들을 위해 제작된 09. 신용카드 10. 2~3일

DAY 28-2

welcome	n. 환영, 환대, 특권 a. 환영받는 v. 환영하다, 맞이하다(=greet)	_____ tour groups 단체 관광객을 환영하다 give a _____ speech 환영사를 하다
agent	n. 대리인, 담당자, 중개상 agency n. 대리점, 기관	a purchasing _____ 구매 담당자 a real estate _____ 부동산 중개인
basis	n. 기준, 단위, 기반	a weekly _____ 주 단위 on a temporary _____ 일시적으로
length	n. 길이, 정도 lengthy a. (시간이) 긴, 오랜 lengthen v. 길어지다, 늘이다	the _____ of stay 숙박[체류] 기간 a report 500 pages in _____ 500페이지 분량의 보고서
periodically	ad. 주기적으로, 정기적으로 period n. 기간, 시대, 마침표 periodic a. 주기적인, 정기의 periodical n. 잡지, 간행물	be _____ informed 주기적으로 정보를 받다 _____ test internet speed 인터넷 속도를 주기적으로 검사하다
relieve	v. 완화하다, 덜어주다 (↔aggravate 악화시키다) relief n. 완화, 경감	_____ traffic congestions 교통 혼잡을 완화하다 _____ the patient's stress 환자의 스트레스를 덜어주다
clearly	ad. 또렷하게, 분명히, 맑게 clear a. 명백한, 명확한 ad. 완전히, 또렷하게 clearness n. 분명함, 선명함	_____ demonstrate the benefit 수당을 분명하게 설명하다 _____ visible 선명하게 볼 수 있는
last	a. 최후의, 최근의 ad. 최근에, 마지막으로 v. 지속되다, 견뎌내다 lasting a. 영속적인, 영구의 lastly ad. 끝으로, 마지막으로	get data from the _____ year 지난해 데이터를 입수하다 _____ for several years 수년간 지속되다
lengthen	v. 연장하다, 늘이다(↔shorten 단축하다, 짧아지다)	_____ the investigation period 조사 기간을 연장하다 _____ a skirt 치마를 늘이다
single	a. 단 하나의, 단일의 singular a. 단수형의 n. 단수형	a _____ bed 1인용 침대 with a _____ color 단색으로 된

DAY 1
DAY 2
DAY 3
DAY 4
DAY 5
DAY 6
DAY 7
DAY 8
DAY 9
DAY 10
DAY 11
DAY 12
DAY 13
DAY 14
DAY 15
DAY 16
DAY 17
DAY 18
DAY 19
DAY 20
DAY 21
DAY 22
DAY 23
DAY 24
DAY 25
DAY 26
DAY 27
DAY 28
DAY 29
DAY 30

저절로 암기 Training

Exercise A 주어진 단어들을 결합하여 구문을 만드세요.

welcome + tour group → _____ _____s
환영하다   단체 관광객   단체 관광객을 환영하다

purchasing + agent → a _____ _____
구매   중개자   구매 담당자

weekly + basis → a _____ _____
일주일의   단위   주 단위

length + stay → the _____ of _____
길이   숙박   숙박 기간

periodically + inform → be _____ _____ed
주기적으로   정보를 주다   주기적으로 정보를 받다

relieve + stress → _____ the patient's _____
덜어주다   스트레스   환자의 스트레스를 덜어주다

clearly + demonstrate → _____ _____ the benefit
분명하게   설명하다   수당을 분명하게 설명하다

last + several → _____ for _____ years
지속되다   수 개의   수년간 지속되다

lengthen + period → _____ the investigation _____
연장하다   기간   조사 기간을 연장하다

single + bed → a _____ _____
단 하나의   침대   1인용 침대

Exercise B 보기에서 적절한 단어를 찾아 문장을 완성하세요.

보기

welcome   agent   basis   length   periodically
relieve   clearly   last   lengthen   single

01. The sales team _____ demonstrated the benefit to retailers.
영업팀은 유통업체 측에 수당에 대해 분명하게 설명했다.

02. The country's recession could _____ for 10 years, said the former IMF Chief.
그 나라의 경제 불황은 10년간 지속될 수 있다고 전 IMF 총재는 말했다.

03. The average _____ of stay for overseas hotel visitors was 7 nights.
해외 호텔 방문객의 평균 투숙 기간은 7박이었다.

04. This room is for two persons and contains two _____ beds.
이 객실은 2인용으로 두 개의 1인용 침대를 포함하고 있습니다.

05. Writers should be _____ informed of the status of the review process.
작가는 검토 진행 상황에 관해 주기적으로 정보를 받아야 한다.

06. Listening to music can help _____ the patient's stress.
음악 청취는 환자의 스트레스를 덜어내는 데 도움이 될 수 있다.

07. We warmly _____ tour groups at all times of the year.
저희는 단체 관광객 여러분을 연중 어느 때나 따뜻하게 환영합니다.

08. Additional complaints may _____ the investigation period beyond 90 days.
추가 고소를 하면 조사 기간이 90일 이상으로 늘어날 수 있다.

09. Our purchasing _____ is going to attend a conference abroad next week.
저희 구매 담당자가 다음 주 해외 콘퍼런스에 참가할 예정입니다.

10. The magazine is published on a weekly _____ on Saturdays.
그 잡지는 토요일마다 주 단위로 출간됩니다.

Exercise C 주어진 단어의 적절한 의미를 찾아 연결해 보세요.

01. last	•	• a. 대리인, 담당자, 중개상
02. agent	•	• b. 환영; 환영하다
03. welcome	•	• c. 또렷하게, 분명히
04. relieve	•	• d. 최후의; 지속되다
05. clearly	•	• e. 완화하다, 덜어주다
06. lengthen	•	• f. 연장하다, 늘이다
07. single	•	• g. 기준, 단위, 기반
08. basis	•	• h. 단 하나의, 단일의
09. length	•	• i. 주기적으로, 정기적으로
10. periodically	•	• j. 길이, 정도

Exercise B 01. clearly 02. last 03. length 04. single 05. periodically 06. relieve 07. welcome 08. lengthen 09. agent 10. basis **Exercise C** 01. d 02. a 03. b 04. e 05. c 06. f 07. h 08. g 09. j 10. i

Exercise D 다음 문장을 올바르게 해석해 보세요.

Buyers can pay their ⁰¹**agents** on a weekly ⁰²**basis**.
구매자는 ⁰¹＿＿＿＿＿＿＿에게 주 ⁰²＿＿＿＿＿＿＿로 비용을 지불할 수 있다.

This medicine will help you breathe ⁰³**clearly** and ⁰⁴**relieve** throat pain.
이 약은 ⁰³＿＿＿＿＿＿＿호흡하는 데 도움을 주고 목의 통증을 ⁰⁴＿＿＿＿＿＿＿ 것입니다.

This machine runs well but ⁰⁵**periodically** turns on and off by itself.
이 장치는 잘 작동하지만 저절로 ⁰⁵＿＿＿＿＿＿＿ 켜지고 꺼진다.

Exercise E 다음 구문을 올바르게 해석해 보세요.

01. the **length** of stay

_____

02. **lengthen** the investigation period

_____

03. a **single** bed

_____

04. **welcome** tour groups

_____

05. **clearly** demonstrate the benefit

_____

06. **relieve** the patient's stress

_____

07. **last** for several years

_____

08. a weekly **basis**

_____

09. be **periodically** informed

_____

10. a purchasing **agent**

_____

Exercise D 01. 중개인 02. 단위 03. 맑게 04. 완화할 05. 주기적으로   **Exercise E** 01. 숙박 기간 02. 조사 기간을 연장하다 03. 1인용 침대 04. 단체 관광객을 환영하다 05. 수당을 분명하게 설명하다 06. 환자의 스트레스를 덜어주다 07. 수년간 지속되다 08. 주 단위 09. 주기적으로 정보를 받다 10. 구매 담당자

DAY 28-3

reserve	*n.* 비축(량), 예비 *v.* 예약하다, 보유[비축]하다, 유보하다 reservation *n.* 예약 reserved *a.* 내성적인	prepare food _____s 식자재를 준비하다 _____ a conference room 회의실을 예약하다
extreme	*n.* 극단 *a.* 극도의, 극단적인 extremely *ad.* 극도로, 대단히	_____ weather events 극단적인 기상 현상 _____ sports 익스트림[극한] 스포츠
subscription	*n.* (정기 발행물의) 구독 subscriber *n.* 구독자, 기부자, 정기회원 subscribe *v.* 구독하다	sign up for a _____ 구독을 신청하다 pay the yearly _____ 연간 구독료를 지불하다
broadcast	*n.* 방송 *v.* 방송하다 broadcasting *n.* 방송업[계]	the main topic of today's _____ 오늘 방송의 주제 be _____ed live 생중계되다
entertain	*v.* 즐겁게 해주다, 접대하다 entertainment *n.* 오락거리 entertaining *a.* 즐겁게 해주는	_____ an audience 청중을 즐겁게 하다 informative and _____ing 유익하고 재미있는
layout	*n.* 레이아웃[구조], 배치	an inconvenient _____ 불편한 구조 an office _____ 사무실 배치(도)
renowned	*a.* 유명한, 명성 있는 renown *n.* 명성 be renowned for ~로 유명한	a _____ sculptor 유명한 조각가 be _____ in the area 그 지역에서 유명하다
mention	*n.* 언급 *v.* 언급[거론]하다, 말하다	_____ specific subjects 특정 주제를 거론하다 as _____ed above 위에서 언급된 바와 같이
prevent	*v.* 막다, 예방하다 prevention *n.* 예방 preventable *a.* 예방할 수 있는 prevent A from B A를 B로부터 막다	_____ soil erosion 토양 부식을 방지하다 be _____ed by vaccines 백신으로 예방되다
feature	*n.* 특색, 특징 *v.* 특징으로 삼다, 다루다	_____s and functionality 특징과 기능 be _____d in the article 기사에서 다뤄지다

저절로 암기 Training

Exercise A 주어진 단어들을 결합하여 구문을 만드세요.

reserve + conference → _____ a _____ room
예약하다   회의, 회담   회의실을 예약하다

extreme + weather → _____ _____ events
극단적인   기상   극단적인 기상 현상

sign up + subscription → _____ for a _____
신청하다   (정기) 구독   구독을 신청하다

broadcast + live → be _____ed _____
방송하다   생방송으로   생중계되다

entertain + audience → _____ an _____
즐겁게 하다   청중   청중을 즐겁게 하다

inconvenient + layout → an _____ _____
불편한   구조   불편한 구조

renowned + sculptor → a _____ _____
유명한   조각가   유명한 조각가

mention + subject → _____ specific _____s
거론하다   주제   특정 주제를 거론하다

prevent + vaccine → be _____ed by _____s
예방하다   백신   백신으로 예방되다

feature + article → be _____d in the _____
다루다   기사   기사에서 다뤄지다

Exercise B 보기에서 적절한 단어를 찾아 문장을 완성하세요.

보기
___

reserve   extreme   subscription   broadcast   entertain
layout   renowned   mention   prevent   feature
___

01. The closing ceremony will be _____ed live. 폐회식은 생중계될 예정입니다.

02. You have to _____ the audience to get the responses you expect.
당신이 예상하는 반응을 얻으려면 청중을 즐겁게 해야 한다.

03. Many journalists avoid _____ing specific subjects like race, religion, and
gender identity. 많은 언론인은 인종, 종교, 성 정체성과 같은 특정 주제에 대한 언급을 피한다.

04. We have _____d the largest conference room at the community center.
우리는 주민 센터에서 가장 큰 회의실을 예약했습니다.

05. When you sign up for a _____, you'll have unlimited access to the website.
구독을 신청하시면, 웹사이트에 제한 없이 접속할 수 있게 됩니다.

06. Many deadly diseases can now be _____ed by vaccines.
지금은 많은 치명적인 질병들이 백신으로 예방될 수 있다.

07. Climate change is increasing the number of _____ weather events taking place. 기후 변화는 극단적인 기상 현상의 발생 숫자를 증가시키고 있다.

08. The story of Stacy will be _____d in the article of a sports magazine.
Stacy에 관한 이야기가 스포츠 잡지 기사에서 다뤄질 예정이다.

09. I am writing to complain of the poor service and inconvenient room _____.
저는 형편없는 서비스와 불편한 객실 구조에 대해 불만을 제기하고자 글을 씁니다.

10. Unquestionably, he was one of the most _____ sculptors of the early Renaissance. 의문의 여지없이, 그는 르네상스 초기의 가장 유명했던 조각가 중 한 명이었다.

DAY 1
DAY 2
DAY 3
DAY 4
DAY 5
DAY 6
DAY 7
DAY 8
DAY 9
DAY 10
DAY 11
DAY 12
DAY 13
DAY 14
DAY 15
DAY 16
DAY 17
DAY 18
DAY 19
DAY 20
DAY 21
DAY 22
DAY 23
DAY 24
DAY 25
DAY 26
DAY 27
DAY 28
DAY 29
DAY 30

Exercise C 주어진 단어의 적절한 의미를 찾아 연결해 보세요.

01. mention • • a. 예방하다

02. feature • • b. 언급; 언급하다, 말하다

03. reserve • • c. 비축; 예약하다

04. extreme • • d. 극단; 극도의, 극단적인

05. prevent • • e. 특징; 특징으로 삼다

06. subscription • • f. 즐겁게 하다

07. entertain • • g. (정기 발행물의) 구독

08. layout • • h. 유명한

09. renowned • • i. 구조, 배치

10. broadcast • • j. 방송; 방송하다

Exercise B 01. broadcast 02. entertain 03. mention 04. reserve 05. subscription 06. prevent 07. extreme 08. feature 09. layout 10. renowned **Exercise C** 01. b 02. e 03. c 04. d 05. a 06. g 07. f 08. i 09. h 10. j

Exercise D 다음 문장을 올바르게 해석해 보세요.

The [01]**broadcast**, which continues until noon, will [02]**feature** world-[03]**renowned** violinist Ilya Mikhailova.

정오까지 이어지는 이 [01]_____ 에서는 세계적으로 [03]_____ 바이올리니스트 Ilya Mikhailova를 [02]_____ 예정입니다.

Lux Remodels shows you creative kitchen [04]**layouts** for [05]**entertaining**.

Lux Remodels는 당신에게 [05]_____ 데 안성맞춤인 독창적인 주방 [04]_____를 제시합니다.

Exercise E 다음 구문을 올바르게 해석해 보세요.

01. sign up for a **subscription**

_____

02. be **broadcasted** live

_____

03. **entertain** an audience

_____

04. a **renowned** sculptor

_____

05. be **featured** in the article

_____

06. **reserve** a conference room

_____

07. an inconvenient **layout**

_____

08. **extreme** weather events

_____

09. **mention** specific subjects

_____

10. be **prevented** by vaccines

_____

Exercise D 01. 방송 02. (특집으로) 다룰 03. 유명한 04. 구조 05. 접대하는　**Exercise E** 01. 구독을 신청하다 02. 생중계되다 03. 청중을 즐겁게 하다 04. 유명한 조각가 05. 기사에서 다뤄지다 06. 회의실을 예약하다 07. 불편한 구조 08. 극단적인 기상 현상 09. 특정 주제를 거론하다 10. 백신으로 예방되다

DAY 28-4

publication	*n.* 발표, 출판(물), 간행물 publisher *n.* 출판사, 출판업자, 발표자 publish *v.* 출판[발표]하다, 게재하다	_____ and printing industry 출판 인쇄 산업 an online _____ 온라인 출판
publicize	*v.* 공표하다, 발표하다 public *n.* 대중 *a.* 대중의, 공공의	_____ the winner's name 당첨자 이름을 공표하다 _____ an upcoming event 다가올 행사를 알리다
editor	*n.* 편집자, 편집 프로그램 editorial *a.* 편집자의, 사설의 edit *v.* 수정하다, 편집하다	a science _____ 과학부 편집자 an online photo _____ 온라인 사진 편집 프로그램
comprehensive	*a.* 종합적인, 포괄적인 comprehensible *a.* 이해할 수 있는 comprehend *v.* 이해하다, 포함하다 comprehension *n.* 이해 능력	a _____ survey 종합적인 조사 get more _____ information 더 포괄적인 정보를 얻다
reference	*n.* 참조 문헌[자료], 추천서 refer *v.* 참조하다 in[with] reference to ~에 관하여	_____ materials 참고 자료 ask for a _____ 추천서를 부탁하다
record	*n.* 기록, 경력, 이력 *v.* 기록하다, 녹음[녹화]하다 recording *n.* 녹음[녹화], 기록	request medical _____s 의료 기록을 요청하다 _____ calls 통화를 녹음하다
archive	*n.* 기록 보관소, 공문서 *v.* (기록, 파일을) 보관하다	a city _____ center 시 공문서 센터 need for email _____ing 이메일 기록 보관의 필요성
release	*n.* 발표[발매], 방출, 석방 *v.* 발표하다, 방출하다, 풀어주다 release A from B A를 B로부터 풀어주다	a press _____ 공식[언론] 발표 _____ the tension 긴장을 풀다
edition	*n.* (간행물의) 판 edit *v.* 수정하다, 편집하다	a copy of the first _____ 초판본 limited _____s 한정판
speech	*n.* 연설, 강연, 말 give[make / deliver] a speech 연설하다	a keynote _____ 기조연설 convert text to _____ 글자를 말로 변환하다

저절로 암기 Training

Exercise A 주어진 단어들을 결합하여 구문을 만드세요.

publication + industry → _____ and printing _____
출판　　　　　산업　　　　　출판 인쇄 산업

publicize + winner → _____ the _____'s name
공표하다　　　당첨자　　　당첨자 이름을 공표하다

photo + editor → an online _____ _____
사진　　　편집 프로그램　　　온라인 사진 편집 프로그램

comprehensive + survey → a _____ _____
종합적인　　　　조사　　　　종합적인 조사

ask for + reference → _____ a _____
부탁하다　　　추천서　　　　추천서를 부탁하다

request + record → _____ medical _____s
요청하다　　　기록　　　　의료 기록을 요청하다

need + archive → _____ for email _____ing
필요성　　　보관하다　　　이메일 기록 보관의 필요성

press + release → a _____ _____
언론　　　발표　　　공식[언론] 발표

limited + edition → _____ _____s
한정된　　　판　　　한정판

convert + speech → _____ text to _____
변환하다　　　말　　　글자를 말로 변환하다

Exercise B 보기에서 적절한 단어를 찾아 문장을 완성하세요.

보기

publication　publicize　editor　comprehensive　reference
record　archive　release　edition　speech

01. This online photo _____ offers basic video editing functions.
이 온라인 사진 편집 프로그램은 기본적인 동영상 편집 기능을 제공합니다.

02. Insurance companies can request your medical _____s.
보험회사는 당신의 의료 기록을 요청할 수 있습니다.

03. Internet security problems drive the need for email _____ing.
인터넷 보안 문제는 이메일 기록 보관의 필요성을 제기한다.

04. The limited _____s have already been sold out. 한정판은 이미 매진되었다.

05. After converting text to _____, you can save it as an audio file.
글자를 말로 변환한 다음, 그것을 오디오 파일로 저장할 수 있습니다.

06. _____ing the winner's name can frequently raise privacy issues.
당첨자 이름을 공표하는 것은 종종 사생활 문제를 일으킬 수 있다.

07. I've read all the latest press _____s from the council.
나는 의회에서 나온 최근의 언론 발표를 모두 읽어봤어.

08. Working in the _____ and printing industry offers a wide range of career paths. 출판 인쇄 산업의 업무는 다양한 진로를 제공한다.

09. A research firm is conducting a _____ survey of voter participation.
시장 조사 회사는 유권자 참여에 관한 종합적인 조사를 하고 있다.

10. I'm reaching out to ask for a _____. 추천서를 부탁하려고 연락을 취해보는 중이야.

DAY 1
DAY 2
DAY 3
DAY 4
DAY 5
DAY 6
DAY 7
DAY 8
DAY 9
DAY 10
DAY 11
DAY 12
DAY 13
DAY 14
DAY 15
DAY 16
DAY 17
DAY 18
DAY 19
DAY 20
DAY 21
DAY 22
DAY 23
DAY 24
DAY 25
DAY 26
DAY 27
DAY 28
DAY 29
DAY 30

Exercise C 주어진 단어의 적절한 의미를 찾아 연결해 보세요.

01. reference   •   • a. 참고 문헌, 추천서

02. record   •   • b. 발표, 방출; 방출하다

03. publicize   •   • c. 공표하다, 발표하다

04. editor   •   • d. 편집자

05. release   •   • e. 기록; 기록하다

06. edition   •   • f. 기록 보관소; (기록을) 보관하다

07. speech   •   • g. 출판(물)

08. comprehensive   •   • h. 판

09. archive   •   • i. 연설, 강연, 말

10. publication   •   • j. 종합적인, 포괄적인

Exercise B 01. editor 02. record 03. archiv 04. edition 05. speech 06. Publiciz 07. release 08. publication 09. comprehensive 10. reference   **Exercise C** 01. a 02. e 03. c 04. d 05. b 06. h 07. i 08. j 09. f 10. g

Exercise D 다음 문장을 올바르게 해석해 보세요.

All council meetings in Europe must be [01]**recorded** and [02]**publicized**.
유럽의 모든 의정 회의는 반드시 [01]_____ 되고 [02]_____ 되어야 한다.

A leading [03]**publication** company [04]**released** the limited [05]**edition** of the Walt Whitman Book Collection.
선도적인 [03]_____ 회사가 Walt Whitman 전집 한정 [05]_____ 을 [04]_____.

Exercise E 다음 구문을 올바르게 해석해 보세요.

01. a **comprehensive** survey
_____

02. ask for a **reference**
_____

03. a press **release**
_____

04. limited **editions**
_____

05. **publicize** the winner's name
_____

06. convert text to **speech**
_____

07. **publication** and printing industry
_____

08. an online photo **editor**
_____

09. need for email **archiving**
_____

10. request medical **records**
_____

Exercise D 01. 기록 02. 공표 03. 출판 04. 출시했다 05. 판   **Exercise E** 01. 종합적인 조사 02. 추천서를 부탁하다 03. 공식[언론] 발표 04. 한정판 05. 당첨자 이름을 공표하다 06. 글자를 말로 변환하다 07. 출판 인쇄 산업 08. 온라인 사진 편집 프로그램 09. 이메일 기록 보관의 필요성 10. 의료 기록을 요청하다

저절로 실전 Training

Grammar & Expressions 배운 단어로 Part 5 실전 문제 풀어보기

1. Food immediately works to ------- and soothe you.

(A) comfort
(B) comforting
(C) comfortable
(D) comfortably

2. This machine runs well but ------- turns on and off by itself.

(A) period
(B) periods
(C) periodic
(D) periodically

3. The broadcast, which continues until noon, ------- world-renowned violinist Ilya Mikhailova.

(A) will feature
(B) featured
(C) feature
(D) to feature

4. A leading ------- company released the limited edition of the Walt Whitman Book Collection.

(A) expansion
(B) publication
(C) precision
(D) medication

- -

Answers

1. (A)

해석 음식은 즉각적으로 당신을 편안하게 해주고 안정시키는 효과가 있다.

해설 **[어법] 품사** 'to ~ you'는 동사 works를 수식하는 부분이므로 빈칸에는 바로 앞의 to와 결합하여 to부정사를 형성하도록 동사원형 (A) comfort가 들어가야 한다.

2. (D)

해석 이 장치는 잘 작동하지만 저절로 주기적으로 켜지고 꺼진다.

해설 **[어법] 품사** 문맥상 동사구(turns on and off)의 주어는 This machine이다. 그러므로 빈칸에는 동사구를 수식하는 부사 (D) periodically가 오는 것이 가장 적절하다.

3. (A)

해석 정오까지 이어지는 이 방송에서는 세계적으로 유명한 바이올리니스트 Ilya Mikhailova를 (특집으로) 다룰 예정입니다.

해설 **[어법] 동사** 문장의 동사가 빈칸에 와야 한다. 주어(The broadcast)를 수식하는 관계절에 현재 시제(continues)가 쓰였으므로 과거 시제는 올 수 없으며 주어가 단수명사이므로 복수동사는 올 수 없다. 따라서 (A) will feature가 가장 적절하다.

4. (B)

해석 선도적인 출판 회사가 Walt Whitman 전집 한정판을 출시했다.

해설 **[어휘] 문맥에 어울리는 명사** 전집 한정판을 출시하는 업무를 하기 적절한 회사는 '(B) 출판 회사'이다.
(A) 확장 (B) 출판 (C) 정확성 (D) 명상

저절로 실전 Training

Day 28에서 배운 단어,
실제 토익에는 이렇게 나옵니다.

Broadcasting & Publication

Reading & Listening 배운 단어로 실전 지문 읽고 들어보기

다음 글을 읽고 올바른 해석을 고르세요.

MP3

Welcome to our most comprehensive event of the year. We have speakers from various broadcasting companies and some of the world's renowned **publications**,

1. (A) 세계적으로 유명한 저자
(B) 세계적으로 유명한 출판사

giving speeches this evening. The second part of the evening is reserved for the networking banquet as **publicized**. Well-established literary agents and editors will

2. (A) 공지한 바와 같이
(B) 예상한 바와 같이

be attending the networking banquet. Also, during the banquet, we'll have performances by the local bands to keep you **entertained**. And you'll be going home

3. (A) 여러분을 즐겁게 하다
(B) 여러분을 집중시키다

today with a signed copy of the latest edition of Sophie Kim's book. So I am very confident that you'll have a great experience tonight no matter which career stage you're at.

- -

Answers

1. (B)   2. (A)   3. (A)

해석 올해의 가장 규모가 큰[종합적인] 행사에 오신 것을 환영합니다. 여러 방송사와 ¹˙ 세계적으로 유명한 출판사에서 오신 연사분들이 저녁에 연설하실 것입니다. 저녁 행사 2부는 ²˙ 공지한 바와 같이 사교 연회가 예정되어 있습니다. 명실상부한 문학 도서 중개사와 편집자들이 사교 연회에 참석할 것입니다. 또한, 연회 중에는 ³˙ 여러분을 즐겁게 해줄 지역 밴드의 공연이 있습니다. 그리고 오늘 집에 돌아가실 때는 Sophie Kim의 저서 최신판을 저자 사인본으로 가져가실 수 있습니다. 그래서 저는, 여러분이 어떤 직위에 계시든 상관없이 오늘 밤 멋진 경험을 하시리라 정말로 자신합니다.

KEY TOEIC VOCABULARY

DAY 29-1

brochure	n. (홍보용) 소책자, 브로슈어	information from a _____ 소책자에 나와 있는 정보 receive _____s about colleges 대학 관련 소책자를 받다
exhibit	n. 전시, 전시품 v. 전시하다 exhibition n. 전시회, 전시관 exhibitor n. 전시자	an art _____ 예술 전시회 set up the _____ 전시품을 설치하다
automatically	ad. 자동으로, 기계적으로 automate v. 자동화하다 automatic a. 자동의	send text messages _____ 자동으로 문자 메시지를 보내다 have bills paid _____ 청구서가 자동으로 결제되게 하다
antique	n. 골동품 a. 오래된, 고풍스러운	an _____ shop 골동품 판매점 an _____ lamp 고풍스러운 램프
creative	a. 창조적인, 독창적인 create v. 창조[발명]하다, 고안하다 creation n. 창조 creativity n. 창조성, 창의력	a _____ way 창의적인 방법 _____ house decorating 창의적인 집안 꾸미기
seating	n. (집합적) 좌석, 좌석 배치 seat n. 좌석 v. 앉히다	a _____ chart 좌석 배치도 priority _____ 우대 좌석
artwork	n. 예술품, 작품, 삽화	priceless _____. 귀중한 예술품 hang up _____ 예술품을 걸어 놓다
illustrate	v. 설명하다, 분명히 보여 주다 illustration n. 삽화, 예증 illustrator n. 삽화가	_____ town life 마을 생활을 묘사하다 _____ contrasting viewpoints 대조적인 견해를 설명하다
image	n. 모습, 그림, 이미지 imaginative a. 상상의, 상상력이 풍부한 imagine v. 상상하다	an _____ of flowers 꽃 그림 improve a company's _____ 회사 이미지를 개선하다
statue	n. 조각상, 동상	the _____ of Abraham Lincoln 에이브러햄 링컨의 동상 put up a _____ 동상을 세우다

DAY 1
DAY 2
DAY 3
DAY 4
DAY 5
DAY 6
DAY 7
DAY 8
DAY 9
DAY 10
DAY 11
DAY 12
DAY 13
DAY 14
DAY 15
DAY 16
DAY 17
DAY 18
DAY 19
DAY 20
DAY 21
DAY 22
DAY 23
DAY 24
DAY 25
DAY 26
DAY 27
DAY 28
DAY 29
DAY 30

DAY 29 예술, 전시   523

저절로 암기 Training

Exercise A 주어진 단어들을 결합하여 구문을 만드세요.

receive + brochure → _____ _____s about colleges
받다   소책자   대학 관련 소책자를 받다

set up + exhibit → _____ the _____
설치하다   전시품   전시품을 설치하다

message + automatically → send text _____s _____
메시지   자동으로   자동으로 문자 메시지를 보내다

antique + shop → an _____ _____
골동품   판매점   골동품 판매점

creative + decorating → _____ house _____
창의적인   꾸미기   창의적인 집안 꾸미기

priority + seating → _____ _____
우대   좌석   우대 좌석

priceless + artwork → _____ _____
귀중한   예술품   귀중한 예술품

illustrate + viewpoint → _____ contrasting _____s
설명하다   견해, 관점   대조적인 견해를 설명하다

improve + image → _____ a company's _____
개선하다   이미지   회사 이미지를 개선하다

put up + statue → _____ a _____
세우다   동상, 조각상   동상을 세우다

Exercise B 보기에서 적절한 단어를 찾아 문장을 완성하세요.

보기

brochure   exhibit   automatically   antique   creative
seating   artwork   illustrate   image   statue

01. Most people comply with priority _____ signs.
대부분의 사람은 우대 좌석 표시를 준수한다.

02. His book offers several examples _____ing contrasting viewpoints.
그의 책은 대조적인 견해를 설명하는 몇 가지 예를 제시한다.

03. Two boys destroyed a priceless piece of _____ in a museum.
두 명의 소년이 박물관에서 귀중한 예술품 한 점을 부쉈다.

04. You can receive _____s about colleges by email.
당신은 대학 관련 소책자를 이메일로 받아볼 수 있습니다.

05. The company is to put up a _____ of George McCartney, the founder of the company. 그 회사는 창립자 George McCartney의 동상을 세울 예정이다.

06. To set up the _____, follow these step-by-step instructions.
전시품을 설치하려면 이 단계별 지침을 따르시오.

07. Smartphones allow you to send text messages _____.
스마트폰은 당신이 문자 메시지를 자동으로 보낼 수 있게 해준다.

08. Jessica bought a silver tray at an _____ shop.
Jessica는 골동품 판매점에서 은쟁반을 구입했다.

09. Here are some _____ house decorating ideas for small spaces.
여기 작은 공간을 위한 창의적인 집안 꾸미기 아이디어가 몇 가지 있습니다.

10. To improve your company's _____, you have to understand your existing position first. 회사의 이미지를 개선하기 위해서는 먼저 현재 위치를 파악해야 한다.

Exercise C 주어진 단어의 적절한 의미를 찾아 연결해 보세요.

01. exhibit •   • a. 조각상, 동상

02. illustrate •   • b. 예술품, 작품

03. image •   • c. 전시; 전시하다

04. statue •   • d. 설명하다, 분명히 보여 주다

05. artwork •   • e. 모습, 그림, 이미지

06. antique •   • f. 골동품; 고풍스러운

07. creative •   • g. 자동으로

08. seating •   • h. 소책자, 브로슈어

09. automatically •   • i. 창의적인

10. brochure •   • j. 좌석 (배치)

Exercise B 01. seating 02. illustrat 03. artwork 04. brochure 05. statue 06. exhibit 07. automatically 08. antique 09. creative 10. image **Exercise C** 01. c 02. d 03. e 04. a 05. b 06. f 07. i 08. j 09. g 10. h

To download the [01]**exhibit** [02]**brochure**, please fill out the form below.

[01] _____ [02] _____ 를 다운로드 하려면, 아래 양식을 작성해 주세요.

This [03]**image** [04]**illustrates** how to cast a bronze [05]**statue**.

이 [03] _____ 은 청동 [05] _____ 을 만드는 방법을 [04] _____ .

01. receive **brochures** about colleges

_____

02. set up the **exhibit**

_____

03. send text messages **automatically**

_____

04. an **antique** shop

_____

05. **creative** house decorating

_____

06. priority **seating**

_____

07. priceless **artwork**

_____

08. **illustrate** contrasting viewpoints

_____

09. improve a company's **image**

_____

10. put up a **statue**

_____

Exercise D 01. 전시 02. 소책자 03. 그림 04. 분명히 보여준다 05. 조각상   **Exercise E** 01. 대학 관련 소책자를 받다 02. 전시품을 설치하다 03. 자동으로 문자 메시지를 보내다 04. 골동품 판매점 05. 창의적인 집안 꾸미기 06. 우대 좌석 07. 귀중한 예술품 08. 대조적인 견해를 설명하다 09. 회사 이미지를 개선하다 10. 동상을 세우다

DAY 29-2

예술, 전시

crew	n. 승무원, 무리	a film _____ 영화 제작진 cabin _____ training 객실 승무원 훈련
vendor	n. 노점상, 판매기, 판매자[공급자]	street _____s 거리의 노점상 the price agreed with the _____ 판매자와 합의된 가격
site	n. (건설) 현장, 장소 v. 위치시키다 on site 현지[현장]에서	_____ selection 장소 선정 a _____ for a new shopping center 새 쇼핑센터에 적합한 장소
stack	n. 무더기, 더미 v. 쌓다, 쌓이다 be stacked with ~이 쌓여 있다	a _____ of paper 종이 더미 _____ chairs in an empty room 빈방에 의자를 쌓아놓다
counter	n. 계산대, 창구 v. 반박하다 counterpart n. 상대편, 대응 관계에 있 는 것	the ticket _____ 티켓 창구 an airline service _____ 항공사 서비스 창구
desired	a. 바라는, 훌륭한 undesired a. 바라지 않는, 부탁하지 않는 desirable a. 바람직한, 갖고 싶은	set the _____ date 원하는 날짜를 정하다 match up _____ colors 희망하는 색깔을 서로 맞춰보다
payment	n. 지불 (금액), 결제 (금액) paycheck n. (수표로 지불된) 급여 payroll n. 급료 지불 명부[총액] pay v. 지불하다	_____ records 지불 내역 an automatic _____ system 자동 결제 시스템
sip	n. 한 모금 v. 홀짝이다, 조금씩 마시다	take a _____ of water 물을 한 모금 마시다 _____ a beverage 음료수를 조금씩 마시다
greet	v. 인사하다, 맞이하다(=welcome), 반응을 보이다	_____ each other 서로 인사하다 _____ customers politely 고객들에게 정중하게 인사하다
outlet	n. 직판장[판매점], 배출구, 콘센트	retail _____s 소매 직판장 need more power _____s and switches 콘센트와 스위치가 더 많이 필요하다

저절로 암기 Training

Exercise A 주어진 단어들을 결합하여 구문을 만드세요.

cabin + crew → _____ _____ training
객실　　　승무원　　　객실 승무원 훈련

street + vendor → _____ _____ s
거리　　　노점상　　　거리의 노점상

site + shopping center → a _____ for a new _____
장소　　　쇼핑센터　　　　　새 쇼핑센터에 적합한 장소

stack + empty → _____ chairs in an _____ room
쌓다　　　텅 빈　　　빈방에 의자를 쌓아놓다

airline + counter → an _____ service _____
항공사　　　창구　　　항공사 서비스 창구

set + desired → _____ the _____ date
정하다　　바라는　　　원하는 날짜를 정하다

payment + record → _____ _____ s
지불　　　　내역, 기록　　　지불 내역

take + sip → _____ a _____ of water
마시다　　한 모금　　　물을 한 모금 마시다

greet + politely → _____ customers _____
인사하다　　정중하게　　　고객들에게 정중하게 인사하다

retail + outlet → _____ _____ s
소매(점)　　직판장　　　소매 직판장

Exercise B 보기에서 적절한 단어를 찾아 문장을 완성하세요.

보기

crew　vendor　site　stack　counter
desired　payment　sip　greet　outlet

01. Take a _____ of water after drinking soda to help prevent tooth decay.
충치 예방을 위해 탄산음료를 마신 뒤 물을 한 모금 마셔라.

02. This packaging design is for the products sold through retail _____ s.
이 포장 디자인은 소매 직판장을 통해 판매되는 상품을 위한 것이다.

03. Cabin _____ training courses include initial safety training.
객실 승무원 훈련 과정은 기초적인 안전 훈련을 포함한다.

04. I'm going to work at the airline service _____ in Tokyo.

저는 도쿄에 있는 항공사 서비스 카운터에서 일하게 될 것입니다.

05. There are so many street _____s near the subway stations.

지하철역 근처에는 아주 많은 거리 노점상이 있다.

06. Please visit our website to set the _____ date.

원하는 날짜를 정하려면 저희 웹사이트를 방문해 주세요.

07. To make a good first impression, _____ all the customers politely.

좋은 첫인상을 만들기 위해서 모든 고객들에게 정중하게 인사하세요.

08. We are seeking a _____ for a new shopping center.

우리는 새 쇼핑센터에 적합한 장소를 찾고 있습니다.

09. After _____ing chairs in an empty room, we cleared the stage.

우리는 빈방에 의자를 쌓아놓은 후 무대를 정리했다.

10. Enter your user ID and password to check your _____ records.

지불 내역을 확인하려면 사용자 ID와 암호를 입력하세요.

Exercise C 주어진 단어의 적절한 의미를 찾아 연결해 보세요.

01. stack	•	• a. 직판장, 배출구
02. sip	•	• b. 계산대, 창구; 반박하다
03. outlet	•	• c. 무더기, 더미; 쌓다
04. crew	•	• d. 한 모금; 조금씩 마시다
05. counter	•	• e. 승무원, 무리
06. desired	•	• f. 지불 (금액)
07. payment	•	• g. 인사하다, 맞이하다
08. greet	•	• h. 바라는
09. vendor	•	• i. 노점상, 판매자
10. site	•	• j. 현장, 장소; 위치시키다

Exercise B 01. sip 02. outlet 03. crew 04. counter 05. vendor 06. desired 07. greet 08. site 09. stack 10. payment
Exercise C 01. c 02. d 03. a 04. e 05. b 06. h 07. f 08. g 09. i 10. j

Exercise D 다음 문장을 올바르게 해석해 보세요.

Our employees working in retail [01]**outlets** [02]**greet** customers politely.
소매 [01]_____ 에서 일하는 우리 회사 직원들은 고객에게 정중하게 [02]_____.

You can ask for your [03]**payment** record at a service [04]**counter**.
서비스 [04]_____ 에서 [03]_____ 내역을 요청할 수 있습니다.

When your [05]**desired** items are selected, click the button "buy now."
당신이 [05]_____ 상품이 선택되었으면, '지금 구매' 버튼을 클릭하세요.

Exercise E 다음 구문을 올바르게 해석해 보세요.

01. street **vendors**
_____

02. a **site** for a new shopping center
_____

03. retail **outlets**
_____

04. **stack** chairs in an empty room
_____

05. take a **sip** of water
_____

06. an airline service **counter**
_____

07. set the **desired** date
_____

08. **greet** customers politely
_____

09. **payment** records
_____

10. cabin **crew** training
_____

Exercise D 01. 직판장 02. 인사한다 03. 지불 04. 카운터 05. 원하는 **Exercise E** 01. 거리의 노점상 02. 새 쇼핑센터에 적합한 장소 03. 소매 직판장 04. 빈방에 의자를 쌓아놓다 05. 물을 한 모금 마시다 06. 항공사 서비스 창구 07. 원하는 날짜를 정하다 08. 고객들에게 정중하게 인사하다 09. 지불 내역 10. 객실 승무원 훈련

DAY 29-3

official	*n.* 공무원, 고위 관리자, 직원 *a.* 공식적인 office *n.* 근무처, 사무실 officially *ad.* 공식적으로	a government _____ 정부 관료 an _____ document 공식 문서
vehicle	*n.* 차량, 운송 수단	a _____ rental service 차량 임대 서비스 a stolen _____ 도난 차량
congestion	*n.* (교통의) 체증, 혼잡 congested *a.* 교통이 혼잡한 congest *v.* 혼잡하게 하다	traffic _____ 교통 체증 avoid _____ 혼잡을 피하다
distance	*n.* 거리, 먼 곳 distant *a.* 먼 distantly *ad.* 멀리, 떨어져서 in the distance 멀리서	visible in the _____ 멀리서 볼 수 있는 a long-_____ race 장거리 경주
narrow	*a.* 좁은 *v.* 좁히다(↔expand 넓히다, 확장하다) narrowly *ad.* 좁게, 편협하게, 간신히 narrow down to ~의 범위로 좁히다	a _____ driveway 좁은 차도 _____ down the options 선택지를 좁히다
route	*n.* 길, 경로, 노선	a _____ map 노선도 an escape _____ 탈출 경로
throughout	*prep.* ~동안 죽, ~ 내내, ~의 도처에	_____ the meeting 회의 내내 _____ the semester 한 학기 내내
transit	*n.* 수송, 통과, 교통 체계 *v.* 통과하다, 수송하다 transition *n.* 이양, 과도, 이행 in transit 수송 중, 이동 중	_____ expenses 수송 비용 monthly public _____ passes 월간 대중교통 이용권
fare	*n.* 운임, 요금, 승객, 식사 *v.* 가다, 여행하다, 먹다, 지내다	raise the rail _____s 철도 운임을 인상하다 reduced _____ hours 할인 운임 시간대
prominent	*a.* 중요한, 유명한, 두드러지는 prominently *ad.* 두드러지게, 현저히	a _____ scientist 저명한 과학자 the most _____ architecture firm 가장 유명한 건축 회사

저절로 암기 Training

Exercise A 주어진 단어들을 결합하여 구문을 만드세요.

government + official → a _____ _____
정부   공무원   정부 관료

vehicle + rental → a _____ _____ service
차량 임대   차량 임대 서비스

traffic + congestion → _____ _____
교통 체증   교통 체증

distance + race → a long-_____ _____
거리   경주   장거리 경주

narrow + option → _____ down the _____s
좁히다 선택지   선택지를 좁히다

route + map → a _____ _____
노선 지도   노선도

throughout + semester → _____ the _____
~ 내내, ~동안 죽 학기   한 학기 내내

transit + pass → monthly public _____ _____es
수송   통행권   월간 대중교통 이용권

raise + fare → _____ the rail _____s
인상하다 운임   철도 운임을 인상하다

prominent + firm → the most _____ architecture _____
유명한   회사   가장 유명한 건축 회사

Exercise B 보기에서 적절한 단어를 찾아 문장을 완성하세요.

보기
_____

  official vehicle congestion distance narrow
  route throughout transit fare prominent
_____

01. In a long-_____ race, one amateur runner won third place.
  장거리 경주에서 한 아마추어 선수가 3위를 차지했다.

02. Rachel is the owner of one of the most _____ architecture firms in India.
  Rachel은 인도에서 가장 유명한 건축 회사 중 한 곳의 소유자이다.

03. We have _____ed down the options to four. 우리는 선택지를 4가지로 좁혔다.

04. Could you show me a _____ map for the city buses?

저에게 시내버스 노선도를 보여주시겠어요?

05. _____ the semester, I have studied English literature.

나는 한 학기 내내 영국 문학을 공부했다.

06. Our new _____ rental service provides any type of car on a daily basis.

저희의 새로운 차량 임대 서비스는 일일 기준으로 모든 차종을 제공합니다.

07. Traffic _____ is becoming a huge problem for Boston.

교통 체증은 Boston의 큰 문제가 되어 가고 있다.

08. You may be able to use monthly public _____ passes to reduce the cost.

비용을 줄이고 싶다면 월간 대중교통 이용권을 이용할 수도 있다.

09. The state-run rail company will try not to raise the rail _____s.

국영 철도회사는 철도 요금을 인상하지 않기 위해 노력할 것이다.

10. According to a government _____, the census data will be available in June.

한 정부 관료에 따르면, 인구 조사 데이터는 6월에 이용 가능할 것이다.

Exercise C 주어진 단어의 적절한 의미를 찾아 연결해 보세요.

01. narrow •   • a. 요금

02. route •   • b. 좁은; 좁히다

03. fare •   • c. 차량, 운송 수단

04. official •   • d. 경로, 노선

05. vehicle •   • e. 공무원; 공식적인

06. prominent •   • f. ~ 내내, ~동안 죽

07. congestion •   • g. 교통 체증, 혼잡

08. distance •   • h. 유명한

09. throughout •   • i. 거리, 먼 곳

10. transit •   • j. 수송; 수송하다

Exercise B 01. distance 02. prominent 03. narrow 04. route 05. Throughout 06. vehicle 07. congestion 08. transit 09. fare
10. official   **Exercise C** 01. b 02. d 03. a 04. e 05. c 06. h 07. g 08. i 09. f 10. j

Exercise D 다음 문장을 올바르게 해석해 보세요.

She chose a different [01]**route** through a [02]**narrow** highway to avoid traffic [03]**congestion**.
그녀는 교통 [03] _____ 을 피하기 위해 [02] _____ 고속도로를 관통하는 다른 [01] _____ 를 선택했다.

[04]**Officials** urge communities to stay proactive [05]**throughout** fire season.
[04] _____ 은 화재 발생 시기 [05] _____ 사전관리에 임해 줄 것을 지역 사회에 촉구했다.

Exercise E 다음 구문을 올바르게 해석해 보세요.

01. a long-**distance** race

_____

02. a government **official**

_____

03. **narrow** down the options

_____

04. a **route** map

_____

05. monthly public **transit** passes

_____

06. raise the rail **fares**

_____

07. the most **prominent** architecture firm

_____

08. a **vehicle** rental service

_____

09. traffic **congestion**

_____

10. **throughout** the semester

_____

Exercise D 01. 경로 02. 좁은 03. 체증 04. 관리자들 05. 동안   **Exercise E** 01. 장거리 경주 02. 정부 관료 03. 선택지를 좁히다 04. 노선도 05. 월간 대중교통 이용권 06. 철도 운임을 인상하다 07. 가장 유명한 건축 회사 08. 차량 임대 서비스 09. 교통 체증 10. 한 학기 내내

DAY 29-4

across	*ad.* 건너로, 너머에 *prep.* ~을 가로질러, ~의 전역에 cross *v.* 건너다	walk _____ the lawn 잔디를 가로질러 걷다 flee _____ the border 국경을 넘어 도망치다
damaged	*a.* 손상된 damage *n.* 피해, 손해 *v.* (물건을) 손상하다 damaging *a.* 손해를 끼치는	storm-_____ houses 폭풍우에 손상된 가옥 replace the _____ part 손상된 부품을 교체하다
preserve	*v.* 지키다, 보존하다, 보호하다 preservation *n.* 보존, 저장, 보호 preservable *a.* 보존이 가능한	_____ the appearance 외관을 보호하다 _____ original features 원래의 특색을 유지하다
environment	*n.* 환경 environmental *a.* 환경적인, 환경의 environmentalist *n.* 환경 운동가	harm the _____ 환경을 해치다 _____ science courses 환경 과학 수업
largely	*ad.* 주로(=mainly), 대부분(=generally)	_____ remain the same 대부분 그대로 남아있다 be funded _____ through private donations 주로 개인 기부를 통해 자금이 조달되다
article	*n.* 기사, 조항, (종종 –s) 물품[물건]	proofread an _____ 기사를 교정보다 under _____ 10 of the Washington Treaty Washington 조약의 10번 조항에 의거하여
permanent	*a.* 영구적인(↔temporary 일시적인) permanently *ad.* 영구적으로	a _____ position 정규직 find a _____ solution 영구적인 해결책을 강구하다
fuel	*n.* 연료 *v.* 연료를 넣다, 기름을 붓다	_____ remaining 연료 잔량 the _____ consumed by the aircraft 항공기에 의해 소모되는 연료
landscape	*n.* 풍경, 전망, 풍경화 *v.* 조경하다	a _____ designer 조경 디자이너 open rural _____ 탁 트인 시골 풍경
charge	*n.* 요금, 충전, 책임 *v.* 청구하다, 충전하다 in charge of ~을 맡은, ~ 담당의 charge A to B A를 B에게 청구하다	electric _____s 전기 요금 _____ a battery every day 배터리를 매일 충전하다

DAY 1
DAY 2
DAY 3
DAY 4
DAY 5
DAY 6
DAY 7
DAY 8
DAY 9
DAY 10
DAY 11
DAY 12
DAY 13
DAY 14
DAY 15
DAY 16
DAY 17
DAY 18
DAY 19
DAY 20
DAY 21
DAY 22
DAY 23
DAY 24
DAY 25
DAY 26
DAY 27
DAY 28
DAY 29
DAY 30

DAY 29 예술, 전시   535

저절로 암기 Training

Exercise A 주어진 단어들을 결합하여 구문을 만드세요.

across + border → flee _____ the _____
~을 가로질러   국경   국경을 넘어 도망치다

replace + damaged → _____ the _____ part
교체하다   손상된   손상된 부품을 교체하다

preserve + original → _____ _____ features
보존하다   원래의   원래의 특색을 유지하다

harm + environment → _____ the _____
해를 끼치다   환경   환경을 해치다

largely + donation → be funded _____ through private _____s
주로   기부   주로 개인 기부를 통해 자금이 조달되다

proofread + article → _____ an _____
교정보다   기사   기사를 교정보다

permanent + solution → find a _____ _____
영구적인   해결책   영구적인 해결책을 강구하다

fuel + remaining → _____ _____
연료   잔량   연료 잔량

landscape + designer → a _____ _____
조경   디자이너   조경 디자이너

charge + battery → _____ a _____ every day
충전하다   배터리   배터리를 매일 충전하다

Exercise B 보기에서 적절한 단어를 찾아 문장을 완성하세요.

보기

across   damaged   preserve   environment   largely
article   permanent   fuel   landscape   charge

01. Syrian refugees fled _____ the border. 시리아 난민들이 국경을 넘어 도망쳤다.

02. We replaced the _____ part and removed a scratch.
우리는 손상된 부품을 교체하고 긁힌 부분을 제거했다.

03. She edited the video clip while _____ing its original features.
그녀는 원래의 특색을 유지하여 동영상 클립을 편집했다.

04. The urban development harms the _____. 도시 개발은 환경을 해친다.

05. This local museum is funded _____ through private donations.
이 지역 박물관은 주로 개인 기부를 통해서 자금이 조달된다.

06. It's hard to proofread an _____ that you've just finished.
당신이 이제 막 끝마친 기사를 교정보기는 어렵다.

07. You don't have to find a _____ solution to a temporary problem.
일시적인 문제에 대한 영구적인 해결책을 강구할 필요는 없다.

08. We still have 9 gallons of _____ remaining in the tank.
우리는 여전히 9갤런의 연료 잔량을 탱크에 가지고 있다.

09. The average pay for a _____ designer is $70,000 per year.
조경 디자이너의 평균 급여는 연간 7만 달러이다.

10. _____ing a battery every day will not affect the battery life.
배터리를 매일 충전하는 것은 배터리 수명에 영향을 주지 않을 것이다.

Exercise C 주어진 단어의 적절한 의미를 찾아 연결해 보세요.

01. article	•	• a. 영구적인
02. permanent	•	• b. 연료; 연료를 넣다
03. fuel	•	• c. 너머에; ~을 가로질러
04. across	•	• d. 기사, 조항
05. landscape	•	• e. 조경, 풍경; 조경하다
06. damaged	•	• f. 요금; 청구하다, 충전하다
07. preserve	•	• g. 손상된
08. charge	•	• h. 지키다, 보존하다
09. environment	•	• i. 주로
10. largely	•	• j. 환경

DAY 1
DAY 2
DAY 3
DAY 4
DAY 5
DAY 6
DAY 7
DAY 8
DAY 9
DAY 10
DAY 11
DAY 12
DAY 13
DAY 14
DAY 15
DAY 16
DAY 17
DAY 18
DAY 19
DAY 20
DAY 21
DAY 22
DAY 23
DAY 24
DAY 25
DAY 26
DAY 27
DAY 28
DAY 29
DAY 30

Exercise B 01. across 02. damaged 03. preserv 04. environment 05. largely 06. article 07. permanent 08. fuel 09. landscape 10. Charg **Exercise C** 01. d 02. a 03. b 04. c 05. e 06. g 07. h 08. f 09. j 10. i

Exercise D 다음 문장을 올바르게 해석해 보세요.

I was given advice on how to [01]**preserve** [02]**fuel** when I started driving.
내가 운전을 시작했을 때 [02]_____ 를 [01]_____ 방법에 관한 조언을 들었다.

Read the following [03]**article** about [04]**environment** protection.
[04]_____ 보호에 관한 다음 [03]_____ 를 읽어보세요.

Heavy rain caused severe flooding [05]**across** the U.K.
폭우로 인해 영국 [05]_____ 심각한 홍수가 발생했다.

Exercise E 다음 구문을 올바르게 해석해 보세요.

01. **charge** a battery every day
_____

02. flee **across** the border
_____

03. be funded **largely** through private donations
_____

04. a **landscape** designer
_____

05. proofread an **article**
_____

06. replace the **damaged** part
_____

07. **preserve** original features
_____

08. harm the **environment**
_____

09. find a **permanent** solution
_____

10. **fuel** remaining
_____

Exercise D 01. 보존[절약]하는 02. 연료 03. 기사 04. 환경 05. 전역에   **Exercise E** 01. 배터리를 매일 충전하다 02. 국경을 넘어 도망치다 03. 주로 개인 기부를 통해 자금이 조달되다 04. 조경 디자이너 05. 기사를 교정보다 06. 손상된 부품을 교체하다 07. 원래의 특색을 유지하다 08. 환경을 해치다 09. 영구적인 해결책을 강구하다 10. 연료 잔량

저절로 실전 Training

Grammar & Expressions 배운 단어로 Part 5 실전 문제 풀어보기

1. Our employees working in retail outlets ------- customers politely.

(A) greet
(B) greets
(C) to greet
(D) greeting

2. She chose a different route through a narrow highway to avoid traffic -------.

(A) capacity
(B) congestion
(C) facilities
(D) detection

3. Heavy rain caused severe flooding ------- the U.K.

(A) up
(B) among
(C) across
(D) onto

4. You can set or change the ------- date at a service counter.

(A) desire
(B) desired
(C) desirable
(D) desirably

- -

Answers

1. (A)

해석 소매 직판장에서 일하는 우리 회사 직원들은 고객에게 정중하게 인사한다.

해설 [어법] 동사 주어는 복수명사 Our employees이며 이 명사구를 현재분사구(working in retail outlets)가 수식하고 있다. 문장에 동사가 없으므로 복수동사 (A) greet가 적절하다.

2. (B)

해석 그녀는 교통 체증을 피하기 위해 좁은 고속도로를 관통하는 다른 경로를 선택했다.

해설 [어휘] 문맥에 어울리는 명사 빈칸이 포함된 to avoid 이하 부분은 '다른 경로를 선택한' 이유에 해당하므로 '교통 (B) 체증을 피하기 위해'라고 해야 적절하다.

(A) 수용량 (B) 체증, 정체 (C) 시설 (D) 감지, 탐지

3. (C)

해석 폭우로 인해 영국 전역에 심각한 홍수가 발생했다.

해설 [어휘] 문맥에 어울리는 전치사 홍수가 어디에서 발생했는지를 나타내는 부분이므로 '영국 (C) 전역에'라고 해야 적절하다.

(A) ~의 위쪽에 (B) ~중에 (C) ~에 걸쳐서 (D) ~쪽으로 (onto는 이동을 나타내는 동사와 함께 방향을 나타낼 때 사용)

4. (B)

해석 서비스 카운터에서 원하는 날짜를 정하거나 변경할 수 있습니다.

해설 [어법] 품사 관사와 명사 사이에 빈칸이 있으므로 명사를 수식하는 형용사가 와야 한다. 형용사인 desired와 desirable 중에서 문맥상 '(B) 원하는 날짜'라고 해야 적절하다.

(A) 욕구; 원하다 (B) 원하는, 희망하는 (C) 바람직한 (D) 바람직하게

저절로 실전 Training

Day 29에서 배운 단어,
실제 토익에는 이렇게 나옵니다.

Reading & Listening 배운 단어로 실전 지문 읽고 들어보기

다음 글을 읽고 올바른 해석을 고르세요.

MP3

On behalf of the crew, I'd like to thank you for coming today. I'm sure you have a copy of our official **brochure illustrating** our collections. On it, you can also find the

1. (A) 저희의 소장품이 설명되어 있는 공식 브로슈어

(B) 저희의 소장품과 함께 제공되는 공식 브로슈어

latest information on some of the exciting changes taking place throughout the museum. As was publicized through the newspaper articles, we have finished the restoration process on the **damaged** 16th century **statue**. It has returned to its

2. (A) 손상됐던 16세기 조각상

(B) 16세기 조각상을 손상하다

previous exhibit site in our permanent collection. We also acquired two pieces of landscape artwork. Also, the multimedia viewing rooms now have extra **seating areas** to accommodate increasing number of daily visitors.

3. (A) 추가 전시 구역

(B) 추가 좌석 구역

Answers

1. (A)   2. (A)   3. (B)

해석 직원들을 대표하여 오늘 와주신 여러분께 감사 인사를 드립니다. 여러분께서는 ¹·저희의 소장품이 설명되어 있는 공식 브로슈어를 갖고 계실 것입니다. 거기에서, 박물관 전 구역에서 진행되고 있는 흥미로운 변화에 대한 최신 정보도 찾아보실 수 있습니다. 신문 기사를 통해 알려진 바와 같이 저희는 ²·손상됐던 16세기 조각상 복원 과정을 완료하였습니다. 그 조각상은 영구 전시실의 기존 전시 장소로 돌려 보내져 있습니다. 또한 저희는 두 점의 풍경화를 입수했습니다. 또한, 시청각자료 감상실에는 증가하는 일일 방문객을 수용하기 위하여 ³·추가 좌석 구역을 마련해두고 있습니다.

DAY 30-1

Phrases & Expressions (5)

---

given (that)
만약 ~하면, ~를 고려해 볼 때
(=provided)

_____ (that) sales pick up, we are expanding production.
만약 판매가 증가하면, 생산을 늘릴 것이다.

_____ his reputation
그의 명성을 고려해 볼 때

---

in response to
~에 대응하여
(=in reply[answer] to)

_____ customers' complaints
고객의 불만에 대응하여

_____ climate change 기후 변화에 따라

---

due to
~ 때문에, ~로 인하여
(=because of, owing to)

_____ heavy snowfalls 폭설 때문에

_____ the time constraint
시간 제약 때문에

---

anyone who
~하는 사람은 누구라도

_____ wishes to attend the ceremony 행사에 참석하고 싶은 사람은 누구라도

_____ has seen the film
영화를 본 사람은 누구라도

---

be essential for
~에 필수적이다
(=be necessary[vital] for)

_____ achieving a good result
좋은 결과를 얻는 데 필수적이다

_____ economic growth
경제 성장에 필수적이다

---

out of stock
재고가 없는
(=unstocked, stockless)
in stock 재고가 있는, 비축되어

be currently _____ 현재 재고가 없다

a list of _____ books
재고가 없는 도서 목록

---

at no cost
무료로, 무료의
(=for free, for nothing)

exchange _____ 무료로 교환하다

use the Web _____
무료로 인터넷을 이용하다

---

stop by
~에 들르다
(=come by, drop by)

_____ the office 사무실에 들르다

_____ the mall on the way home
집에 가는 길에 쇼핑몰에 들르다

---

without delay
지체 없이
(=promptly, immediately)

act on a request _____
지체 없이 요구에 대응하다

stream a video _____
지연 없이 동영상을 재생하다

---

a selection of
다양한 ~들(=a variety of, diverse),
~의 특선

_____ baked goods 다양한 빵류

_____ short poems 단편 시 특선

DAY 1
DAY 2
DAY 3
DAY 4
DAY 5
DAY 6
DAY 7
DAY 8
DAY 9
DAY 10
DAY 11
DAY 12
DAY 13
DAY 14
DAY 15
DAY 16
DAY 17
DAY 18
DAY 19
DAY 20
DAY 21
DAY 22
DAY 23
DAY 24
DAY 25
DAY 26
DAY 27
DAY 28
DAY 29
DAY 30

DAY 30 Phrases & Expressions (5)   541

저절로 암기 Training

Exercise A 주어진 표현들을 결합하여 구문을 만드세요.

given + reputation → _____ his _____
~을 고려해 볼 때   명성   그의 명성을 고려해 볼 때

in response to + complaint → _____ customers' _____s
~에 대응하여   불만   고객의 불만에 대응하여

due to + snowfall → _____ heavy _____s
~ 때문에   강설   폭설 때문에

anyone who + film → _____ has seen the _____
~하는 사람은 누구라도   영화   영화를 본 사람은 누구라도

be essential for + growth → _____ economic _____
~에 필수적이다   성장   경제 성장에 필수적이다

currently + out of stock → be _____ _____
현재   재고가 없는   현재 재고가 없다

use + at no cost → _____ the Web _____
이용하다   무료로   무료로 인터넷을 이용하다

stop by + office → _____ the _____
~에 들르다   사무실   사무실에 들르다

act on + without delay → _____ a request _____
~에 대응하다   지체 없이   지체 없이 요구에 대응하다

a selection of + poem → _____ short _____s
~의 특선   시   단편 시 특선

Exercise B 보기에서 적절한 표현을 찾아 문장을 완성하세요.

보기
_____

given   in response to   due to   anyone who   be essential for
out of stock   at no cost   stop by   without delay   a selection of
_____

01. Sasha _____ped _____ the office to drop off the contract.
Sasha는 계약서를 놓고 가기 위해 사무실에 들렀다.

02. Consumers _____ economic growth.   소비자는 경제 성장에 필수적이다.

03. _____ his reputation, the company's outlook will be better soon.
그의 명성을 고려해 볼 때, 회사의 전망은 곧 좋아질 것이다.

04. _____ Haruki's short poems has been published. Haruki의 단편 시 특선이 출판되었다.

05. The delivery service is being delayed _____ heavy snowfalls.
폭설로 인하여 배달 서비스가 지연되고 있습니다.

06. _____ has seen the film can write a review and get a special gift.
영화를 본 사람은 누구라도 후기를 작성하여 특별 선물을 받을 수 있습니다.

07. Unfortunately, the item that you ordered is currently _____.
유감스럽게도, 주문하신 상품은 현재 재고가 없습니다.

08. _____ customers' complaints, the company is reducing the price.
고객의 불만에 대응하여 회사는 가격을 낮추는 중이다.

09. Fairplex Public Library users can use the Web _____.
Fairplex 공립 도서관 사용자는 무료로 인터넷을 이용할 수 있다.

10. The agency acts on a request for further information _____.
그 기관은 추가 정보 요청에 지체 없이 대응했다.

DAY 1
DAY 2
DAY 3
DAY 4
DAY 5
DAY 6
DAY 7
DAY 8
DAY 9
DAY 10
DAY 11
DAY 12
DAY 13
DAY 14
DAY 15
DAY 16
DAY 17
DAY 18
DAY 19
DAY 20
DAY 21
DAY 22
DAY 23
DAY 24
DAY 25
DAY 26
DAY 27
DAY 28
DAY 29
DAY 30

Exercise C 주어진 표현의 적절한 의미를 찾아 연결해 보세요.

01. without delay •   • a. 다양한 ~들, ~의 특선

02. a selection of •   • b. 지체 없이

03. in response to •   • c. ~에 들르다

04. at no cost •   • d. ~에 대응하여

05. stop by •   • e. 무료로

06. due to •   • f. ~하는 사람은 누구라도

07. given (that) •   • g. ~에 필수적이다

08. anyone who •   • h. ~ 때문에, ~로 인하여

09. be essential for •   • i. 재고가 없는

10. out of stock •   • j. 만약 ~하면, ~를 고려해 볼 때

Exercise B 01. stop, by 02. are essential for 03. Given 04. A selection of 05. due to 06. Anyone who 07. out of stock 08. In response to 09. at no cost 10. without delay   **Exercise C** 01. b 02. a 03. d 04. e 05. c 06. h 07. j 08. f 09. g 10. i

Exercise D 다음 문장을 올바르게 해석해 보세요.

[01]**In response to** your email, we have decided to pay the insurance [02]**without delay.**
귀하의 이메일에 [01] _____. 저희는 [02] _____ 보험금을 지급하기로 하였습니다.

[03]**Anyone who** missed an exam [04]**due to** illness can take a make-up test on July 22.
질병 [04] _____ 시험을 놓친 [03] _____ 7월 22일에 보충 시험을 치를 수 있습니다.

The museum provided me with a brochure [05]**at no cost.**
박물관은 나에게 소책자를 [05] _____ 제공했다.

Exercise E 다음 구문을 올바르게 해석해 보세요.

01. be currently **out of stock**
_____

02. **given** his reputation
_____

03. **be essential for** economic growth
_____

04. use the Web **at no cost**
_____

05. **stop by** the office
_____

06. act on a request **without delay**
_____

07. **due to** heavy snowfalls
_____

08. **a selection of** short poems
_____

09. **in response to** customers' complaints
_____

10. **anyone who** has seen the film
_____

Exercise D 01. 응하여 02. 지체 없이 03. 사람은 누구라도 04. 으로 인하여 05. 무료로   **Exercise E** 01. 현재 재고가 없다 02. 그의 명성을 고려해 볼 때 03. 경제 성장에 필수적이다 04. 무료로 인터넷을 이용하다 05. 사무실에 들르다 06. 지체 없이 요구에 대응하다 07. 폭설 때문에 08. 단편 시 특선 09. 고객의 불만에 대응하여 10. 영화를 본 사람은 누구라도

DAY 30-2

on vacation	휴가 중에, 휴가 중인 (=on holiday)	be _____ until Thursday 목요일까지 휴가이다 people _____ 휴가 중인 사람들
concentrate on A	A에 집중하다 (=focus on, devote oneself to)	_____ class 수업에 집중하다 _____ the domestic market 국내 시장에 집중하다
be out sick	아파서 결석[결근]하다, 병가를 내다	email that he _____ 그가 아파서 결근한다고 이메일을 보내다
on display	전시된, 진열된 (=shown, presented)	the items _____ 전시 중인 상품 see all works of art _____ 전시된 모든 예술품을 보다
be likely to do	~할 것 같다	It _____ be raining constantly. 계속해서 비가 내릴 것 같다. _____ leave the union 연합을 떠날 것 같다
be required to do	~해야 한다 (=have to, should)	_____ change the password 비밀번호를 변경해야 한다 _____ show ID cards 신분증을 제시해야 한다
allow A to do	A가 ~하는 것을 허락하다 (=permit A to do)	_____ employees _____ work from home 직원들에게 재택근무를 허락하다 _____ customers _____ choose any color 고객들이 아무 색상이나 고를 수 있게 해주다
send A to B	A를 B에게 보내다 (=send B A, deliver A to B)	_____ mail _____ the Parking Authority 주차 관리 당국에 우편물을 보내다 _____ a score report _____ one's email 점수 보고서를 이메일로 보내다
be advised to do	~하라고 충고[권고]받다	_____ use public transportation 대중교통을 이용하라고 권고받다 _____ stay home 집에 머물라고 권고받다
be invited to do	~하라고 요청받다 (≠be invited to + 명사 ~에 초대되다)	_____ ask questions 질문하라고 요청받다 _____ consider a suggestion 제안을 고려해달라고 요청받다

저절로 암기 Training

Exercise A 주어진 표현들을 결합하여 구문을 만드세요.

on vacation + until → be _____ _____ Thursday
휴가 중인　　　　　~까지　　　목요일까지 휴가이다

concentrate on A + market → _____ the domestic _____
A에 집중하다　　　　　시장　　　국내 시장에 집중하다

email　　 + be out sick → _____ that he _____
이메일을 보내다　　아파서 결근하다　　그가 아파서 결근한다고 이메일을 보내다

item + on display → the _____ s _____
상품　　 전시된　　　　전시 중인 상품

be likely to V + rain 　 → It _____ be _____ing constantly.
~할 것 같다　　　　 비가 내리다　　계속해서 비가 내릴 것 같다.

be required to V + show → _____ _____ ID cards
~해야 한다　　　　　제시하다　　신분증을 제시해야 한다

allow A to V 　 + work → _____ employees _____ _____ from home
A가 ~하는 것을 허락하다　　근무하다　　직원들에게 재택근무를 허락하다

send A to B + score report → _____ a _____ _____ one's email
A를 B에게 보내다　　점수 보고서　　점수 보고서를 이메일로 보내다

be advised to V + stay → _____ _____ home
~하라고 권고받다　　머물다　　집에 머물라고 권고받다

be invited to V + ask → _____ _____ questions
~하라고 요청받다　　묻다　　질문하라고 요청받다

Exercise B 보기에서 적절한 표현을 찾아 문장을 완성하세요.

보기

on vacation　　concentrate on　　be out sick　　on display　　be likely to V
be required to V　　allow A to V　　send A to B　　be advised to V　　be invited to V

01. Voters _____ show their ID cards at polling stations.
유권자들은 기표소에서 신분증을 제시해야 한다.

02. Mr. Ramirez is _____ until Thursday, and will be back in the office on Friday.
Mr. Ramirez는 목요일까지 휴가이고 금요일에 사무실에 복귀할 예정입니다.

03. After the exam, we will _____ a score report _____ your registered email.
시험 후에는, 등록된 이메일로 점수 보고서를 보내드립니다.

04. Employees who appear to have flu-like illnesses _____ stay home.
감기 유사 질환이 있는 것으로 보이는 직원들은 자택에 머물라고 권고를 받는다.

05. I'd like to try on the items _____. 전시 중인 상품들을 입어보고 싶어요.

06. Companies based in the southern counties _____ the domestic market.
남부 자치주에 있는 회사들은 국내 시장에 집중한다.

07. I've already emailed that he _____. 그가 아파서 결근한다고 제가 벌써 이메일을 보냈어요.

08. According to the weather forecast, it _____ be raining constantly.
날씨 예보에 따르면 계속해서 비가 올 것 같습니다.

09. You'll probably _____ ask questions during the interview.
당신은 어쩌면 면접 중에 질문하라고 요청받을 것입니다.

10. _____ing employees _____ work from home can offer businesses and employees ample benefits.
근로자들에게 재택근무를 허용하는 것은 사업체와 근로자에게 상당히 많은 이점을 제공할 수 있다.

DAY 1
DAY 2
DAY 3
DAY 4
DAY 5
DAY 6
DAY 7
DAY 8
DAY 9
DAY 10
DAY 11
DAY 12
DAY 13
DAY 14
DAY 15
DAY 16
DAY 17
DAY 18
DAY 19
DAY 20
DAY 21
DAY 22
DAY 23
DAY 24
DAY 25
DAY 26
DAY 27
DAY 28
DAY 29
DAY 30

Exercise C 주어진 표현의 적절한 의미를 찾아 연결해 보세요.

01. be required to do ·   · a. A에 집중하다

02. allow A to do ·   · b. ~해야 한다

03. send A to B ·   · c. 휴가 중인

04. on vacation ·   · d. A를 B에게 보내다

05. concentrate on A ·   · e. A가 ~하는 것을 허락하다

06. be out sick ·   · f. 전시된

07. be advised to do ·   · g. 아파서 결석하다

08. on display ·   · h. ~하라고 요청받다

09. be likely to do ·   · i. ~하라고 충고받다

10. be invited to do ·   · j. ~할 것 같다

Exercise B 01. are required to 02. on vacation 03. send, to 04. are advised to 05. on display 06. concentrate on 07. is out sick 08. is likely to 09. be invited to 10. Allow, to **Exercise C** 01. b 02. e 03. d 04. c 05. a 06. g 07. i 08. f 09. j 10. h

Exercise D 다음 문장을 올바르게 해석해 보세요.

University students [01]**are advised to** [02]**concentrate on** their studies seriously.
대학생들은 그들의 학문에 진지하게 [02]_____ [01]_____.

Mr. Prasad [03]**is likely to** [04]**send** the invitation even **to** the retiring employees.
Mr. Prasad가 초대장을 은퇴한 직원들 [04]_____ [03]_____.

By [05]**allowing** children **to** think differently, we're helping them develop their imaginations.
아이들이 다르게 생각하게 [05]_____으로써, 우리는 아이들이 자신의 상상력을 계발하는 것을 돕고 있습니다.

Exercise E 다음 구문을 올바르게 해석해 보세요.

01. **be advised to** stay home
_____

02. **concentrate on** the domestic market
_____

03. email that he **is out sick**
_____

04. It **is likely to** be raining constantly.
_____

05. **allow** employees **to** work from home
_____

06. be **on vacation** until Thursday
_____

07. the items **on display**
_____

08. **send** a score report **to** one's email
_____

09. **be invited to** ask questions
_____

10. **be required to** show ID cards
_____

Exercise D 01. 충고받는다 02. 집중하라고 03. 것 같아요 04. 에게도 보낼 05. 허락함 **Exercise E** 01. 집에 머물라고 권고받는다 02. 국내 시장에 집중하다 03. 그가 아파서 결근한다고 이메일을 보내다 04. 계속해서 비가 내릴 것 같다. 05. 직원들에게 재택근무를 허락하다 06. 목요일까지 휴가이다 07. 전시 중인 상품 08. 점수 보고서를 이메일로 보내다 09. 질문하라고 요청받다 10. 신분증을 제시해야 한다

DAY 30-3

care for	~을 돌보대[관리하다], ~을 원하대[좋아하다] (=look after, take care of)	Would you _____ a cup of tea? 차 한잔 하시겠어요? _____ a stray dog 유기견을 돌보다
thanks to	~ 덕분에	_____ the development of technology 기술의 발전 덕분에 _____ your generous donation 당신의 관대한 기부금 덕분에
be exempt from	~로부터 면제되다	_____ paying shipping charges 배송료 지불이 면제되다 _____ income tax 소득세를 면제받다
enroll in	~에 등록하다 (=sign up for)	_____ an upcoming course 다음 과정에 등록하다 _____ health insurance 건강 보험에 가입하다
be capable of	~할 수 있다, ~할 능력이 있다 (=be competent for, be able to V)	_____ increasing a company's presence 회사의 영향력을 증가시킬 능력이 있다 _____ handling 10 million passengers 1,000만 명의 승객을 수용할 수 있다
on time	정각에, 제때에(=punctually)	arrive _____ 정각에 도착하다 return books _____ 책을 제때에 반납하다
check with	~와 의논하다(=consult[discuss] with), ~을 조사하다(=inspect)	_____ the boss 상사와 의논하다 _____ the Lost and Found 분실물 관리소에 문의하다
be opposed to	~에 반대하다 (=object to, protest against)	_____ war 전쟁에 반대하다 _____ the expansion plan to overseas 해외 확장 계획에 반대하다
in common	공통의, 공동의	have a lot _____ 많은 공통점을 가지다 as tenants _____ 공동 소유자로서
be distributed to	~에게 배포되다, ~에게 분배되다 (=be handed out)	_____ victims 피해자들에게 배포되다 _____ all winners 모든 당첨자에게 분배되다

저절로 암기 Training

Exercise A 주어진 표현들을 결합하여 구문을 만드세요.

care for + stray → _____ a _____ dog
~을 돌보다　　주인 없는　　유기견을 돌보다

thanks to + technology → _____ the development of _____
~ 덕분에　　기술　　기술의 발전 덕분에

be exempt from + shipping charge → _____ paying _____s
~로부터 면제되다　　배송료　　배송료 지불이 면제되다

enroll in + course → _____ an upcoming _____
~에 등록하다　　과정　　다음 과정에 등록하다

be capable of + passenger → _____ handling 10 million _____s
~할 수 있다　　승객　　1,000만 명의 승객을 수용할 수 있다

return + on time → _____ books _____
반납하다　제때에　　책을 제때에 반납하다

check with + boss → _____ the _____
~와 의논하다　　상사　　상사와 의논하다

be opposed to + expansion → _____ the _____ plan to overseas
~에 반대하다　　확장　　해외 확장 계획에 반대하다

a lot + in common → have _____ _____
많음　공통의　　많은 공통점을 가지다

be distributed to + victim → _____ _____s
~에게 배포되다　　피해자　　피해자들에게 배포되다

Exercise B 보기에서 적절한 표현을 찾아 문장을 완성하세요.

보기

care for　　thanks to　　be exempt from　　enroll in　　be capable of
on time　　check with　　be opposed to　　in common　　be distributed to

01. Please return your books to the library _____.
장서를 도서관에 제때에 반납해 주시기 바랍니다.

02. The port _____ handling 10 million passengers.
그 항구는 1,000만 명의 승객을 수용할 수 있다.

03. I'm _____ing _____ a stray dog until the owner can be found.
주인을 찾을 수 있을 때까지 제가 유기견을 돌보고 있습니다.

04. New members _____ paying shipping charges.
신규 회원에게는 배송료 지불이 면제됩니다.

05. I'm _____ing _____ my boss to see if that time is good for a meeting.
그 시간이 회의에 괜찮을지 알아보기 위해 상사와 의논하는 중이에요.

06. The board of directors _____ the expansion plan to overseas.
이사회는 해외 확장 계획에 반대하고 있다.

07. _____ the development of technology, we can collect and analyze big data.
기술의 발전 덕분에, 우리는 빅데이터를 수집하고 분석할 수 있다

08. People who live longer have a lot _____. 더 오래 사는 사람들에게는 많은 공통점이 있다.

09. Donations will _____ evenly _____ victims.
기부 물품은 피해자들에게 공평하게 배포될 것입니다.

10. You need to check up on the syllabus before you _____ an upcoming
course. 다음 과정에 등록하기 전에 강의계획서를 확인하셔야 합니다.

Exercise C 주어진 표현의 적절한 의미를 찾아 연결해 보세요.

01. be exempt from ·   · a. ~에 반대하다

02. enroll in   ·   · b. 공통의, 공동의

03. care for   ·   · c. ~로부터 면제되다

04. be opposed to ·   · d. ~에 등록하다

05. in common   ·   · e. ~을 돌보다, ~을 원하다

06. be capable of ·   · f. ~할 능력이 있다

07. be distributed to ·   · g. ~와 의논하다

08. on time   ·   · h. ~ 덕분에

09. check with   ·   · i. ~에게 배포되다

10. thanks to   ·   · j. 정각에, 제때에

Exercise B 01. on time 02. is capable of 03. car, for 04. are exempt from 05. check, with 06. is opposed to 07. Thanks to
08. in common 09. be, distributed to 10. enroll in **Exercise C** 01. c 02. d 03. e 04. a 05. b 06. f 07. i 08. j 09. g 10. h

Exercise D 다음 문장을 올바르게 해석해 보세요.

Before manufacturing costs [01]**are distributed to** each department, we will [02]**check with** the department managers.

제조 비용이 각 부서에 [01]_____ 전에, 저희는 부서장들과 [02]_____ 것입니다.

If you don't pay your tuition [03]**on time**, you cannot [04]**enroll in** this course.

수업료를 [03]_____ 납부하지 않으면 이 강좌에 [04]_____ 수 없습니다.

The interest on the money will [05]**be exempt from** tax.

해당 금액에 대한 이자는 세금이 [05]_____.

Exercise E 다음 구문을 올바르게 해석해 보세요.

01. **care for** a stray dog
_____

02. **be capable of** handling 10 million passengers
_____

03. **thanks to** the development of technology
_____

04. **be exempt from** paying shipping charges
_____

05. **check with** the boss
_____

06. **enroll in** an upcoming course
_____

07. return books **on time**
_____

08. **be distributed to** victims
_____

09. **be opposed to** the expansion plan to overseas
_____

10. have a lot in **common**
_____

Exercise D 01. 배분되기 02. 의논할 03. 제때 04. 등록할 05. 면제된다   Exercise E 01. 유기견을 돌보다 02. 1,000만 명의 승객을 수용할 수 있다 03. 기술의 발전 덕분에 04. 배송료 지불이 면제되다 05. 상사와 의논하다 06. 다음 과정에 등록하다 07. 책을 제때에 반납하다 08. 피해자들에게 배포되다 09. 해외 확장 계획에 반대하다 10. 많은 공통점을 가지다

DAY 30-4

the fact that	~라는 사실	_____ the proposal was withdrawn 제안이 취소되었다는 사실
		note _____ the data has not been finalized 데이터가 확정되지 않았다는 사실을 인지하다
refrain from	~을 삼가다(=abstain from)	_____ using a flash camera 플래시 카메라를 사용하는 것을 삼가다
		_____ eating food in the store 매장 내에서 식사를 삼가다
at the latest	늦어도	by the end of the month _____ 늦어도 이달 말까지
as if	마치 ~처럼(=as though)	_____ it was bought yesterday 마치 어제 구입된 것처럼
		_____ it is your last chance 마치 이것이 당신의 마지막 기회인 것처럼
leave for	~로 떠나다 (=head for, set out for)	_____ the military 군대로 떠나다
		_____ London 런던으로 떠나다
as a consequence of	~의 결과로(=as a result of)	_____ the merger 합병의 결과로
		_____ the inflation 물가상승의 결과로
for a while	잠시 동안 (=for some time, for now)	talk _____ 잠시 이야기하다
		stay _____ 잠시 머물다
now that	~이므로, ~이기 때문에 (=because, since)	_____ the party is over 파티가 끝났으므로
		_____ Mr. Chan is on leave Mr. Chan이 휴가 중이기 때문에
be asked to do	~하는 것을 요청받다 (=be required to V, be invited to V, be called for)	_____ attend the banquet 연회에 참석할 것을 요청받다
		_____ use a security badge 보안 배지를 사용하도록 요청받다
consider A as B	A를 B로 간주하다[여기다] (=regard A as B, think of A as B, look upon A as B)	_____ Jeffrey _____ a new member Jeffrey를 신규 회원으로 여기다
		_____ this property _____ a site for our new factory 이 부동산을 우리의 새 공장 부지로 간주하다

DAY 1
DAY 2
DAY 3
DAY 4
DAY 5
DAY 6
DAY 7
DAY 8
DAY 9
DAY 10
DAY 11
DAY 12
DAY 13
DAY 14
DAY 15
DAY 16
DAY 17
DAY 18
DAY 19
DAY 20
DAY 21
DAY 22
DAY 23
DAY 24
DAY 25
DAY 26
DAY 27
DAY 28
DAY 29
DAY 30

저절로 암기 Training

Exercise A 주어진 표현들을 결합하여 구문을 만드세요.

the fact that + withdraw → _____ the proposal was _____n
~라는 사실   취소하다   제안이 취소되었다는 사실

refrain from + flash camera → _____ using a _____
~을 삼가다   플래시 카메라   플래시 카메라를 사용하는 것을 삼가다

end + at the latest → by the _____ of the month _____
말   늦어도   늦어도 이달 말까지

as if + be bought → _____ it _____ yesterday
마치 ~처럼   구입되다   마치 어제 구입된 것처럼

leave for + military → _____ the _____
~로 떠나다   군대   군대로 떠나다

as a consequence of + merger → _____ the _____
~의 결과로   합병   합병의 결과로

talk + for a while → _____ _____
이야기하다   잠시 동안   잠시 이야기하다

now that + on leave → _____ Mr. Chan is _____
~이기 때문에   휴가 중인   Mr. Chan이 휴가 중이기 때문에

be asked to V + security → _____ use a _____ badge
~하는 것을 요청받다   보안, 방위   보안 배지를 사용하도록 요청받다

consider A as B + member → _____ Jeffrey _____ a new _____
A를 B로 여기다   회원   Jeffrey를 신규 회원으로 여기다

Exercise B 보기에서 적절한 표현을 찾아 문장을 완성하세요.

보기

the fact that   refrain from   at the latest   as if   leave for
as a consequence of   for a while   now that   be asked to V   consider A as B

01. All employees _____ use a security badge during the audit.
모든 직원들은 감사 기간에 보안 배지를 사용하도록 요청받는다.

02. This building is due for completion by the end of the month _____.
이 건물은 늦어도 이달 말까지 완공될 예정입니다.

03. The table is in good condition _____ it was bought yesterday.
이 탁자는 마치 어제 구입된 것처럼 좋은 상태이다.

04. He subsequently decided to _____ the military. 그는 이후에 군대로 떠나기로 했다.

05. Can we talk about the agenda just _____? 안건에 대해 잠시만 이야기할 수 있을까요?

06. _____ Mr. Chan is on leave, we need to organize our schedule again.
Mr. Chan이 휴가 중이므로 우리의 일정을 다시 조정해야 합니다.

07. The funding was halted due to _____ the proposal was withdrawn.
제안이 취소되었다는 사실 때문에 자금조달이 중단되었다.

08. We may ask you to _____ using a flash camera in the galleries.
갤러리 안에서는 플래시 카메라 사용을 삼가시기 바랍니다.

09. Many _____ Jeffrey _____ a new member of the club.
많은 사람들이 Jeffrey를 클럽의 신규 회원으로 여기고 있다.

10. _____ the merger, incentive payments are to be made on a rolling basis.
합병의 결과로 수당 지급이 수시로 이루어질 예정입니다.

Exercise C 주어진 표현의 적절한 의미를 찾아 연결해 보세요.

01. leave for •   • a. ~의 결과로

02. as a consequence of •   • b. ~로 떠나다

03. refrain from •   • c. ~을 삼가다

04. now that •   • d. ~하는 것을 요청받다

05. be asked to do •   • e. ~이므로, ~이기 때문에

06. consider A as B •   • f. 늦어도

07. the fact that •   • g. 마치 ~처럼

08. at the latest •   • h. 잠시 동안

09. as if •   • i. A를 B로 간주하다

10. for a while •   • j. ~라는 사실

Exercise B 01. are asked to 02. at the latest 03. as if 04. leave for 05. for a while 06. Now that 07. the fact that 08. refrain from 09. consider, as 10. As a consequence of **Exercise C** 01. b 02. a 03. c 04. e 05. d 06. i 07. j 08. f 09. g 10. h

Exercise D 다음 문장을 올바르게 해석해 보세요.

[01]**As a consequence of** promotions, Jean Perets will [02]**leave for** London next week [03]**at the latest**.

승진의 [01]_____ Jean Perets가 [03]_____ 다음 주에 런던으로 [02]_____ 것이다.

You [04]**are asked to** [05]**refrain from** smoking in the building.

당신은 건물 내에서 흡연을 [05]_____ 것을 [04]_____.

Exercise E 다음 구문을 올바르게 해석해 보세요.

01. **the fact that** the proposal was withdrawn

    _____

02. by the end of the month **at the latest**

    _____

03. **consider** Jeffrey **as** a new member

    _____

04. **leave for** the military

    _____

05. **refrain from** using a flash camera

    _____

06. **as a consequence of** the merger

    _____

07. talk **for a while**

    _____

08. **now that** Mr. Chan is on leave

    _____

09. **as if** it was bought yesterday

    _____

10. **be asked to** use a security badge

    _____

Exercise D 01. 결과로 02. 떠날 03. 늦어도 04. 요청받는다 05. 삼갈   Exercise E 01. 제안이 취소되었다는 사실 02. 늦어도 이달 말까지 03. Jeffrey를 신규 회원으로 여기다 04. 군대로 떠나다 05. 플래시 카메라를 사용하는 것을 삼가다 06. 합병의 결과로 07. 잠시 이야기하다 08. Mr. Chan이 휴가 중이기 때문에 09. 마치 어제 구입된 것처럼 10. 보안 배지를 사용하도록 요청받다

저절로 실전 Training

Day 30에서 배운 단어, 실제 토익에는 이렇게 나옵니다.

Reading & Listening 배운 단어로 실전 지문 읽고 들어보기

다음 글을 읽고 올바른 해석을 고르세요.

MP3 🎧

Phrases & Expressions (5)

Given the current situation, we'd be happy to refund your money. Due to the

1. (A) 현재 상황을 고려하여
   (B) 현재 상황이 주어졌을 때

unexpected renovation of our gym, we'd be closed for business for a couple of months. Anyone who wishes to postpone the membership will get two extra months of membership for free. However, if you'd like to cancel your membership, we'll do so at no cost. Just stop by our membership office by the end of the week. If you have more questions, **check with** our staff. If you're enrolled in the personal training,

2. (A) 우리 직원과 상의하다
   (B) 우리 직원에게 검사받다

the service will be continued at our East Village location five minutes away. So personal training will **be exempt from** getting the full refund. If you have questions

3. (A) 전액 환불받는 것에서 제외됩니다
   (B) 전액 환불받는 것에 추가됩니다

regarding personal training, send your inquiries directly to one of our personal trainers.

- -

Answers

1. (A) 2. (A) 3. (A)

해석 [1.] 현재 상황을 고려하여, 저희는 귀하의 돈을 기쁜 마음으로 환불해드리려고 합니다. 저희 체육관의 예상치 못한 보수 공사로 인하여, 저희는 2개월가량 영업을 중단하게 됩니다. 회원권을 연기하고자 하시는 고객분들은 2개월의 추가 회원권을 무료로 받으실 수 있습니다. 그러나 회원권을 취소하고 싶으신 분에게는 무료로 그렇게 처리해 드릴 예정입니다. 이번 주말까지 회원권 사무실에 들러만 주세요. 더 많은 질문이 있다면, [2.] 우리 직원과 상의하세요. 개인 트레이닝 프로그램에 등록되어 있다면, 5분 거리에 있는 East Village점에서 서비스를 계속 받으실 수 있습니다. 따라서 개인 트레이닝 프로그램은 [3.] 전액 환불받는 것에서 제외됩니다. 개인 트레이닝과 관련한 질문이 있다면 문의사항을 개인 트레이너에게 직접 보내주시기 바랍니다.

키 新토익 보카+리딩

초판 1쇄 발행 : 2016년 12월 5일

지은이 키 영어학습방법연구소

펴낸이 김기중

펴낸곳 (주)키출판사

부가 자료 www.englishbus.co.kr

e-mail company@keymedia.co.kr

copyright © 키출판사 2016

ISBN 978-89-7457-463-5 (13740)

정가 13,000원